财政部规划教材
全国财政职业教育教学指导委员会推荐教材
全国中等职业学校财经类教材

企业财务会计实务

（第二版）

杨　超　主　编
韩　林　刘　颖　副主编

中国财经出版传媒集团
中国财政经济出版社

图书在版编目（CIP）数据

企业财务会计实务 / 杨超主编. --2 版. --北京：中国财政经济出版社，2021. 1

财政部规划教材. 全国财政职业教育教学指导委员会推荐教材. 全国中等职业学校财经类教材

ISBN 978-7-5223-0315-4

Ⅰ. ①企… Ⅱ. ①杨… Ⅲ. ①企业管理-财务会计-中等专业学校-教材 Ⅳ. ①F275. 2

中国版本图书馆 CIP 数据核字（2021）第 002740 号

责任编辑：樊　闽　　　　责任校对：李　丽

封面设计：育林华夏　　　　责任印制：张　健

企业财务会计实务（第二版）

QIYE CAIWU KUAIJI SHIWU

中国财政经济出版社 出版

URL：http：//www. cfeph. cn

E-mail：cfeph@ cfeph. cn

社址：北京市海淀区阜成路甲 28 号　邮政编码：100142

营销中心电话：010-88191522

天猫网店：中国财政经济出版社旗舰店

网址：https：//zgczjjcbs. tmall. com

北京中兴印刷有限公司印刷　各地新华书店经销

成品尺寸：185mm×260mm　16 开　30 印张　736 000 字

2021 年 4 月第 2 版　2021 年 4 月北京第 1 次印刷

定价：77. 00 元

ISBN 978-7-5223-0315-4

（图书出现印装问题，本社负责调换，电话：010-88190548）

本社质量投诉电话：010-88190744

打击盗版举报热线：010-88191661　QQ：2242791300

编写说明

目前，我国的职业教育体制正在进行着一场深刻的变革，如何将新的职业教育理念付诸实施，如何在教材中体现职业教育改革创新的成果，是摆在我们面前的新课题。在本教材的编写过程中我们坚持专业课程内容与职业标准的对接，遵循会计专业课程标准，突出技能运用与能力提高。

“企业财务会计实务”是中等职业院校会计专业的一门专业核心课程，是在对前期“基础会计”课程学习基础上的专业深化课程。课程主要讲述会计工作所涉及的主要经济业务的基本核算知识、具体的核算方法和账务处理技能，培养学生从事会计工作应具备的基本专业知识、基本业务技能和实务操作能力，并为后续相关专业课程的学习奠定专业基础。

我们依据的行业标准是财政部2019年修订的《企业会计准则》，以及截至2019年年底的各项税收相关法律法规，符合中职学生升学、就业的知识体系要求。我们还参照了2020年度《初级会计专业技术资格考试大纲》、2020年《湖北省技能高考考试大纲》，以及《中国教育现代化2035》《加快推进教育现代化实施方案（2018—2022年）》和2019年国务院印发《国家职业教育改革实施方案》的文件精神编写本书。

本书根据不同业务类型涉及的主要经济业务核算和账务处理，合理设计教学单元，采用以任务驱动的项目教学方法，运用情景模拟、仿真操作等多种教学手段，通过工作任务整合相关知识和能力，融“教、学、做”为一体，注重对学生会计职业能力、职业技能和职业道德的训练和培养，提升学生的岗位适应能力。

本书的主要内容包括九个项目：设立企业、核算资金筹集及对外投资业务、核算存货采购及收发业务、核算固定资产业务、核算无形资产业务、核算应付职工薪酬业务、核算销售与应收款项业务、核算财务成果业务、编报与分析财务报表。本课程总学时为180学时，各项目任务课时分配见下表（供参考）。

课程项目任务及课时分配表

序号	项目	课时安排
项目一	设立企业	6
项目二	核算资金筹集及对外投资业务	28
项目三	核算存货采购及收发业务	34
项目四	核算固定资产业务	32
项目五	核算无形资产业务	10
项目六	核算应付职工薪酬业务	12
项目七	核算销售与应收款项业务	28
项目八	核算财务成果业务	10
项目九	编报与分析财务报表	14
机动课时		6
合计		180

本书由武汉市财政学校杨超任主编，负责全书的总纂，韩林、刘颖任副主编，负责全书大纲的拟定及修改。具体编写分工如下：杨超编写项目一、项目二；陈辉编写项目三；张璇编写项目四；吕庆编写项目五；彭莉编写项目六；刘颖编写项目七；余奇琪编写项目八；张丽华编写项目九。书中“扫码查看答案”，直接打开微信“扫一扫”即可看到；“练一练”微信扫描二维码，首次使用需进行注册，建议使用个人手机号码进行账号和密码设置，再次登录直接输入账号、密码即可进行答题。答题完毕点击页面“提交”按钮，即可查看答题详情。

全国财指委专家、武汉市财政学校崔亮校长和徐俊副校长进行了审稿，同时武汉市财政学校财会教研室其他同仁，在我们集中讨论和编写过程中提出了许多宝贵意见，提出了很好的修改建议，在此一并表示感谢！

本书为用书学校任课老师提供了习题答案和配套资源，如有需要，请以电子邮件形式向中国财政经济出版社索取（请注明学校、全书名、版次），Email：caijingjiaocai@163.com。配套资源亦可登录以下网址下载：jiaocai.cfeph.cn。

限于编者水平，且时间仓促，书中难免存在疏漏和不妥之处，敬请广大读者批评指正。

编者

2021年2月

目　录

项目一 设立企业

任务导学

财务会计是通过对企业已经完成的资金运动全面系统的核算与监督，以为税务机关和提供贷款的商业银行提供企业的财务状况与盈利能力等经济信息为主要目标而进行的经济管理活动。财务会计是现代企业的一项重要的基础性工作，通过一系列会计程序，提供决策有用的信息，并积极参与经营管理决策，提高企业经济效益，服务于市场经济的健康有序发展。

学习目标

认知目标： 知晓财务会计工作内容；熟练运用财务会计工作各种方法；掌握筹建及注销企业的流程。

情感目标： 通过熟悉筹建及注销企业流程，培养学生遵纪守法的职业意识。

技能目标： 能准确核算企业开办费及清算费用业务。

任务一 设立企业

情景导入

公司形式是现今社会经济活动中最常见的一种企业形式。一般认为，公司具有独立人格、股东享有有限责任、股份可自由转让、董事会授权下的集中管理、投资者所有，这是现代商业公司最核心的五大特征。与其他企业形式相比，公司具有更强的生存能力和竞争能力。但法律对于设立公司又作了较为严格的规定，在投资者决定设立公司之前，应先了解有哪些不同类型的公司，其特点是什么，以及成立公司都需要具备什么条件，按照什么程序。

任务要求

了解设立企业的基本流程，知晓设立企业的有关证照，学会核算企业开办费业务。

子任务一　熟悉企业设立流程

工作任务

根据相关资料设立企业。
申请企业名称：武汉众科电子有限公司
备选企业名称：（1）武汉安华科技有限公司；
　　　　　　　（2）武汉可乐高新科技有限公司。
经营范围：制造、销售耳机、音响及销售产品的售后服务。
公司注册地址：武汉市洪山区高新大道 10 号
企业类型：有限责任公司
公司注册资本：人民币伍佰万元整
开户银行：工商银行武汉市洪山区支行
验资账号：6215581810114609854
基本存款账号：6215581810004608805
工资代扣账户：6215581810004608805
营业执照注册号：91420103524658761F
营业期限：20 年
组织机构代码：91420103524658761F
主要产品名称：耳机、音响（代码：由主管机构填写）
经济行业：文教体育用品制造业（代码：C24）
经济类型：有限责任公司（代码：62）
纳税人识别号：91420103524658761F
登记注册类型：其他有限责任公司
经营方式：生产销售
开户许可证核准号：91420103524658761F
编号：1100－00809658
从业人数：56 人
邮编：430070
联系电话：027－98771066
传真：027－98771066

图表 1－1－1

公司股东（发起人）出资信息

股东(发起人)名称或姓名	证件名称及号码	认缴			提股比例(%)	实缴			备注
		出资额(元)	出资方式	出资时间		出资额(元)	出资方式	出资时间	
武汉瑞源实业有限公司		2 000 000.00	货币	2019.6.30	40.00	2 000 000.00	货币	2019.6.30	A
武汉凯德实业有限公司		585 000.00	实物	2019.6.30	11.70	585 000.00	实物	2019.6.30	A
武汉凯德实业有限公司		415 000.00	货币	2019.6.30	8.30	415 000.00	货币	2019.6.30	A
武汉昌盛实业有限公司		526 500.00	实物	2019.6.30	10.53	526 500.00	实物	2019.6.30	A
武汉昌盛实业有限公司		936 000.00	实物	2019.6.30	18.72	936 000.00	实物	2019.6.30	A
武汉昌盛实业有限公司		537 500.00	知识产权	2019.6.30	10.75	537 500.00	知识产权	2019.6.30	A

注：1. 根据公司章程的规定及实际出资情况的填写，本页填写不下的可以附纸填写。
2. "备注"栏填写下述字母：A.企业法人；B.社会团体法人；C.事业法人；D. 国务院、地方人民政府；E.自然人；F.外商投资企业；G.其他。
3. 出资方式填写：货币、实物、知识产权、土地使用权、其他。

图表 1－1－2

法定代表人：李晓华
身份证号：420101197010151562
签发机关：武汉市公安局武昌区分局
有限期限：2010. 08. 05－2030. 08. 05
固定电话：027－65787876
移动电话：13956226618
邮编：430061

行政经办人员：张兰心
固定电话：027－65789853
移动电话：13808058876
住所：武汉市洪山区民院路 78 号 201 室
身份证号：420101198011251181
签发机关：武汉市公安局洪山区分局

办税员：王小宇
地址：武汉市武昌区东湖路 2 号 101 室
身份证号码：420101198703097436
固定电话：027－65787754
移动电话：13801193675
有限期限：2008. 10. 10－2020. 10. 10

财务经理：徐志文
地址：武汉市江夏区文化大道 2 号 302 室
身份证号码：420102197612022763
固定电话：027－65787698
移动电话：15834258587

知识准备

公司的法人资格和股东的有限责任并非人们可以自然享有。只有具备法定条件的人，履行一定的程序，满足一定形式，才能享有这些法律上的资格和权利。这个过程就叫作“设立公司”或“公司设立”。设立行为是公司成立的前奏。经发起人申请，公司获准登记、取得营业执照的，方告成立。公司设立过程中，发起人的活动主要是两个方面：一是形成公司资本，包括认缴、实缴出资、对出资评估作价等；二是形成公司组织，包括申请预先核准名称、制定章程、设定住所、设立组织机构等。

依照法律的规定，有些公司需要在工商登记前获得某种或者某些行政许可。这些行政许可被称为“前置审批”或“前置许可”。许可分为两类：一是公司设立许可，是指公司的设立本身就须事先获得政府主管部门许可。二是经营范围许可，是指公司仅就经营范围内的某个或若干个营业项目申请政府许可。

根据《公司登记管理条例》，公司的登记事项包括：（1）名称；（2）住所；（3）法定代表人姓名；（4）注册资本；（5）公司类型；（6）经营范围；（7）营业期限；（8）有限责任公司股东或者股份有限公司发起人的姓名或者名称。

设立公司应当首先申请名称预先核准。预先核准的公司名称保留期为 6 个月。预先核准的公司名称在保留期内，不得用于从事经营活动，不得转让。

2018 年 10 月 26 日第十三届全国人民代表大会常务委员会第六次会议《关于修改〈中华人民共和国公司法〉的决定》第四次修正通过《公司法》。新《公司法》对注册资本、出资方式、出资证明书做出如下规定：

第二十六条　注册资本　有限责任公司的注册资本为在公司登记机关登记的全体股东认缴的出资额。法律、行政法规以及国务院决定对有限责任公司注册资本实缴、注册资本最低限额另有规定的，从其规定。

第二十七条　出资方式　股东可以用货币出资，也可以用实物、知识产权、土地使用权等可以用货币估价并可以依法转让的非货币财产作价出资；但是，法律、行政法规规定不得作为出资的财产除外。对作为出资的非货币财产应当评估作价，核实财产，不得高估或者低估作价。法律、行政法规对评估作价有规定的，从其规定。

第三十一条　出资证明书　有限责任公司成立后，应当向股东签发出资证明书。出资证明书应当载明下列事项：（一）公司名称；（二）公司成立日期；（三）公司注册资本；（四）股东的姓名或者名称、缴纳的出资额和出资日期；（五）出资证明书的编号和核发日期。出资证明书由公司盖章。

年应税销售额或应税服务年销售额未超过增值税小规模纳税人标准以及新开业的纳税人，可以向主管税务机关申请增值税一般纳税人登记。增值税纳税人年应税销售额超过规定标准的，除符合有关规定选择按小规模纳税人纳税的，在申报期结束后 15 个工作日内按照规定向主管税务机关办理一般纳税人登记手续。

工作步骤

图表 1－1－3

公司注册流程

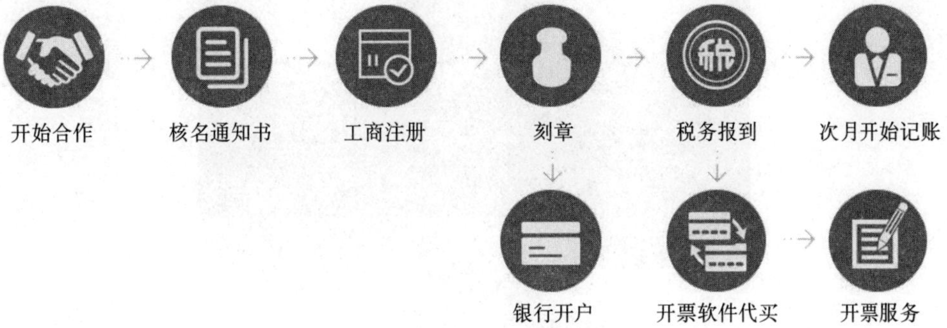

完成工作

图表 1－1－4

企业设立登记办事流程图

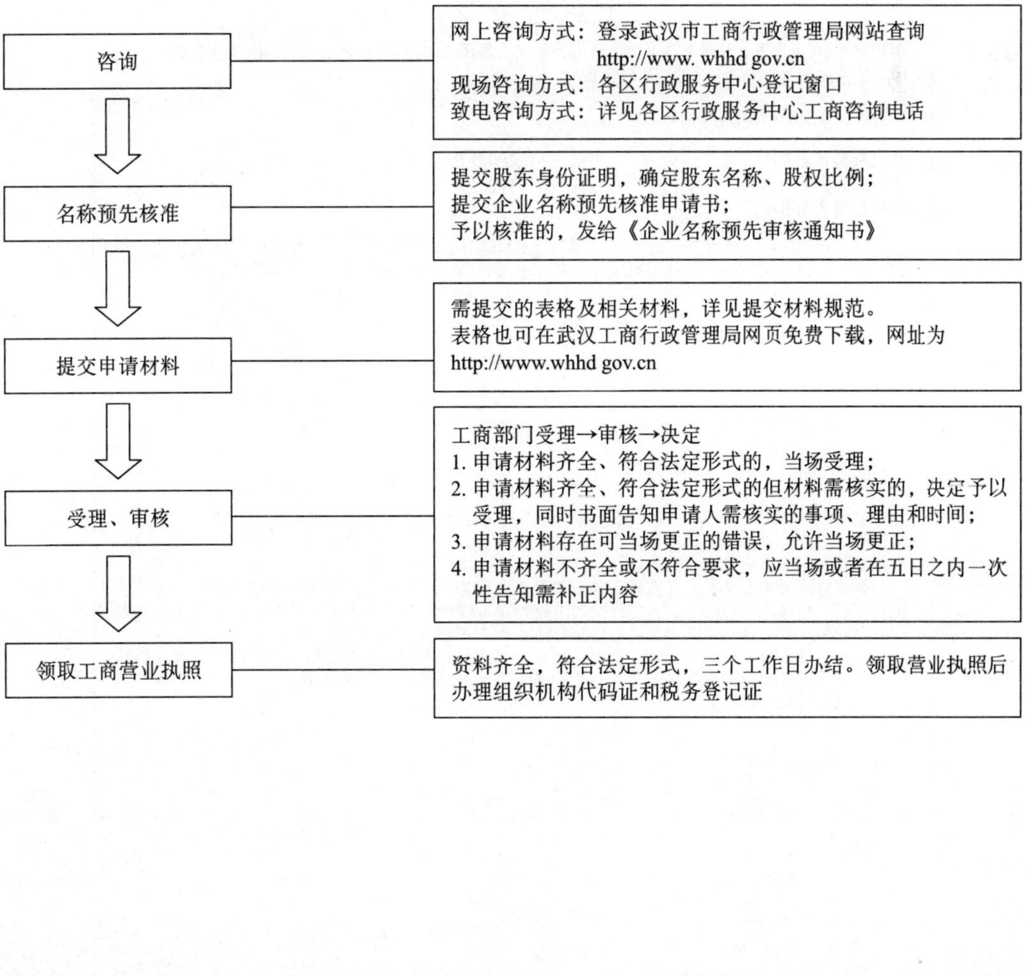

图表 1－1－5

图表 1－1－6

企业名称预先核准通知书

（鄂）登记内名预核字[2019]第200 2019 102110218号

根据《企业名称登记管理规定》《企业名称登记管理实施办法》等规定，同意预先核准下列3个投资人出资，注册资本（金）伍佰万元（人民币），住所设在武汉市洪山区高新大道10号，企业名称为：武汉众科电子有限公司

投资人、投资额和投资比例：

武汉瑞源实业有限公司	200万元	40%
武汉凯德实业有限公司	100万元	20%
武汉昌盛实业有限公司	200万元	40%

以上预先核准的企业名称保留期至**2019年10月1日**。在保留期内，企业名称不得用于经营活动，不得转让。经企业登记机关设立登记，颁发营业执照后企业名称正式生效。

核准日期：2019年04月01日

注：1.预先核准的企业名称未到企业登记机关完成设立登记的，通知书规定的有效期满后自动失效。有正当理由，需延长预先核准名称有效期的，申请人应在有效期满前1个月内申请延期。有效期延长时间不超过6个月。

2.名称预先核准时不审查投资人资格和企业设立条件，投资人资格和企业设立条件在企业登记时审核。申请人不得以企业名称已核为由抗辩企业登记机关对设资人资格和企业设立条件的审查。企业登记机关也不得以企业名称已核为由不予审查就准予企业登记。

3.企业登记机关应在企业设立登记之日起30日内，务必将加盖登记机关印章的企业营业执照复印件反馈给企业名称核准机关备案。**未备案的，企业名称得不到有效保护。**

4.企业设立登记后，企业登记机关应将本通知书原件存入企业档案。

图表 1－1－7

编号：096216992

营 业 执 照

（副本）　（4-1）

统一社会信用代码 91420103524658761F

名　　　称 武汉众科电子有限公司

类　　　型 有限责任公司（自然人投资或控股）

住　　　所 武汉市洪山区高新大道10号

法定代表人 李晓华

注 册 资 本 500万元

成 立 日 期 2019年06月01日

营 业 期 限 2019年06月01日　至　2039年06月01日

经 营 范 围 技术推广服务；软件开发；计算机系统服务；教育咨询（不含出国留学咨询及中介服务）；组织文化艺术交流活动（不含演出）；会议及展览服务；企业形象策划；企业管理咨询；销售文具用品、工艺品、日用品、机械设备、电子产品。（依法须经批准的项目，经相关部门批准后依批准的内容开展经营活动）

在线扫码获取详细信息

登 记 机 关　（湖北省工商行政管理局）

2019 年 06 月 30 日

提示：每年1月1日至6月30日通过企业信用信息公示系统报送上一年度年度报告并公示。

企业信用信息公示系统网址：gymy.baic.gov.cn　　中华人民共和国国家工商行政管理总局监制

图表 1－1－8

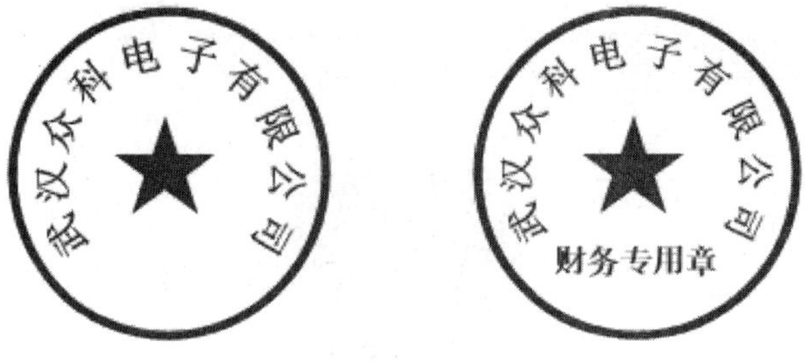

图表 1－1－9

工商银行 洪山区 支行　　预留签章卡

必填信息	账　　号	6215581810004608805	启用日期	2019 年 6 月 20 日
	户　　名	武汉众科电子有限公司	客 户 号	
	联系电话	027-98771066	邮　　编	430070
	联 系 人	李晓华	地　　址	武汉市洪山区高新大道10号

预留签章

（旧预留签章卡装订于　2019　年　6　月　20　日凭证）　本行共预留　　份预留签章卡

会计负责人：　　　　经办：

代号（兴会44）10X15=50K2003.6月版

图表 1－1－10

更换预留签章通知书（以下新开户免填）

我单位定于　2019　年　06　月　20　日启用新预留签章（见预留签章卡正面），旧预留签章同日注销，在更换预留签章以前本户开出之票据在规定有效期限内前来支取时该预留签章仍继续有效，由此产生的经济责任由本单位承担。

（原预留签章）

授权证明书

本签章系证明我单位所留预留签章（见预留签章卡正面）有效。

（单位公章及法定代表人签章）

子任务二 核算开办费业务

工作任务

2019 年 6 月 30 日，武汉众科电子有限公司将前述业务发生的各项费用汇总报销。根据相关背景资料编制记账凭证（凭证号：002）。

图表 1-1-11

费 用 报 销 单

报销部门：办公室　　2019 年 06 月 30 日 填　　单据及附件共 5 页

用途	金额（元）	备注	企业设立各项费用		
开办费	2,451.40				
现金付讫		部门审核	徐志文	领导审批	李晓华
合计	¥2,451.40				
金额大写：零 拾 零 万 贰 仟 肆 佰 伍 拾 壹 元 肆 角 零 分		原借款：¥2,451.40 元		应退余款： 元	

会计主管 徐志文　　会计 王薇　　出纳 苏青　　报销人 张学平　　领款人 张学平

图表 1-1-12

湖北 增值税普通发票

4200161140　　№ 28390006　　4200161140 28390006

发票联

机器编号：982888812388　　开票日期：2019年06月22日

购买方	名　　称：武汉众科电子有限公司 纳税人识别号：91420103524658761F 地 址、电 话：武汉市洪山区高新大道10号027-98771066 开户行及账号：工商银行武汉市洪山区支行6215581810004608805	密码区	172312-4-275 〈1+46*54* 82*59* 181321〉 〈8182*59*09618153 〈/ 〈4 〈3*2702-9〉 9*+153 〈/0 〉 2-3 *08/4〉 *〉 〉 2-3*0/9/〉 〉 25-275 〈1

货物或应税劳务、服务名称	规格型号	单位	数量	单价	金额	税率	税额
*设计服务*刻章			1	220.00	220.00	3%	6.60
*设计服务*刻章			1	160.00	160.00	3%	4.80
合计					¥380.00		¥11.40
价税合计（大写）	⊗叁佰玖拾壹元肆角整				（小写）¥391.40		

销售方	名　　称：武汉旺达刻章服务有限公司 纳税人识别号：91420116MA49AF382D 地 址、电 话：武汉市黄陂区前川街黄陂大道7号027-98382483 开户行及账号：工商银行武汉市黄陂区支行622877654273837653	备注	校验码 52118 02817 00248 65199

收款人：琴小玲　　复核：陆军　　开票人：琴小玲　　销售方：（章）

税总函[2016]××号×××公司

第二联：发票联 购买方记账凭证

图表 1－1－13

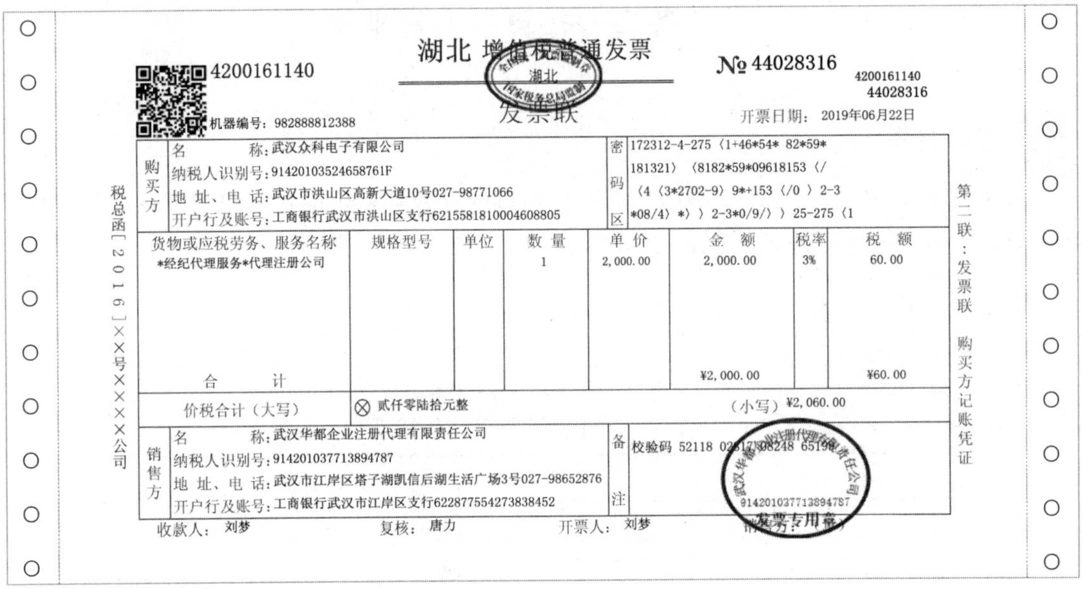

湖北 增值税普通发票

4200161140　　№ 44028316　　4200161140 44028316

发票联

机器编号：982888812388　　开票日期：2019年06月22日

购买方	名　　称：武汉众科电子有限公司 纳税人识别号：91420103524658761F 地 址、电 话：武汉市洪山区高新大道10号027-98771066 开户行及账号：工商银行武汉市洪山区支行6215581810004608805	密码区	172312-4-275〈1+46*54* 82*59* 181321〉〈8182*59*09618153〈/ 〈4〈3*2702-9〉9*+153〈/0 〉2-3 *08/4〉*〉〉2-3*0/9/〉〉25-275〈1

货物或应税劳务、服务名称	规格型号	单位	数量	单价	金额	税率	税额
*经纪代理服务*代理注册公司			1	2,000.00	2,000.00	3%	60.00
合　计					¥2,000.00		¥60.00
价税合计（大写）	⊗ 贰仟零陆拾元整				（小写）¥2,060.00		

销售方	名　　称：武汉华都企业注册代理有限责任公司 纳税人识别号：914201037713894787 地 址、电 话：武汉市江岸区塔子湖凯信后湖生活广场3号027-98652876 开户行及账号：工商银行武汉市江岸区支行622877554273838452	备注	校验码 52118 02817 08248 65198

收款人：刘梦　　复核：唐力　　开票人：刘梦　　销售方：（章）

税总函［2016］××号×××公司

第二联：发票联　购买方记账凭证

知识准备

企业在筹建期间内发生的开办费（包括相关人员的职工薪酬、办公费、培训费、差旅费、印刷费、注册登记费以及不计入固定资产成本的借款费用等），在实际发生时，借记“管理费用”科目，贷记“银行存款”等科目。

【例 1－1】 武汉永鑫电子有限公司 2019 年 7 月 31 日发生筹建期间相关费用如下：职工薪酬 5 000 元，办公费 6 000 元，培训费 2 000 元，注册登记费 1 500 元。假定取得增值税普通发票。武汉永鑫电子有限公司作如下账务处理：

借：管理费用　　14 500

　　贷：银行存款　　14 500

知识充电器

《国家税务总局关于企业所得税若干税务事项衔接问题的通知》（国税函〔2009〕98 号）中明确规定企业发生的开办费可以在开始经营之日的当年一次性扣除，也可以按长期待摊费用“自支出发生月份的次月起，分期摊销，摊销年限不得低于 3 年。”

工作步骤

图表 1－1－14

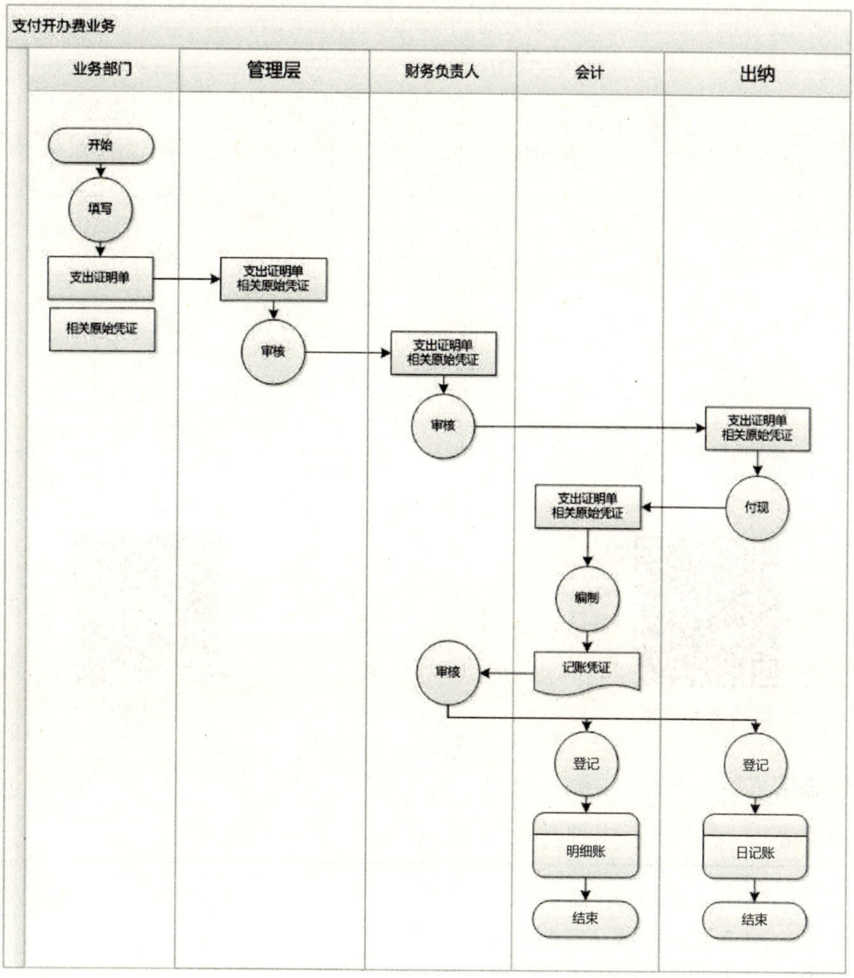
支付开办费业务
业务部门
管理层
财务负责人
会计
出纳
开始
填写
支出证明单
相关原始凭证
支出证明单
相关原始凭证
审核
支出证明单
相关原始凭证
审核
支出证明单
相关原始凭证
支出证明单
相关原始凭证
付现
编制
审核
记账凭证
登记
登记
明细账
日记账
结束
结束

完成工作

图表 1－1－15

记 账 凭 证

年　　月　　日　　　　　　　　　　字第　　　　号

摘要	会计科目		借方金额											贷方金额											记账
	总账科目	明细科目	亿	千	百	十	万	千	百	十	元	角	分	亿	千	百	十	万	千	百	十	元	角	分	√
合计																									

附单据　　张

会计主管：　　　记账：　　　出纳：　　　复核：　　　制单：

扫码查看答案

练一练

工作总结

图表 1－1－16　　　　**设立企业**

设立企业流程	1. 企业名称预先核准。 2. 申请企业法人营业执照。 3. 刻制公章及财务专用章。 4. 开立银行基本账户。 5. 办理税务登记。
开办费业务	借：管理费用 　　贷：银行存款 　　　　库存现金

图表 1-1-17 工作评价与反馈

项目		任务完成程度		
		全部完成	部分完成	未完成
自我评价	子任务一			
	子任务二			
任务完成心得				
存在的问题				
教师评价				

任务二 认知财务会计工作内容和方法

情景导入

财务部门是中小企业一切财政事务及资金活动的管理与执行机构，负责公司日常财务管理、筹资管理和财务分析工作，其工作内容涉及较广。那么，企业财务会计日常工作内容有哪些呢？

任务要求

了解财务会计日常工作的主要内容，掌握财务会计工作的方法。

子任务一 认知财务会计工作内容

工作任务

选择适用于武汉众科电子有限公司的会计制度，熟悉中小企业会计日常工作内容。

知识准备

一、选择适用的会计准则及会计制度

（一）我国现行会计准则介绍

《企业会计准则》（财政部令第 33 号）由财政部制定，于 2006 年 2 月 15 日发布，自 2007 年 1 月 1 日起施行。2014 年发布了新增或修订的八项《企业会计准则》，2017 年发布

了新增或修订的五项《企业会计准则》，截至2019年8月发布了修订的三项《企业会计准则》。

《小企业会计准则》（财会〔2011〕17号）由财政部制定，于2011年10月18日印发，自2013年1月1日起施行。

《政府会计准则——基本准则》（中华人民共和国财政部令第78号）由财政部制定，于2015年10月23日发布，自2017年1月1日起施行。截至2019年8月陆续发布了《政府会计准则》九项具体准则。

（二）各项会计准则适用条件

《企业会计准则》适用于在中华人民共和国境内设立的企业（包括公司）。

《小企业会计准则》适用于在中华人民共和国境内依法设立的、符合《中小企业划型标准规定》的小型企业标准的企业。

《政府会计准则》适用于各级政府、各部门、各单位。各部门、各单位是指与本级政府财政部门直接或者间接发生预算拨款关系的国家机关、军队、政党组织、社会团体、事业单位和其他单位。

二、一般企业日常财务工作

（一）负责公司财务管理工作

编制公司各项财务收支计划；审核各项资金使用和费用开支；收回货款，清理催收应收款项；办理日常现金收付、费用报销、税费缴纳、银行票据结算，保管库存现金及银行空白票据，按日编报资金日报表；做好公司筹融资工作；处理、协调与工商、税务、金融等部门间的关系，依法纳税。

（二）负责公司会计核算工作

遵守国家颁布的会计准则、财经法规，按照会计制度进行会计核算；编制年度、季度、月份会计报表；按照会计制度规定设置会计核算科目、设置明细账、分类账、辅助账，及时记账、结账、对账，做到日清月结，账账相符、账实相符、账表相符、账证相符；管理好会计档案。

（三）负责公司成本核算和成本管理

设置成本归集程序和成本核算账表，做好成本核算，控制成本支出，收集登记汇总各项成本数据资料，及时、正确地为成本预测、控制、分析提供资料；按相关凭证支付各类款项；完善各项成本辅助账的设置，健全各项统计数据。

（四）建立经济核算制度

利用会计核算资料、统计资料及其他有关的资料，定期进行经济活动分析，判断和评价企业的生产经营成果和财务状况，为公司领导决策提供依据。

完成工作

根据武汉众科电子有限公司相关情况，会计核算制度应采用《企业会计准则》。

图表 1 -2 -1

- 中小企业日常财务工作内容
  - 公司财务管理工作
  - 公司会计核算工作
  - 公司成本核算和成本管理
  - 建立经济核算制度

练一练

子任务二　认知财务会计工作方法

工作任务

熟悉一般企业财务会计日常工作方法。

知识准备

一般企业会计日常工作方法。

图表 1 -2 -2

会计日常工作	方法
建立账簿	建立账簿是对会计核算的具体内容进行分类核算和监督的一种专门方法。企业一般应设置的账簿有日记账、总账、明细账。
填制与审核原始凭证	原始凭证作为经济业务具有法律效力的原始证明，其填制必须符合的基本要求有记录真实、内容完整规范、填制及时。在审核中，对于不真实、不合理的原始凭证，应不予受理，对记载不准确、不完整的原始凭证，应予以退回，要求更正、补充。
填制与审核记账凭证	记账凭证的填制是会计核算中的基础环节之一，正确、及时、完整地填制记账凭证，是正确、及时地提供会计信息的保证。记账凭证填制后，必须经过审核无误，才能据以登记账簿。

续表

会计日常工作	方法
登记账簿	登记账簿，是以审核无误的会计凭证为依据在账簿中分类连续、完整地记录各项经济业务，为经济管理提供完整、系统的会计核算资料。账簿记录是重要的会计资料，是进行会计分析、会计检查的重要依据。
对账	对账是指在会计核算中，为保证账簿记录正确可靠，对账簿中的有关数据进行检查和核对的工作。
财产清查	财产清查是指通过盘点实物，核对账目，以查明各项财产物资实有数额的一种专门方法。
结账	结账是在一定时期内发生的全部经济业务登记入账的基础上，计算并记录本期发生额和期末余额。
财务报表	财务报表是以特定表格的形式，定期并总括地反映企业经济活动情况和结果的一种专门方法。企业会计报表包括资产负债表、利润表、现金流量表及附注。
纳税申报	纳税申报是指纳税人、扣缴义务人在发生法定纳税义务后，按照税法或税务机关相关行政法规所规定的内容，在申报期限内，以书面形式向主管税务机关提交有关纳税事项及应缴税款的法律行为。

工作步骤

图表 1－2－3

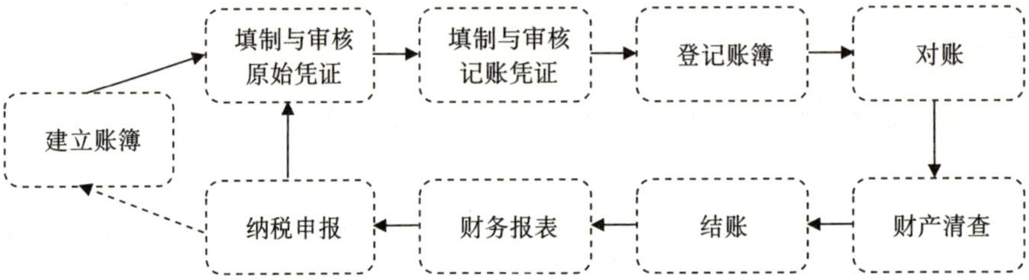

完成工作

请选择下列哪些属于一般企业会计日常工作？

□建立账簿　　□填制与审核原始凭证

□填制与审核记账凭证　　□登记账簿

□对账　　□财产清查

□结账　　□财务报表

□纳税申报

扫码查看答案

练一练

工作总结

图表 1-2-4　　认知财务会计工作内容

财务会计工作内容	1. 负责公司财务管理工作。 2. 负责公司会计核算工作。 3. 负责公司成本核算和成本管理。 4. 建立经济核算制度。
财务会计日常工作方法	1. 建立账簿。 2. 填制与审核原始凭证。 3. 填制与审核记账凭证。 4. 登记账簿。 5. 对账。 6. 财产清查。 7. 结账。 8. 财务报表。 9. 纳税申报。

图表 1-2-5　　工作评价与反馈

项目		任务完成程度		
		全部完成	部分完成	未完成
自我评价	子任务一			
	子任务二			
任务完成心得				
存在的问题				
教师评价				

任务三　注销企业

情景导入

在公司运营的过程中会遇到许多的情况导致公司需要注销，有内部和外部两方面的原因，内部原因例如公司经营不善，市场不好等；外部原因例如公司被吊销、撤销等，如股东或股东会做出公司解散决议、公司依法宣告破产、公司章程规定营业期限届满且不续、公司章程或法律规定的解散事由出现、公司因合并、分立解散、公司被依法强制解散、公司吊销或撤销后转注销等。

任务要求

了解注销企业的基本流程，知晓注销企业有关资料，学会核算企业注销业务。

子任务一　熟悉企业注销流程

工作任务

注销武汉众科电子有限公司。

知识准备

公司注销，是指当一个公司宣告破产，被其他公司收购、规定的营业期限届满不续、或公司内部解散等情形时，公司需要到登记机关申请注销，以终止公司法人资格的过程。主要包括以下程序：

（一）清算

公司到登记机关办理公司注销程序之前一定要依法进行公司清算，包括终止生产经营销售活动、了结公司事务、了结民事诉讼、清理债权和债务和分配剩余财产等。

公司不论是何性质的清算，均应依下列步骤展开：

1. 成立清算组。

2. 展开清算工作。清算组自成立之日起接管公司，开展以下业务：接管公司财产、了结公司未了业务、收取债权、清理债务、分配剩余财产、注销公司法人资格并吊销营业执照。

3. 通知债权人申报债权。

4. 提出清算方案。清算组在清理公司财产、编制资产负债表和财产清单后，拟定提出清算方案，报股东会讨论通过或者主管机关确认。清算方案的主要内容有：清算费用、应支付的职工工资和劳动保险费、应缴纳的税款、清偿公司债务、分配剩余财产、终结清算工作。

在清算进行完以后，公司才能进行注销。

（二）登记

公司注销过程需要分别去以下 7 个部门或机构办理相应账户注销：

1. 社保局。核查是否有未缴清社保费用，然后注销公司社保账号。

2. 税务局。核查是否有未缴清税款或费用，然后注销公司的税务登记。

3. 报纸媒体。公司需自行登报公示，宣告公司即将注销。

4. 工商局。办理公司注销备案，注销营业执照。

5. 开户行。注销公司开户许可证和银行基本户等其他账户。

6. 质监局。到质监局注销公司的许可证，例如生产许可证。

7. 公安机关。注销公司印章的法律效应。

完成工作

请选择下列哪些属于公司注销过程中需办理相关手续的部门？

□社保局　　□税务局
□报纸媒体　　□工商局
□民政局　　□开户行
□质监局　　□公安机关
□市政府

扫码查看答案

子任务二　核算企业注销业务

工作任务

2019 年 12 月 30 日，武汉众科电子有限公司将清算过程中发生的各项费用汇总报销（凭证号：012、013）。

图表 1－3－1

湖北增值税专用发票

4200151140　　№ 17539413　4200151140　17539413

发票联

机器编号：982888812388　　开票日期：2019年12月30日

购买方	名　　称：武汉众科电子有限公司 纳税人识别号：91420103524658761F 地 址、电 话：武汉市洪山区高新大道10号027-98771066 开户行及账号：工商银行武汉市洪山区支行6215581810004608805			密码区	172312-4-275〈1+46*54* 82*59* 181321〉〈8182*59*09618153〈/ 〈4〈3*2702-9〉9*+153〈/0 〉2-3 *08/4〉*〉〉2-3*0/9/〉〉25-275〈1		
货物或应税劳务、服务名称	规格型号	单位	数 量	单 价	金 额	税率	税 额
*鉴证咨询服务*清算			1	5,000.00	5,000.00	6%	300.00
合　　计					¥5,000.00		¥300.00
价税合计（大写）	⊗ 伍仟叁佰元整				（小写）¥5,300.00		
销售方	名　　称：武汉市公正会计事务所 纳税人识别号：91420112714573257H 地 址、电 话：武汉市东西湖区五环大道46号融园国际1室027-99656541 开户行及账号：工商银行武汉市东西湖区支行622877554273876531			备注	校验码 52118 02817 08248 65199		

收款人：赵华　　复核：李丽　　开票人：赵华　　销售方：（章）

税总函［2016］××号×××公司

第三联：发票联　购买方记账凭证

知识准备

清算会计是对被宣告解散企业各项清算业务进行反映和监督，向有关债权人、投资人及政府主管部门披露企业的财务状况、清算过程和结果等会计信息的一种专门会计。

企业清算账务处理的步骤为：编制解散的资产负债表；核算清算费用；核算变卖财产物资的损益；核算及收回账面债权，清偿债务及损益；核算弥补以前年度亏损；核算剩余财产及其分配；编制清算损益表，清算结束的资产负债表。

清算组成员的各类报酬及财产变卖，债权债务处理过程发生的一切费用属于清算费用。支付清算费用时借记“清算费用”科目，贷记“银行存款”“应收票据”等相关科目；结转清算费用时借记“清算损益”科目，贷记“清算费用”科目。

【例1-2】 武汉永鑫电子有限公司2019年11月30日发生企业注销期间相关费用如下：清算人员薪酬2 000元，办公费500元，注销登记费2 000元。

武汉永鑫电子有限公司作如下账务处理：

借：清算费用　　4 500

　　贷：银行存款　　4 500

借：清算损益　　4 500

　　贷：清算费用　　4 500

工作步骤

图表1-3-2

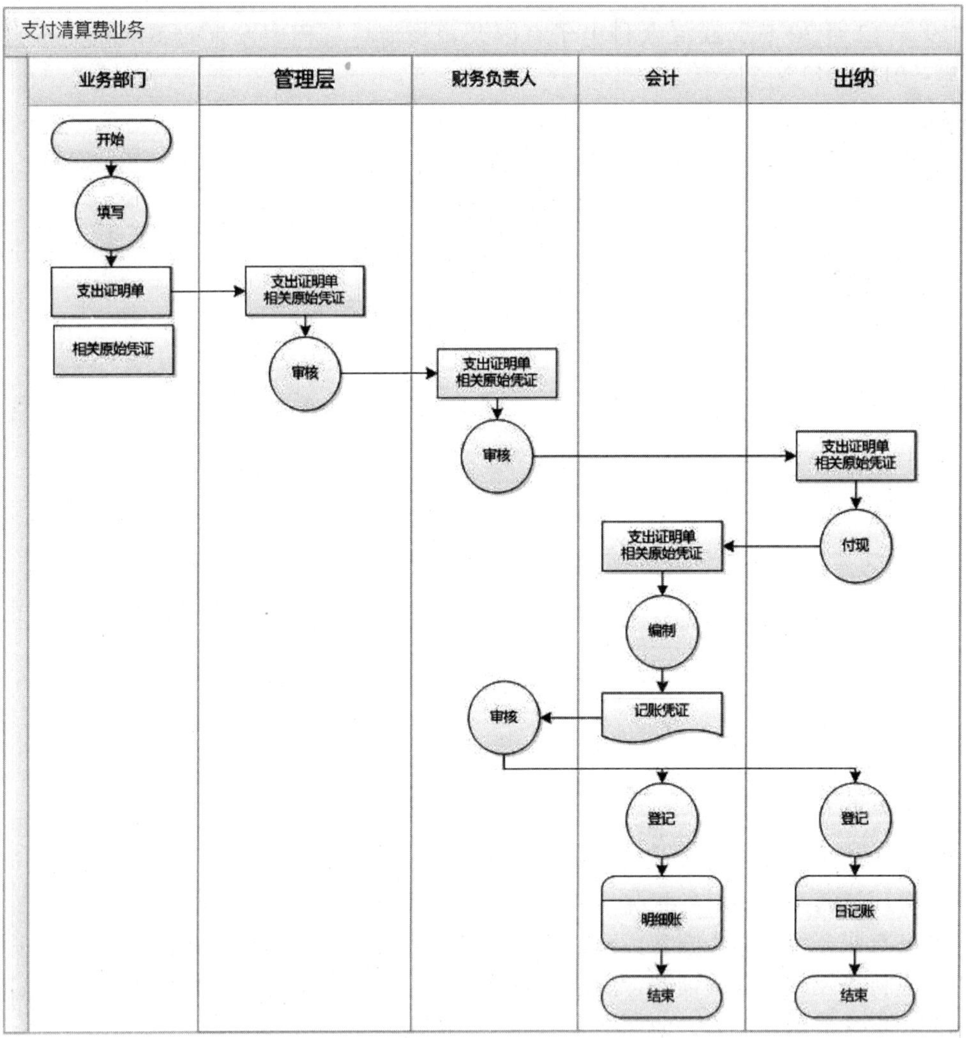

完成工作

图表 1-3-3

记 账 凭 证

年 月 日　　　　字第　　号

摘要	会计科目		借方金额											贷方金额											记账√
	总账科目	明细科目	亿	千	百	十	万	千	百	十	元	角	分	亿	千	百	十	万	千	百	十	元	角	分	
合计																									

附单据　　张

会计主管：　　记账：　　出纳：　　复核：　　制单：

图表 1-3-4

记 账 凭 证

年 月 日　　　　字第　　号

摘要	会计科目		借方金额											贷方金额											记账√
	总账科目	明细科目	亿	千	百	十	万	千	百	十	元	角	分	亿	千	百	十	万	千	百	十	元	角	分	
合计																									

附单据　　张

会计主管：　　记账：　　出纳：　　复核：　　制单：

扫码查看答案

工作总结

图表 1－3－5　　注销企业

注销企业流程	一、清算 1. 成立清算组。 2. 展开清算工作。 3. 通知债权人申报债权。 4. 提出清算方案。 二、登记 1. 社保局。 2. 税务局。 3. 报纸媒体。 4. 工商局。 5. 开户行。 6. 质监局。 7. 公安机关。
清算费业务	借：清算费用 　贷：银行存款 借：清算损益 　贷：清算费用

图表 1－3－6　　工作评价与反馈

项目		任务完成程度		
		全部完成	部分完成	未完成
自我评价	子任务一			
	子任务二			
任务完成心得				
存在的问题				
教师评价				

项目二　核算资金筹集及对外投资业务

任务导学

企业要经营，就必须要有一定的资金，就需要筹集资金。企业资金筹集就是指企业从不同渠道取得资金。目前我国企业的资金来源主要是企业所有者投入和企业债权人借入。从企业所有者处筹集的资金即所有者投资，通常称之为实收资本；从企业债权人处筹集的资金，属于企业的负债，如短期借款、长期借款等。企业在正常的生产经营之外，为了更有效地利用暂时闲置的资金，提高资金的使用效率，以获取更大的经济利益，而将现金、实物资产让渡给其他单位或个人而获得股票、债权、期货等，从而形成企业的各种投资。投资按照投资对象的可变现性和投资目的分类，分为交易性金融资产、长期股权投资等。

学习目标

认知目标： 知晓资金筹集和对外投资的含义；明确筹集资金的性质；能对资金筹集及对外投资业务进行准确核算。

情感目标： 通过资金筹集及对外投资业务处理，培养学生全面思考的能力及谨慎的业务态度。

技能目标： 能选择适合企业的筹资渠道和方法，能正确办理投资者投入资本业务、借款业务及对外投资业务，并进行账务处理。

任务一　核算投资者投入资本业务

情景导入

编号：096216992

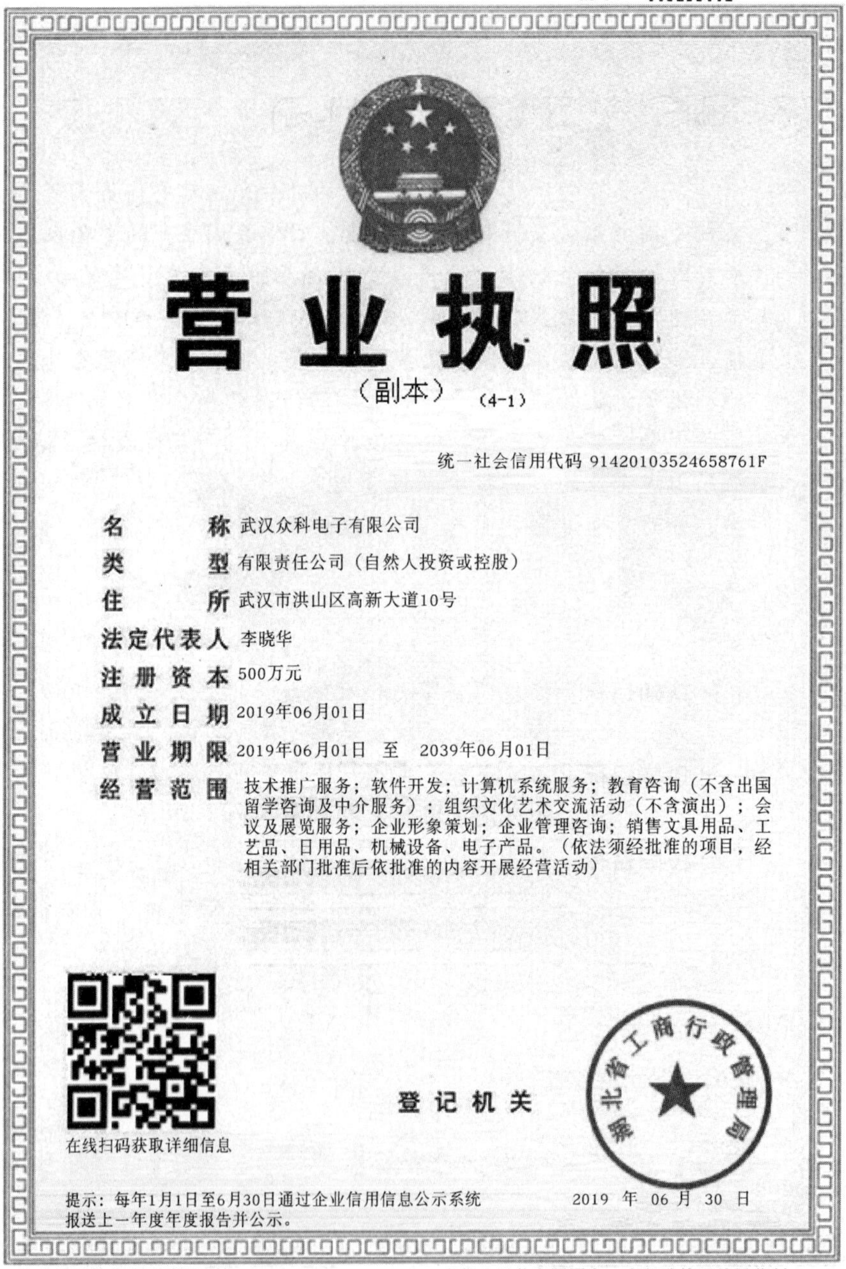

营业执照

（副本）　（4-1）

统一社会信用代码 91420103524658761F

名　　称 武汉众科电子有限公司

类　　型 有限责任公司（自然人投资或控股）

住　　所 武汉市洪山区高新大道10号

法定代表人 李晓华

注册资本 500万元

成立日期 2019年06月01日

营业期限 2019年06月01日　至　2039年06月01日

经营范围 技术推广服务；软件开发；计算机系统服务；教育咨询（不含出国留学咨询及中介服务）；组织文化艺术交流活动（不含演出）；会议及展览服务；企业形象策划；企业管理咨询；销售文具用品、工艺品、日用品、机械设备、电子产品。（依法须经批准的项目，经相关部门批准后依批准的内容开展经营活动）

在线扫码获取详细信息

登记机关　湖北省工商行政管理局

2019 年 06 月 30 日

提示：每年1月1日至6月30日通过企业信用信息公示系统报送上一年度年度报告并公示。

企业信用信息公示系统网址：gymy.baic.gov.cn　　中华人民共和国国家工商行政管理总局监制

资金是企业的血液，筹集资金是企业开展生产经营活动的首要环节。那么可以通过什么方式来为公司筹集资金呢？

任务要求

了解投资者投入资本的方式，知晓接受投资的业务处理流程，学会接受投资业务账务处理。

子任务一 核算接受货币资产投资业务

工作任务

2019 年 4 月 15 日，武汉众科电子有限公司收到货币投资。请根据相关单据编制记账凭证（凭证号：012）。

图表 2－1－1

投资协议书

（ 2019 ）第 1 号文

投资单位(甲方)	武汉众科电子有限公司	投资单位(乙方)	武汉凯德实业有限公司
地址	武汉市洪山区高新大道10号	地址	武汉市江汉区发展大道108号2楼3号
账号	6215581810004608805	账号	6215581811232609812
开户银行	工商银行武汉市洪山区支行	开户银行	工商银行武汉市江汉区支行
投资金额	人民币(大写) 壹佰万元整		
协议条款	根据中华人民共和国法律、法规的相关规定，甲、乙双方本着互惠互利的原则，就乙方以银行存款投资甲方一事，经过友好协商，现达成一致协议如下： 一、乙方以银行存款435,000.00元，原材料6层沉金阻抗板#01含税价565,000.00元，合计1,000,000.00元作为出资。 投资后占武汉众科电子有限公司注册资本（伍佰万元整）20%的份额。 二、违约责任：甲、乙双方任何一方的行为造成损失的，由责任方负责一切损失。 三、协议的变更和终止：投资行为违反有关法律、法规而依法被终止； 出现不可预测因素致使本协议无法继续运作，乙方有权终止协议；如达到终止条件的，可以提前终止本协议。 四、争议的解决：凡因执行本协议所发生的或与本协议有关的一切争议，双方通过友好协商解决； 协商不成时，可向相关仲裁机构申请仲裁或向签署地人民法院提起诉讼 五、其他：协议未尽事宜由双方共同协商一致后，另行签订补充协议。 本协议经双方当事人签字盖章后生效。本协议一式两份，双方各执一份。 （印章：武汉众科电子有限公司 合同专用章）（印章：李晓印）（印章：武汉凯德实业有限公司 合同专用章）（印章：薛海丽印） 甲方签章： 乙方签章： 日期： 贰零壹玖年零肆月壹拾伍日 日期： 贰零壹玖年零肆月壹拾伍日		

图表 2－1－2

投资协议书

（ 2019 ）第 2 号文

投资单位(甲方)	武汉众科电子有限公司	投资单位(乙方)	武汉瑞源实业有限公司
地址	武汉市洪山区高新大道10号	地址	武汉市江夏区金口街南岸一村社区
账号	6215581810004608805	账号	6215582111232609121
开户银行	工商银行武汉市洪山区支行	开户银行	工商银行武汉市中山大道支行
投资金额	人民币(大写) 贰佰万元整		
协议条款	根据中华人民共和国法律、法规的相关规定，甲、乙双方本着互惠互利的原则，就乙方以银行存款投资甲方一事，经过友好协商，现达成一致协议如下： 一、乙方以银行存款2,000,000.00元。投资后占武汉众科电子有限公司注册资本（伍佰万元整）40%的份额。 二、违约责任 甲、乙双方任何一方的行为造成损失的，由责任方负责一切损失。 三、协议的变更和终止 投资行为违反有关法律、法规而依法被终止； 出现不可预测因素致使本协议无法继续运作，乙方有权终止协议； 如达到终止条件的，可以提前终止本协议。 四、争议的解决 凡因执行本协议所发生的或与本协议有关的一切争议，双方通过友好协商解决，协商不成的，可向相关仲裁机构申请仲裁或向签署地人民法院提起诉讼。 五、其他 协议未尽事宜由双方共同协商一致后，另行签订补充协议。 本协议经双方当事人签字盖章后生效。本协议一式两份，双方各执一份。 甲方签章： 乙方签章： 日期：贰零壹玖年零肆月壹拾伍日 日期：贰零壹玖年零肆月壹拾伍日		

图表 2－1－3

投资协议书

（ 2019 ）第 3 号文

投资单位(甲方)	武汉众科电子有限公司	投资单位(乙方)	武汉昌盛实业有限公司
地址	武汉市洪山区高新大道10号	地址	武汉市江汉区发展大道299号
账号	6215581810004608805	账号	6217002870034889186
开户银行	工商银行武汉市洪山区支行	开户银行	建设银行武汉市江汉区支行
投资金额	人民币(大写) 贰佰万元整		
协议条款	根据中华人民共和国法律、法规的相关规定，甲、乙双方本着互惠互利的原则，就乙方以银行存款、6层沉金阻抗板#02、耳机生产工艺专利权及一台机床投资甲方一事，经过友好协商，现达成一致协议如下： 一、乙方以银行存款1,000.00元，6层沉金阻抗板#02含税价565,000.00元，耳机生产工艺专利权含税价530,000.00元，机床一台，含税价904,000.00元，合计2,000,000.00元作为出资。投资后占武汉众科电子有限公司注册资本（伍佰万元整）40%的份额。 二、违约责任：甲、乙双方任何一方的行为造成损失的，由责任方负责一切损失。 三、协议的变更和终止：投资行为违反有关法律、法规而依法被终止；出现不可预测因素致使本协议无法继续运作，乙方有权终止协议；如达到终止条件的，可以提前终止本协议。 四、争议的解决：凡因执行本协议所发生的或与本协议有关的一切争议，双方通过友好协商解决，协商不成的，可向相关仲裁机构申请仲裁或向签署地人民法院提起诉讼。 五、其他：协议未尽事宜由双方共同协商一致后，另行签订补充协议；本协议经双方当事人签字盖章后生效。本协议一式两份，双方各执一份。 甲方签章： 乙方签章： 日期：贰零壹玖年零肆月壹拾伍日 日期：贰零壹玖年零肆月壹拾伍日		

图表 2－1－4

公司股东（发起人）出资信息

股东（发起人）名称或姓名	证件名称	证件号码	认缴			持股比例（%）	实缴			备注
			出资额（元）	出资方式	出资时间		出资额（元）	出资方式（%）	出资时间	
武汉瑞源实业有限公司			2,000,000.00	货币	2019.04.15	40.00	2,000,000.00	40.00	2019.04.15	A
武汉凯德实业有限公司			565,000.00	实物	2019.04.15	11.30	565,000.00	11.30	2019.04.15	A
武汉凯德实业有限公司			435,000.00	货币	2019.04.15	8.70	435,000.00	8.70	2019.04.15	A
武汉昌盛实业有限公司			565,000.00	实物	2019.04.15	11.30	565,000.00	11.30	2019.04.15	A
武汉昌盛实业有限公司			904,000.00	实物	2019.04.15	18.08	904,000.00	18.08	2019.04.15	A
武汉昌盛实业有限公司			530,000.00	知识产权	2019.04.15	10.60	530,000.00	10.60	2019.04.15	A
武汉昌盛实业有限公司			1,000.00	货币	2019.04.15	0.04	1,000.00	0.04	2019.04.15	A

注：1. 根据公司章程的规定及实际出资情况的填写，本页填写不下的可以附纸填写。
2. “备注”栏填写下述字母：A. 企业法人；B. 社会团体法人；C. 事业法人；D. 国务院、地方人民政府；E. 自然人；F. 外商投资企业；G. 其他。
3. 出资方式填写：货币、实物、知识产权、土地使用权、其他。

图表 2－1－5

中国工商银行 电子汇划收款 回单

2019 年 04 月 15 日　　流水号：751981428421998

付款人			收款人		
付款人	全　称	武汉瑞源实业有限公司	收款人	全　称	武汉众科电子有限公司
	账　号	6215582111232609121		账　号	6215581810004608805
	开户银行	工商银行武汉市中山大道支行		开户银行	工商银行武汉市洪山区支行
金　额		人民币（大写） 贰佰万元整			¥2,000,000.00
用　途		投资款			

备注：

汇划日期：2019-04-15　　汇划流水号：751981428421998

汇出行行号：102521000159　　原凭证种类：

原凭证号码：　　原凭证金额：¥2,000,000.00

汇款人地址：武汉市江夏区金口街南岸一村社区

收款人地址：武汉市洪山区高新大道10号

实际收款人账号：6215581810004608805

实际收款人名称：武汉众科电子有限公司

工商银行武汉市洪山区支行 回单专用章 银行盖章

图表 2－1－6

中国工商银行 电子汇划收款 回单

2019 年 04 月 15 日　　流水号：751981428421998

付款人			收款人		
付款人	全　称	武汉凯德实业有限公司	收款人	全　称	武汉众科电子有限公司
	账　号	6215581811232609812		账　号	6215581810004608805
	开户银行	工商银行武汉市江汉区支行		开户银行	工商银行武汉市洪山区支行
金　额		人民币（大写） 肆拾叁万伍仟元整			¥435,000.00
用　途		投资款			

备注：

汇划日期：2019-04-15　　汇划流水号：751981428421998

汇出行行号：102521000118　　原凭证种类：

原凭证号码：　　原凭证金额：¥435,000.00

汇款人地址：武汉市江汉区发展大道108号2楼3号

收款人地址：武汉市洪山区高新大道10号

实际收款人账号：6215581810004608805

实际收款人名称：武汉众科电子有限公司

工商银行武汉市洪山区支行 回单专用章 银行盖章

图表 2－1－7

中国工商银行电子汇划收款 回单

2019 年 04 月 15 日　　　　流水号：751981428421998

付款人	全　称	武汉昌盛实业有限公司	收款人	全　称	武汉众科电子有限公司
	账　号	6217002870034889186		账　号	6215581810004608805
	开户银行	建设银行武汉市江汉区支行		开户银行	工商银行武汉市洪山区支行
金额		人民币（大写）　壹仟元整			¥1,000.00
用途		投资款			

备注：

汇划日期：2019-04-15　　　　汇划流水号：751981428421333

汇出行行号：105521000391　　　　原凭证种类：

原凭证号码：　　　　原凭证金额：¥1,000.00

汇款人地址：武汉市江汉区发展大道299号

收款人地址：武汉市洪山区高新大道10号

实际收款人账号：6215581810004608805

实际收款人名称：武汉众科电子有限公司

（印章：工商银行武汉市洪山区支行 回单专用章 银行盖章）

知识准备

实收资本，是指企业按照章程规定或合同、协议约定，接受投资者投入企业的资本。实收资本的构成比例或股东的股份比例，是确定所有者在企业所有者权益中份额的基础，也是企业进行利润或股利分配的主要依据。

我国《公司法》规定，股东可以用货币出资，也可以用实物、知识产权、土地使用权等可以用货币估价、并可以依法转让的非货币财产作价出资，但是，法律、行政法规规定不得作为出资的财产除外。股东应当按期足额缴纳公司章程中规定的各自所认缴的出资额。股东以货币出资的，应当将货币出资足额存入有限责任公司在银行开设的账户。股东不按照规定缴纳出资的，除应当向公司足额缴纳外，还应当向已按期足额缴纳出资的股东承担违约责任。企业收到所有者投入企业的资本后，应根据有关原始凭证（如投资清单、银行通知单等），区分不同的出资方式进行会计处理。

企业接受现金资产投资时，应以实际收到的金额或存入企业开户银行的金额，借记“银行存款”等科目，按投资合同或协议约定的投资者在企业注册资本中所占份额的部分，贷记“实收资本”科目，企业实际收到或存入开户银行的金额超过投资者在企业注册资本中所占份额的部分，贷记“资本公积——资本溢价”科目。

【例 2－1】 2019 年 4 月 13 日，武汉永鑫电子有限公司作为有限责任公司成立，由甲、乙、丙、丁四人共同出资，公司注册资本为 6 000 000 元，其中，甲、乙、丙、丁的持股比例分别为 40%、30%、20% 和 10%，当日，所有的投资都已经一次性存入相关银行账户。

武汉永鑫电子有限公司作如下账务处理：

借：银行存款	6 000 000	
贷：实收资本——甲		2 400 000
——乙		1 800 000
——丙		1 200 000
——丁		600 000

【例2-2】 2019年4月1日，武汉永鑫电子有限公司作为有限责任公司成立，由甲、乙、丙三人共同出资，公司注册资本为2 200 000元，其中，甲、乙、丙的持股比例分别为50%、30%、20%。2019年7月1日，由于企业发展形势良好，为了扩大生产经营规模，当日，所有的投资者甲、乙、丙三人决定新增注册资本700 000元，且全部由丁投资者用银行存款投入，丁投资者实际出资800 000元。

武汉永鑫电子有限公司作如下账务处理：

借：银行存款　　800 000

　　贷：实收资本——丁　　700 000

　　　　资本公积——资本溢价　　100 000

知识充电器

《企业会计准则第19号——外币折算》应用指南：

企业收到投资者以外币投入的资本，应当采用交易发生日即期汇率折算，不得采用合同约定汇率和即期汇率的近似汇率折算，外币投入资本与相应的货币性项目的记账本位币金额之间不产生外币资本折算差额。

工作步骤

图表2-1-8

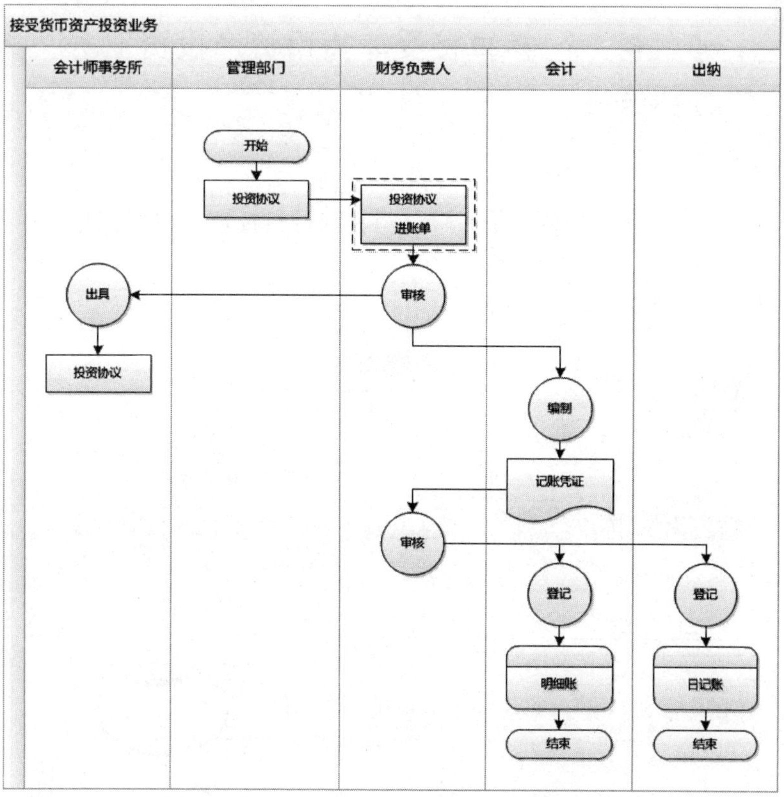

完成工作

图表 2-1-9

记 账 凭 证

年　月　日　　　　字第　　号

摘要	会计科目		借方金额											贷方金额											记账√
	总账科目	明细科目	亿	千	百	十	万	千	百	十	元	角	分	亿	千	百	十	万	千	百	十	元	角	分	
	合计																								

附单据　　张

会计主管：　　记账：　　出纳：　　复核：　　制单：

扫码查看答案　　　　练一练

子任务二　核算接受非货币资产投资业务

工作任务 1

2019 年 4 月 15 日，武汉众科电子有限公司收到材料投资。请根据相关单据编制记账凭证（凭证号：043）。

图表 2-1-10

4200151140　　**湖北增值税专用发票**　　№ 99769216　4200151140　99769216

发票联

机器编号：982888812388　　开票日期：2019年04月15日

购买方　名称：武汉众科电子有限公司
纳税人识别号：91420103524658761F
地址、电话：武汉市洪山区高新大道10号027-98771066
开户行及账号：工商银行武汉市洪山区支行6215581810004608805

密码区：172312-4-275〈1+46*54* 82*59* 181321〉〈8182*59*09618153〈/ 〈4〈3*2702-9〉9*+153〈/0 〉2-3 *08/4〉*〉〉2-3*0/9/〉〉25-275〈1

货物或应税劳务、服务名称	规格型号	单位	数量	单价	金额	税率	税额
*印制电路板*6层沉金阻抗板	#01	个	10,000	50.00	500,000.00	13%	65,000.00
合计					¥500,000.00		¥65,000.00

价税合计（大写）⊗伍拾陆万伍仟元整　（小写）¥565,000.00

销售方　名称：武汉凯德实业有限公司
纳税人识别号：91420103303419517R
地址、电话：武汉市江汉区发展大道108号2楼3号027-89214211
开户行及账号：工商银行武汉市江汉区支行6215581811232609812

备注：校验码 52118 [redacted]

（印章：武汉凯德实业有限公司 91420103303419517R 发票专用章）

收款人：　　复核：　　开票人：刘强　　销售方：（章）

税总函[2016]××号×××公司

第三联：发票联　购买方记账凭证

图表 2－1－11

入　库　单

2019 年 04 月 15 日　　　　单号 045987

交来单位或部门	武汉凯德实业有限公司	发票号码或生产单号码	99769216	验收仓库	原料库	入库日期	2019-04-15

编号	名称及规格	单位	数量		实际价格		计划价格		价格差异
			交库	实收	单价	金额	单价	金额	
01	6层沉金阻抗板#01	个	10000	10000	50.00	500,000.00			
合计			10000	10000		¥500,000.00			

部门经理：张学平　　会计：王薇　　仓库：周帅　　经办人：马秀

图表 2－1－12

税总函［2016］××号××××公司

湖北增值税专用发票

4200151140　　№ 39465855　4200151140　39465855

发票联

机器编号：982888812388　　开票日期：2019年04月15日

购买方	名　　称：武汉众科电子有限公司 纳税人识别号：91420103524658761F 地址、电话：武汉市洪山区高新大道10号027-98771066 开户行及账号：工商银行武汉市洪山区支行6215581810004608805	密码区	172312-4-275〈1+46*54* 82*59* 181321〉〈8182*59*09618153〈/ 〈4〈3*2702-9〉9*+153〈/0 〉2-3 *08/4〉*〉〉2-3*0/9/〉〉25-275〈1

货物或应税劳务、服务名称	规格型号	单位	数量	单价	金额	税率	税额
*印制电路板*6层沉金阻抗板	#02	个	12500	40.00	500,000.00	13%	65,000.00
合计					¥500,000.00		¥65,000.00
价税合计（大写）	⊗ 伍拾陆万伍仟元整				（小写）¥565,000.00		

销售方	名　　称：武汉昌盛实业有限公司 纳税人识别号：914201007218715450 地址、电话：武汉市江汉区发展大道299号027-67511832 开户行及账号：建设银行武汉市江汉区支行6217002870034889186	备注	校验码 52118 02817 08248 65199

收款人：　　复核：　　开票人：王方　　销售方：（章）

第三联：发票联　购买方记账凭证

图表 2－1－13

入　库　单

2019 年 04 月 15 日　　　　单号 045988

交来单位或部门	武汉昌盛实业有限公司	发票号码或生产单号码	39465855	验收仓库	原料库	入库日期	2019-04-15

编号	名称及规格	单位	数量		实际价格		计划价格		价格差异
			交库	实收	单价	金额	单价	金额	
01	6层沉金阻抗板#02	个	12500	12500	40.00	500,000.00			
合计			12500	12500		¥500,000.00			

部门经理：张学平　　会计：王薇　　仓库：周帅　　经办人：马秀

知识准备1

企业应当对作为出资的非货币财产评估作价，核实财产，不得高估或者低估作价。法律、行政法规对评估作价有规定的，从其规定。以非货币财产出资的，应当依法办理其财产权的转移手续。

企业接受投资者作价投入的材料物资，应按投资合同或协议约定的价值（不公允的除外）作为材料物资的入账价值，按投资合同或协议约定的投资者在企业注册资本或股本中所占份额的部分作为实收资本或股本入账，投资合同或协议约定的价值（不公允的除外）超过投资者在企业注册资本或股本中所占份额的部分，计入资本公积（资本溢价或股本溢价）。

企业取得投资者投入的原材料，应当按照评估价值，借记“原材料”科目，按照其在注册资本中所占的份额，贷记“实收资本”科目，按照其差额，贷记或借记“资本公积”科目。涉及增值税进项税额的，还应借记“应交税费——应交增值税（进项税额）”科目。

【例2-3】 武汉永鑫电子有限公司2019年4月10日接受安华公司投入的原材料一批，该原材料评估价值为200 000元，取得的增值税专用发票上注明的增值税税额为26 000元。

武汉永鑫电子有限公司作如下账务处理：

借：原材料　　200 000

　　应交税费——应交增值税（进项税额）　　26 000

　　贷：实收资本——安华公司　　150 000

　　　　资本公积——资本溢价　　76 000

工作步骤1

图表2-1-14

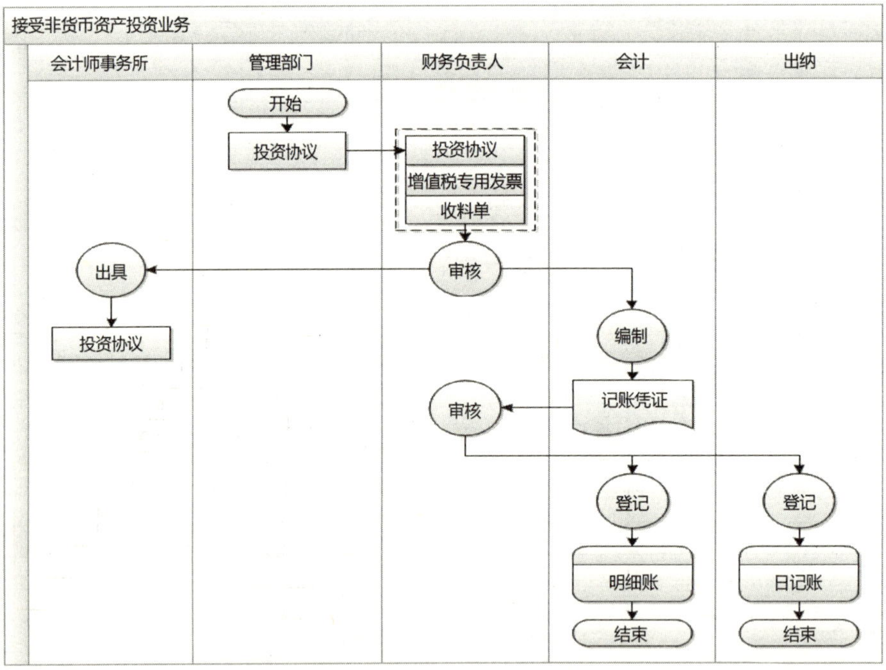

完成工作 1

图表 2－1－15

记　账　凭　证

年　　月　　日　　　　　　　　字第　　　　号

摘　要	会计科目		借方金额											贷方金额											记账√
	总账科目	明细科目	亿	千	百	十	万	千	百	十	元	角	分	亿	千	百	十	万	千	百	十	元	角	分	
合　计																									

附单据　　张

会计主管：　　　　记账：　　　　出纳：　　　　复核：　　　　制单：

扫码查看答案

工作任务 2

2019 年 4 月 15 日，武汉众科电子有限公司收到设备投资。请根据相关单据编制记账凭证（凭证号：056）。

图表 2－1－16

湖北增值税专用发票

4200151140　　　　№ 17603239　4200151140　17603239

发票联

机器编号：982888812388　　　　开票日期：2019年04月15日

购买方	名　　称：武汉众科电子有限公司 纳税人识别号：91420103524658761F 地址、电话：武汉市洪山区高新大道10号027-98771066 开户行及账号：工商银行武汉市洪山区支行6215581810004608805	密码区	172312-4-275〈1+46*54* 82*59* 181321〉〈8182*59*09618153〈/ 〈4〈3*2702-9〉9*+153〈/0〉2-3 *08/4〉*〉〉2-3*0/9/〉〉25-275〈1

货物或应税劳务、服务名称	规格型号	单位	数量	单价	金额	税率	税额
*组合机床*机床		台	1	800,000.00	800,000.00	13%	104,000.00
合　计					¥800,000.00		¥104,000.00
价税合计（大写）	⊗ 玖拾万肆仟元整				（小写）¥904,000.00		

销售方	名　　称：武汉昌盛实业有限公司 纳税人识别号：91420100721871545Q 地址、电话：武汉市江汉区发展大道299号027-67511832 开户行及账号：建设银行武汉市江汉区支行6217002870034889186	备注	校验码 52118 02817 08248 65199

收款人：　　　　复核：　　　　开票人：王方　　　　销售方：（章）

武汉昌盛实业有限公司　91420100721871545Q　发票专用章

第三联：发票联　购买方记账凭证

税总函[2016]××号×××公司

图表 2－1－17

固定资产验收单

公司名称：武汉众科电子有限公司

资产编号	101004	资产名称	*组合机床*机床		
规格(编号)		资产代码	004	管理人	张君
计量单位	台	单价(元)	¥800,000.00	金额(元)	¥800,000.00
出厂日期	年 月 日	购置日期	2019 年 04 月 15 日		
生产厂家		安装地点	武汉市洪山区高新大道10号		
附件情况					
固定资产验收情况说明： 验收合格					
验收确认： 合格 验收日期： 2019 年 04 月 15 日					
管理部门负责人签字：吴金星					
公司总经理签字：李晓华					

注：此表一式三份，使用部门、保管部门、财务部门各一份。

知识准备 2

企业接受投资者作价投入的房屋、建筑物、机器设备等固定资产，应按投资合同或协议约定的价值（不公允的除外）作为固定资产的入账价值，按投资合同或协议约定的投资者在企业注册资本或股本中所占份额的部分作为实收资本或股本入账，投资合同或协议约定的价值（不公允的除外）超过投资者在企业注册资本或股本中所占份额的部分，计入资本公积（资本溢价或股本溢价）。如果涉及相关税费的，还应按照税法规定进行相应会计处理。

企业取得投资者投入的固定资产，应当按照评估价值和相关税费，借记“固定资产”科目或“在建工程”科目，贷记“实收资本”“资本公积”科目。涉及增值税进项税额的，还应借记“应交税费——应交增值税（进项税额）”科目。

【例 2 -4】　武汉永鑫电子有限公司收到安华公司投入的不需要安装的设备一台，该设备评估价值和相关税费价值为 200 000 元，取得的增值税专用发票上注明的增值税税额为 26 000元。

武汉永鑫电子有限公司作如下账务处理：

借：固定资产　　200 000

　　应交税费——应交增值税（进项税额）　　26 000

　　贷：实收资本——安华公司　　150 000

　　　　资本公积——资本溢价　　76 000

工作步骤 2

图表 2 -1 -18

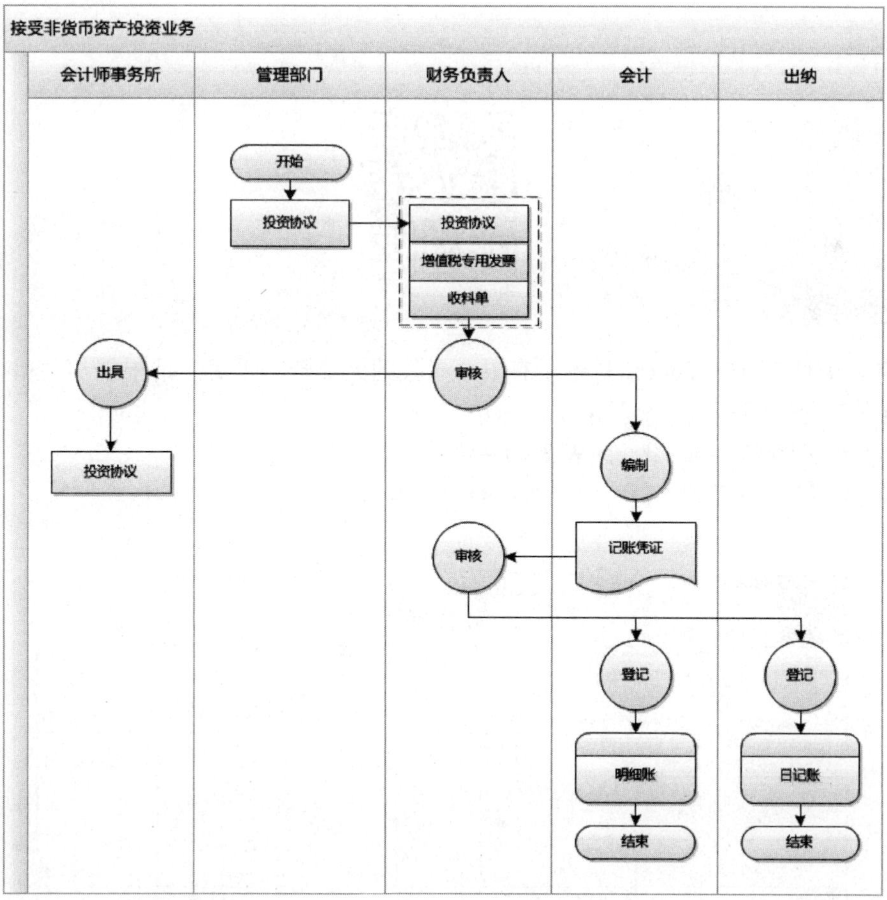

完成工作 2

图表 2－1－19

记　账　凭　证

年　　月　　日　　　　　　　　　　字第　　　　号

摘要	会计科目		借方金额										贷方金额										记账
	总账科目	明细科目	亿	千	百	十	万	千	百	十	元	角	分	亿	千	百	十	万	千	百	十	元	角	分	√
合　计																									

附单据　　张

会计主管：　　记账：　　出纳：　　复核：　　制单：

扫码查看答案

工作任务 3

2019 年 4 月 21 日，武汉众科电子有限公司收到无形资产投资。请根据相关单据编制记账凭证（凭证号：088）。

原始凭证见图表 2－1－3、图表 2－1－4。

图表 2－1－20

湖北增值税专用发票

4200151140　　　　№ 88411861　4200151140　88411861

发票联

机器编号：982888812388　　　　开票日期：2019年04月21日

购买方	名称：武汉众科电子有限公司 纳税人识别号：91420103524658761F 地址、电话：武汉市洪山区高新大道10号027-98771066 开户行及账号：工商银行武汉市洪山区支行6215581810004608805	密码区	172312-4-275〈1+46*54* 82*59* 181321〉〈8182*59*09618153〈/ 〈4〈3*2702-9〉9*+153〈/0〉2-3 *08/4〉*〉〉2-3*0/9/〉〉25-275〈1

货物或应税劳务、服务名称	规格型号	单位	数量	单价	金额	税率	税额
*专利技术*耳机生产工艺专利权			1	500,000.00	500,000.00	6%	30,000.00
合　计					¥500,000.00		¥30,000.00
价税合计（大写）	⊗伍拾叁万元整				（小写）¥530,000.00		

销售方	名称：武汉昌盛实业有限公司 纳税人识别号：914201007218715450Q 地址、电话：武汉市江汉区发展大道299号027-67511832 开户行及账号：建设银行武汉市江汉区支行6217002870034889186	备注	校验码 52118 02517 08248 65199

收款人：　　复核：　　开票人：王方　　销售方：（章）

税总函［2016］××号×××公司

第三联：发票联　购买方记账凭证

知识准备 3

企业收到以无形资产方式投入的资本，应按投资合同或协议约定的价值（不公允的除外）作为无形资产的入账价值，按投资合同或协议约定的投资者在企业注册资本或股本中所占份额的部分作为实收资本或股本入账，技资合同或协议约定的价值（不公允的除外）超过投资者在企业注册资本或股本中所占份额的部分，计入资本公积（资本溢价或股本溢价）。如果涉及相关税费的，还应按照税法规定进行相应会计处理。

企业收到投资者投入的无形资产，应当按照评估价值和相关税费，借记“无形资产”科目，贷记“实收资本”“资本公积”科目。涉及增值税进项税额的，还应借记“应交税费——应交增值税（进项税额）”科目。

【例 2－5】 武汉永鑫电子有限公司接受安华公司投入一项非专利技术，投资评估确认的价值为 200 000 元，取得的增值税专用发票上注明的增值税税额为 12 000 元，假设不考虑其他因素。武汉众科电子有限公司作如下账务处理：

借：无形资产——非专利技术　　200 000

　　应交税费——应交增值税（进项税额）　　12 000

　　贷：实收资本——安华公司　　212 000

工作步骤 3

图表 2－1－21

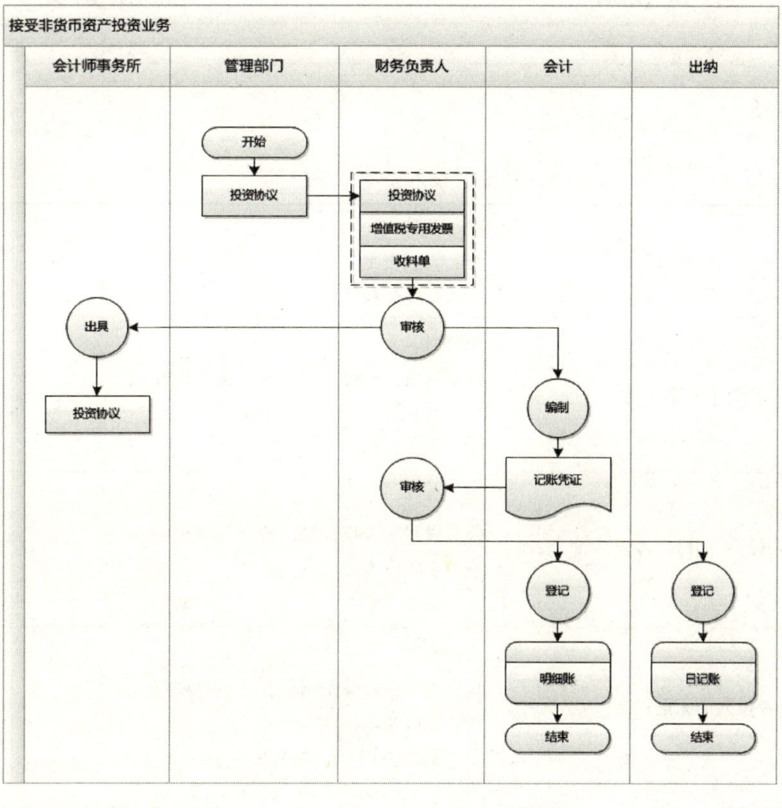

完成工作 3

图表 2 -1 -22

记 账 凭 证

年 月 日 字第 号

摘要	会计科目		借方金额											贷方金额											记账
	总账科目	明细科目	亿	千	百	十	万	千	百	十	元	角	分	亿	千	百	十	万	千	百	十	元	角	分	√
	合计																								

附单据 张

会计主管： 记账： 出纳： 复核： 制单：

扫码查看答案

练一练

工作总结

图表 2 -1 -23 **投资者投入资本业务核算**

收到投资者投入的货币资产	借：银行存款 贷：实收资本 资本公积
收到投资者投入的原材料	借：原材料 应交税费——应交增值税（进项税额） 贷：实收资本 资本公积
收到投资者投入的固定资产	借：固定资产 应交税费——应交增值税（进项税额） 贷：实收资本 资本公积
收到投资者投入的无形资产	借：无形资产 应交税费——应交增值税（进项税额） 贷：实收资本 资本公积

图表 2－1－24　　工作评价与反馈

项目		任务完成程度		
		全部完成	部分完成	未完成
自我评价	子任务一			
	子任务二			
任务完成心得				
存在的问题				
教师评价				

任务二　核算借入资金业务

情景导入

借入资金，是指企业通过负债方式从资金提供者那里取得的资金，又称作债务资金，是自有资金的对称。企业为维持其正常的生产经营活动，需要拥有或控制一系列必要的资源，这些资源从来源来看，无外乎来自两个方面：（1）投资者提供或企业经营所得；（2）债权人提供。债权人提供的资源，就形成了企业的负债。

任务要求

了解借入资金的渠道和方式，知晓长期借款和短期借款的办理流程，学会借入资金业务账务处理。

子任务一　核算短期借款业务

工作任务 1

2019 年 5 月 10 日，武汉众科电子有限公司向银行借入借款。请根据相关单据编制记账凭证（凭证号：023）。

图表 2-2-1

借 款 合 同

合同编号：65556586

经 工商银行武汉市洪山区支行 （以下简称贷款方）与 武汉众科电子有限公司 （以下简称借款方）充分协商，签订本合同，共同遵守。

第一，由贷款方提供贷款人民币大写 壹佰万元整 （¥1,000,000.00） 给借方，贷款期限自 2019 年 5 月 10 日至 2019 年 6 月 10 日。

第二，贷款方应按期、按额向借款方提供贷款，否则，按违约数额和延期天数，付给借款方违约金。违约金数额的计算，与逾期贷款罚息相同，即为 0.21‰ 。

第三，贷款月利率为银行同期年利率 5.35% ，每月 1 日结息，如遇调整，按调整的新利率和计息办法执行。

第四，借款方应按协议使用贷款，不得转移用途。否则，贷款方有权停止发放新贷款，直至收回已发放的贷款。

第五，借款方保证按借款契约所订期限归还贷款本息。如需延期，借款方最迟在贷款到期前 30 天，提出延期申请， 经贷款方同意，办理延期手续。但延期最长不得超过原订期限的一半。贷款方未同意延期或未办理延期手续的逾期贷款，加收罚息。

第六，贷款到期后 1 个月，如借款方不归还贷款，贷款方有权依照法律程序处理借款方作为贷款抵押的的物资和财产，抵还借款本息。

第七，本协议书一式 2 份，借贷款双方各执正本 1 份。自双方签字起即生效。

……

第十一，合同争议的解决方式。

本合同在履行过程中发生的争议，由借贷双方协商解决；协商不成的依法向人民法院提起诉讼。

贷款方：工商银行武汉市洪山区支行	借款方：武汉众科电子有限公司
法定代表人：高义鹤	法定代表人：李晓华
签订日期：2019 年 5 月 10 日	签订日期：2019 年 5 月 10 日

图表 2-2-2

中国工商银行 借款借据 第一联 借据回单

银行编号：10200010 借款日期：2019 年 05 月 10 日 № 9332

借款单位名称	武汉众科电子有限公司		放款账号	6215125810114568766			利率	5.35%
			存款账号	6215581810004608805				
借款金额(大写)	壹佰万元整				千 百 十 万 千 百 十 元 角 分 ¥ 1 0 0 0 0 0 0 0 0			
约定还款日期	2019 年 06 月 10 日		借款种类		借款合同号码	34651208		
展期到期日期	2019 年 07 月 10 日							
借款直接用途	1. 资金周转	4.	还款记录	年	月	日	还款金额	余额
	2.	5.						
	3.	6.						
根据签订的借款合同和你单位申请借款用途，经审查同意发放上列金额贷款。 批准人：					(银行转账盖章) 2019 年 05 月 10 日			

此联退交借款单位

工商银行武汉市洪山区支行 2019.05.10 转讫

开户银行：工商银行武汉市洪山区支行

知识准备 1

短期借款，是指企业向银行或其他金融机构等借入的期限在 1 年以下（含 1 年）的各种款项。短期借款一般是企业为了满足正常生产经营所需的资金或者是为了抵偿某项债务而借入的。短期借款的债权人不仅是银行，还包括其他非银行金融机构或其他单位和个人。主要包括：临时借款、生产经营周转借款、票据贴现借款等。从短期借款的定义可以看出，企业的短期借款有以下几个基本特征：

1. 其债权人不仅包括银行，还包括其他金融机构，如小额贷款公司等。如果在实务中，企业存在向第三方（如个人）借入的款项并且应负担利息费用，也视同短期借款进行会计处理，但如果期限超 1 年，则应视同长期借款进行会计处理。

2. 借款期限较短，为 1 年以内（含 1 年）。

3. 不仅应偿还借款本金，根据货币时间价值，还应支付相应的利息费用。

4. 短期借款不仅包括人民币借款，还包括外币借款。

企业应设置“短期借款”科目核算企业向银行或其他金融机构等借入的期限在 1 年内的各种借款。该科目应按照借款种类、贷款人和币种进行明细核算。

企业借入的各种短期借款，借记“银行存款”科目，贷记“短期借款”科目。

【例 2-6】 武汉永鑫电子有限公司为筹集生产用资金，2019 年 7 月 1 日向银行借入期限为 9 个月、年利率为 9% 的借款 1 000 000 元，借款合同约定每季度末支付利息。

武汉永鑫电子有限公司作如下账务处理：

借：银行存款 1 000 000

　贷：短期借款 1 000 000

工作步骤 1

图表 2－2－3

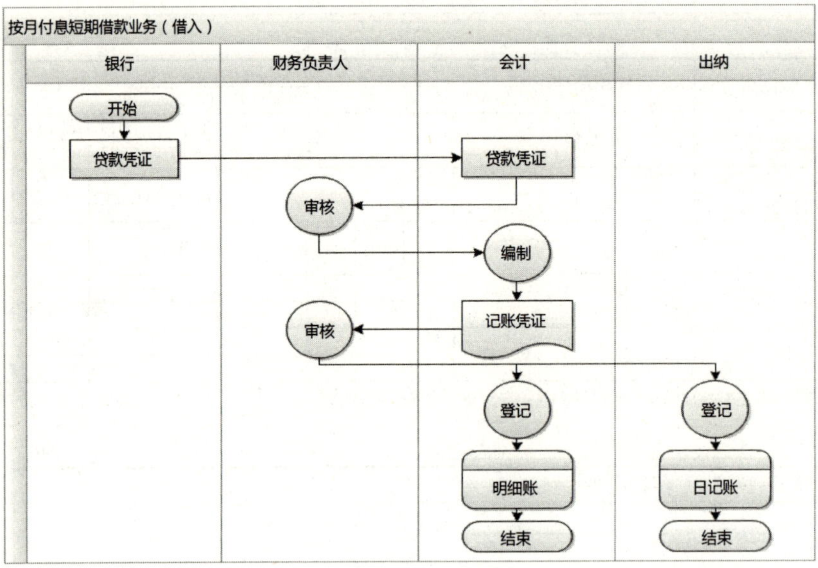

完成工作 1

图表 2－2－4

记 账 凭 证

年 月 日 字第 号

摘 要	会 计 科 目		借 方 金 额											贷 方 金 额											记账
	总账科目	明细科目	亿	千	百	十	万	千	百	十	元	角	分	亿	千	百	十	万	千	百	十	元	角	分	√
合 计																									

附单据 张

会计主管： 记账： 出纳： 复核： 制单：

扫码查看答案

工作任务 2

2019 年 5 月 31 日，武汉众科电子有限公司计提借款利息。请根据相关单据编制记账凭证（凭证号：177）。

图表 2－2－5

银行借款利息计算表

2019 年 05 月 31 日

借款名称	借款金额	计息月份	借款利率	借款利息
借款	1,000,000.00	2019-05-10至2019-05-31	5.35%/年	3,120.83
合　计				¥3,120.83

会计主管： 徐志文　　制单：王薇　　复核：徐志文

知识准备 2

企业借入短期借款应支付利息。在实际工作中，如果短期借款利息是按期支付的，如按月或按季度支付利息，企业应于月末或季末采用预提方式进行短期借款利息的核算。短期借款利息属于企业的筹资费用，应当在发生时作为财务费用直接计入当期损益。在资产负债表日，企业应当按照计算确定的短期借款利息费用，借记“财务费用”科目，贷记“应付利息”科目；实际支付利息时，借记“应付利息”科目，贷记“银行存款”或“库存现金”科目。

如果企业的短期借款利息是到期时连同本金一起归还，应于月末采用预提方式进行短期借款利息的核算，借记“财务费用”科目，贷记“应付利息”科目。

【例 2－7】 武汉永鑫电子有限公司为筹集生产用资金，2019 年 7 月 1 日向银行借入期限为 9 个月、年利率为 9% 的借款 1 000 000 元，借款合同约定每季度末支付利息。

（1）武汉永鑫电子有限公司 7 月末计提应付利息时作如下账务处理：

借：财务费用	7 500	
贷：应付利息		7 500

本月应计提的利息金额 = 1 000 000 × 9% ÷ 12 = 7 500（元）

8 月末计提 8 月份利息费用的处理与 7 月份相同。

（2）武汉永鑫电子有限公司 9 月末支付第三季度利息时作如下账务处理：

借：财务费用　　7 500

　　应付利息　　15 000

　　贷：银行存款　　22 500

（3）武汉永鑫电子有限公司 2019 年第四季度、2020 年第一季度的账务处理同上。

工作步骤 2

图表 2－2－6

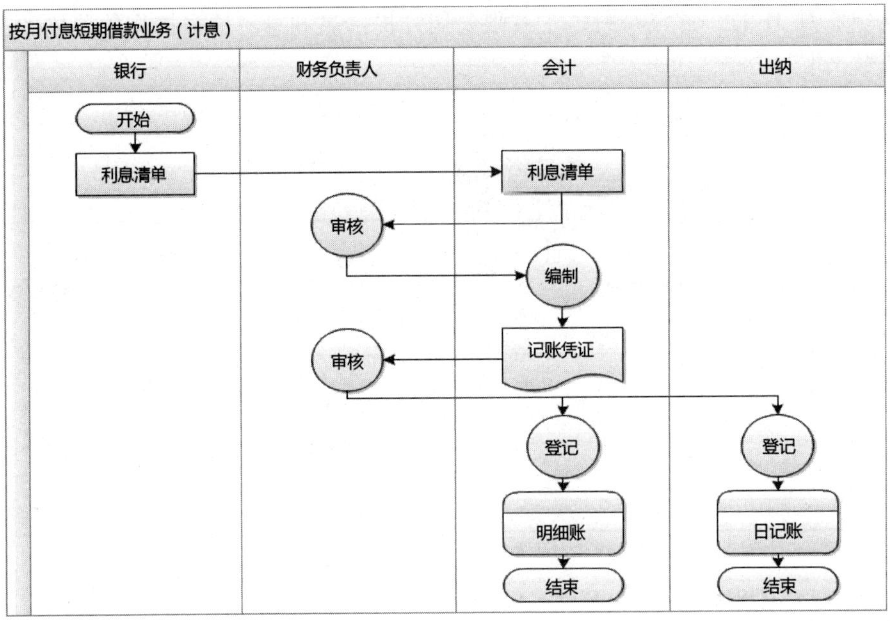

完成工作 2

图表 2－2－7

记 账 凭 证

年　月　日　　　　字第　　号

摘 要	会计科目		借方金额										贷方金额										记账
	总账科目	明细科目	亿	千	百	十	万	千	百	十	元	角	分	亿	千	百	十	万	千	百	十	元	角	分	√
合 计																								

附单据　　张

会计主管：　　记账：　　出纳：　　复核：　　制单：

扫码查看答案

工作任务3

2019年6月10日，武汉众科电子有限公司归还短期借款本息。请根据相关单据编制记账凭证（凭证号：078）。

图表2-2-8

银行借款利息计算表

2019 年 06 月 10 日

借款名称	借款金额	计息月份	借款利率	借款利息
借款	1,000,000.00	2019-06-01至2019-06-10	5.35%/年	1,486.11
合　计				¥1,486.11

会计主管：　徐志文　　　　制单：王薇　　　　复核：徐志文

图表2-2-9

银行（　短期　贷款）还款凭证（回单）

2019 年 06 月 10 日　　原借款凭证银行编号：78178210

还款单位			付款单位		
	名　称	工商银行武汉市洪山区支行		名　称	武汉众科电子有限公司
	往来户账号	6215125810114568766		存款户账号	6215581810004608805
	开户银行	工商银行武汉市分行		开户银行	工商银行武汉市洪山区支行
还款时间		2019年06月10日	还款次序		
还款金额		货币及金额（大写）：壹佰万肆仟陆佰零陆元玖角肆分	亿千百十万千百十元角分		¥ 1 0 0 4 6 0 6 9 4
还款原因		收回2019年05月10日发放、2019年06月10日到期的贷款本金：¥1,000,000.00利息：4,606.94			

工商银行武汉市洪山区支行 2019.06.10 收讫

图表 2－2－10

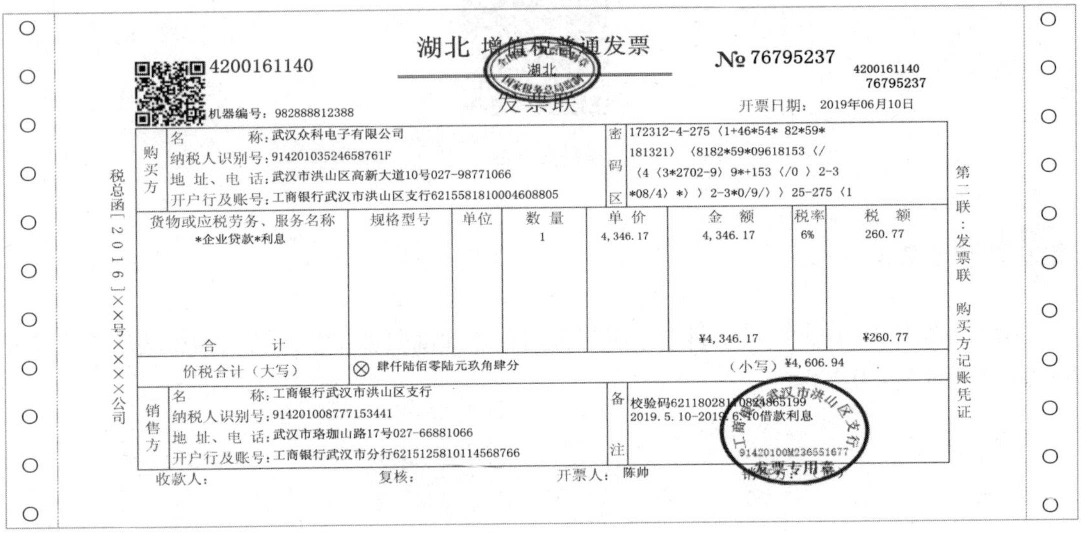

湖北 增值税普通发票

№ 76795237

4200161140

4200161140
76795237

机器编号：982888812568

发票联

开票日期：2019年06月10日

购买方	名 称：武汉众科电子有限公司 纳税人识别号：91420103524658761F 地 址、电 话：武汉市洪山区高新大道10号027-98771066 开户行及账号：工商银行武汉市洪山区支行6215581810004608805			密码区	172312-4-275 〈1+46*54* 82*59* 181321〉 〈8182*59*09618153 〈/ 〈4 〈3*2702-9〉 9*+153 〈/0 〉 2-3 *08/4〉 *〉 〉 2-3*0/9/〉 〉 25-275 〈1		
货物或应税劳务、服务名称	规格型号	单位	数 量	单 价	金 额	税率	税 额
*企业贷款*利息			1	4,346.17	4,346.17	6%	260.77
合 计					¥4,346.17		¥260.77
价税合计（大写）	⊗ 肆仟陆佰零陆元玖角肆分				（小写）¥4,606.94		
销售方	名 称：工商银行武汉市洪山区支行 纳税人识别号：914201008777153441 地 址、电 话：武汉市珞珈山路17号027-66881066 开户行及账号：工商银行武汉市分行6215125810114568766			备注	校验码62118028110823865199 2019.5.10-2019.6.10借款利息		

收款人： 复核： 开票人：陈帅 销售方：（章）

税总函［2016］××号×××公司

第二联：发票联 购买方记账凭证

知识准备 3

归还借款时，借记“短期借款”科目，贷记“银行存款”科目。“短期借款”科目期末贷方余额，表示企业尚未偿还的短期借款本金。

【例 2－8】 武汉永鑫电子有限公司为筹集生产用资金，2019 年 7 月 1 日向银行借入期限为 9 个月、年利率为 9% 的借款 1 000 000 元，借款合同约定每季度末支付利息。

武汉永鑫电子有限公司 2020 年 5 月 1 日到期归还本金时作如下账务处理：

借：短期借款　　1 000 000

　　贷：银行存款　　1 000 000

工作步骤 3

图表 2－2－11

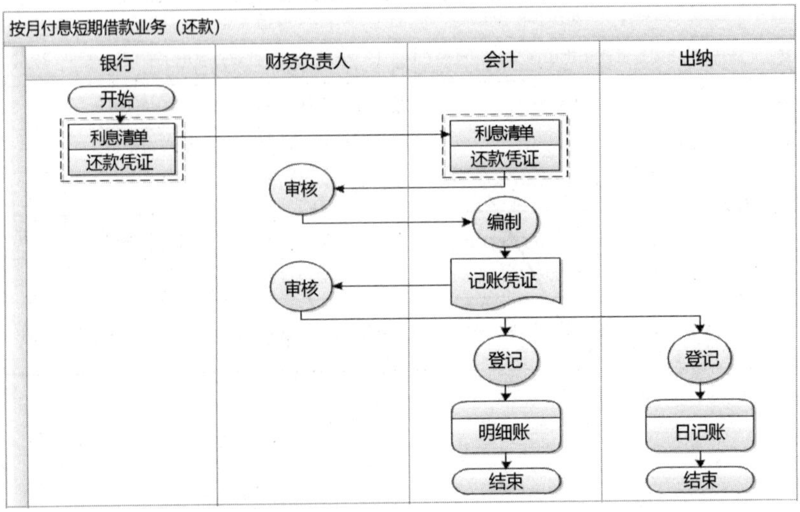

完成工作 3

图表 2－2－12

记　账　凭　证

年　　月　　日　　　　　　　　　　字第　　　　号

摘　要	会计科目		借方金额											贷方金额											记账√
	总账科目	明细科目	亿	千	百	十	万	千	百	十	元	角	分	亿	千	百	十	万	千	百	十	元	角	分	
合　计																									

附单据　　张

会计主管：　　记账：　　出纳：　　复核：　　制单：

扫码查看答案

练一练

子任务二　核算长期借款业务

工作任务 1

2019 年 1 月 1 日，武汉众科电子有限公司向银行借入借款。请根据相关单据编制记账凭证（凭证号：023）。

2019 年 1 月 1 日，武汉众科电子有限公司用长期借款预付建造仓库的工程款。请根据相关单据编制记账凭证（凭证号：024）。

图表 2－2－13

借款　　合同

（ 2019 ）第 1201 号

甲方	工商银行武汉市洪山区支行	乙方	武汉众科电子有限公司
地址	武汉市珞珈山路17号	地址	武汉市洪山区高新大道10号
电话	027-66881066	电话	027-98771066
联系人	李欣怡	联系人	徐志文
合同条款	经甲方（以下简称贷款方）与乙方（以下简称借款方）充分协商，签订本合同，共同遵守。 第一，由贷款方提供借款方贷款100万元，贷款期限自2019年01月01日至2020年12月31日。 第二，贷款方应按期、按额向借款方提供贷款，否则，按违约数额和延期天数，付给借款方违约金。违约金数额的计算，与逾期贷款罚息同，即为千分之0.21。 第三，借款利息按银行同期年利率6.6%计算，按季支付，到期归还本金。 第四，借款方应按协议使用贷款，不得转移用途。否则，贷款方有权停止发放新贷款，直至收回已发放的贷款。 第五，借款方保证按借款契约所订期限归还贷款本息。如需延期，借款方最迟在贷款到期前3天，提出延期申请，经贷款方同意，办理延期手续。 但延期最长不得超过原订期的一半。贷款方未同意延期或办理延期手续的逾期贷款，加收罚息。 第六，贷款到期后1个月， 如借款方不归还贷款， 贷款方有权依照法律程序处理借款方作为贷款抵押的物资和财产，抵还借款本息。 第七，本协议书一式2份，借贷款双方各执正本1份。 第八，本协议自双方签字起即生效。 甲方签章：　　　　乙方签章： 日期：贰零壹玖年零壹月零壹日　　日期：贰零壹玖年零壹月零壹日			

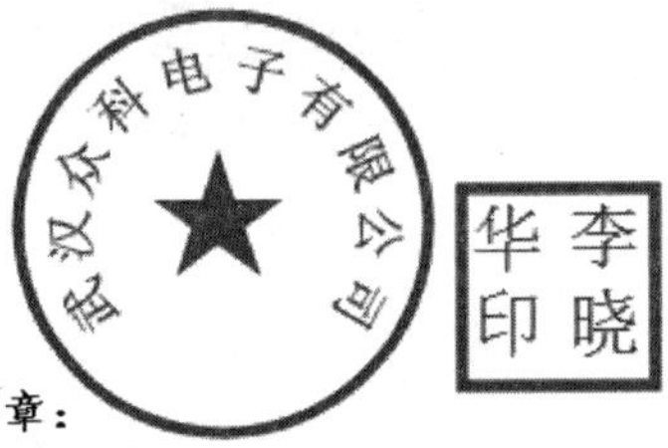

图表 2－2－14

中国工商银行 借款借据 第一联 借据回单

银行编号：10200010 借款日期：2019 年 01 月 01 日 № 8983

借款单位名称	武汉众科电子有限公司	放款账号	6215125810114568766	利率	6.6%
		存款账号	6215581810004608805		
借款金额（大写）	壹佰万元整	千百十万千百十元角分	¥ 1 0 0 0 0 0 0 0 0		
约定还款日期	2020 年 12 月 31 日	借款种类	借款	借款合同号码	37633310
展期到期日期	2021 年 03 月 31 日				

借款直接用途		还款记录	年	月	日	还款金额	余额
1. 用于建造仓库	4.						
2.	5.						
3.	6.						

根据签订的借款合同和你单位申请借款用途，经审查同意发放上列金额贷款。

批准人：

（银行转账盖章）

工商银行武汉市洪山区支行 2019.01.01 转讫

2019 年 01 月 01 日

此联退交借款单位

开户银行：工商银行武汉市洪山区支行

知识准备 1

长期借款是企业向银行或其他金融机构借入的偿还期限在 1 年以上或超过 1 年的一个营业周期以上的各种借款。一般来说，企业举借长期借款主要是为了固定资产的购建、改扩建工程、大修理工程、对外投资以及为了保持长期经营能力等方面。从长期借款的定义可以看出，企业的长期借款有以下几个基本特征：

1. 其债权人不仅包括银行，还包括其他金融机构，如小额贷款公司等。如果在实务中，企业存在向第三方（如个人）借入的款项并且应负担利息费用，也视同长期借款进行会计处理，但如果期限在 1 年以内，则应视同短期借款进行会计处理。

2. 借款期限较长，为 1 年以上（不含 1 年）。

3. 不仅应偿还借款本金，根据货币时间价值，还应支付相应的利息费用。

4. 长期借款不仅包括人民币借款，还包括外币借款。

“长期借款”科目应按照借款种类、贷款人和币种进行明细核算。企业借入长期借款，借记“银行存款”科目，贷记“长期借款”科目。

【例 2－9】 武汉永鑫电子有限公司为建造仓库，于 2020 年 1 月 1 日向工商银行借入 3 年期借款 600 000 元，年利率 8%，每年年末分期归还借款利息，到期一次还本。款项已存入银行。该工程于第二年年末竣工并办理结算。

武汉永鑫电子有限公司 2020 年 1 月 1 日收到长期借款时作如下账务处理：

借：银行存款　　600 000

　贷：长期借款　　600 000

工作步骤 1

图表 2-2-15

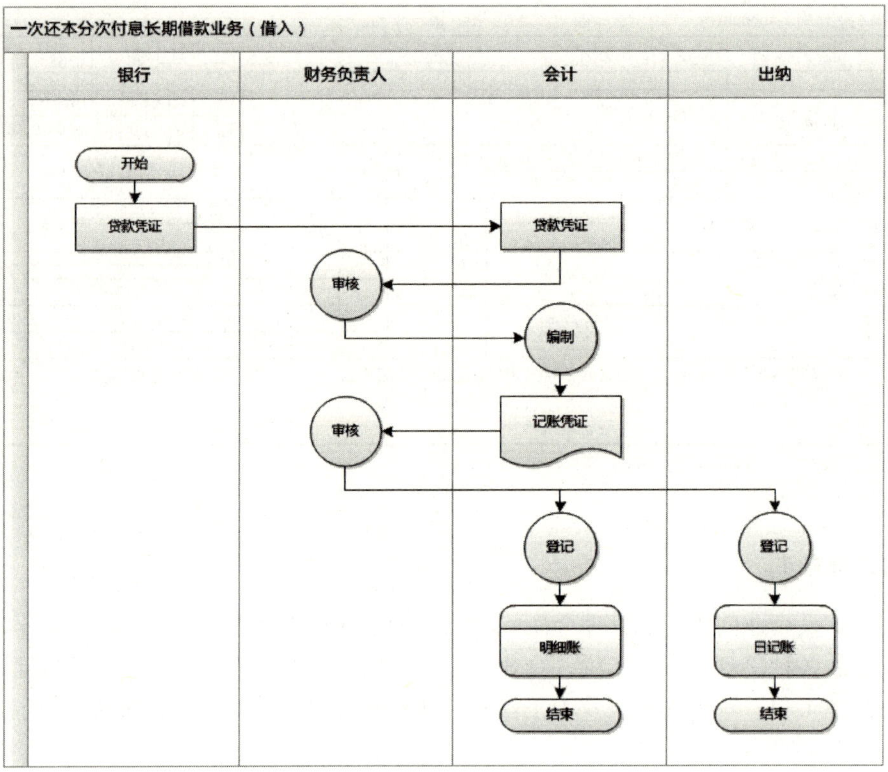

完成工作 1

图表 2-2-16

记 账 凭 证

年 月 日 字第 号

摘 要	会计科目		借方金额										贷方金额										记账
	总账科目	明细科目	亿	千	百	十	万	千	百	十	元	角	分	亿	千	百	十	万	千	百	十	元	角	分	√
合 计																									

附单据 张

会计主管： 记账： 出纳： 复核： 制单：

图表 2－2－17

记 账 凭 证

年　　月　　日　　　　　　　　　　　　字第　　　　号

摘要	会计科目		借方金额											贷方金额											记账
	总账科目	明细科目	亿	千	百	十	万	千	百	十	元	角	分	亿	千	百	十	万	千	百	十	元	角	分	√
合计																									

附单据　　张

会计主管：　　　　记账：　　　　出纳：　　　　复核：　　　　制单：

扫码查看答案

工作任务 2

2019 年 4 月 30 日，武汉众科电子有限公司计提借款利息（截止本月底，在建工程——仓库建造完成）。请根据相关单据编制记账凭证（凭证号：234）。

2019 年 5 月 31 日，武汉众科电子有限公司计提借款利息。请根据相关单据编制记账凭证（凭证号：198）。

2019 年 6 月 30 日，武汉众科电子有限公司支付第二季度的利息。请根据相关单据编制记账凭证（凭证号：238）（支付利息当月不计提利息，直接计入相关科目）。

图表 2－2－18

在建工程 利息支出计算表

企业名称：武汉众科电子有限公司　　　　日期：2019年04月30日　　　　单位：元

借款单位	本金	起止时间	年利率（%）	占用天数	计息金额	备注
工商银行武汉市洪山区支行	1,000,000.00	2019.01.01至2020.12.31	6.6%		5,500.00	
合计					¥5,500.00	

审核：徐志文　　　　制单：王薇

图表 2-2-19

在建工程 利息支出计算表

企业名称：武汉众科电子有限公司　　日期：2019年05月31日　　单位：元

借款单位	本金	起止时间	年利率（%）	占用天数	计息金额	备注
工商银行武汉市洪山区支行	1,000,000.00	2019.01.01至2020.12.31	6.6%		5,500.00	
合计					¥5,500.00	

审核：徐志文　　制单：王薇

图表 2-2-20

中国工商银行付款通知书

日期：2019 年 06 月 30 日

机构号：162618　　交易代码：740739

单位名称 武汉众科电子有限公司	
账号 6215581810004608805	
摘要 长期借款利息2019-01-01至2020-12-31计息起讫日期2019-04-01至2019-06-30¥16,500.00	
	金额合计 ¥16,500.00
金额合计（大写） 壹万陆仟伍佰元整	

（印章：武汉众科电子有限公司 2019.06.30 转讫）

第二联 回单

注：此付款通知书加盖我行业务公章方有效。

流水号：691189154364　　经办：35200563

图表 2-2-21

湖北 增值税普通发票

4200161140　　№ 26809539　　4200161140 26809539

机器编号：982888812388　　发票联　　开票日期：2019年06月30日

购买方	名　　称：武汉众科电子有限公司 纳税人识别号：91420103524658761F 地 址、电 话：武汉市洪山区高新大道10号027-98771066 开户行及账号：工商银行武汉市洪山区支行6215581810004608805
密码区	172312-4-275〈1+46*54* 82*59* 181321〉〈8182*59*09618153〈/ 〈4〈3*2702-9〉9*+153〈/0 〉2-3 *08/4〉*）〉2-3*0/9/〉〉25-275〈1

货物或应税劳务、服务名称	规格型号	单位	数量	单价	金额	税率	税额
*企业贷款*利息			1	15,566.04	15,566.04	6%	933.96
合计					¥15,566.04		¥933.96
价税合计（大写）	⊗ 壹万陆仟伍佰元整				（小写）¥16,500.00		

销售方	名　　称：工商银行武汉市洪山区支行 纳税人识别号：914201008777153441 地 址、电 话：武汉市珞珈山路17号027-66881066 开户行及账号：工商银行武汉市分行6215125810114568766
备注	校验码62118028110824865199 2019.04.01至2019.06.30贷款利息

收款人：　　复核：　　开票人：陈帅　　销售方：（章）

税总函[2016]××号××××公司

第二联：发票联 购买方记账凭证

知识准备 2

在应计利息日，分次付息一次还本的长期借款应当按照借款本金和借款合同利率计提利息费用，借记“财务费用”“在建工程”等科目，贷记“应付利息”科目；到期一次还本付息的长期借款应当按照借款本金和借款合同利率计提利息费用，借记“财务费用”“在建工程”等科目，贷记“长期借款——应计利息”科目。具体会计处理方法是：

1. 为购建固定资产而发生的长期借款利息，在固定资产达到预定可使用状态之前所发生的，计入所建固定资产价值，予以资本化。

2. 为购建固定资产而发生的长期借款利息，在固定资产达到预定可使用状态之后所发生的，直接计入当期损益（即财务费用），予以费用化。

3. 属于流动负债性质的借款利息，或者虽然是长期负债性质但不是用于购建固定资产的借款利息，直接计入当期损益（即财务费用）。

【例 2 - 10】 武汉永鑫电子有限公司为建造仓库，于 2019 年 1 月 1 日向工商银行借入 3 年期借款 600 000 元，年利率 8%，每年年末分期归还借款利息，到期一次还本。款项已存入银行。该工程于 2021 年 12 月 31 日竣工并办理结算。

（1）武汉永鑫电子有限公司 2019 年 12 月 31 日计提长期借款利息时作如下账务处理：

借：在建工程　　48 000

　　贷：应付利息　　48 000

（2）武汉永鑫电子有限公司 2019 年 12 月 31 日支付长期借款利息时作如下账务处理：

借：应付利息　　48 000

　　贷：银行存款　　48 000

2020 年 12 月 31 日账务处理与 2019 年 12 月 31 日账务处理相同。

（3）武汉永鑫电子有限公司 2021 年 12 月 31 日计提长期借款利息时作如下账务处理：

借：财务费用　　48 000

　　贷：应付利息　　48 000

（4）武汉永鑫电子有限公司 2021 年 12 月 31 日支付长期借款利息时作如下账务处理：

借：应付利息　　48 000

　　贷：银行存款　　48 000

知识充电器

借款费用，是指企业因借款而发生的利息及其他相关成本。包括：贷款利息、辅助费用、因外币借款而发生的汇兑差额等。

借款费用资本化期间，是指从借款费用开始发生时至停止资本化时点的期间，包括借款费用暂停资本化的期间。开始发生时：取得借款支付的辅助费用、应付日应支付的利息、期末汇兑差额、符合资本化条件后。停止资本化时点：竣工决算前、达到预定用途、达到预定可销售状态前。

工作步骤 2

图表 2－2－22

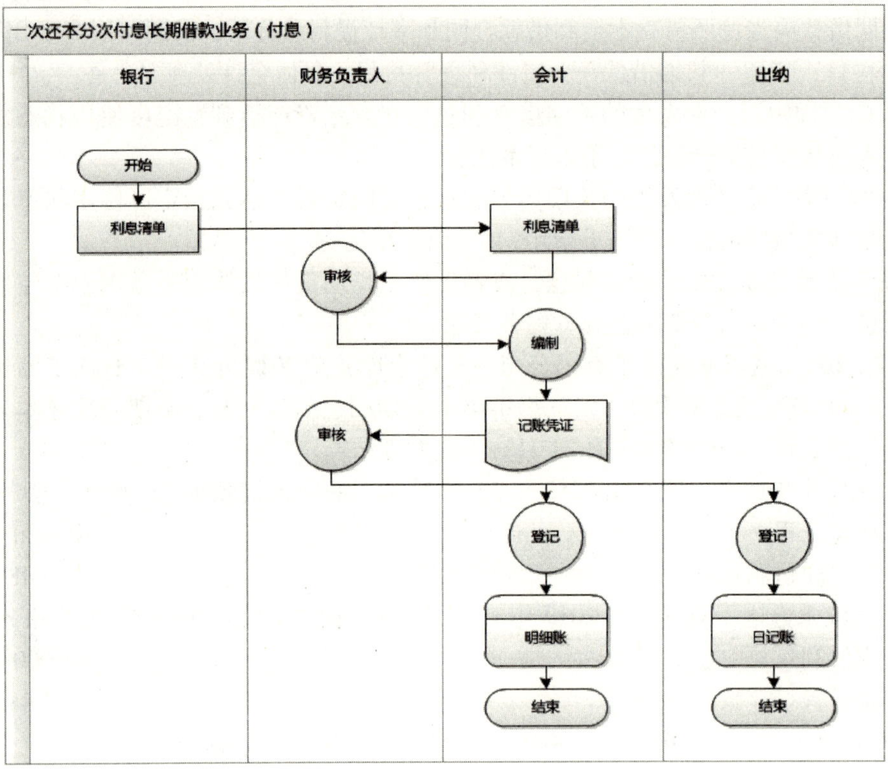

完成工作 2

图表 2－2－23

记 账 凭 证

年 月 日 字第 号

摘要	会计科目		借方金额											贷方金额											记账√
	总账科目	明细科目	亿	千	百	十	万	千	百	十	元	角	分	亿	千	百	十	万	千	百	十	元	角	分	
	合计																								

附单据 张

会计主管： 记账： 出纳： 复核： 制单：

图表 2－2－24

记　账　凭　证

年　　月　　日　　　　　　　　字第　　　　号

摘要	会计科目		借方金额											贷方金额											记账
	总账科目	明细科目	亿	千	百	十	万	千	百	十	元	角	分	亿	千	百	十	万	千	百	十	元	角	分	√
合　计																									

附单据　　张

会计主管：　　　　记账：　　　　出纳：　　　　复核：　　　　制单：

图表 2－2－25

记　账　凭　证

年　　月　　日　　　　　　　　字第　　　　号

摘要	会计科目		借方金额											贷方金额											记账
	总账科目	明细科目	亿	千	百	十	万	千	百	十	元	角	分	亿	千	百	十	万	千	百	十	元	角	分	√
合　计																									

附单据　　张

会计主管：　　　　记账：　　　　出纳：　　　　复核：　　　　制单：

扫码查看答案

工作任务 3

2020 年 12 月 31 日，武汉众科电子有限公司归还长期借款本金和支付最后一期利息。请根据相关单据编制记账凭证（凭证号：288）。

图表 2－2－26

湖北增值税普通发票

发票联

4200161140　　№ 84212153　　4200161140　84212153

机器编号：982888812388　　开票日期：2020年12月31日

税总函[2016]××号×××公司

购买方	名　　称：武汉众科电子有限公司 纳税人识别号：91420103524658761F 地 址、电 话：武汉市洪山区高新大道10号027-98771066 开户行及账号：工商银行武汉市洪山区支行6215581810004608805			密码区	172312-4-275〈1+46*54* 82*59* 181321〉〈8182*59*09618153〈/ 〈4〈3*2702-9〉9*+153〈/0 〉2-3 *08/4〉*〉〉2-3*0/9/〉〉25-275〈1		
货物或应税劳务、服务名称	规格型号	单位	数量	单价	金额	税率	税额
*企业贷款*利息			1	15,566.04	15,566.04	6%	933.96
合　　计					¥15,566.04		¥933.96
价税合计（大写）	⊗壹万陆仟伍佰元整				（小写）¥16,500.00		
销售方	名　　称：工商银行武汉市洪山区支行 纳税人识别号：914201008777153441 地 址、电 话：武汉市珞珈山路17号027-66881066 开户行及账号：工商银行武汉市分行6215125810114568766			备注	校验码62118028110824865199 2020.10.01至2020.12.31贷款利息		

收款人：　　复核：　　开票人：陈帅　　销售方：（章）

第二联：发票联　购买方记账凭证

（印章：工商银行武汉市洪山区支行 914201008777153441 发票专用章）

图表 2－2－27

银行（长期贷款）还款凭证（回单）

2020 年 12 月 31 日　　原借款凭证银行编号：78178980

还款单位	名　称	工商银行武汉市洪山区支行	付款单位	名　称	武汉众科电子有限公司										
	往来户账号	6215125810114568766		存款户账号	6215581810004608805										
	开户银行	工商银行武汉市分行		开户银行	工商银行武汉市洪山区支行										
还款时间		2020年12月31日	还款次序												
还款金额		货币及金额（大写）：壹佰零壹万陆仟伍佰元整			亿	千	百	十	万	千	百	十	元	角	分
						¥	1	0	1	6	5	0	0	0	0
还款原因		收回2019年01月01日发放，2020年12月31日到期贷款本金¥1,000,000.00利息¥16,500.00。													

（印章：工商银行武汉市洪山区支行 2020.12.31 收讫）

知识准备 3

偿还长期借款本金，借记“长期借款”科目，贷记“银行存款”科目。“长期借款”科目期末贷方余额，反映企业尚未偿还的长期借款本金。

【例 2－11】 武汉永鑫电子有限公司为建造仓库，于 2019 年 1 月 1 日向工商银行借入 3 年期借款 600 000 元，年利率 8%，每年年末分期归还借款利息，到期一次还本。款项已存入银行。该工程于第二年年末竣工并办理结算。

武汉永鑫电子有限公司 2021 年 12 月 31 日归还长期借款本金时作如下账务处理：

借：长期借款　　600 000

　　贷：银行存款　　600 000

工作步骤 3

图表 2-2-28

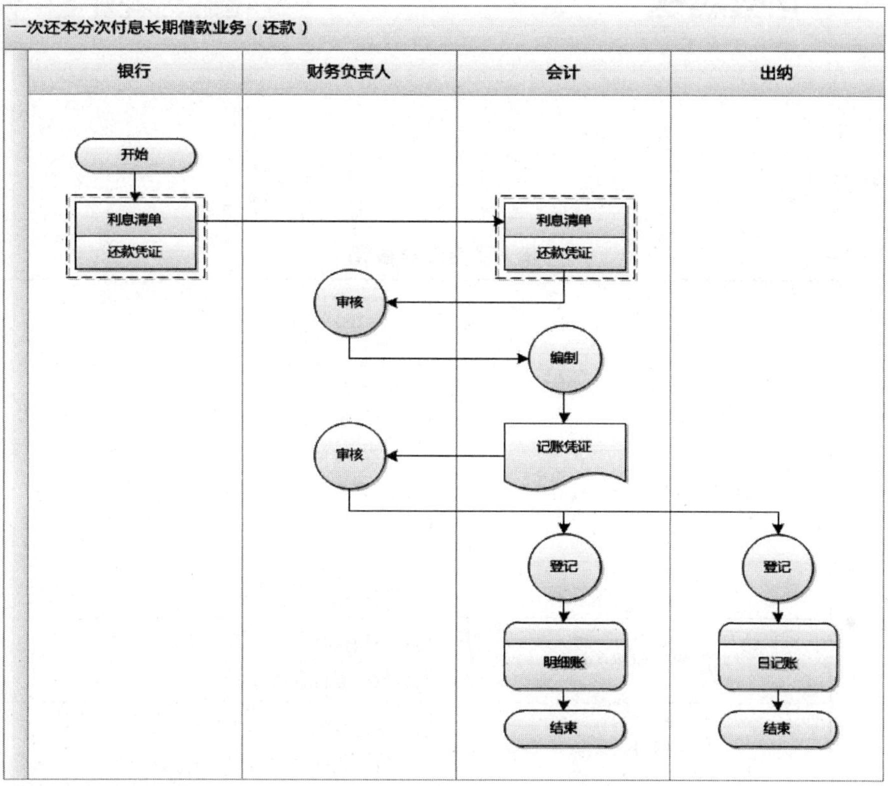

完成工作 3

图表 2-2-29

记　账　凭　证

年　　月　　日　　　　　　　　　　　　字第　　　　号

摘　要	会计科目		借方金额											贷方金额											记账√
	总账科目	明细科目	亿	千	百	十	万	千	百	十	元	角	分	亿	千	百	十	万	千	百	十	元	角	分	
合　计																									

附单据　　张

会计主管：　　记账：　　出纳：　　复核：　　制单：

扫码查看答案

练一练

工作总结

图表 2－2－30　　借入资金业务核算

<table>
<tr><td rowspan="3">短期借款</td><td>短期借款取得业务核算</td><td>借：银行存款
　　贷：短期借款</td></tr>
<tr><td>短期借款计息业务核算</td><td>按月预提利息时：
借：财务费用
　　贷：应付利息
按季支付利息时：
借：财务费用
　　应付利息
　　贷：银行存款</td></tr>
<tr><td>短期借款到期业务核算</td><td>借：短期借款
　　贷：银行存款</td></tr>
<tr><td rowspan="5">长期借款</td><td>长期借款取得业务核算</td><td>借：银行存款
　　贷：长期借款</td></tr>
<tr><td rowspan="2">长期借款计息业务核算</td><td>分期付息到期还本计息时：
借：财务费用（在建工程）
　　贷：应付利息</td></tr>
<tr><td>到期一次还本付息计息时：
借：财务费用（在建工程）
　　贷：长期借款——应计利息</td></tr>
<tr><td rowspan="2">长期借款到期业务核算</td><td>分期付息到期还本借款到期时：
借：长期借款
　　贷：银行存款</td></tr>
<tr><td>到期一次还本付息借款到期时：
借：长期借款——本金
　　　　　——应计利息
　　贷：银行存款</td></tr>
</table>

图表 2－2－31 工作评价与反馈

项目		任务完成程度		
		全部完成	部分完成	未完成
自我评价	子任务一			
	子任务二			
任务完成心得				
存在的问题				
教师评价				

任务三 核算交易性金融资产业务

情景导入

企业有时会将持有的富余资金用于对外投资，如从二级市场上购买股票、债券、基金等。这种投资在很大程度上是为了暂时存放剩余资金，并通过这种投资取得高于银行存款利率的利息收入或价差收入，待需要现金时即可兑换成现金。加强对外投资的会计核算和管理，有利于提高资金使用效率，增加企业资金回报。

任务要求

了解交易性金融资产的内容，知晓交易性金融资产的业务处理流程，学会交易性金融资产业务账务处理。

子任务一 核算取得交易性金融资产业务

工作任务

2019 年 12 月 13 日，武汉众科电子有限公司存出投资款。请根据相关单据编制记账凭证（凭证号：048）。

2019 年 12 月 13 日，武汉众科电子有限公司委托武汉兴业证券股份有限公司购入“鞍山钢铁”股票 10 000 股（每股价格中包含已宣告但尚未发放的现金股利 0.50 元）作为交易性金融资产。请根据相关单据编制记账凭证（凭证号：049）。

图表 2-3-1

中国工商银行
转账支票存根
10204220
80656822

附加信息

出票日期 2019 年 12 月 13 日

收款人：	武汉众科电子有限公司
金　额：	¥150,000.00
用　途：	存出投资款

单位主管 李晓华 会计 王薇

XX印务有限公司·XX年印刷

图表 2-3-2

中国工商银行 进账单（回　　单） 1

2019 年 12 月 13 日　　№ 00822664

出票人	全　称	武汉众科电子有限公司	收款人	全　称	武汉众科电子有限公司
	账　号	6215581810004608805		账　号	6229093568798832576
	开户银行	工商银行武汉市洪山区支行		开户银行	武汉兴业证券分公司

金额	亿	千	百	十	万	千	百	十	元	角	分
人民币（大写）壹拾伍万元整			¥	1	5	0	0	0	0	0	0

票据种类	转账支票	票据张数	1
票据号码	10204220-80656822		

复核　　记账

武汉兴业证券分公司 2019.12.13 转讫

开户银行签章

此联是开户银行交给持（出）票人的回单

图表 2－3－3

兴业证券武汉分公司交割单对账单

客户编号：　72690161　　姓名：　武汉众科电子有限公司　　对账日期：　2019-12-13　　打印柜员：　3415

资金信息：

币种	资金余额	可用金额	可取现金	资产总值
人民币	42,895.00	42,895.00	42,895.00	147,895.00

流水明细：

日期	币种	业务标志	证券名称	证券代码	发生数量	成交均价	佣金	印花税	其他费	收付金额	资金余额	备注
2019-12-13	人民币	股票买入	鞍山钢铁	001389	10,000	10.50	2,105.00	0.00	0.00	-107,105.00	42,895.00	

股票汇总资料

证券名称	证券代码	当前数	可用数	最新价	市值	币种
鞍山钢铁	001389	10,000	10,000	10.50	105,000.00	人民币

知识准备

交易性金融资产，主要是指企业为了近期内出售而持有的金融资产，如企业以赚取差价为目的从二级市场购入的股票、债券、基金等。

交易性金融资产取得的成本确定

企业取得交易性金融资产时，应当按照该金融资产取得时的公允价值作为其初始入账金额。公允价值，是指市场参与者在计量日发生的有序交易中，出售一项资产所能收到或者转移一项负债所需支付的价格。在公平交易中，熟悉情况的交易双方自愿进行资产交换或者债务清偿的金额。金融资产的公允价值，应当以市场交易价格为基础加以确定。

企业取得交易性金融资产所支付的价款中包含了已宣告、但尚未发放的现金股利或已到付息期、但尚未领取的债券利息，应当单独确认为应收项目。

企业取得交易性金融资产所发生的相关交易费用应当在发生时计入当期损益，冲减投资收益，发生交易费用取得增值税专用发票的，进项税额经认证后可从当月销项税额中扣除。交易费用，是指可直接归属于购买、发行或处置金融工具的增量费用。增量费用，是指企业没有发生购买、发行或处置相关金融工具的情形就不会发生的费用，包括支付给代理机构、咨询公司、券商、证券交易所、政府有关部门等的手续费、佣金、相关税费以及其他必要支出，不包括债券溢价、折价、融资费用、内部管理成本和持有成本等与交易不直接相关的费用。

企业取得交易性金融资产，应当按照该金融资产取得时的公允价值，借记“交易性金融资产——成本”科目，按照发生的交易费用，借记“投资收益”科目，发生交易费用取得增值税专用发票的，按其注明的增值税进项税额，借记“应交税费——应交增值税（进项税额）”科目，按照实际支付的金额，贷记“其他货币资金”等科目。

【例 2－12】 2020 年 1 月 5 日，武汉永鑫电子有限公司从上海证券交易所购入华科公司（该公司为上市公司）股票1 000 000股，支付价款10 000 000元（其中包含已宣告但尚未发放的现金股利600 000元），另支付相关交易费用25 000元，取得的增值税专用发票上注明的增值税税额为1 500元。永鑫公司将其划分为交易性金融资产进行管理和核算。

武汉永鑫电子有限公司作如下账务处理：

初始投资成本 = 10 000 000 - 600 000 = 9 400 000（元）

借：交易性金融资产——华科股票（成本） 9 400 000

应收股利——华科股票 600 000

贷：其他货币资金——存出投资款 10 000 000

借：投资收益——华科股票 25 000

应交税费——应交增值税（进项税额） 1 500

贷：其他货币资金——存出投资款 26 500

收到现金股利时：

借：其他货币资金——存出投资款 600 000

贷：应收股利——华科股票 600 000

【例2-13】 2020年1月9日，武汉永鑫电子有限公司购入大远公司2019年1月1日发行的3年期债券，支付价款26 000 000元（其中包含已到付息期但尚未领取的债券利息500 000元），另支付交易费用300 000元，取得的增值税专用发票上注明的增值税税额为18 000元。该笔债券面值为25 000 000元。永鑫公司将其划分为交易性金融资产进行管理和核算。2020年1月15日，永鑫公司收到该笔债券利息500 000元。假定不考虑其他相关税费和因素。

武汉永鑫电子有限公司作如下账务处理：

2020年1月9日，购入大远公司债券时：

初始投资成本 = 26 000 000 - 500 000 = 25 500 000（元）

借：交易性金融资产——大远债券（成本） 25 500 000

应收利息——大远债券 500 000

投资收益——大远债券 300 000

应交税费——应交增值税（进项税额） 18 000

贷：其他货币资金——存出投资款 26 318 000

收到债券利息时：

借：其他货币资金——存出投资款 500 000

贷：应收利息——大远债券 500 000

工作步骤

图表 2－3－4

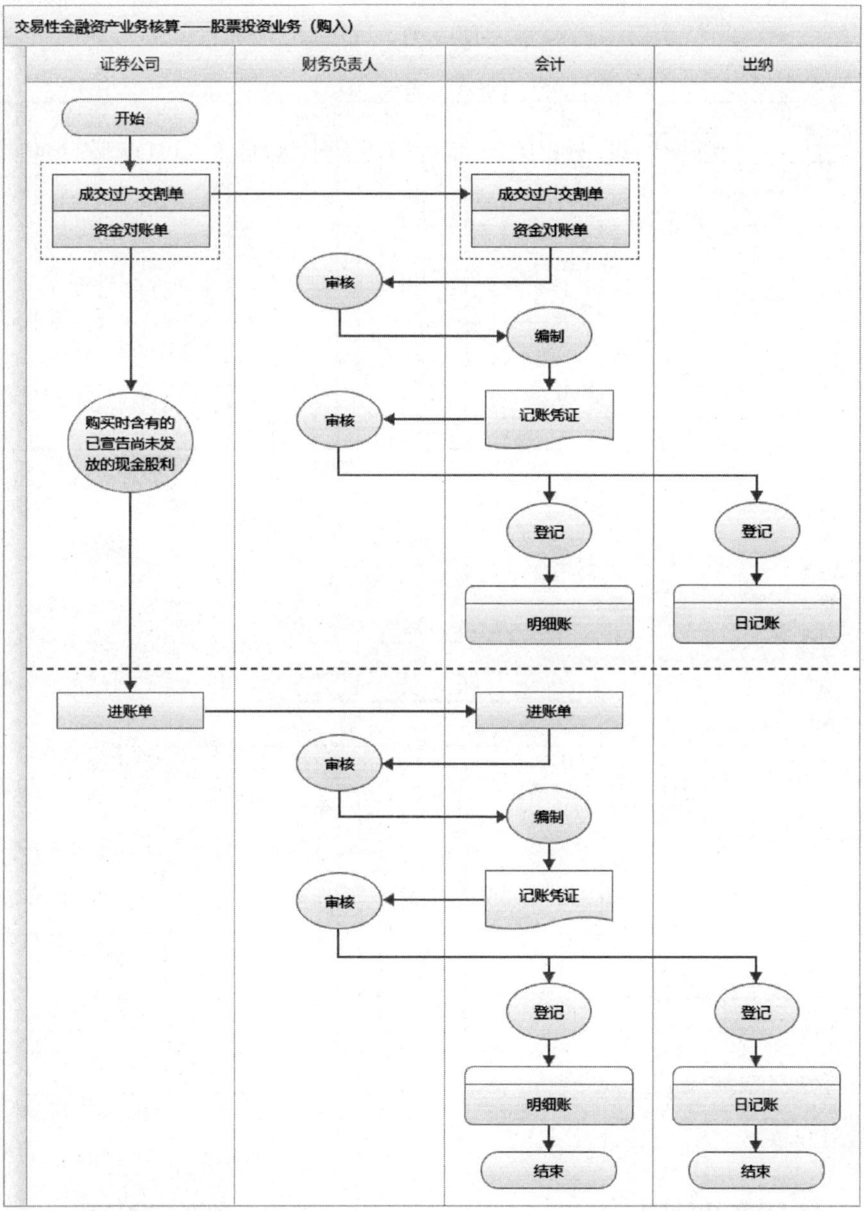
交易性金融资产业务核算——股票投资业务（购入）
证券公司
财务负责人
会计
出纳
开始
成交过户交割单
资金对账单
成交过户交割单
资金对账单
审核
编制
记账凭证
审核
购买时含有的已宣告尚未发放的现金股利
登记
登记
明细账
日记账
进账单
进账单
审核
编制
记账凭证
审核
登记
登记
明细账
日记账
结束
结束

完成工作

图表 2 –3 –5

记 账 凭 证

年　月　日　　　　　　字第　　号

摘要	会计科目		借方金额											贷方金额											记账
	总账科目	明细科目	亿	千	百	十	万	千	百	十	元	角	分	亿	千	百	十	万	千	百	十	元	角	分	√
合计																									

附单据　　张

会计主管：　　记账：　　出纳：　　复核：　　制单：

图表 2 –3 –6

记 账 凭 证

年　月　日　　　　　　字第　　号

摘要	会计科目		借方金额											贷方金额											记账
	总账科目	明细科目	亿	千	百	十	万	千	百	十	元	角	分	亿	千	百	十	万	千	百	十	元	角	分	√
合计																									

附单据　　张

会计主管：　　记账：　　出纳：　　复核：　　制单：

扫码查看答案

练一练

子任务二　核算交易性金融资产持有期间业务

工作任务1

2019年12月23日，武汉众科电子有限公司收到现金股利。请根据相关单据编制记账凭证（凭证号：083）。

2020年4月21日，武汉众科电子有限公司收到鞍山钢铁股份有限公司宣告发放现金股利通告，确认应收股利。请根据相关单据编制记账凭证（凭证号：067）。

图表2-3-7

兴业证券公司

武汉分公司客户存款凭条

[存款]

流水号：8435679　　　　2019 年 12 月 23 日

户名：	武汉众科电子有限公司	资金账号：	6215581810004608805　委托人签名
存入金额：	5,000.00	余额：	47,895.00
账户：		账户	

兴业证券武汉分公司 业务专用章

操作员：吴海龙　　复核员：章小桐

图表2-3-8

鞍山钢铁董事会决议发放现金股利公告

日期：2020年04月21日
上市公司：鞍山钢铁（001389）
主旨：公告董事会决议发放现金股利事宜

说明：
1.董事会决议日期：2020年04月21日
2.发放股利种类及金额：现金股利
3.其他应说明事项：每股派发现金股利1.00元。
公司截止2020年04月21日发行在外股份1,800万股，共向股东发放现金股利1,800.00万元。

董事签名：吕明　苏镇龙　刘常阳　南清　杨伟业　蓝海燕　欧阳峰

鞍山钢铁股份有限公司
2020年04月21日

（盖章）　　鞍山钢铁股份有限公司
2020年04月21日

知识准备 1

企业持有交易性金融资产期间对于被投资单位宣告发放的现金股利或已到付息期但尚未领取的债券利息，应当确认为应收项目，并计入投资收益，即借记“应收股利”或“应收利息”科目，贷记“投资收益”科目；实际收到时作为冲减应收项目处理，即借记“其他货币资金”等科目，贷记“应收股利”或“应收利息”科目。

需要强调的是，企业只有在同时满足三个条件时，才能确认交易性金融资产所取得的股利或利息收入并计入当期损益：一是企业收取股利或利息的权利已经确立（例如被投资单位已宣告）；二是与股利或利息相关的经济利益很可能流入企业；三是股利或利息的金额能够可靠计量。

【例 2－14】 承例 2－12，武汉永鑫电子有限公司 2020 年 5 月 6 日，华科公司宣告分派 2020 年第一季度现金股利每股 0.8 元，武汉永鑫电子有限公司持有华科股票 1 000 000 股。永鑫公司于 2020 年 5 月 26 日收到华科公司发放的现金股利。假定不考虑相关税费。

武汉永鑫电子有限公司作如下账务处理：

（1）2020 年 5 月 6 日华科公司宣告分派现金股利时：

应收股利 = 1 000 000 × 0.8 = 800 000（元）

借：应收股利——华科股票　　800 000

　　贷：投资收益　　800 000

（2）2020 年 5 月 26 日收到现金股利时：

借：其他货币资金——存出投资款　　800 000

　　贷：应收股利——华科股票　　800 000

【例 2－15】 承例 2－13，2020 年 12 月 31 日武汉永鑫电子有限公司计提所持有的大远公司债券利息，2021 年 1 月 10 日收到利息 2 000 000 元。

武汉永鑫电子有限公司作如下账务处理：

应收利息 = 25 000 000 × 8% = 2 000 000（元）

借：应收利息——大远债券　　2 000 000

　　贷：投资收益　　2 000 000

收到债券利息时：

借：其他货币资金——存出投资款　　2 000 000

　　贷：应收利息——大远债券　　2 000 000

工作步骤1

图表2-3-9

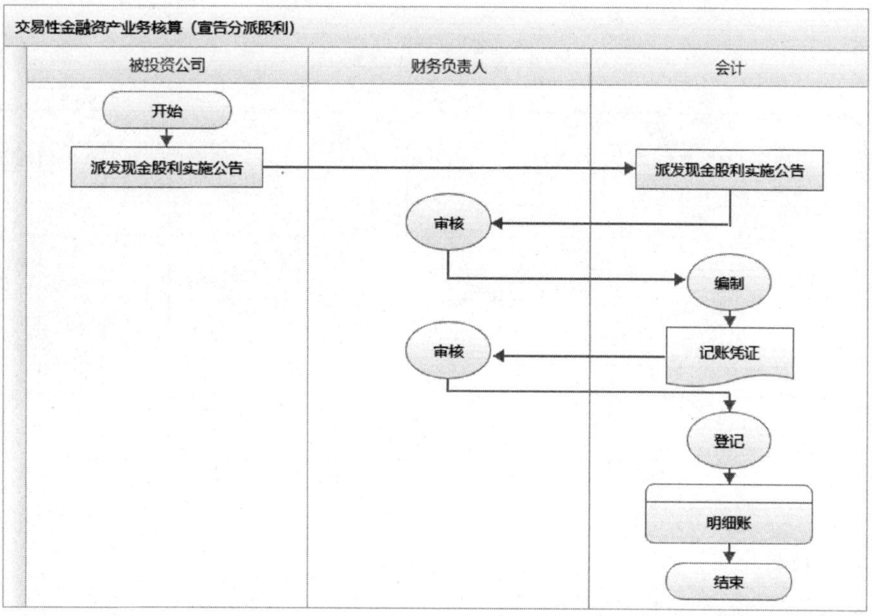

图表2-3-10

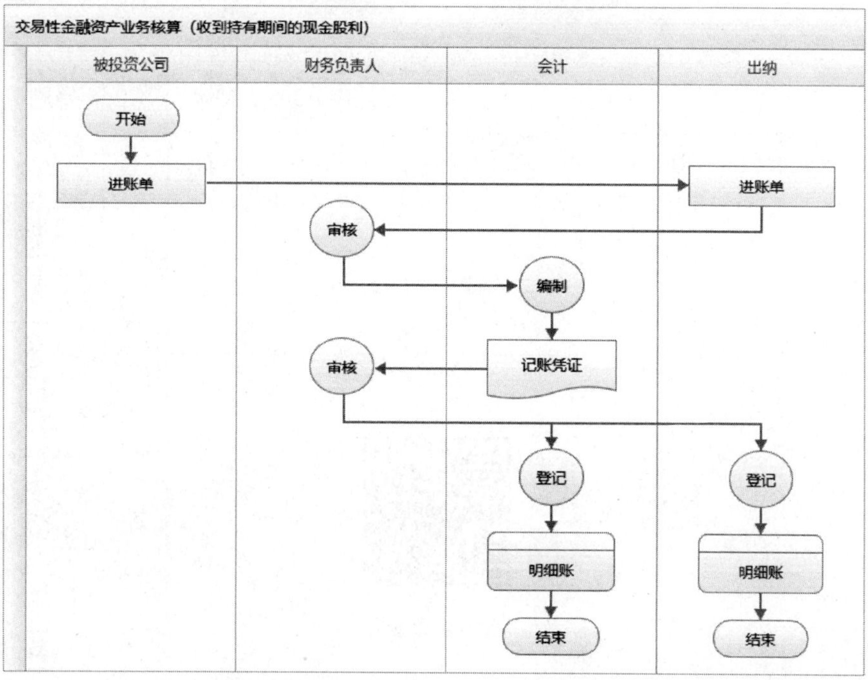

完成工作 1

图表 2－3－11

记 账 凭 证

年 月 日 字第 号

摘 要	会计科目		借方金额											贷方金额											记账
	总账科目	明细科目	亿	千	百	十	万	千	百	十	元	角	分	亿	千	百	十	万	千	百	十	元	角	分	√
合 计																									

附单据 张

会计主管： 记账： 出纳： 复核： 制单：

图表 2－3－12

记 账 凭 证

年 月 日 字第 号

摘 要	会计科目		借方金额											贷方金额											记账
	总账科目	明细科目	亿	千	百	十	万	千	百	十	元	角	分	亿	千	百	十	万	千	百	十	元	角	分	√
合 计																									

附单据 张

会计主管： 记账： 出纳： 复核： 制单：

扫码查看答案

工作任务 2

2019 年 12 月 31 日，武汉众科电子有限公司持有鞍山钢铁股份有限公司股票的公允价值为 102 200 元。请根据相关单据编制记账凭证（凭证号：083）。

图表 2－3－13

交易性金融资产公允价值变动计算表

种类	成本价	公允价值	变动损益
鞍山钢铁	100,000.00	102,200.00	2,200.00

知识准备 2

资产负债表日，交易性金融资产应当按照公允价值计量，公允价值与账面余额之间的差额计入当期损益。

企业应当在资产负债表日按照交易性金融资产公允价值高于其账面余额的差额，借记“交易性金融资产——公允价值变动”科目，贷记“公允价值变动损益”科目；公允价值低于其账面余额的差额作相反的会计分录，借记“公允价值变动损益”科目，贷记“交易性金融资产——公允价值变动”科目。

【例 2－16】 承例 2－12、例 2－14，2020 年 6 月 30 日，武汉永鑫电子有限公司持有华科公司股票的公允价值为 8 600 000 元；2020 年 12 月 31 日，永鑫公司持有华科公司股票的公允价值为 12 400 000 元。假定不考虑相关税费和其他因素。

武汉永鑫电子有限公司作如下账务处理：

2020 年 6 月 30 日，确认华科公司股票的公允价值变动损益时：

借：公允价值变动损益——华科股票　　800 000

　　贷：交易性金融资产——华科股票（公允价值变动）　　800 000

2020 年 12 月 31 日，确认华科公司股票的公允价值变动损益时：

借：交易性金融资产——华科股票（公允价值变动）　　3 800 000

　　贷：公允价值变动损益——华科股票　　3 800 000

【例 2－17】 承例 2－13、例 2－15，2020 年 6 月 30 日，武汉永鑫电子有限公司持有大远公司债券的公允价值为 26 700 000 元；2020 年 12 月 31 日，永鑫公司持有大远公司债券的公允价值为 25 800 000 元。假定不考虑相关税费和其他因素。

武汉永鑫电子有限公司作如下账务处理：

（1）2020 年 6 月 30 日，确认大远公司债券的公允价值变动损益时：

借：交易性金融资产——大远债券（公允价值变动）　　1 200 000

　　贷：公允价值变动损益——大远债券　　1 200 000

（2）2020 年 12 月 31 日，确认大远公司债券的公允价值变动损益时：

借：公允价值变动损益——大远债券　　900 000

　　贷：交易性金融资产——大远债券（公允价值变动）　　900 000

工作步骤 2

图表 2－3－14

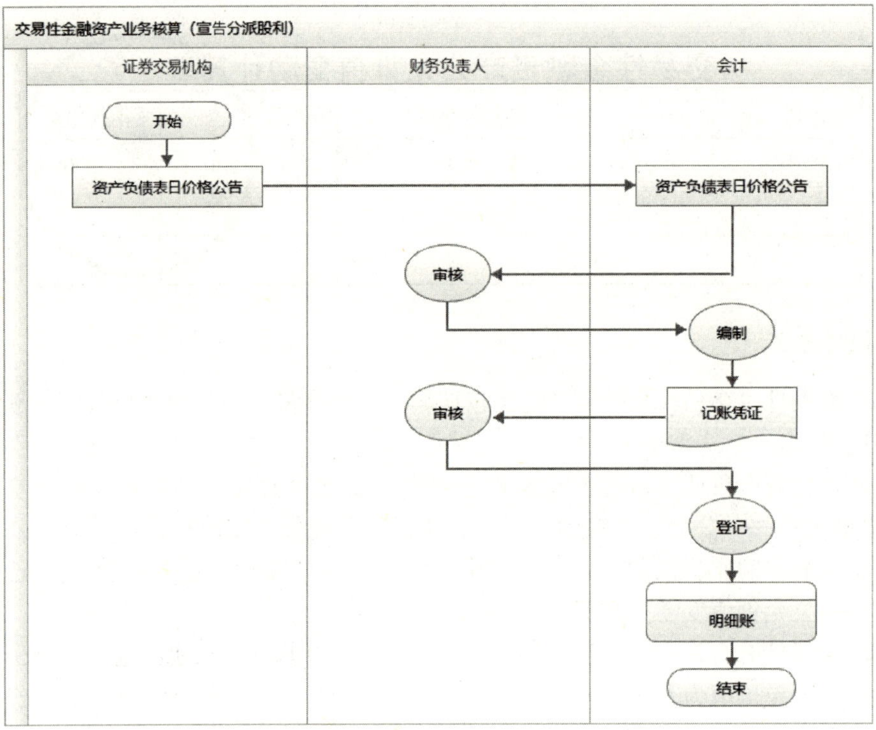

完成工作 2

图表 2－3－15

记　账　凭　证

年　　月　　日　　　　字第　　　号

摘　要	会计科目		借方金额											贷方金额											记账
	总账科目	明细科目	亿	千	百	十	万	千	百	十	元	角	分	亿	千	百	十	万	千	百	十	元	角	分	√
合　计																									

附单据　　张

会计主管：　　记账：　　出纳：　　复核：　　制单：

扫码查看答案　　　　练一练

子任务三　核算处置交易性金融资产业务

工作任务

2020 年 5 月 22 日，武汉众科电子有限公司出售股票。请根据相关单据编制记账凭证（凭证号：072）。

图表 2－3－16

兴业证券武汉分公司　交割单对账单

客户编号：20659858　姓名：武汉众科电子有限公司　对账日期：2020-05-22　打印柜员：1569

资金信息：

币种	资金余额	可用金额	可取现金	资产总值
人民币	2,054.50	2,054.50	2,054.50	2,054.50

流水明细：

日期	币种	业务标志	证券名称	证券代码	发生数量	成交均价	佣金	印花税	其他费	收付金额	资金余额	备注
2020-05-22	人民币	股票卖出	鞍山钢铁	001389	10,000	16.00	2,285.00	160.00	0.00	157,555.00	2,054.50	

股票汇总资料

证券名称	证券代码	当前数	可用数	最新价	市值	币种

知识准备

企业出售交易性金融资产时，应当将该金融资产出售时的公允价值与其账面余额之间的差额作为投资损益进行会计处理企业出售交易性金融资产，应当按照实际收到的金额，借记“其他货币资金”等目，按照该金融资产的账面余额的成本部分，贷记“交易性金融资产——成本”科目，按照该金融资产的账面余额的公允价值变动部分，贷记或借记“交易性金融资产——公允价值变动”科目，按照其差额，贷记或借记“投资收益”科目。

【例 2－18】 承例 2－12、例 2－14、例 2－16，2021 年 5 月 20 日，武汉永鑫电子有限公司出售了所持有的全部华科公司股票，成交价为 12 100 000 元。不考虑相关税费和其他因素。

武汉永鑫电子有限公司作如下账务处理：

借：其他货币资金——存出投资款　　12 100 000
　投资收益——华科股票　　300 000
　贷：交易性金融资产——华科股票（成本）　　9 400 000
　　　　——华科股票（公允价值变动）　　3 000 000

【例 2－19】 承例 2－13、例 2－15、例 2－17，2021 年 3 月 10 日，武汉永鑫电子有限公司出售了所持有的全部大远公司债券，出售价格 35 500 000 元。不考虑相关税费和其他因素。

武汉永鑫电子有限公司作如下账务处理：

投资收益＝120 000－350－101 200＝18 450（元）

借：其他货币资金——存出投资款　　35 500 000
　贷：交易性金融资产——大远债券（成本）　　25 500 000
　　　　——大远债券（公允价值变动）　　300 000
　　投资收益——大远债券　　9 700 000

知识充电器

金融商品转让按照卖出价扣除买入价（不需要扣除已宣告未发放现金股利和已到付息期未领取的利息）后的余额作为销售额计算增值税，即转让金融商品按盈亏相抵后的余额为销售额。若相抵后出现负差，可结转下一纳税期与下期转让金融商品销售额互抵，但年末时仍出现负差的，不得转入下一会计年度。

转让金融资产当月月末，如产生转让收益，则按应纳税额，借记“投资收益”等科目，贷记“应交税费——转让金融商品应交增值税”科目；如产生转让损失，则按可结转下月抵扣税额，借记“应交税费——转让金融商品应交增值税”科目，贷记“投资收益”等科目。

年末，如果“应交税费——转让金融商品应交增值税”科目有借方余额，说明本年度的金融商品转让损失无法弥补，且本年度的金融资产转让损失不可转入下年度继续抵减转让金融资产的收益，因此，应借记“投资收益”等科目，贷记“应交税费——转让金融商品应交增值税”科目，将“应交税费——转让金融商品应交增值税”科目的借方余额转出。

承例 2－19，计算该项业务转让金融商品应交增值税。

转让金融商品应交增值税＝(35 500 000－26 000 000)/(1＋6%)×6%
＝537 735.85（元）

永鑫公司应编制如下账务处理：

借：投资收益　　537 735.85
　贷：应交税费——转让金融商品应交增值税　　537 735.85

工作步骤

图表 2-3-17

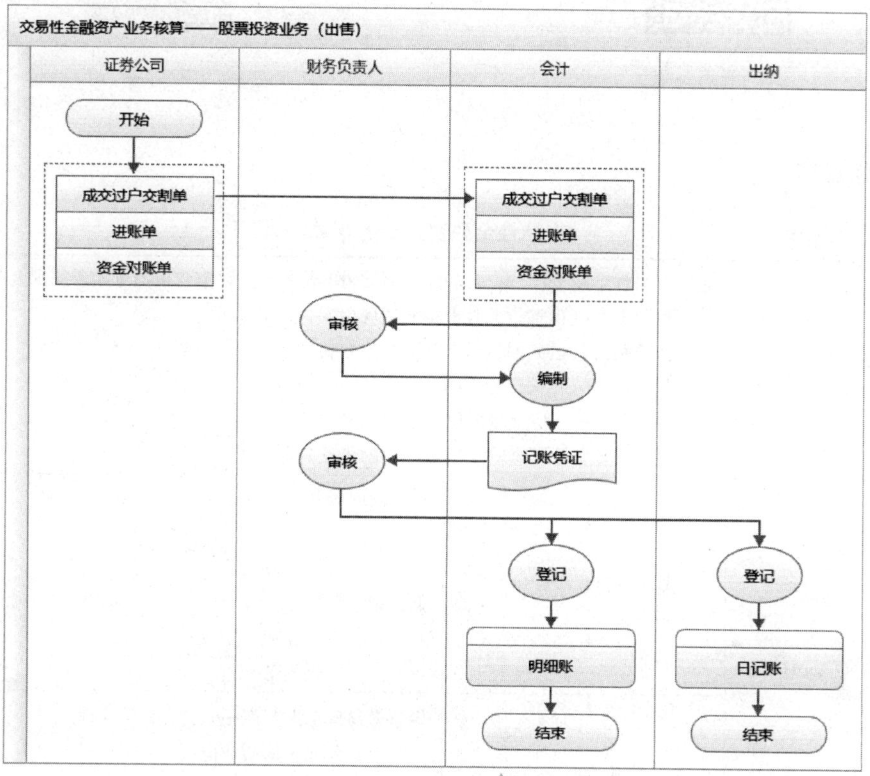

完成工作

图表 2-3-18

记 账 凭 证

年 月 日 字第 号

摘要	会计科目		借方金额											贷方金额											记账√
	总账科目	明细科目	亿	千	百	十	万	千	百	十	元	角	分	亿	千	百	十	万	千	百	十	元	角	分	
合计																									

附单据 张

会计主管： 记账： 出纳： 复核： 制单：

扫码查看答案

练一练

工作总结

图表 2-3-19　　交易性金融资产业务核算

<table>
<tr><td>购入交易性金融资产</td><td colspan="2">借：交易性金融资产——成本（实际支付的价款——已宣告但尚未领取的现金股利）
应收股利（已宣告但尚未领取的现金股利）
应收利息（已到期但尚未领取的债券利息）
投资收益（相关交易费用）
应交税费——应交增值税（进项税额）
贷：其他货币资金等（实际支付的价款）</td></tr>
<tr><td rowspan="2">交易性金融资产持有期间</td><td>现金股利及债券利息</td><td>借：应收股利
应收利息
贷：投资收益
借：银行存款
贷：应收股利
应收利息</td></tr>
<tr><td>公允价值变动</td><td>借：交易性金融资产——公允价值变动
贷：公允价值变动损益
借：公允价值变动损益
贷：交易性金融资产——公允价值变动</td></tr>
<tr><td>出售交易性金融资产</td><td colspan="2">借：其他货币资金
贷：交易性金融资产——成本
——公允价值变动
应收股利
应收利息
投资收益（收益在贷方，若为亏损则在借方）</td></tr>
</table>

图表 2-3-20　　工作评价与反馈

<table>
<tr><td colspan="2" rowspan="2">项目</td><td colspan="3">任务完成程度</td></tr>
<tr><td>全部完成</td><td>部分完成</td><td>未完成</td></tr>
<tr><td rowspan="3">自我评价</td><td>子任务一</td><td></td><td></td><td></td></tr>
<tr><td>子任务二</td><td></td><td></td><td></td></tr>
<tr><td>子任务三</td><td></td><td></td><td></td></tr>
<tr><td colspan="2">任务完成心得</td><td colspan="3"></td></tr>
<tr><td colspan="2">存在的问题</td><td colspan="3"></td></tr>
<tr><td colspan="2">教师评价</td><td colspan="3"></td></tr>
</table>

项目三　核算存货采购及收发业务

任务导学

存货，是企业在日常生产经营过程中持有以备出售的产成品或商品、处在生产过程中的在产品、将在生产过程或提供劳务过程中耗用的材料和物料等。企业的存货包括原材料、在产品、半成品、产成品、商品、周转材料、委托加工物资以及包装物、低值易耗品、委托代销商品等。存货分布于企业生产经营的各个环节，而且种类繁多，用途各异。对正常运营的企业来说，持有一定数量的存货十分必要。存货既是资产负债表中流动资产的一个重要项目，在流动资产总额中占有较大比例，也是利润表中销售收入和销售成本的来源。因此，企业必须认识到存货管理的重要性，有效进行存货核算和管理。

学习目标

认知目标：理解存货的含义和确认条件，正确判断和把握企业存货核算的范围；掌握存货成本的组成内容，正确确定不同类型存货的成本；掌握存货按实际成本计价法和按计划成本计价法的核算原理，熟练完成外购存货及其他存货的核算；掌握发出存货的计价方法，熟练运用不同计价方法计算发出存货的成本；知晓存货盘存制度，正确地对发生存货的盘盈或盘亏进行会计处理；能够对应付款项和委托加工物资进行准确核算。

情感目标：激发学生的学习兴趣，培养学生勤于动手、勇于探究的习惯和解决实际问题的能力。

技能目标：能针对企业性质选择合适的存货采购和发出方法，能正确办理存货采购、应付款项、存货发出及存货清查的账务处理。

任务一 核算存货采购业务

情景导入

存货采购，是存货进入企业生产流通环节的起点，也是企业进行生产经营活动的基础。存货是以在正常生产过程中被销售或耗用为目的而取得的，它的取得方式是多种多样的。在不同的取得方式下，存货成本的具体构成内容是不完全相同的，那么我们怎么来确定存货的实际成本以作为存货入账的依据呢?

任务要求

掌握按实际成本核算时外购存货和自制存货成本的入账依据和处理方法；掌握按计划成本核算时存货取得的实际成本和计划成本之间出现差异的账务处理及材料验收入库时各种情况的处理方法。

子任务一 确定存货成本业务

工作任务 1

理解存货的概念，并能够正确区分企业的哪些资产属于存货。

知识准备 1

存货，是指企业在日常生产经营过程中持有以备出售的产成品或商品、处在生产过程中的在产品、将在生产过程或提供劳务过程中耗用的材料和物料等，包括各类材料、在产品、半成品、产成品、商品、周转材料（包装物、低值易耗品）、委托加工物资等。

存货区别于固定资产、无形资产等非流动资产的最基本的特征是，企业持有存货的最终目的是为了出售，包括可供直接出售的产成品、商品，以及需经过进一步加工后出售的原材料等。同时，存货相对于非流动资产周转速度较快，通常在一年内变现、出售或者耗用。

知识充电器

1. 存货的存放地点不在本单位，但仍属于本企业存货的有：

(1) 已经支付货款购入，但尚未验收入库的（在途物资）；

(2) 委托其他单位代销的存货（委托代销商品）；

(3) 已经发货但存货的风险和报酬并未转移给购买方（发出商品）；

(4) 委托加工物资。

2. 特殊例子。

(1) 为建造固定资产等各项工程而储备的各种物资，不属于存货；

(2) 企业接受外来原材料加工制造的代制品和为外单位加工修理的代修品所产生的人工费用和材料费用属于受托企业的存货；

(3) 房地产开发企业购入的、用于建造商品房的土地使用权属于企业的存货。

完成工作 1

理解存货的概念，并正确区分企业的哪些资产属于存货？

□外购的工程物资　　　　　□持有待售的商品

□用于生产的低值易耗品　　□委托加工的原材料

□房地产企业自用的房产　　□房地产企业用于销售的商品房

扫码查看答案

工作任务 2

理解存货的构成，并能够正确对企业的存货进行分类。

知识准备 2

存货分布于企业生产经营的各个环节，而且种类繁多、用途各异。为了加强存货的管理，提供有用的会计信息，应当对存货进行分类。

（一）按经济用途分类

企业的存货包括原材料、在产品、半成品、产成品、商品、周转材料、委托加工物资等。

1. 原材料，是指企业在生产过程中经加工改变其形态或性质并构成产品主要实体的各种原料及主要材料、辅助材料、外购半成品（外购件）、修理用备件（备品备件）、包装材料、燃料等。

2. 在产品，是指企业正在制造尚未完工的生产物，包括正在各个生产工序加工的产品，以及已加工完毕但尚未检验或已检验但尚未办理入库手续的产品。

3. 半成品，是指企业经过一定生产过程并已检验合格交付半成品仓库保管，但尚未制造完工成为产成品，仍需进一步加工的中间产品。

4. 产成品，是指企业已经完成全部生产过程并已验收入库，可以按照合同规定的条件送交订货单位，或者可以作为商品对外销售的产品。企业接受来料加工制造的代制品和为外单位加工修理的代修品，制造和修理完成验收入库后，应视同企业的产成品。

5. 商品，是指企业（批发业、零售业）外购或委托加工完成并已验收入库用于销售的各种商品。

6. 周转材料，是指企业能够多次使用、但不符合固定资产定义的材料，如为了包装本企业商品而储备的各种包装物、各种工具、劳保用品以及在经营过程中周转使用的容器等低值易耗品和企业（建筑业）的钢模板、木模板、脚手架等。

7. 委托加工物资，是指企业委托外单位加工的各种材料、商品等物资。

（二）按取得方式分类

存货按取得方式，可以分为外购存货、自制存货、委托加工存货、投资者投入的存货和盘盈的存货等。

完成工作 2

请将下列存货与其所属类别进行连线。

低值易耗品	原材料
可以作为商品对外销售的产品	在产品
批发业、零售业外购用于销售的商品	半成品
生产用主要材料	产成品
仍需进一步加工的中间产品	商品
委托外单位加工的材料	周转材料
正在各个生产工序加工的产品	委托加工物资
委托其他单位代销的商品	委托代销商品

扫码查看答案

工作任务 3

掌握存货成本的计量，能够正确计算存货采购成本。

知识准备 3

企业取得的存货，应当按照成本进行计量。存货成本包括采购成本、加工成本和其他成本。

（一）存货的采购成本

存货的采购成本包括：购买价款、相关税费、运输费、装卸费、保险费以及其他可归属于存货采购成本的费用。

1. 购买价款，是指企业购入的材料或商品的发票账单上列明的价款，但不含按照税法规定可以抵扣的增值税进项税额。

2. 相关税费，包括计入存货成本的进口关税、消费税、资源税、不能抵扣的增值税等。

3. 其他可归属于存货采购成本的费用，是指采购成本中除上述各项以外的可归属于存货采购的费用，如在存货采购过程中发生的仓储费、包装费、运输途中的合理损耗、入库前的挑选整理费用等。

（二）存货的加工成本

存货的加工成本是指在存货的加工过程中发生的追加费用，包括直接人工以及按照一定方法分配的制造费用。直接人工是指企业在生产产品的过程中发生的、直接从事产品生产人员的职工薪酬。制造费用是指企业为生产产品而发生的各项间接费用。

（三）存货的其他成本

存货的其他成本是指除采购成本、加工成本以外的、使存货达到目前场所和状态所发生的其他支出。为特定客户设计产品所发生的、可直接确定的设计费用应计入存货的成本。但是企业设计产品发生的设计费用通常应计入当期损益。

完成工作 3

甲企业为增值税一般纳税人，2019 年 6 月购入一批原材料，增值税专用发票上注明的价款为 300 000 元，增值税税额为 39 000 元，款项已支付。另以银行存款支付装卸费 4 000 元，入库时发生挑选整理费 1 000 元，运输途中发生合理损耗 1 000 元。不考虑其他因素，该批原材料的入账价值为（　　）元。

A. 353 000　　B. 306 000　　C. 305 000　　D. 354 000

扫码查看答案

练一练

子任务二　采用实际成本核算存货采购业务

工作任务 1

2019 年 6 月 6 日，武汉众科电子有限公司购入原材料（采用实际成本核算）。请根据相关单据编制记账凭证（凭证号：016）。

图表 3－1－1

湖北增值税专用发票

4200151140　　№ 10730824　4200151140 10730824

发票联

机器编号：982888812388　　开票日期：2019年06月06日

购买方	
名　　称	武汉众科电子有限公司
纳税人识别号	91420103524658761F
地 址、电 话	武汉市洪山区高新大道10号027-98771066
开户行及账号	工商银行武汉市洪山区支行6215581810004608805

密码区：172312-4-275〈1+46*54* 82*59* 181321〉〈8182*59*09618153〈/ 〈4〈3*2702-9〉9*+153〈/0 〉2-3 *08/4〉*〉〉2-3*0/9/〉〉25-275〈1

货物或应税劳务、服务名称	规格型号	单位	数量	单价	金额	税率	税额
*印制电路板*6层沉金阻抗板	#01	个	4,500	65.00	292,500.00	13%	38,025.00
合　计					¥292,500.00		¥38,025.00
价税合计（大写）	⊗ 叁拾叁万零伍佰贰拾伍元整				（小写）¥330,525.00		

销售方	
名　　称	武汉君阳电路有限公司
纳税人识别号	91420100765409816X
地 址、电 话	武汉市东湖新技术开发区高新四路40号027-67516213
开户行及账号	工商银行武汉市江汉区支行6215582111267509121

备注：校验码 52118 02617 08248 65199

收款人：　　复核：　　开票人：李华　　销售方：（章）

税总函[2016]××号×××公司　　第三联：发票联　购买方记账凭证

图表 3－1－2

中国工商银行电子汇划收款 回单

2019 年 06 月 06 日　　流水号：032001007188351

付款人	全　称	武汉众科电子有限公司	收款人	全　称	武汉君阳电路有限公司
	账　号	6215581810004608805		账　号	6215582111267509121
	开户银行	工商银行武汉市洪山区支行		开户银行	工商银行武汉市江汉区支行
金　额	人民币（大写）	叁拾叁万零伍佰贰拾伍元整		¥330,525.00	
用　途	材料款				

备注：

汇划日期：2019-06-06　　汇划流水号：032001007188351

汇出行行号：102521000360　　原凭证种类：

原凭证号码：　　原凭证金额：¥330,525.00

汇款人地址：武汉市洪山区高新大道10号

收款人地址：武汉市东湖新技术开发区高新四路40号

实际收款人账号：6215582111267509121

实际收款人名称：武汉君阳电路有限公司

工商银行武汉市洪山区支行 回单专用章 银行盖章

图表3-1-3

入 库 单

2019 年 06 月 06 日　　　　单号 043955

交来单位或部门	武汉君阳电路有限公司	发票号码或生产单号码	10730824	验收仓库	材料库	入库日期	2019-06-06

编号	名称及规格	单位	数量		实际价格		计划价格		价格差异
			交库	实收	单价	金额	单价	金额	
01	6层沉金阻抗板 #01	个	4,500	4,500	65.00	292,500.00			
合计			4,500	4,500		¥292,500.00			

部门经理：张学平　　会计：王薇　　仓库：周帅　　经办人：马秀

知识准备1

存货按实际成本计价核算，是指从存货的收发凭证到总分类账、明细分类账，全部按实际成本计价。常用的会计科目有“在途物资”“原材料”等科目。

企业外购的存货，由于采购地点远近不同、货款结算方式不同等原因，可能造成存货验收入库和货款结算不能够同步完成；此外，外购存货还可能采用预付款购货方式或赊购方式。因此，企业外购的存货应根据具体情况，分别进行会计处理。

“原材料”科目用于核算企业库存的各种材料的收入、发出与结存情况。在原材料按实际成本核算时，“原材料”科目的借方登记入库材料的实际成本，贷方登记发出材料的实际成本，期末余额在借方，反映企业库存材料的实际成本。“原材料”科目应按照材料的保管地点（仓库）、材料的类别、品种和规格等设置明细账进行明细核算。

在存货验收入库和货款结算同时完成的情况下，企业应于支付货款或开出、承兑商业汇票，并且存货验收入库后，按发票账单等结算凭证确定的存货成本，借记“原材料”“周转材料”“库存商品”等存货科目，按增值税专用发票上注明的增值税进项税额，借记“应交税费——应交增值税（进项税额）”科目，按实际支付的款项或应付票据面值，贷记“银行存款”“应付票据”等科目。

【例3-1】 武汉永鑫电子有限公司购入甲材料一批，增值税专用发票上注明材料价款为500 000元，增值税税额为65 000元。款项已用转账支票付讫，材料已验收入库。

武汉永鑫电子有限公司应作如下账务处理：

借：原材料——甲材料	500 000	
应交税费——应交增值税（进项税额）	65 000	
贷：银行存款		565 000

工作步骤 1

图表 3 -1 -4

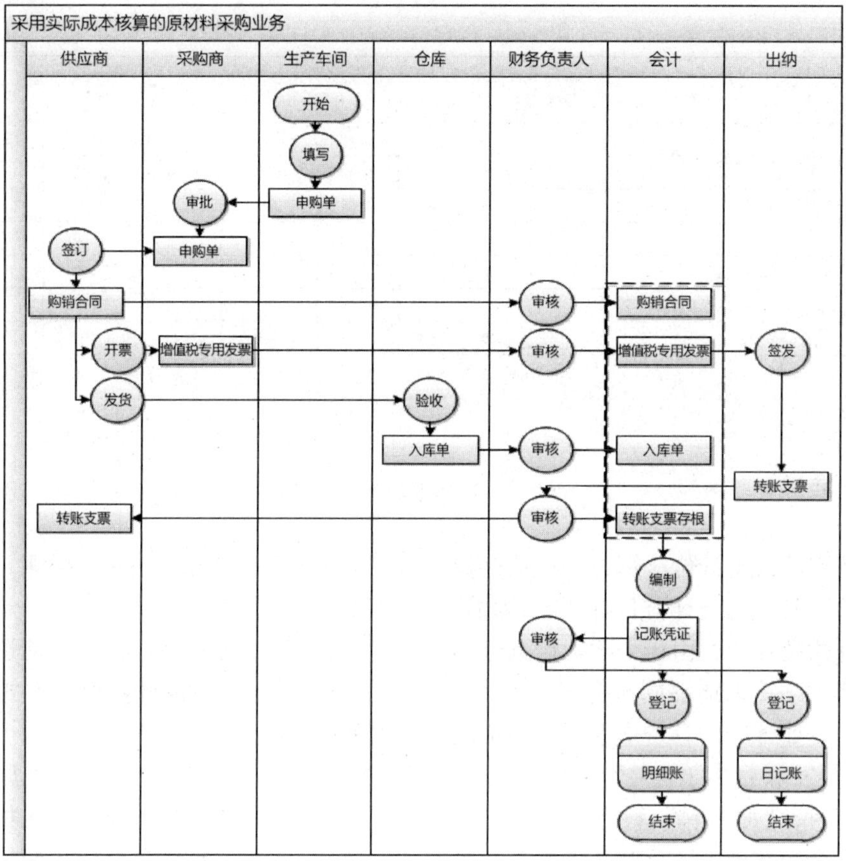

完成工作 1

图表 3 -1 -5

记 账 凭 证

年 月 日　　　　字第　　号

摘要	会计科目		借方金额											贷方金额											记账√
	总账科目	明细科目	亿	千	百	十	万	千	百	十	元	角	分	亿	千	百	十	万	千	百	十	元	角	分	
	合　计																								

附单据　　张

会计主管：　　记账：　　出纳：　　复核：　　制单：

扫码查看答案

工作任务2

2019年6月2日，武汉众科电子有限公司采购原材料（采用实际成本核算）。请根据相关单据编制记账凭证（凭证号：020）。

图表3-1-6

湖北增值税专用发票

发票联

4200151140　　№ 96951900　4200151140　96951900

机器编号：982888812388　　开票日期：2019年06月02日

购买方	名称：武汉众科电子有限公司 纳税人识别号：91420103524658761F 地址、电话：武汉市洪山区高新大道10号027-98771066 开户行及账号：工商银行武汉市洪山区支行6215581810004608805			密码区	172312-4-275〈1+46*54* 82*59* 181321〉〈8182*59*09618153〈/ 〈4〈3*2702-9〉9*+153〈/0 〉2-3 *08/4〉*〉〉2-3*0/9/〉〉25-275〈1		
货物或应税劳务、服务名称	规格型号	单位	数量	单价	金额	税率	税额
*印制电路板*6层沉金阻抗板	#01	个	3,000	68.00	204,000.00	13%	26,520.00
合计					¥204,000.00		¥26,520.00
价税合计（大写）	⊗贰拾叁万零伍佰贰拾元整				（小写）¥230,520.00		
销售方	名称：武汉君阳电路有限公司 纳税人识别号：91420100765409816X 地址、电话：武汉市东湖新技术开发区高新四路40号027-67516213 开户行及账号：工商银行武汉市江汉区支行6215582111267509121			备注	校验码 52118 02817 08248 65199		

收款人：　　复核：　　开票人：李华　　销售方：（章）

税总函[2016]××号×××公司

第三联：发票联　购买方记账凭证

图表3-1-7

中国工商银行电子汇划收款 回单

2019 年 06 月 02 日　　流水号：157800265718084

付款人	全称	武汉众科电子有限公司	收款人	全称	武汉君阳电路有限公司
	账号	6215581810004608805		账号	6215582111267509121
	开户银行	工商银行武汉市洪山区支行		开户银行	工商银行武汉市江汉区支行
金额		人民币（大写）贰拾叁万零伍佰贰拾元整		¥230,520.00	
用途		材料款			

备注：

汇划日期：2019-06-02　　汇划流水号：157800265718084

汇出行行号：102521000360　　原凭证种类：

原凭证号码：　　原凭证金额：¥230,520.00

汇款人地址：武汉市洪山区高新大道10号

收款人地址：武汉市东湖新技术开发区高新四路40号

实际收款人账号：6215582111267509121

实际收款人名称：武汉君阳电路有限公司

工商银行武汉市洪山区支行　回单专用章

银行盖章

知识准备 2

当存货采购中货款已结算但存货尚在运输途中时，应采用“在途物资”科目核算。“在途物资”科目核算企业采用实际成本进行材料、商品等物资的日常核算、尚未到达或尚未验收入库的各种物资的实际采购成本。本科目应按照供应单位和物资品种进行明细核算。“在途物资”科目借方登记企业购入的在途物资的实际成本，贷方登记验收入库的在途物资的实际成本，期末余额在借方，反映企业在途物资的采购成本。

在已经支付货款或开出、承兑商业汇票，但存货尚在运输途中或虽已运达但尚未验收入库的情况下，企业应于支付货款或开出、承兑商业汇票时，按照发票账单所列购买价款、运输费、装卸费、保险费以及在外购材料过程中发生的其他直接费用，借记“在途物资”科目；按照税法规定可抵扣的增值税进项税额，借记“应交税费——应交增值税（进项税额）”科目；贷记“银行存款”“其他货币资金”“预付账款”“应付账款”等科目。待存货运达企业并验收入库后，再根据有关验货凭证，借记“原材料”“周转材料”“库存商品”等存货科目，贷记“在途物资”科目。

【例 3－2】 武汉永鑫电子有限公司采用汇兑结算方式购入甲材料一批，取得的增值税专用发票上注明材料价款为 30 000 元，增值税税额为 3 900 元。款项已通过银行转账支付，发票及账单已收到，材料尚未到达。

武汉永鑫电子有限公司应作如下账务处理：

借：在途物资——甲材料　　30 000
　　应交税费——应交增值税（进项税额）　　3 900
　　贷：银行存款　　33 900

在材料到达并已验收入库后，根据仓库转来的收料凭证做如下会计处理：

借：原材料——甲材料　　30 000
　　贷：在途物资——甲材料　　30 000

【例 3－3】 武汉永鑫电子有限公司 2019 年 6 月 20 日从大华公司购入材料一批，已验收入库，但月末发票账单等结算凭证未到，货款尚未支付。该批材料合同价格为 48 000 元。2019 年 7 月 5 日收到发票账单等结算凭证，以银行存款支付材料价款 50 000 元，增值税税额为 6 500 元。

武汉永鑫电子有限公司应作如下账务处理：

（1）2019 年 6 月 30 日按合同价格暂估入账时：

借：原材料　　48 000
　　贷：应付账款——暂估应付账款　　48 000

（2）2019 年 7 月初用红字作相同会计分录予以冲销：

借：原材料　　[48 000]
　　贷：应付账款——暂估应付账款　　[48 000]

（3）2019 年 7 月 5 日支付材料价款时：

借：原材料　　50 000
　　应交税费——应交增值税（进项税额）　　6 500

贷：银行存款　56 500

知识充电器

对于材料已经收到，但在月末尚未收到发票账单的存货，应根据仓库转来的收料凭证，按照估计金额暂估入账，借记“原材料”“周转材料”“库存商品”等科目，贷记“应付账款——暂估应付账款”科目，下月初用红字作同样的会计分录予以冲回，以便下月收到发票账单等结算凭证时，按照正常程序进行账务处理。

工作步骤 2

图表 3－1－8

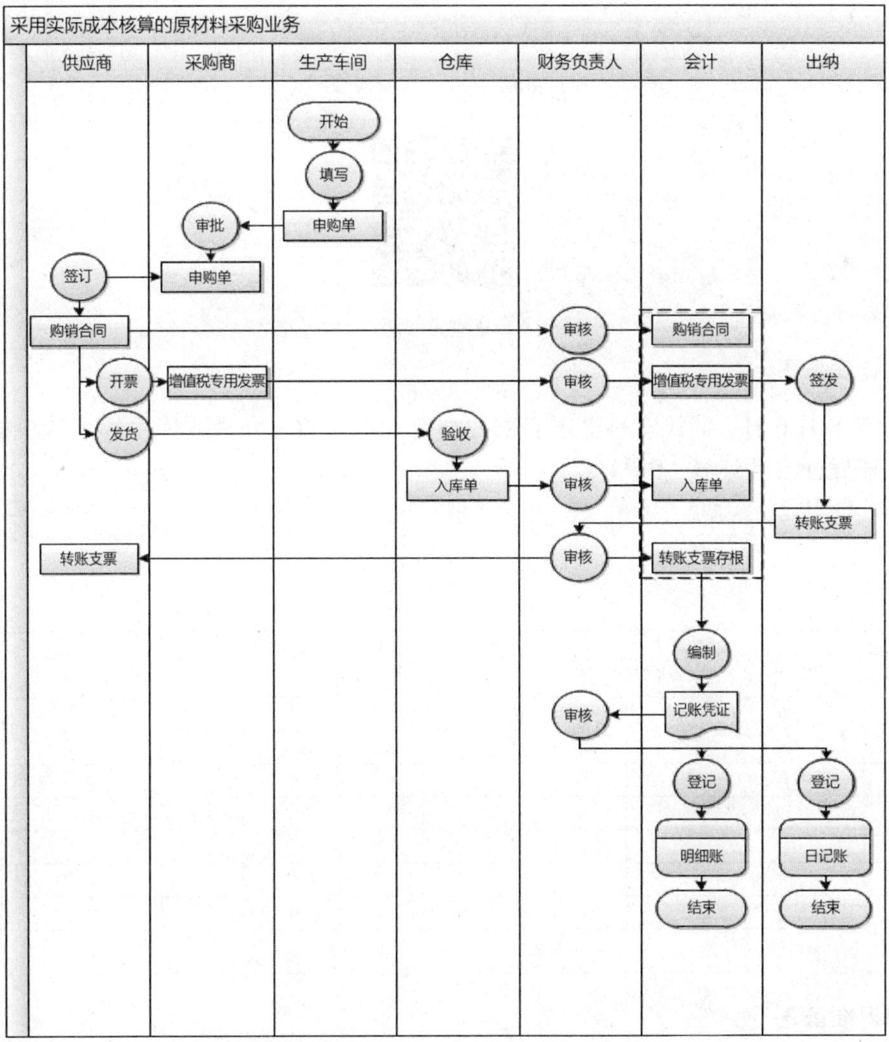

完成工作 2

图表 3－1－9

记 账 凭 证

年 月 日 字第 号

摘 要	会计科目		借方金额											贷方金额											记账
	总账科目	明细科目	亿	千	百	十	万	千	百	十	元	角	分	亿	千	百	十	万	千	百	十	元	角	分	√
合 计																									

附单据 张

会计主管： 记账： 出纳： 复核： 制单：

扫码查看答案

工作任务 3

2019 年 8 月 6 日，武汉众科电子有限公司自制原材料，办理入库手续。请根据相关单据编制记账凭证（凭证号：019）。

图表 3－1－10

入 库 单

2019 年 08 月 06 日 单号 118826

交来单位或部门	武汉众科电子有限公司原材料生产车间	发票号码或生产单号码	78900989	验收仓库	材料库	入库日期	2019-08-06

编 号	名称及规格	单 位	数量		实际价格		计划价格		价格差异
			交 库	实 收	单 价	金 额	单 价	金 额	
01	6号沉金阻抗板 #01	个	800	800	50.00	40,000.00			
合 计			800	800		¥40,000.00			

部门经理：张学平 会计：王薇 仓库：周帅 经办人：马秀

知识准备 3

企业自制存货的初始成本主要由采购成本和加工成本构成，某些存货还包括使存货达到目前场所和状态所发生的其他成本。其中，采购成本是由自制存货所使用或消耗的原材料采购成本转移而来，因此，自制存货成本核算的重点是确定存货的加工成本。

加工成本是指存货制造过程中发生的直接人工和制造费用。其中，直接人工是指企业在生产产品过程中，向直接从事产品生产的工人支付的职工薪酬；制造费用是指企业为生产产品而发生的各项间接费用，包括企业生产车间管理人员的职工薪酬、折旧费、办公费、水电费等。

其他成本是指除采购成本、加工成本以外，使存货达到目前场所和状态所发生的其他支出。例如，为特定客户设计产品所发生的、可直接确定的设计费用，应当予以资本化的借款费用等。

企业自制并已验收入库的存货，按计算确定的实际成本，借记“原材料”“周转材料”等存货科目，贷记“生产成本”科目。

【例 3－4】 武汉永鑫电子有限公司 2019 年 6 月 10 日自制的原材料验收入库，生产过程中发生的实际成本为 2 100 元。

武汉永鑫电子有限公司作如下账务处理：

借：原材料　　2 100

　　贷：生产成本　　2 100

工作步骤 3

图表 3－1－11

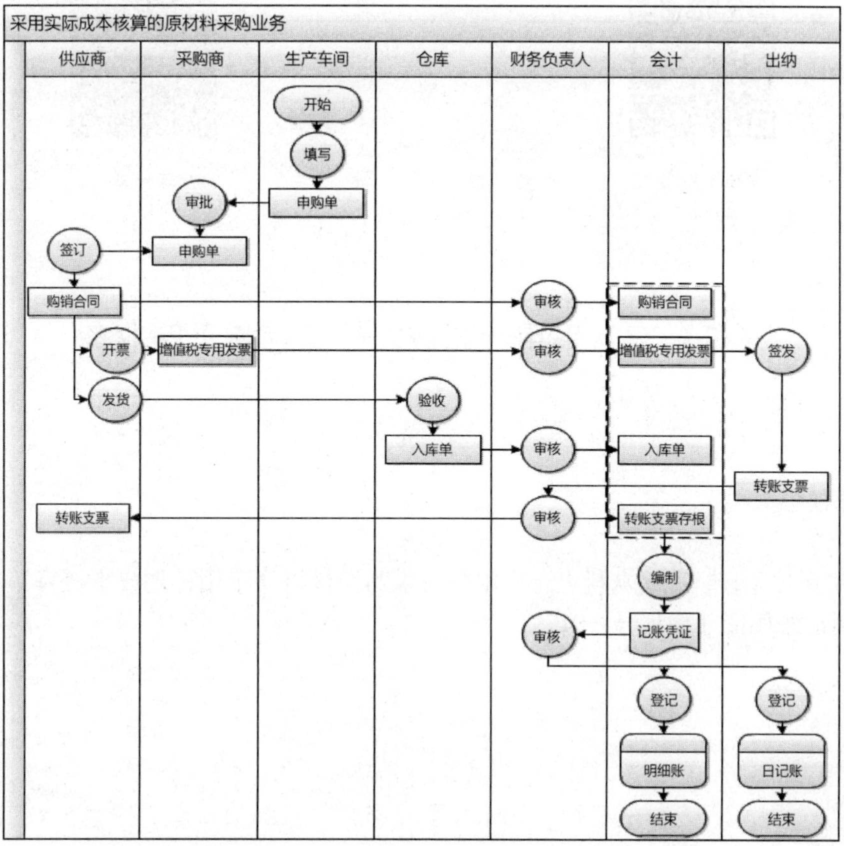

完成工作 3

图表 3－1－12

记 账 凭 证

年 月 日 字第 号

摘要	会计科目		借方金额											贷方金额											记账
	总账科目	明细科目	亿	千	百	十	万	千	百	十	元	角	分	亿	千	百	十	万	千	百	十	元	角	分	√
合计																									

附单据 张

会计主管： 记账： 出纳： 复核： 制单：

扫码查看答案

练一练

子任务三 采用计划成本核算存货采购业务

工作任务 1

2019 年 6 月 2 日，武汉众科电子有限公司采购原材料（采用计划成本核算）。请根据相关单据编制记账凭证（凭证号：017）。

图表 3－1－13

税总函〔2016〕××号××××公司

湖北增值税专用发票

湖北

发票联

4200151140　　№ 52295680　4200151140 52295680

机器编号：982888812388　　开票日期：2019年06月02日

购买方	名　　称：武汉众科电子有限公司 纳税人识别号：91420103524658761F 地 址、电 话：武汉市洪山区高新大道10号027-98771066 开户行及账号：工商银行武汉市洪山区支行6215581810004608805			密码区	172312-4-275 〈1+46*54* 82*59* 181321〉〈8182*59*09618153〈/ 〈4〈3*2702-9〉9*+153〈/0 〉2-3 *08/4〉*〉〉2-3*0/9/〉〉25-275〈1		
货物或应税劳务、服务名称	规格型号	单位	数量	单价	金额	税率	税额
*印制电路板*6层沉金阻抗板	#01	个	3000	68.00	204,000.00	13%	26,520.00
合　　计					¥204,000.00		¥26,520.00
价税合计（大写）	⊗ 贰拾叁万零伍佰贰拾元整				（小写）¥230,520.00		
销售方	名　　称：武汉君阳电路有限公司 纳税人识别号：91420100765409816X 地 址、电 话：武汉市东湖新技术开发区高新四路40号027-67516213 开户行及账号：工商银行武汉市江汉区支行6215582111267509121			备注	校验码 52118 02817 08248 65199		

收款人：　　复核：　　开票人：李华　　销售方：（章）

武汉君阳电路有限公司 91420100765409816X 发票专用章

第三联：发票联　购买方记账凭证

图表 3－1－14

中国工商银行电子汇划收款　回单

2019 年 06 月 02 日　　流水号：319964663118805

付款人	全　称	武汉众科电子有限公司	收款人	全　称	武汉君阳电路有限公司
	账　号	6215581810004608805		账　号	6215582111267509121
	开户银行	工商银行武汉市洪山区支行		开户银行	工商银行武汉市江汉区支行
金　额		人民币（大写）贰拾叁万零伍佰贰拾元整		¥230,520.00	
用　途					

备注：

汇划日期：2019-06-02　　汇划流水号：319964663118805

汇出行行号：102521000360　　原凭证种类：

原凭证号码：　　原凭证金额：¥230,520.00

汇款人地址：武汉市洪山区高新大道10号

收款人地址：武汉市东湖新技术开发区高新四路40号

实际收款人账号：6215582111267509121

实际收款人名称：武汉君阳电路有限公司

工商银行武汉市洪山区支行 回单专用章

银行盖章

知识准备1

存货采用实际成本进行日常核算，对于存货品种、规格、数量繁多、收发频繁的企业来说，日常工作量很大，核算成本较高，会影响会计信息的及时传递。为了简化存货的核算，企业可以采用计划成本法对存货的收入、发出及结存进行日常核算。

存货按计划成本计价核算，是指存货的总分类核算和明细分类核算均按计划成本计价。存货按计划成本计价核算，要求在存货日常核算中，存货的收发凭证按计划成本填列，存货的总分类账和明细分类账也按计划成本登记，在月末计算出本月材料成本差异率后，再将存货的计划成本调整为实际成本。采用计划成本法核算的存货主要包括企业（工业）的原材料、库存商品和周转材料。

常用的会计科目有“材料采购”“材料成本差异”“原材料”等科目。“材料采购”科目借方登记采购材料的实际成本，贷方登记入库材料的计划成本。借方金额大于贷方金额表示超支，从“材料采购”科目贷方转入“材料成本差异”科目的借方；贷方金额大于借方金额表示节约，从“材料采购”科目借方转入“材料成本差异”科目的贷方；期末为借方余额，反映企业在途材料的实际采购成本。

企业外购材料，应当按照发票账单所列购买价款、相关税费、运输费、装卸费、保险费以及在外购材料过程中发生的其他直接费用，借记“材料采购”科目；按照税法规定可抵扣的增值税进项税额，借记“应交税费——应交增值税（进项税额）”科目；贷记“银行存款”“其他货币资金”“预付账款”“应付账款”等科目。

【例3-5】 武汉永鑫电子有限公司的存货采用计划成本法核算。2019年6月5日购入生产用原材料一批，取得的增值税专用发票上注明原材料价款15 000元，增值税税额1 950元，全部款项已通过银行转账付讫。原材料已验收入库，该批原材料的计划成本为16 000元。

武汉永鑫电子有限公司应作如下账务处理：

支付原材料货款时：

借：材料采购	15 000	
应交税费——应交增值税（进项税额）	1 950	
贷：银行存款		16 950

工作步骤 1

图表 3－1－15

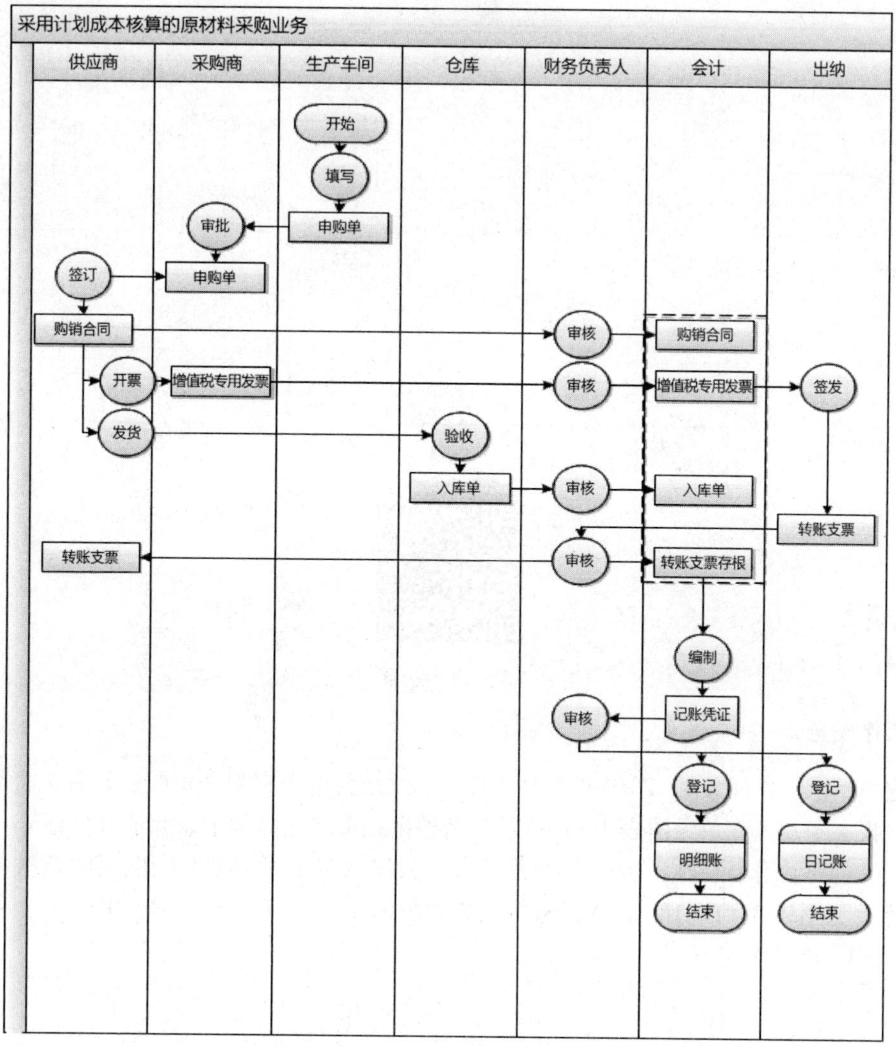

完成工作1

图表 3－1－16

记账凭证

年 月 日 字第 号

摘要	会计科目		借方金额											贷方金额											记账
	总账科目	明细科目	亿	千	百	十	万	千	百	十	元	角	分	亿	千	百	十	万	千	百	十	元	角	分	√
合计																									

附单据 张

会计主管： 记账： 出纳： 复核： 制单：

扫码查看答案

工作任务2

假定一：承工作任务1，2019年6月4日，武汉众科电子有限公司收到6月2日购入的原材料并验收入库（入库单见图表3－1－17）。请根据相关单据编制记账凭证（凭证号：025）。

假定二：承工作任务1，2019年6月4日，武汉众科电子有限公司购买的原材料验收入库（入库单见图表3－1－18）。请根据相关单据编制记账凭证（凭证号：026）。

图表 3－1－17

入库单

2019 年 06 月 04 日 单号 551060

交来单位或部门	武汉君阳电路有限公司	发票号码或生产单号码	52295680	验收仓库	材料库	入库日期	2019-06-04

编号	名称及规格	单位	数量		实际价格		计划价格		价格差异
			交库	实收	单价	金额	单价	金额	
01	6层沉金阻抗板 #01	个	3000	3000	68.00	204,000.00	66.00	198,000.00	6,000.00
合计			3000	3000		¥204,000.00		¥198,000.00	¥6,000.00

部门经理：张学平 会计：王薇 仓库：周帅 经办人：马秀

图表 3－1－18

入　库　单

2019 年 06 月 04 日　　　　单号 009567

交来单位或部门	武汉君阳电路有限公司	发票号码或生产单号码	52295680	验收仓库	材料库	入库日期	2019-06-04

编号	名称及规格	单位	数量		实际价格		计划价格		价格差异
			交库	实收	单价	金额	单价	金额	
01	*6层沉金阻抗板*#01	个	3000	3000	68.00	204,000.00	70.00	210,000.00	6,000.00
合计			3000	3000		¥204,000.00		¥210,000.00	¥6,000.00

部门经理：张学平　　会计：王薇　　仓库：周帅　　经办人：马秀

知识准备 2

“原材料”科目用于核算库存各种材料的收入、发出与结存情况。在采用计划成本核算材料时，“原材料”科目的借方登记入库材料的计划成本，贷方登记发出材料的计划成本，期末余额在借方，反映企业库存材料的计划成本。

“材料成本差异”科目反映企业已入库各种材料的实际成本与计划成本的差异，借方登记超支差异及发出材料应负担的节约差异，贷方登记节约差异及发出材料应负担的超支差异。期末如为借方余额，反映企业库存材料的实际成本大于计划成本的差异（即超支差异）；如为贷方余额，反映企业库存材料实际成本小于计划成本的差异（即节约差异）。

材料验收入库时，按照计划成本，借记“原材料”“周转材料”等科目，贷记“材料采购”科目；将实际成本大于计划成本的差异，借记“材料成本差异”科目，贷记“材料采购”科目；实际成本小于计划成本的差异作相反的会计分录。

【例 3－6】 承例 3－5 资料，2019 年 6 月 20 日，该批原材料已验收入库，计划成本为 16 000 元。

武汉永鑫电子有限公司应作如下账务处理：

（1）月末，根据仓库转来的外购材料收料凭证：

借：原材料　　16 000

　　贷：材料采购　　16 000

（2）同时，结转材料成本差异：

借：材料采购　　1 000

　　贷：材料成本差异　　1 000

假定该批原材料的计划成本为 14 500 元，武汉永鑫电子有限公司应作如下账务处理：

（1）月末，根据仓库转来的外购材料收料凭证：

借：原材料　　14 500

　　贷：材料采购　　14 500

（2）同时，结转材料成本差异：

借：材料成本差异 500

　　贷：材料采购 500

工作步骤 2

图表 3-1-19

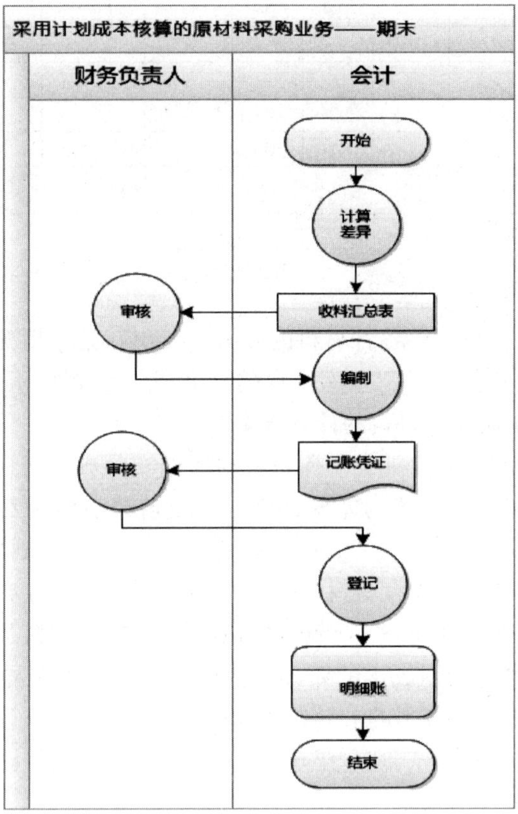

完成工作2

图表3-1-20

记 账 凭 证

年 月 日 字第 号

摘要	会计科目		借方金额											贷方金额											记账
	总账科目	明细科目	亿	千	百	十	万	千	百	十	元	角	分	亿	千	百	十	万	千	百	十	元	角	分	√
合计																									

附单据 张

会计主管： 记账： 出纳： 复核： 制单：

图表3-1-21

记 账 凭 证

年 月 日 字第 号

摘要	会计科目		借方金额											贷方金额											记账
	总账科目	明细科目	亿	千	百	十	万	千	百	十	元	角	分	亿	千	百	十	万	千	百	十	元	角	分	√
合计																									

附单据 张

会计主管： 记账： 出纳： 复核： 制单：

扫码查看答案

工作任务3

2019 年 6 月 30 日，武汉众科电子有限公司收到原材料办理入库（采用计划成本法核算），但尚未收到发票和结算单据。请根据相关单据（入库单见图表 3 - 1 - 22）编制记账凭证（凭证号：231）。

2019 年 7 月 1 日，武汉众科电子有限公司冲销上月的暂估入账。请根据相关单据（入库单见图表 3 - 1 - 22）编制记账凭证（凭证号：021）。

2019 年 7 月 3 日，武汉众科电子有限公司收到上月入库材料的发票和结算单据（采用计划成本法核算）。请根据相关单据编制记账凭证（凭证号：022、023）。

图表 3 - 1 - 22

入　库　单

2019 年 06 月 30 日　　　　单号 806948

交来单位或部门		发票号码或生产单号码		验收仓库	材料库	入库日期	2019-06-30

编号	名称及规格	单位	数量		实际价格		计划价格		价格差异
			交库	实收	单价	金额	单价	金额	
01	单面铝基板C #01	个	3000	3000			58.00	174,000.00	
合计			3000	3000				¥174,000.00	

部门经理：张学平　　会计：王薇　　仓库：周帅　　经办人：马秀

图表 3 - 1 - 23

湖北增值税专用发票

4200151140　　№ 27462759　4200151140 27462759

发票联

机器编号：982888812388　　开票日期：2019年07月03日

购买方	名称：武汉众科电子有限公司 纳税人识别号：91420103524658761F 地址、电话：武汉市洪山区高新大道10号027-98771066 开户行及账号：工商银行武汉市洪山区支行6215581810004608805	密码区	172312-4-275 〈1+46*54* 82*59* 181321〉 〈8182*59*09618153 〈/ 〈4 〈3*2702-9〉 9*+153 〈/0 〉 2-3 *08/4〉 *〉 〉 2-3*0/9/〉 〉 25-275 〈1

货物或应税劳务、服务名称	规格型号	单位	数量	单价	金额	税率	税额
*铝合金*单面铝基板C	#01	个	3000	60.00	180,000.00	13%	23,400.00
合计					¥180,000.00		¥23,400.00
价税合计（大写）	⊗ 贰拾万叁仟肆佰元整				（小写）¥203,400.00		

销售方	名称：武汉顺达实业有限公司 纳税人识别号：91420103177229701R 地址、电话：武汉市江汉区江汉一路23号027-67234155 开户行及账号：建设银行武汉沿江支行6217987670034880916	备注	校验码 52118 02317 08248 65199

收款人：　　复核：　　开票人：李秋水　　销售方：（章）

税总函[2016]××号×××公司

第三联：发票联　购买方记账凭证

图表 3－1－24

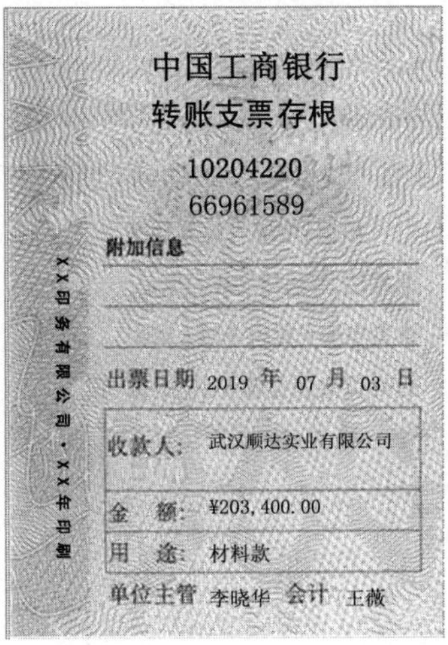

中国工商银行
转账支票存根
10204220
66961589
附加信息
出票日期 2019 年 07 月 03 日
收款人：武汉顺达实业有限公司
金　额：¥203,400.00
用　途：材料款
单位主管 李晓华 会计 王薇
XX印务有限公司·XX年印制

图表 3－1－25

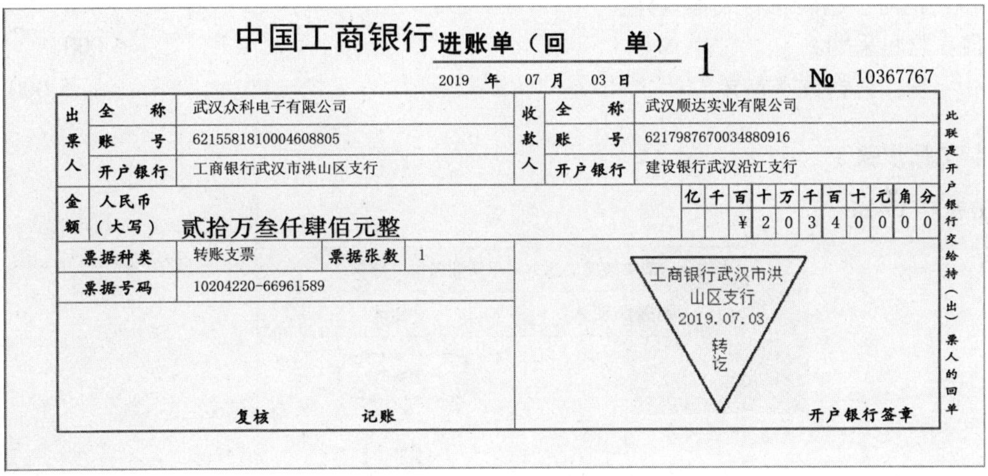

中国工商银行进账单（回　单）1

2019 年 07 月 03 日　　№ 10367767

出票人	全　称	武汉众科电子有限公司	收款人	全　称	武汉顺达实业有限公司
	账　号	6215581810004608805		账　号	6217987670034880916
	开户银行	工商银行武汉市洪山区支行		开户银行	建设银行武汉沿江支行
金额	人民币（大写）	贰拾万叁仟肆佰元整	亿千百十万千百十元角分		¥20340000
票据种类	转账支票	票据张数	1		
票据号码	10204220-66961589				
复核	记账		开户银行签章		

工商银行武汉市洪山区支行 2019.07.03 转讫

此联是开户银行交给持（出）票人的回单

知识准备 3

企业购入的材料等存货，在没有收到发票账单等结算凭证前先不作账务处理。如果在月末，发票等结算凭证仍未收到，则须按材料的计划成本暂估入账，借记“原材料”科目，贷记“应付账款——暂估应付账款”科目。

下月初用红字借记“原材料”科目，贷记“应付账款——暂估应付账款”科目予以冲回。

待收到上月入库材料的发票账单等结算凭证后，再按实际金额，借记“原材料”“应交税费——应交增值税（进项税额）”科目，贷记“银行存款”“应付账款”“应付票据”等科目。

【例 3－7】 武汉永鑫电子有限公司 2019 年 7 月 25 日收到丰泽公司发来的一批原材料，并已验收入库，但月末仍未收到结算凭证。该种材料的计划成本为 250 000 元。2019 年 8 月 6 日收到结算凭证，取得的增值税专用发票上注明原材料价款为 245 000 元，增值税税额为 31 850 元。款项已通过银行存款支付。

武汉永鑫电子有限公司作如下账务处理：

（1）2019 年 7 月末按该批原材料计划成本暂估入账时：

借：原材料　　250 000

　　贷：应付账款——暂估应付账款　　250 000

（2）2019 年 8 月初用红字作相同的账务处理予以冲回：

借：原材料　　250 000

　　贷：应付账款——暂估应付账款　　250 000

（3）2019 年 8 月 6 日收到结算凭证时：

借：材料采购　　245 000

　　应交税费——应交增值税（进项税额）　　31 850

　　贷：银行存款　　276 850

（4）根据仓库转来的外购材料收料凭证，结转计划成本：

借：原材料　　250 000

　　贷：材料采购　　250 000

（5）同时，结转材料成本差异：

借：材料采购　　5 000

　　贷：材料成本差异　　5 000

工作步骤 3

图表 3－1－26

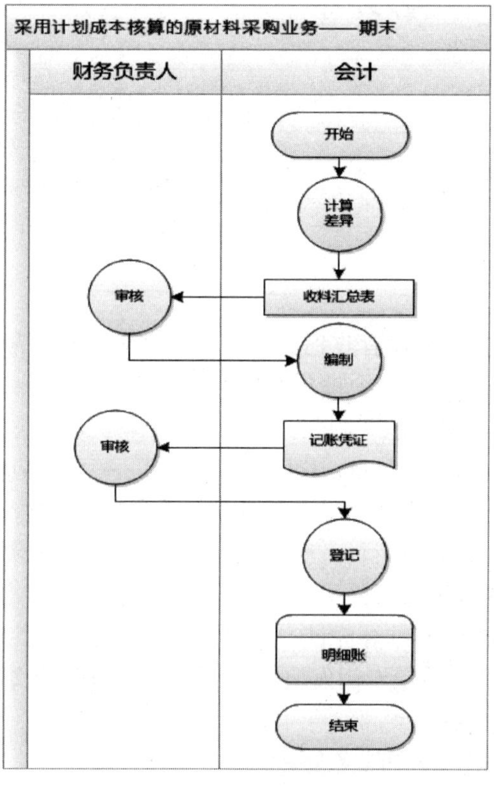

完成工作 3

图表 3－1－27

记　账　凭　证

年　　月　　日　　　　　　　　　　　　字第　　　　号

摘　要	会计科目		借方金额											贷方金额											记账
	总账科目	明细科目	亿	千	百	十	万	千	百	十	元	角	分	亿	千	百	十	万	千	百	十	元	角	分	√
合　计																									

附单据　　张

会计主管：　　　记账：　　　出纳：　　　复核：　　　制单：

图表 3－1－28

记　账　凭　证

年　　月　　日　　　　　　　　　　　　字第　　　　号

摘　要	会计科目		借方金额											贷方金额											记账
	总账科目	明细科目	亿	千	百	十	万	千	百	十	元	角	分	亿	千	百	十	万	千	百	十	元	角	分	√
合　计																									

附单据　　张

会计主管：　　　记账：　　　出纳：　　　复核：　　　制单：

图表 3－1－29

记 账 凭 证

年 月 日 字第 号

摘 要	会计科目		借方金额											贷方金额											记账√
	总账科目	明细科目	亿	千	百	十	万	千	百	十	元	角	分	亿	千	百	十	万	千	百	十	元	角	分	
合 计																									

附单据 张

会计主管： 记账： 出纳： 复核： 制单：

图表 3－1－30

记 账 凭 证

年 月 日 字第 号

摘 要	会计科目		借方金额											贷方金额											记账√
	总账科目	明细科目	亿	千	百	十	万	千	百	十	元	角	分	亿	千	百	十	万	千	百	十	元	角	分	
合 计																									

附单据 张

会计主管： 记账： 出纳： 复核： 制单：

扫码查看答案

练一练

工作总结

图表 3－1－31 存货采购业务核算

外购存货按实际成本核算	货已到、款已付	借：原材料（周转材料、库存商品） 应交税费——应交增值税（进项税额） 贷：银行存款（应付票据）
	款已付、货未到	➢ 款已付、货未到： 借：在途物资 应交税费——应交增值税（进项税额） 贷：银行存款（应付票据） ➢ 货到验收入库： 借：原材料（周转材料、库存商品） 贷：在途物资
	货已到、款未付	➢ 月末结算凭证仍未到，应先按暂估价值入账： 借：原材料（周转材料、库存商品） 贷：应付账款——暂估应付账款 ➢ 下月初，编制相同的红字记账凭证予以冲回。 ➢ 待结算凭证到达，企业付款或开出承兑汇票： 借：原材料（周转材料、库存商品） 应交税费——应交增值税（进项税额） 贷：银行存款（应付票据）
外购存货按计划成本核算	购进存货时	借：材料采购——→实际成本： 应交税费——应交增值税（进项税额） 贷：银行存款（应付票据、应付账款）
	购进存货验收入库时	➢ 实际成本大于计划成本： 借：原材料（周转材料）——→计划成本 材料成本差异——→两者之间的差额 贷：材料采购——→实际成本 ➢ 实际成本小于计划成本： 借：原材料（周转材料）——→计划成本 贷：材料采购——→实际成本 材料成本差异——→两者之间的差额
	月末货已到、单据未到	➢ 按计划成本暂估入账： 借：原材料（周转材料） 贷：应付账款——暂估应付账款 ➢ 下月初，编制相同的红字记账凭证予以冲回。 ➢ 下月收到发票账单进行结算时，再按正常的程序进行会计处理。

图表 3-1-32 工作评价与反馈

<table>
<tr><td colspan="2" rowspan="2">项目</td><td colspan="3">任务完成程度</td></tr>
<tr><td>全部完成</td><td>部分完成</td><td>未完成</td></tr>
<tr><td rowspan="3">自我评价</td><td>子任务一</td><td></td><td></td><td></td></tr>
<tr><td>子任务二</td><td></td><td></td><td></td></tr>
<tr><td>子任务三</td><td></td><td></td><td></td></tr>
<tr><td colspan="2">任务完成心得</td><td colspan="3"></td></tr>
<tr><td colspan="2">存在的问题</td><td colspan="3"></td></tr>
<tr><td colspan="2">教师评价</td><td colspan="3"></td></tr>
</table>

任务二 核算应付款项业务

情景导入

企业因购买材料、商品和接受劳务等日常经营活动产生的应付而未付的款项属于流动负债。流动负债是指预计在 1 年或者超过 1 年的一个正常营业周期内清偿的债务，主要包括短期借款、应付票据、应付账款、预收账款、应付职工薪酬、应交税费、应付利息和其他应付款等。那么对于这些应付而未付的款项我们应该怎么处理呢？

任务要求

掌握应付账款、应付票据、预付账款和其他应付款的账务处理。

子任务一 核算应付账款业务

工作任务

2019 年 7 月 20 日，武汉众科电子有限公司购入一批原材料。请根据相关单据编制记账凭证（凭证号：141）。

图表 3－2－1

入　库　单

2019 年 07 月 20 日　　　　单号 335335

交来单位或部门	江苏高特电路科技有限公司	发票号码或生产单号码	96579810	验收仓库	材料库	入库日期	2019-07-20

编号	名称及规格	单位	数量		实际价格		计划价格		价格差异
			交库	实收	单价	金额	单价	金额	
01	6层沉金阻抗板　#01	个	1000	1000	68.00	68,000.00			
合　计			1000	1000		¥68,000.00			

部门经理：张学平　　会计：王薇　　仓库：周帅　　经办人：马秀

图表 3－2－2

江苏增值税专用发票

3200151140　　　　№ 96579810　3200151140　96579810

发票联

机器编号：982888812388　　　　开票日期：2019年07月20日

购买方	名　　称：武汉众科电子有限公司 纳税人识别号：91420103524658761F 地 址、电 话：武汉市洪山区高新大道10号027-98771066 开户行及账号：工商银行武汉市洪山区支行6215581810004608805	密码区	172312-4-275〈1+46*54* 82*59* 181321〉〈8182*59*09618153〈/ 〈4〈3*2702-9〉9*+153〈/0 〉2-3 *08/4〉*〉〉2-3*0/9/〉〉25-275〈1

货物或应税劳务、服务名称	规格型号	单位	数量	单价	金额	税率	税额
*印制电路板*6层沉金阻抗板	#01	个	1000	68.00	68,000.00	13%	8,840.00
合　计					¥68,000.00		¥8,840.00
价税合计（大写）	⊗ 柒万陆仟捌佰肆拾元整				（小写）¥76,840.00		

销售方	名　　称：江苏高特电路科技有限公司 纳税人识别号：91321786784395486X 地 址、电 话：扬州市邗江区荷香路6号0514-78234512 开户行及账号：工商银行扬州开发区支行6215987670034761219	备注	校验码 52118 02817 08248 65199

收款人：　　复核：　　开票人：刘心文　　销售方：（章）

税总函［2016］××号×××公司

第三联：发票联　购买方记账凭证

知识准备

应付账款，是指企业因购买材料、商品或接受劳务供应等经营活动应付给供应单位的款项。企业应设置“应付账款”科目核算应付账款的发生、偿还、转销等情况。该科目的贷方登记应付未付款项的增加，借方登记应付未付款项的减少，期末贷方余额反映企业尚未支付的应付账款余额。本科目可按债权人设置明细科目进行明细核算。

企业购入材料、商品等验收入库，但货款尚未支付，应当根据有关凭证（发票账单、随货同行发票上记载的实际价款或暂估价值），借记“材料采购”“在途物资”“原材料”“库存商品”等科目，按照可抵扣的增值税进项税额，借记“应交税费——应交增值税（进项税额）”科目，按照应付的款项，贷记“应付账款”科目。

企业接受供应单位提供劳务而发生的应付未付款项，应当根据供应单位的发票账单，借记“生产成本”“管理费用”等科目，按照增值税专用发票上注明的增值税进项税额，借记“应交税费——应交增值税（进项税额）”科目，贷记“应付账款”科目。

【例3-8】 武汉永鑫电子有限公司2019年7月10日从天津菲科公司购入甲材料一批，取得的增值税专用发票上注明的价款为30 000元，增值税税额为3 900元，材料尚未验收入库，货款及增值税税额尚未支付。取得的运费结算单据交通运输业增值税专用发票上注明运输费1 200元，增值税税率为9%，已用银行存款支付。

武汉永鑫电子有限公司应作如下账务处理：

借：在途物资——甲材料	31 200	
应交税费——应交增值税（进项税额）	4 008	
贷：应付账款——菲科公司		33 900
银行存款		1 308

【例3-9】 2019年8月31日，武汉永鑫电子有限公司根据有关资料结转本月应付的电费，共计36 000元（不含税）。其中生产车间产品生产用电费24 000元，车间照明用电费4 000元，行政管理部门用电费8 000元。取得的增值税专用发票上注明的电费价款为36 000元，增值税税额为4 680元。9月5日通过银行支付上述电费和增值税。

武汉永鑫电子有限公司作如下账务处理：

（1）结转本月电费时：

借：生产成本	24 000	
制造费用	4 000	
管理费用	8 000	
应交税费——应交增值税（进项税额）	4 680	
贷：应付账款——××供电局		40 680

（2）支付电费及增值税额时：

借：应付账款——××供电局	40 680	
贷：银行存款		40 680

知识充电器

应付账款一般在较短期限内支付，支付时借记“应付账款”科目，贷记“银行存款”科目。如开出商业汇票抵付应付账款，应借记“应付账款”科目，贷记“应付票据”科目。对由于债权单位撤销或其他原因而使应付账款无法清偿的，应按其账面余额计入“营业外收入”，借记“应付账款”科目，贷记“营业外收入”科目。

工作步骤

图表 3－2－3

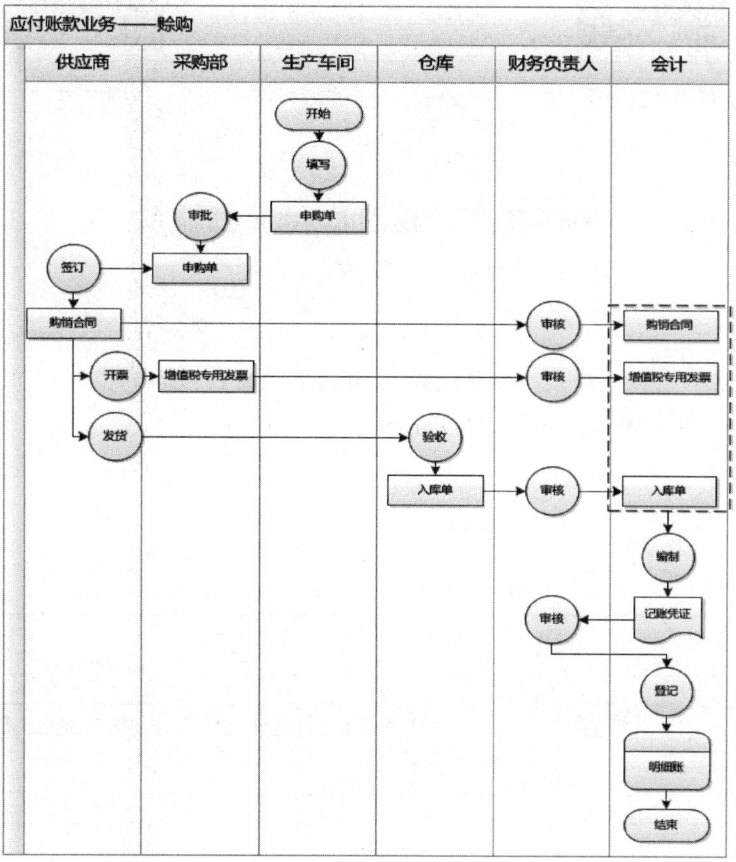

完成工作

图表 3－2－4

记 账 凭 证

年 月 日 字第 号

摘要	会计科目		借方金额											贷方金额											记账
	总账科目	明细科目	亿	千	百	十	万	千	百	十	元	角	分	亿	千	百	十	万	千	百	十	元	角	分	√
合计																									

附单据 张

会计主管： 记账： 出纳： 复核： 制单：

扫码查看答案　　　　练一练

子任务二　核算应付票据业务

工作任务 1

2019 年 8 月 10 日，武汉众科电子有限公司购买原材料，开具银行承兑汇票支付货款。请根据相关单据编制记账凭证（凭证号：109）。

图表 3－2－5

入　库　单

2019 年 08 月 10 日　　　　单号 409078

交来单位或部门	武汉君阳电路有限公司	发票号码或生产单号码	62958866	验收仓库	材料库	入库日期	2019-08-10

编号	名称及规格	单位	数量		实际价格		计划价格		价格差异
			交库	实收	单价	金额	单价	金额	
01	6层沉金阻抗板 #01	个	2000	2000	68.00	136,000.00			
合计			2000	2000		¥136,000.00			

部门经理：张学平　　会计：王薇　　仓库：周帅　　经办人：马秀

图表 3－2－6

湖北增值税专用发票

湖北

发票联

4200151140　　№ 62958866　4200151140　62958866

机器编号：982888812388　　开票日期：2019年08月10日

购买方	名称：武汉众科电子有限公司 纳税人识别号：91420103524658761F 地址、电话：武汉市洪山区高新大道10号027-98771066 开户行及账号：工商银行武汉市洪山区支行6215581810004608805	密码区	172312-4-275〈1+46*54* 82*59* 181321〉〈8182*59*09618153〈/ 〈4〈3*2702-9〉9*+153〈/0 〉2-3 *08/4〉*〉〉2-3*0/9/〉〉25-275〈1

货物或应税劳务、服务名称	规格型号	单位	数量	单价	金额	税率	税额
*印制电路板*6层沉金阻抗板	#01	个	2000	68.00	136,000.00	13%	17,680.00
合计					¥136,000.00		¥17,680.00
价税合计（大写）	⊗壹拾伍万叁仟陆佰捌拾元整				（小写）¥153,680.00		

销售方	名称：武汉君阳电路有限公司 纳税人识别号：91420100765409816X 地址、电话：武汉市东湖新技术开发区高新四路40号027-67516213 开户行及账号：工商银行武汉市江汉区支行6215582111267509121	备注	校验码 52118 02817 08248 65199

收款人：　　复核：　　开票人：李强　　销售方：（章）

税总函［2016］××号××××公司

第三联：发票联　购买方记账凭证

图表 3－2－7

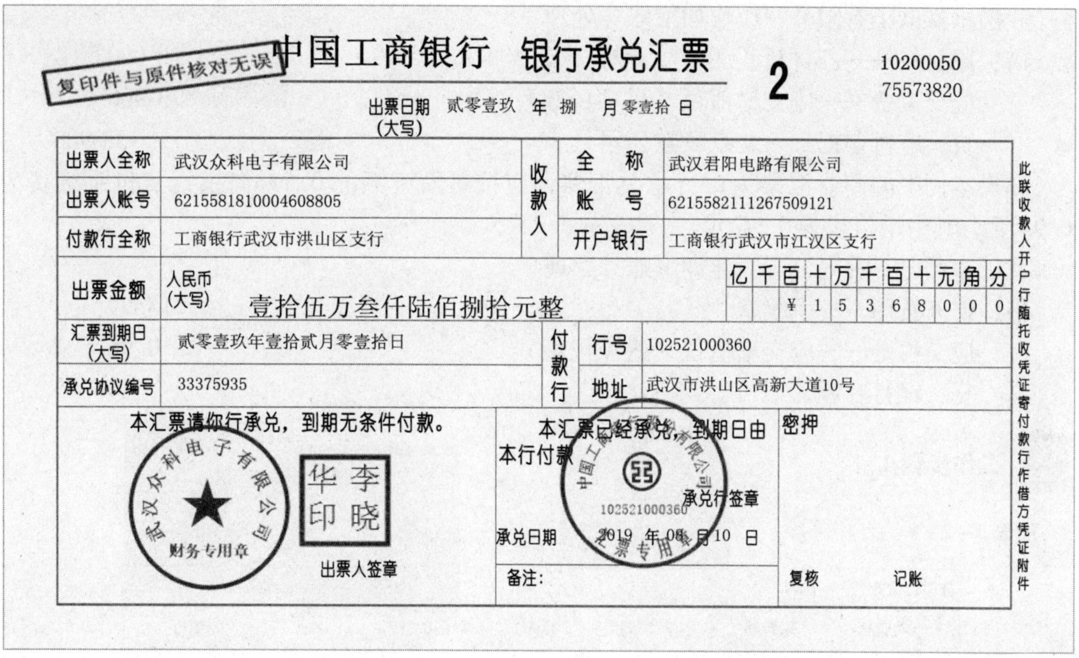

复印件与原件核对无误

中国工商银行 银行承兑汇票 2

10200050
75573820

出票日期（大写） 贰零壹玖 年 捌 月零壹拾 日

出票人全称	武汉众科电子有限公司	收款人	全称	武汉君阳电路有限公司
出票人账号	6215581810004608805		账号	6215582111267509121
付款行全称	工商银行武汉市洪山区支行		开户银行	工商银行武汉市江汉区支行
出票金额	人民币（大写） 壹拾伍万叁仟陆佰捌拾元整		亿千百十万千百十元角分	¥ 1 5 3 6 8 0 0 0
汇票到期日（大写）	贰零壹玖年壹拾贰月零壹拾日	付款行	行号	102521000360
承兑协议编号	33375935		地址	武汉市洪山区高新大道10号
本汇票请你行承兑，到期无条件付款。 出票人签章		本汇票已经承兑，到期日由本行付款 承兑行签章 承兑日期 2019 年 08 月 10 日 备注：		密押 复核 记账

此联收款人开户行随托收凭证寄付款行作借方凭证附件

知识准备 1

应付票据，是指企业购买材料、商品或者接受劳务供应等而开出、承兑的商业汇票。当企业购买材料、商品或者接受劳务的金额较大时，一般被要求提供商业汇票作为证据以保证按期付款。商业汇票的优点在于有固定的到期日，付款人必须于到期日支付款项给票据的收款人。商业汇票按照承兑人的不同，可以分为银行承兑汇票和商业承兑汇票。

企业应通过“应付票据”科目，核算应付票据的发生、偿付等情况。该科目贷方登记开出、承兑汇票的面值，借方登记支付票据的金额，期末余额在贷方，反映企业尚未到期的商业汇票的票面金额。该科目应按照债权人进行明细核算。

企业应当设置“应付票据备查簿”，详细登记商业汇票的种类、号数和出票日期、到期日、票面金额、交易合同号和收款人姓名或者单位名称以及付款日期和金额等资料，商业汇票到期结清票款后，应在备查簿中予以注销。

企业因购买材料、商品和接受劳务供应等而开出、承兑的商业汇票，应当按其票面金额作为应付票据的入账金额，借记“材料采购”或“在途物资”“库存商品”“应付账款”“应交税费——应交增值税（进项税额）”等科目，贷记“应付票据”科目。

企业因开出银行承兑汇票而支付的银行承兑汇票手续费，应当计入当期财务费用。支付手续费时，按照确认的手续费，借记“财务费用”科目，取得增值税专用发票的，按注明的增值税进项税额，借记“应交税费——应交增值税（进项税额）”科目，按照实际支付的金额，贷记“银行存款”科目。

【例 3－10】 武汉永鑫电子有限公司于 2019 年 5 月 1 日从北京欧歌公司购入乙材料一批，取得的增值税专用发票上注明的价款为 30 000 元，增值税税额为 3 900 元，材料已验收入库。武汉永鑫电子有限公司开出面值 33 900 元，期限为 6 个月的商业承兑汇票一张。

武汉永鑫电子有限公司应作如下账务处理：

借：原材料——乙材料　　30 000

　　应交税费——应交增值税（进项税额）　　3 900

　　贷：应付票据——北京欧歌公司　　33 900

如果本例中的商业汇票为银行承兑汇票，应按票面金额的 0.5‰向银行支付手续费为 16.95 元，其中增值税为 0.96 元。

武汉永鑫电子有限公司应作如下账务处理：

借：财务费用——手续费　　15.99

　　应交税费——应交增值税（进项税额）　　0.96

　　贷：银行存款　　16.95

工作步骤 1

图表 3－2－8

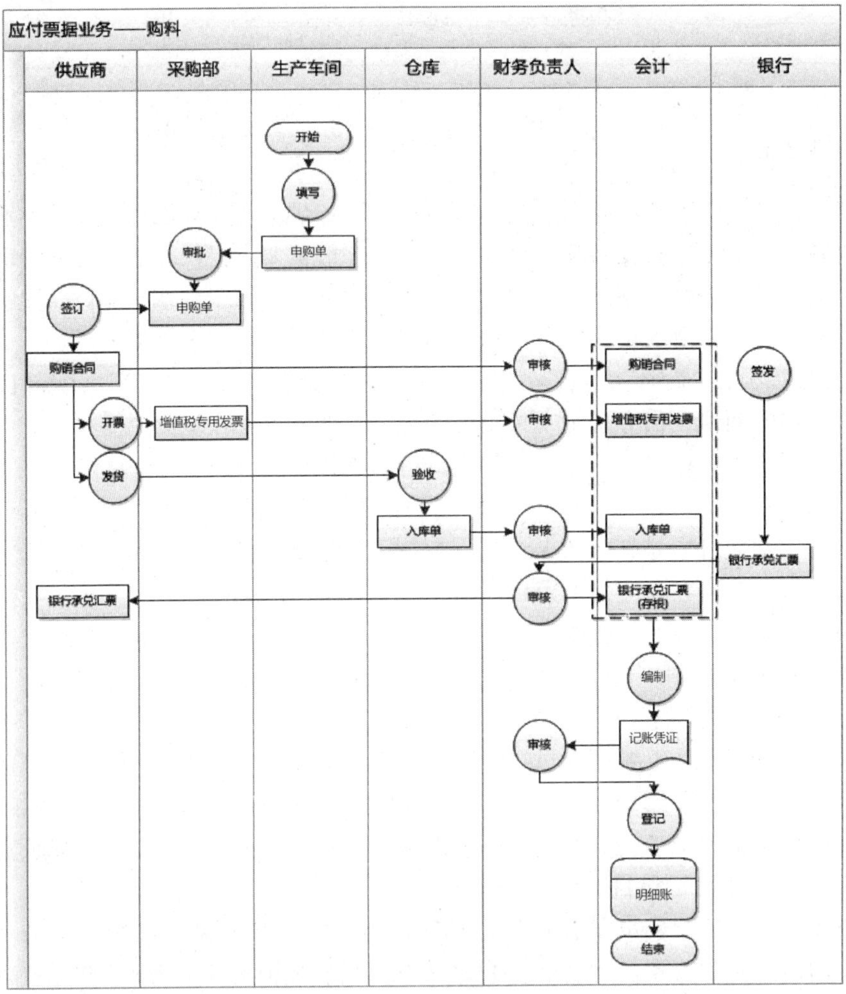

完成工作 1

图表 3－2－9

记 账 凭 证

年　月　日　　　　　　字第　　　号

摘要	会计科目		借方金额											贷方金额											记账
	总账科目	明细科目	亿	千	百	十	万	千	百	十	元	角	分	亿	千	百	十	万	千	百	十	元	角	分	√
合计																									

附单据　　张

会计主管：　　记账：　　出纳：　　复核：　　制单：

扫码查看答案

工作任务 2

承工作任务 1，2019 年 12 月 10 日，武汉众科电子有限公司开具的银行承兑汇票到期付款。请根据相关单据编制记账凭证（凭证号：121）。

图表 3－2－10

中国工商银行　　托收凭证（付款通知）

5　№ 647496

委托日期 2019 年 12 月 07 日　　付款期限 2019 年 12 月 10 日

业务类型	委托收款（□邮划、☑电划）　托收承付（□邮划、□电划）		
付款人 全称	武汉众科电子有限公司	收款人 全称	武汉君阳电路有限公司
付款人 账号	6215581810004608805	收款人 账号	6215582111267509121
付款人 地址	北京 省 市/县　开户行 工商银行武汉市洪山区支行	收款人 地址	北京 省 市/县　开户行 工商银行武汉市江汉区支行
金额 人民币（大写）	壹拾伍万叁仟陆佰捌拾元整	亿千百十万千百十元角分	¥ 1 5 3 6 8 0 0 0
款项内容	材料款	托收凭据名称	银行承兑汇票　附寄单证张数
商品发运情况	已发	合同名称号码	20190810

备注：

付款人开户银行收到日期：　年　月　日

复核　　记账

付款人开户银行签章　2019 年 12 月 10 日

（印章：工商银行武汉市洪山区支行 2019.12.10 转讫）

付款人注意：
1. 根据支付结算办法，上列委托收款（托收承付）款项在付款期限内未提出拒付，即视为同意付款，以此代付款通知。
2. 如需提出全部或部分拒付，应在规定期限内，将拒付理由书并附债务证明退交开户银行。

此联付款人开户银行给付款人按期付款通知

知识准备 2

企业开具的商业汇票到期支付票据款时，根据开户银行的付款通知，借记“应付票据”科目，贷记“银行存款”科目。

银行承兑汇票到期，企业无力支付票款的，则由承兑银行代为支付并作为对付款企业的贷款处理，企业应将应付票据的账面余额转作短期借款，借记“应付票据”科目，贷记“短期借款”科目；商业承兑汇票到期，如企业无力支付票款，由于商业汇票已经失效，企业应将应付票据按账面余额转作应付账款，借记“应付票据”科目，贷记“应付账款”科目。

【例 3－11】 承例 3－10 资料，武汉永鑫电子有限公司 2019 年 11 月 1 日在商业承兑汇票到期时如数付款。

武汉永鑫电子有限公司作如下账务处理：

借：应付票据——北京欧歌公司　　33 900

　　贷：银行存款　　33 900

【例 3－12】 承例 3－10 资料，武汉永鑫电子有限公司在 2019 年 11 月 1 日商业承兑汇票到期时因财务困难无法支付款项时，武汉永鑫电子有限公司作如下账务处理：

借：应付票据——北京欧歌公司　　33 900

　　贷：应付账款——北京欧歌公司　　33 900

如果本例中的商业汇票为银行承兑汇票，由银行支付票据款项给收款人，武汉永鑫电子有限公司作如下账务处理：

借：应付票据——北京欧歌公司　　33 900

　　贷：短期借款　　33 900

工作步骤 2

图表 3－2－11

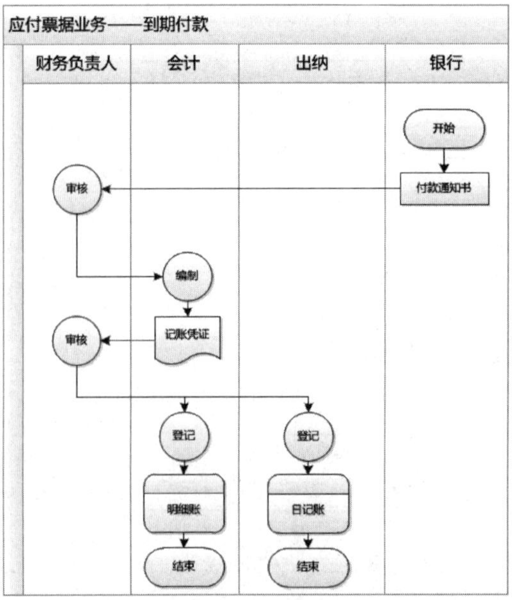

完成工作 2

图表 3－2－12

记 账 凭 证

年 月 日　　　　　　　　字第 号

摘 要	会计科目		借方金额											贷方金额											记账
	总账科目	明细科目	亿	千	百	十	万	千	百	十	元	角	分	亿	千	百	十	万	千	百	十	元	角	分	√
合 计																									

附单据 张

会计主管：　　记账：　　出纳：　　复核：　　制单：

扫码查看答案　　　　练一练

子任务三 核算预付账款业务

工作任务 1

2019 年 11 月 15 日，武汉众科电子有限公司向武汉顺达实业有限公司采购单面铝基板3 000个，单价 60 元，货款总额 180 000 元。按照合同规定向武汉顺达实业有限公司预付货款的 60%，待验收货物后补付其余款项。请根据相关单据编制记账凭证（凭证号：035）。

图表 3－2－13

中国工商银行
转账支票存根

10204220
02665126

XX印务有限公司 · XX年印制

附加信息

出票日期 2019 年 11 月 15 日

收款人：武汉顺达实业有限公司

金 额：¥108,000.00

用 途：预付材料款

单位主管 李晓华 会计 王薇

图表 3－2－14

中国工商银行 进账单（回 单） 1

2019 年 11 月 15 日 № 33217930

出票人	全 称	武汉众科电子有限公司	收款人	全 称	武汉顺达实业有限公司
	账 号	6215581810004608805		账 号	6217987670034880916
	开户银行	工商银行武汉市洪山区支行		开户银行	建设银行武汉沿江支行
金额	人民币（大写）	壹拾万捌仟元整		亿千百十万千百十元角分	¥10800000
票据种类	转账支票	票据张数	1		
票据号码	10204220-02665126				
	复核 记账			工商银行武汉市洪山区支行 2019.11.15 转讫	开户银行签章

此联是开户银行交给持（出）票人的回单

知识准备 1

预付账款，是指企业按照合同规定预付的款项。包括根据合同规定预付的购货款、租金、工程款等。“预付账款”科目的借方登记预付的款项及补付的款项，贷方登记收到所购物资时根据有关发票账单记入“原材料”等科目的金额及收回多付款项的金额，期末余额在借方，反映企业实际预付的款项；如果期末余额在贷方，则反映企业应付或应补付的款项。预付款项情况不多的企业，可以不设置“预付账款”科目，而将预付的款项通过“应付账款”科目的借方核算。“预付账款”科目应按照对方单位（或个人）进行明细核算。

企业根据购货合同的规定向供应单位预付款项时，借记“预付账款”科目，贷记“银行存款”等科目。

【例3－13】 武汉永鑫电子有限公司2019年6月5日与北京丰泽公司签订购货合同，按照合同规定开出转账支票预付部分购货款30 000元。

武汉永鑫电子有限公司应作如下账务处理：

借：预付账款——北京丰泽公司　　30 000

　　贷：银行存款　　30 000

知识充电器

企业进行在建工程预付的工程价款，也通过“预付账款”科目核算。出包工程按照合同规定预付的工程价款，借记“预付账款”科目，贷记“银行存款”等科目。按照工程进度和合同规定结算的工程价款，借记“在建工程”“应交税费——应交增值税（进项税额）”等科目，贷记“预付账款”“银行存款”等科目。

工作步骤1

图表3－2－15

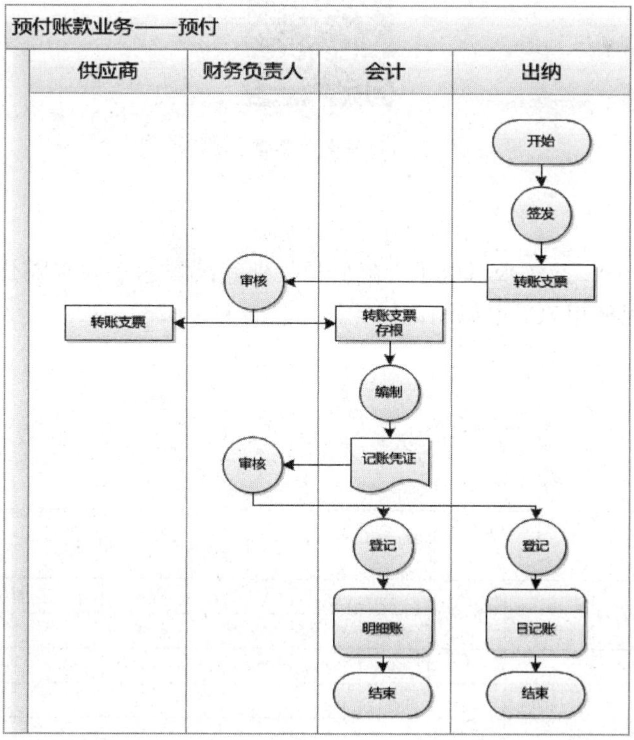

完成工作 1

图表 3－2－16

记 账 凭 证

年 月 日 字第 号

摘要	会计科目		借方金额											贷方金额											记账√
	总账科目	明细科目	亿	千	百	十	万	千	百	十	元	角	分	亿	千	百	十	万	千	百	十	元	角	分	
合计																									

附单据 张

会计主管： 记账： 出纳： 复核： 制单：

扫码查看答案

工作任务 2

2019 年 12 月 3 日，武汉众科电子有限公司收到武汉顺达实业有限公司发来的材料，经验收无误入库。请根据相关单据编制记账凭证（凭证号：023）。

图表 3－2－17

入 库 单

2019 年 12 月 03 日 单号 286354

交来单位或部门	武汉顺达实业有限公司	发票号码或生产单号码	79208159	验收仓库	材料库	入库日期	2019-12-03		
编号	名称及规格	单位	数量		实际价格		计划价格		价格差异
			交库	实收	单价	金额	单价	金额	
01	单面铝基板C #01	个	3000	3000	60.00	180,000.00	58.00	174,000.00	6,000.00
合计			3000	3000		¥180,000.00		¥174,000.00	¥6,000.00

部门经理：张学平 会计：王薇 仓库：周帅 经办人：马秀

图表 3－2－18

税总函［2016］××号××××公司

湖北增值税专用发票

4200151140　　№ 79208159　4200151140 79208159

发票联

机器编号：982888812388　　开票日期：2019年12月03日

购买方	名　　称：武汉众科电子有限公司 纳税人识别号：91420103524658761F 地址、电话：武汉市洪山区高新大道10号027-98771066 开户行及账号：工商银行武汉市洪山区支行6215581810004608805	密码区	172312-4-275〈1+46*54* 82*59* 181321〉〈8182*59*09618153〈/ 〈4〈3*2702-9〉9*+153〈/0〉2-3 *08/4〉*〉〉2-3*0/9/〉〉25-275〈1

货物或应税劳务、服务名称	规格型号	单位	数量	单价	金额	税率	税额
*铝合金*单面铝基板C	#01	个	3000	60.00	180,000.00	13%	23,400.00
合　　计					¥180,000.00		¥23,400.00
价税合计（大写）	⊗贰拾万叁仟肆佰元整				（小写）¥203,400.00		

销售方	名　　称：武汉顺达实业有限公司 纳税人识别号：91420103177229701R 地址、电话：武汉市江汉区江汉一路23号027-67234155 开户行及账号：建设银行武汉沿江支行6217987670034880916	备注	校验码 52118 02617 08248 65199

收款人：　　复核：　　开票人：高国富　　销售方：（章）

第三联：发票联　购买方记账凭证

知识准备 2

企业收到所购物资，按照应计入购入物资成本的金额，借记“在途物资”或“原材料”“库存商品”等科目；按照税法规定可抵扣的增值税进项税额，借记“应交税费——应交增值税（进项税额）”科目；贷记“预付账款”科目。

【例 3－14】 承例 3－13 资料，2019 年 7 月 5 日武汉永鑫电子有限公司向北京丰泽公司订购的丙材料已经收到并验收入库，取得的增值税专用发票注明材料价款为 50 000 元，增值税税额为 6 500 元，共计 56 500 元。

武汉永鑫电子有限公司应作如下账务处理：

借：原材料——丙材料　　50 000
　　应交税费——应交增值税（进项税额）　　6 500
　　贷：预付账款——北京丰泽公司　　56 500

工作步骤 2

图表 3-2-19

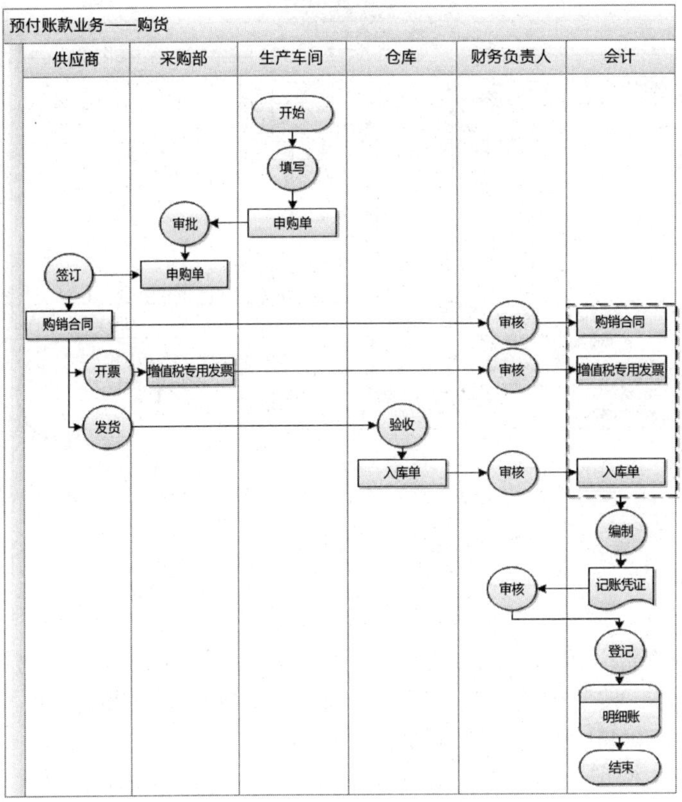

完成工作 2

图表 3-2-20

记 账 凭 证

年 月 日 字第 号

摘 要	会计科目		借方金额											贷方金额											记账
	总账科目	明细科目	亿	千	百	十	万	千	百	十	元	角	分	亿	千	百	十	万	千	百	十	元	角	分	√
	合 计																								

附单据 张

会计主管： 记账： 出纳： 复核： 制单：

扫码查看答案

工作任务 3

2019 年 12 月 3 日武汉众科电子有限公司以银行存款支付剩余款项。请根据相关单据编制记账凭证（凭证号：024）。

图表 3－2－21

中国工商银行
转账支票存根
10204220
81684008

附加信息

出票日期 2019 年 12 月 03 日

收款人：	武汉顺达实业有限公司
金　额：	¥95, 400. 00
用　途：	补付材料款

单位主管 李晓华　会计 王薇

XX印务有限公司·XX年印制

图表 3－2－22

中国工商银行进账单（回　单）1

2019 年 12 月 03 日　　№ 51639536

出票人	全　称	武汉众科电子有限公司	收款人	全　称	武汉顺达实业有限公司
	账　号	6215581810004608805		账　号	6217987670034880916
	开户银行	工商银行武汉市洪山区支行		开户银行	建设银行武汉沿江支行
金额	人民币（大写）	玖万伍仟肆佰元整			

亿	千	百	十	万	千	百	十	元	角	分
			¥	9	5	4	0	0	0	0

票据种类	转账支票	票据张数	1张
票据号码	10204220-81684008		

工商银行武汉市洪山区支行 2019.12.03 转讫

复核　　记账　　开户银行签章

此联是开户银行交给持（出）票人的回单

知识准备 3

当预付价款小于采购货物所需支付的款项时，应将不足部分补付，借记“预付账款”科目，贷记“银行存款”等科目；当预付价款大于采购货物所需支付的款项时，对收回的多余款项，应借记“银行存款”等科目，贷记“预付账款”科目。

【例 3－15】 承例 3－13、例 3－14 资料，2019 年 7 月 5 日，武汉永鑫电子有限公司通过银行转账补付给北京丰泽公司材料款 26 500 元。

武汉永鑫电子有限公司应作如下账务处理：

借：预付账款——北京丰泽公司　　26 500

　　贷：银行存款　　26 500

知识充电器

企业的预付账款，如有确凿证据表明其不符合预付账款性质，或者因供货单位破产、撤销等原因已无望再收到所购货物的，应当将其原计入预付账款的金额转入其他应收款，并按规定计提坏账准备。

工作步骤 3

图表 3－2－23

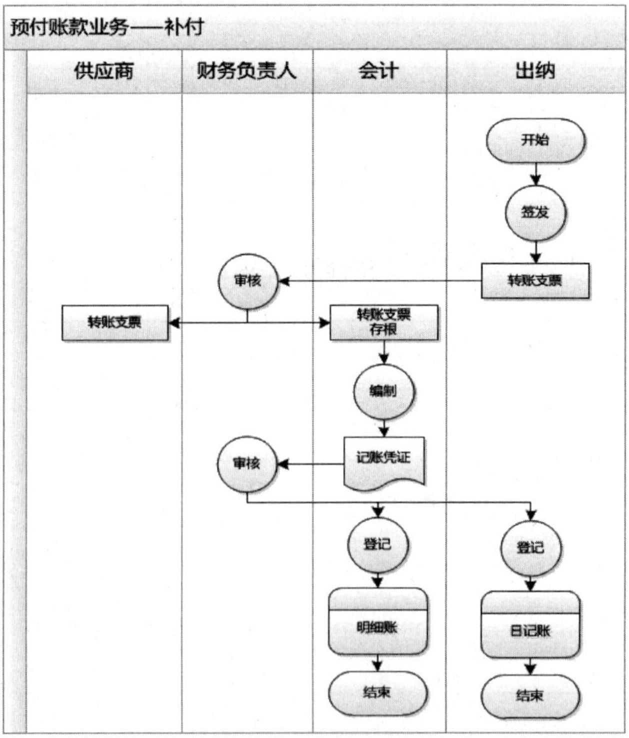

完成工作3

图表3－2－24

记 账 凭 证

年 月 日 字第 号

摘要	会计科目		借方金额											贷方金额											记账
	总账科目	明细科目	亿	千	百	十	万	千	百	十	元	角	分	亿	千	百	十	万	千	百	十	元	角	分	√
合计																									

附单据 张

会计主管： 记账： 出纳： 复核： 制单：

扫码查看答案

练一练

子任务四 核算其他应付款业务

工作任务1

2019年11月24日，武汉众科电子有限公司收到武汉顺达实业有限公司包装物押金。请根据相关单据编制记账凭证（凭证号：099）。

图表 3-2-25

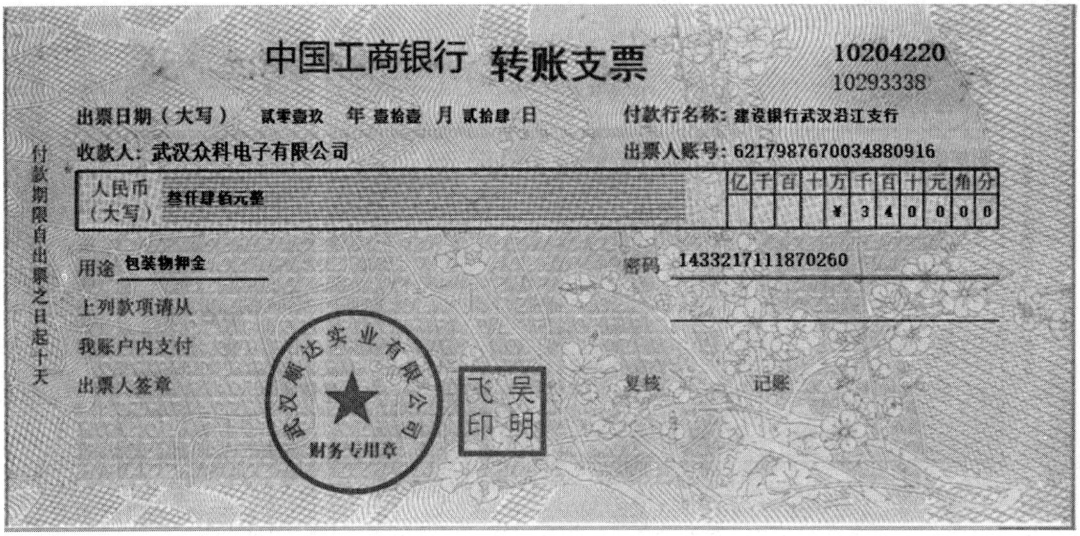

中国工商银行 转账支票 10204220
10293338

出票日期（大写） 贰零壹玖 年 壹拾壹 月 贰拾肆 日 付款行名称：建设银行武汉沿江支行

收款人：武汉众科电子有限公司 出票人账号：6217987670034880916

付款期限自出票之日起十天

人民币（大写）	亿	千	百	十	万	千	百	十	元	角	分
叁仟肆佰元整						¥	3	4	0	0	0

用途 包装物押金 密码 1433217111870260

上列款项请从

我账户内支付

出票人签章 复核 记账

图表 3-2-26

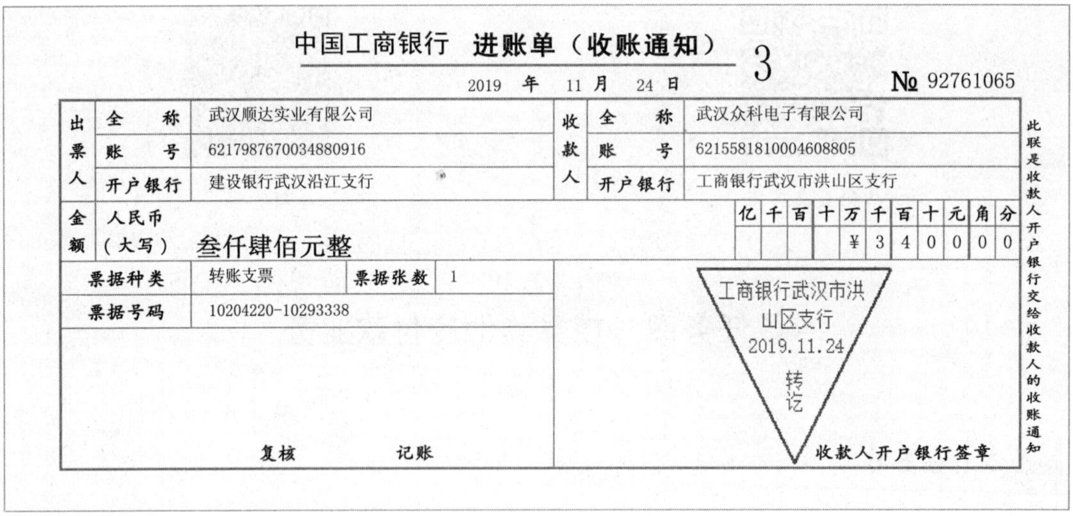

中国工商银行 进账单（收账通知） 3

2019 年 11 月 24 日 № 92761065

出票人	全称	武汉顺达实业有限公司	收款人	全称	武汉众科电子有限公司
	账号	6217987670034880916		账号	6215581810004608805
	开户银行	建设银行武汉沿江支行		开户银行	工商银行武汉市洪山区支行

金额 人民币（大写）	亿	千	百	十	万	千	百	十	元	角	分
叁仟肆佰元整					¥	3	4	0	0	0	0

票据种类	转账支票	票据张数	1
票据号码	10204220-10293338		

复核 记账 收款人开户银行签章

此联是收款人开户银行交给收款人的收账通知

知识准备 1

其他应付款，是指企业除应付账款、应付票据、预收账款、应付职工薪酬、应交税费、应付利息、应付股利等以外的其他各项应付、暂收的款项，如应付短期租赁固定资产租金、租入包装物租金、存入保证金等。

企业应设置“其他应付款”科目核算其他应付款的增减变动及结存情况。该科目贷方登记发生的各种应付、暂收款项；借方登记偿还或转销的各种应付、暂收款项；该科目期末贷方余额，反映企业应付未付的其他应付款项。本科目按照其他应付款的项目和对方单位（或个人）进行明细核算。

企业发生的其他各种应付、暂收款项，借记“管理费用”等，贷记“其他应付款”科目。

【例 3 – 16】 2019 年 7 月 1 日，武汉永鑫电子有限公司以经营租赁方式租入写字楼一间，每月租金 3 000 元，按季支付。2019 年 9 月 30 日支付第三季度租金，取得增值税专用发票注明税率为 9%，税额为 810 元。

武汉永鑫电子有限公司作如下账务处理：

（1）7 月 31 日计提应付经营租入固定资产租金：

借：管理费用　　3 000

　　贷：其他应付款　　3 000

8 月底会计处理同上。

（2）9 月 30 日支付租金和税金：

借：其他应付款　　6 000

　　管理费用　　3 000

　　应交税费——应交增值税（进项税额）　　810

　　贷：银行存款　　9 810

工作步骤 1

图表 3 – 2 – 27

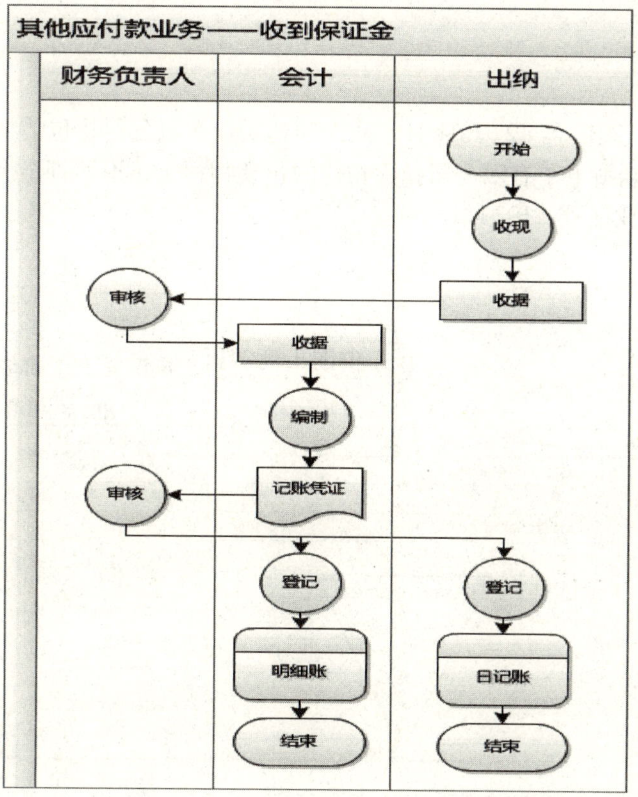

完成工作 1

图表 3－2－28

记 账 凭 证

年　月　日　　　　字第　　号

摘要	会计科目		借方金额										贷方金额										记账√
	总账科目	明细科目	亿	千	百	十	万	千	百	十	元	角	分	亿	千	百	十	万	千	百	十	元	角	分	
合计																									

附单据　　张

会计主管：　　记账：　　出纳：　　复核：　　制单：

扫码查看答案

工作任务 2

接工作任务 1，2019 年 12 月 24 日，武汉顺达实业有限公司将包装物退回给武汉众科电子有限公司，武汉众科电子有限公司扣除相应的包装物租金，退回押金余款。请根据相关单据编制记账凭证（凭证号：102）。

图表 3－2－29

中国工商银行　电汇凭证（回单）　1

√ 普通　　加急　　委托日期 2019 年 12 月 24 日　　NO 96668484

汇款人	全称	武汉众科电子有限公司	收款人	全称	武汉顺达实业有限公司
	账号	6215581810004608805		账号	6217987670034880916
	汇出地点	湖北 省 武汉 市/县		汇入地点	湖北 省 武汉 市/县
汇出行名称		工商银行武汉市洪山区支行	汇入行名称		建设银行武汉沿江支行
金额	人民币（大写）	壹仟肆佰元整		千百十万千百十元角分	¥140000
				支付密码	816134004961
				附加信息及用途：	押金
汇出行盖章				复核　记账	

（印章：工商银行武汉市洪山区支行 2019.12.24 转讫）

此联汇出行给汇款人的回单

图表 3－2－30

税总函[2016]××号×××公司

湖北增值税专用发票

4200151140　　№ 37882076　　4200151140 37882076

发票联

机器编号：982888812388　　开票日期：2019年12月24日

购买方	名　　称：武汉顺达实业有限公司 纳税人识别号：91420103177229701R 地 址、电 话：武汉市江汉区江汉一路23号027-67234155 开户行及账号：建设银行武汉沿江支行6217987670034880916			密码区	172312-4-275〈1+46*54* 82*59* 181321〉〈8182*59*09618153〈/ 〈4〈3*2702-9〉9*+153〈/0〉2-3 *08/4〉*〉〉2-3*0/9/〉〉25-275〈1		
货物或应税劳务、服务名称	规格型号	单位	数 量	单 价	金 额	税率	税 额
*租赁*有形动产经营租赁服务			1	1,769.91	1,769.91	13%	230.09
合　　计					¥1,769.91		¥230.09
价税合计（大写）	⊗贰仟元整				（小写）¥2,000.00		
销售方	名　　称：武汉众科电子有限公司 纳税人识别号：91420103524658761F 地 址、电 话：武汉市洪山区高新大道10号027-98771066 开户行及账号：工商银行武汉市洪山区支行6215581810004608805			备注	租赁期：2019.11.24-2019.12.24		

收款人：　　复核：　　开票人：苏青　　销售方：（章）

第三联：发票联　购买方记账凭证

知识准备 2

支付或退回其他各种应付、暂收款项时，借记“其他应付款”科目，贷记“银行存款”等科目。

【例 3－17】 武汉永鑫电子有限公司 2019 年 3 月 12 日收到包装物押金 6 000 元，并于 9 月 12 日收回 80% 的包装物后归还对方部分押金，同时将逾期未退还的包装物押金没收。假定不考虑相关税费。

武汉永鑫电子有限公司作如下账务处理：

（1）收到包装物押金时：

借：银行存款　　6 000

　　贷：其他应付款　　6 000

（2）归还押金时：

借：其他应付款　　4 800

　　贷：银行存款　　4 800

（3）没收押金时：

借：其他应付款　　1 200

　　贷：营业外收入　　1 200

知识充电器

企业无法支付的其他应付款，借记“其他应付款”科目，贷记“营业外收入”科目。

工作步骤 2

图表 3－2－31

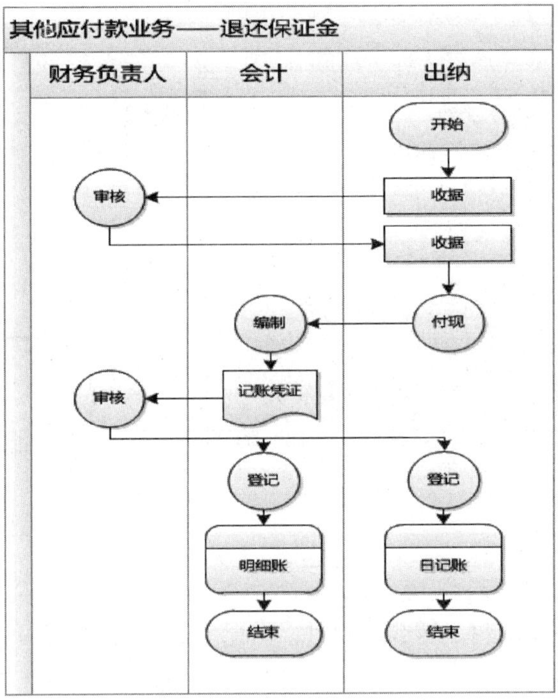

完成工作 2

图表 3－2－32

记 账 凭 证

年 月 日 字第 号

摘要	会计科目		借方金额											贷方金额											记账
	总账科目	明细科目	亿	千	百	十	万	千	百	十	元	角	分	亿	千	百	十	万	千	百	十	元	角	分	√
合计																									

附单据 张

会计主管： 记账： 出纳： 复核： 制单：

扫码查看答案　　　　练一练

工作总结

图表 3－2－33　　应付款项的核算

应付账款	货未验收入库、款未付	借：在途物资 应交税费——应交增值税（进行税额） 贷：应付账款
	提供劳务款未付	借：生产成本（管理费用） 应交税费——应交增值税（进行税额） 贷：应付账款
应付票据	开出商业汇票	借：材料采购（在途物资、库存商品） 应交税费——应交增值税（进项税额） 贷：应付票据
	支付银行承兑汇票手续费	借：财务费用 应交税费——应交增值税（进项税额） 贷：银行存款
	支付票据款	借：应付票据 贷：银行存款
预付账款	预付货款时	借：预付账款 贷：银行存款
	收到所购物资	借：原材料（在途物资、库存商品） 应交税费——应交增值税（进项税额） 贷：预付账款
	补付款项	借：预付账款 贷：银行存款
	退回多付款项	借：银行存款 贷：预付账款
其他应付款	发生其他各种应付、暂收款项	借：管理费用 贷：其他应付款
	支付其他各种应付、暂收款项	借：其他应付款 贷：银行存款
	无法支付的其他应付款	借：其他应付款 贷：营业外收入

图表 3－2－34　　工作评价与反馈

项目		任务完成程度		
		全部完成	部分完成	未完成
自我评价	子任务一			
	子任务二			
	子任务三			
	子任务四			
任务完成心得				
存在的问题				
教师评价				

任务三　核算存货发出业务

情景导入

企业购入材料是为了生产产品、购入商品是为了销售，但是从使用材料生产完成产品、从购买商品到最终销售商品都会涉及存货在企业内部转化形态、转移位置，这些日常生产经营活动从会计核算角度来看，都表现为发出存货。发出存货通常是指企业购入材料、商品到最终生产完成向外销售止这段时间内发生的价值转移和变化。对于企业发出存货要怎样来进行会计处理呢?

任务要求

根据“领料单”“领料登记簿”或“发出材料汇总表”编制发出材料的记账凭证，进而登记原材料总账、明细账。企业发出的材料，根据不同的用途，分别计入有关成本费用账户。

子任务一　核算发出存货业务

工作任务

2019 年 12 月 13 日，武汉众科电子有限公司生产领用原材料。请根据相关单据编制记账凭证（凭证号：032）。

图表 3－3－1

领　料　单

领料部门：第一生产车间

用　　途：生产耳机#23　　　　2019　年　12　月　13　日　　　　编号：247

材料编号	材料名称	规格	计量单位	数量		成本	
				请领	实发	单价	金额
01	音圈	#01	个	20000	20000	0.65	13,000.00
02	喇叭	#01	个	20000	20000	1.00	20,000.00
合计							¥33,000.00

第一联：存根联

主管：徐志文　　记账：王薇　　仓管主管：周帅　　领料：赵信　　发料：李安安

知识准备

原材料在生产经营过程中领用后，其原有实物形态会发生改变乃至消失，其成本也随之形成产品成本或直接转化为费用。根据原材料的消耗特点，企业应按发出原材料的用途，将其成本直接计入产品成本或当期费用。领用原材料时，按计算确定的实际成本，借记“生产成本”“制造费用”“委托加工物资”“销售费用”“管理费用”等科目，贷记“原材料”科目。

【例 3－18】 武汉永鑫电子有限公司 2019 年 6 月份共领用 A 材料 80 000 元，其中产品生产领用 60 000 元，车间一般领用 7 000 元，管理部门领用 10 000 元，销售部门领用 3 000元。

武汉永鑫电子有限公司应作如下账务处理：

借：生产成本	60 000	
制造费用	7 000	
管理费用	10 000	
销售费用	3 000	
贷：原材料——A 材料		80 000

知识充电器

对于周转材料，采用一次转销法进行会计处理，在领用时按其成本计入生产成本或当期损益；金额较大的周转材料，也可以采用分次摊销法进行会计处理。出租或出借周转材料，借记“其他业务成本”（出租包装物），“销售费用”（出借包装物）科目，贷记“周转材料”科目。

工作步骤

图表 3-3-2

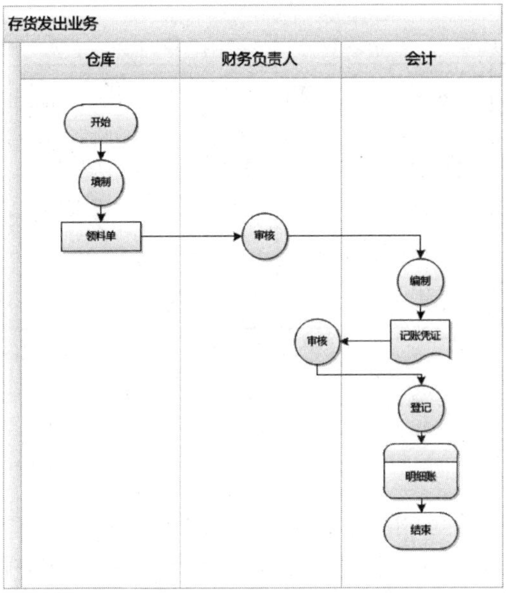

完成工作

图表 3-3-3

记 账 凭 证

年 月 日 字第 号

摘要	会计科目		借方金额											贷方金额											记账
	总账科目	明细科目	亿	千	百	十	万	千	百	十	元	角	分	亿	千	百	十	万	千	百	十	元	角	分	√
合计																									

附单据 张

会计主管： 记账： 出纳： 复核： 制单：

扫码查看答案

练一练

子任务二　处理个别计价法发出存货业务

工作任务

武汉众科电子有限公司采用个别计价法核算原材料发出业务，2019 年 7 月发生的有关业务如下：

1. 期初结存喇叭 8 000 个，每个单价 10.00 元，合计 80 000 元；
2. 7 月 5 日购入喇叭 20 000 个，每个单价 9.50 元，合计 190 000 元；
3. 7 月 8 日发出喇叭 20 000 个，其中有 4 000 个属于期初结存的喇叭，其余 16 000 个属于 7 月 5 日购入的喇叭；
4. 7 月 13 日购入喇叭 30 000 个，每个单价 10.00 元，合计 300 000 元；
5. 7 月 15 日发出喇叭 25 000 个，其中有 4 000 个属于期初结存的喇叭，其余 21 000 个属于 7 月 13 日购入的喇叭；
6. 7 月 20 日购入喇叭 30 000 个，每个单价 10.50 元，合计 315 000 元；
7. 7 月 22 日发出喇叭 35 000 个，其中有 5 000 个属于 7 月 13 日购入的喇叭，其余 30 000个属于 7 月 20 日购入的喇叭。

要求：计算并填制本月原材料发出及月末结存成本。

知识准备

企业应当根据自身管理的要求以及存货的实物流转方式及性质等实际情况，合理地确定发出存货成本的计算方法，以及当期发出存货的成本。实务中，企业发出的存货可以按实际成本核算，也可以按计划成本核算。如采用计划成本核算，会计期末应调整为实际成本。在实际成本核算方式下，企业可以采用的发出存货成本的计价方法包括个别计价法、先进先出法、月末一次加权平均法和移动加权平均法等。

个别计价法又称个别认定法或具体辨认法。它是假设存货具体项目的实物流转与成本流转相一致，按照各种存货逐一辨认各批发出存货和期末存货所属的购进批别或生产批别，分别按其购入或生产时所确定的单位成本计算各批发出存货和期末存货成本的方法。在这种方法下，把每一种存货的实际成本作为计算发出存货成本和期末存货成本的基础。

个别计价法的成本计算准确，符合实际情况，但在存货收发频繁情况下，其发出成本分辨的工作量较大。因此，这种方法通常适用于一般不能替代使用的存货、为特定项目专门购入或制造的存货以及提供的劳务，如珠宝、名画等贵重物品。

完成工作

图表 3－3－4

第　　页

原材料明细账

规　格＿＿＿＿　编　号＿＿＿＿　储备定额＿＿＿＿　类　别＿＿＿＿　最高储存量＿＿＿＿

名　称＿＿＿＿　计量单位＿＿＿＿　计划单位＿＿＿＿　存放地点＿＿＿＿　最低储存量＿＿＿＿

年		凭证		摘要	收入												发出												结存											
							金额												金额												金额									
月	日	种类	号数		数量	单价	千	百	十	万	千	百	十	元	角	分	数量	单价	千	百	十	万	千	百	十	元	角	分	数量	单价	千	百	十	万	千	百	十	元	角	分

扫码查看答案

练一练

子任务三　处理先进先出法发出存货业务

工作任务

武汉众科电子有限公司采用先进先出法核算原材料发出业务，2019 年 7 月发生的有关业务如下：

1. 期初结存喇叭 8 000 个，每个单价 10.00 元，合计 80 000 元；
2. 7 月 5 日购入喇叭 20 000 个，每个单价 9.50 元，合计 190 000 元；
3. 7 月 8 日发出喇叭 20 000 个；
4. 7 月 13 日购入喇叭 30 000 个，每个单价 10.00 元，合计 300 000 元；
5. 7 月 15 日发出喇叭 25 000 个；
6. 7 月 20 日购入喇叭 30 000 个，每个单价 10.50 元，合计 315 000 元；
7. 7 月 22 日发出喇叭 35 000 个。

要求：计算并填制本月原材料发出及月末结存成本。

知识准备

先进先出法，是指以先购入的存货先发出为假设条件，按照货物购入的先后顺序确定发出存货和期末结存存货实际成本的一种方法。其具体做法是：收入存货时，逐笔登记收入存货的数量、单价和金额；发出存货时，按照先购入的存货先发出的原则逐笔登记存货的发出成本和结存金额。

先进先出法可以随时结转存货发出成本，但较烦琐；如果存货收发业务较多且存货单价不稳定时，其工作量较大。在物价持续上升时，期末存货成本接近于市价，而发出成本偏低，会高估企业当期利润和库存存货价值；反之，会低估企业存货价值和当期利润。

【例 3－19】 武汉永鑫电子有限公司 2019 年 3 月 1 日结存 A 种材料 400 千克，每千克实际成本为 10 元；3 月 8 日和 3 月 22 日分别购入该材料 500 千克和 400 千克，每千克实际成本分别为 11 元和 12 元；3 月 12 日和 3 月 25 日分别发出该材料 700 千克和 300 千克。按先进先出法计价核算时，发出和结存材料的成本如图表 3－3－5 所示。

图表 3－3－5　　原材料明细账（先进先出法）　　单位：千克，元

2019 年		摘要	收入			发出			结存		
月	日		数量	单价	金额	数量	单价	金额	数量	单价	金额
3	1	期初结存							400	10	4 000
3	8	购入	500	11	5 500				400 500	10 11	4 000 5 500
3	12	发出				400 300	10 11	4 000 3 300	200	11	2 200
3	22	购入	400	12	4 800				200 400	11 12	2 200 4 800
3	25	发出				200 100	11 12	2 200 1 200	300	12	3 600
3	31	本月合计	900		10 300	1 000		10 700	300	12	3 600

3 月 12 日发出材料成本 $=400\times10+300\times11=7\ 300$（元）

3 月 25 日发出材料成本 $=200\times11+100\times12=3\ 400$（元）

3 月末结存材料成本 $=300\times12=3\ 600$（元）

完成工作

图表 3-3-6

原材料明细账

第　　页

规　格 ________ 编　号 ________ 储备定额 ________ 类　别 ________ 最高储存量 ________

名　称 ________ 计量单位 ________ 计划单位 ________ 存放地点 ________ 最低储存量 ________

年		凭证		摘要	收入												发出												结存											
月	日	种类	号数		数量	单价	金额										数量	单价	金额										数量	单价	金额									
							千	百	十	万	千	百	十	元	角	分			千	百	十	万	千	百	十	元	角	分			千	百	十	万	千	百	十	元	角	分

扫码查看答案　　　　练一练

子任务四　处理移动加权平均法发出存货业务

工作任务

武汉众科电子有限公司采用移动加权平均法核算原材料发出业务，2019 年 7 月发生的有关业务如下：

1. 期初结存喇叭 8 000 个，每个单价 10.00 元，合计 80 000 元；
2. 7 月 5 日购入喇叭 20 000 个，每个单价 9.50 元，合计 190 000 元；
3. 7 月 8 日发出喇叭 20 000 个；
4. 7 月 13 日购入喇叭 30 000 个，每个单价 10.00 元，合计 300 000 元；
5. 7 月 15 日发出喇叭 25 000 个；
6. 7 月 20 日购入喇叭 30 000 个，每个单价 10.50 元，合计 315 000 元；
7. 12 月 22 日发出喇叭 35 000 个。

要求：计算并填制本月原材料发出及月末结存成本。

知识准备

移动加权平均法，是指平时每入库一批存货，就以原有存货数量和本批入库存货数量为权数，计算一个加权平均单位成本，据以对其后发出存货进行计价的一种方法。其计算公式为：

$$\text{移动加权平均单位成本}=\frac{\text{原有库存存货的实际成本}+\text{本次进货的实际成本}}{\text{原有库存存货的数量}+\text{本次进货的数量}}$$

本次发出存货成本 = 本次发出存货的数量 × 最近移动加权平均单位成本

期末结存存货的成本 = 本期末结存存货的数量 × 期末移动加权平均单位成本

由于在计算加权平均单位成本时往往不能除尽，采用移动加权平均法可以采用倒挤的方法，将计算尾差挤入发出存货成本。即先按移动加权平均单位成本计算结存存货成本，然后倒减出发出存货成本，以保证各批发出存货后以及期末结存存货的数量、单位成本与总成本的一致性。

采用移动平均法能够使企业及时了解存货的结存情况，计算的平均单位成本以及发出和结存的存货成本比较客观。但由于每次收货都要计算一次平均单价，计算工作量较大，对收发货较频繁的企业不适用。

【例 3－20】 武汉永鑫电子有限公司 2019 年 3 月 1 日结存 A 种材料 400 千克，每千克实际成本为 10 元；3 月 8 日和 3 月 22 日分别购入该材料 500 千克和 400 千克，每千克实际成本分别为 11 元和 12 元；3 月 12 日和 3 月 25 日分别发出该材料 700 千克和 300 千克。按移动加权平均法计价核算时，发出和结存材料的成本如图表 3－3－7 所示。

图表 3－3－7　　原材料明细账（移动加权平均法）　　单位：千克，元

2019 年		摘要	收入			发出			结存		
月	日		数量	单价	金额	数量	单价	金额	数量	单价	金额
3	1	期初结存							400	10.00	4 000
3	8	购入	500	11	5 500				900	10.56	9 500
3	12	发出				700	10.56	7 388	200	10.56	2 112
3	22	购入	400	12	4 800				600	11.52	6 912
3	25	发出				300	11.52	3 456	300	11.52	3 456
3	31	本月合计	900		10 300	1 000		10 844	300	11.52	3 456

$$3\text{ 月 }8\text{ 日购进后移动加权平均单位成本}=\frac{400\times10+500\times11}{500+400}=10.56\text{（元）}$$

3 月 12 日发出材料成本 $=700\times10.56=7\ 392$（元）

$$3\text{ 月 }22\text{ 日购进后移动加权平均单位成本}=\frac{200\times10.56+400\times12}{200+400}=11.52\text{（元）}$$

3 月 25 日发出材料成本 $=300\times11.52=3\ 456$（元）

月末结存材料成本 $=4\ 000+10\ 300-7\ 392-3\ 456=3\ 452$（元）

完成工作

图表 3－3－8

原材料明细账

第　　页

规　格＿＿＿＿＿＿　编　号＿＿＿＿＿＿　储备定额＿＿＿＿＿＿　类　别＿＿＿＿＿＿　最高储存量＿＿＿＿＿＿

名　称＿＿＿＿＿＿　计量单位＿＿＿＿＿＿　计划单位＿＿＿＿＿＿　存放地点＿＿＿＿＿＿　最低储存量＿＿＿＿＿＿

年		凭证		摘要	收入												发出												结存											
月	日	种类	号数		数量	单价	金额										数量	单价	金额										数量	单价	金额									
							千	百	十	万	千	百	十	元	角	分			千	百	十	万	千	百	十	元	角	分			千	百	十	万	千	百	十	元	角	分

扫码查看答案　　　　　　练一练

子任务五　处理月末一次加权平均法发出存货业务

工作任务

武汉众科电子有限公司采用月末一次加权平均法核算原材料发出业务，2019 年 7 月发生的有关业务如下：

1. 期初结存喇叭 8 000 个，每个单价 10.00 元，合计 80 000 元；
2. 7 月 5 日购入喇叭 20 000 个，每个单价 9.50 元，合计 190 000 元；
3. 7 月 8 日发出喇叭 20 000 个；
4. 7 月 13 日购入喇叭 30 000 个，每个单价 10.00 元，合计 300 000 元；
5. 7 月 15 日发出喇叭 25 000 个；
6. 7 月 20 日购入喇叭 30 000 个，每个单价 10.50 元，合计 315 000 元；
7. 7 月 22 日发出喇叭 35 000 个。

要求：计算并填制本月原材料发出及月末结存成本。

知识准备

月末一次加权平均法，是指以本月全部进货数量加上月初存货数量作为权数，去除本月全部进货成本加上月初存货成本，于月末一次计算出本月存货的加权平均单位成本，以此为基础计算本月发出存货成本和期末结存存货成本的一种方法。

其计算公式为：

$$加权平均单位成本=\frac{月初结存存货成本+本月各次进货的实际成本之和}{月初结存存货数量+本月各次进货数量之和}$$

本月发出存货的成本 = 本月发出存货的数量 × 加权平均单位成本

月末结存存货的成本 = 月末结存存货的数量 × 加权平均单位成本

和移动加权平均法一样，采用月末一次加权平均法也应采用倒挤的方法，先按加权平均单位成本计算月末结存存货成本，然后倒减出本月发出存货成本，将计算尾差挤入发出存货成本，以保证月末结存存货的数量、单位成本与总成本的一致性。即：

月末结存存货成本 = 月末结存存货的数量 × 加权平均单位成本

本月发出存货的成本 =（月初结存存货成本 + 本月收入存货成本） − 月末结存存货成本

采用月末一次加权平均法，只在月末一次计算加权平均单位成本并结转发出存货的成本即可，平时不对发出存货计价，因此日常工作量较小，简便易行，适用于存货收发比较频繁的企业。但也正因为存货计价集中在月末进行，所以平时无法从账上提供发出存货和结存存货的单价及金额，因此不利于存货成本的日常管理和控制。

【例 3－21】 武汉永鑫电子有限公司 2019 年 3 月 1 日结存 A 种材料 400 千克，每千克实际成本为 10 元；3 月 8 日和 3 月 22 日分别购入该材料 500 千克和 400 千克，每千克实际成本分别为 11 元和 12 元；3 月 12 日和 3 月 25 日分别发出该材料 700 千克和 300 千克。按月末一次加权平均法计价核算时，发出和结存材料的成本如图表 3－3－9 所示。

图表 3－3－9　　原材料明细账（月末一次加权平均法）　　单位：千克，元

2019 年		摘要	收入			发出			结存		
月	日		数量	单价	金额	数量	单价	金额	数量	单价	金额
3	1	期初结存							400	10	4 000
3	8	购入	500	11	5 500				900		
3	12	发出				700			200		
3	22	购入	400	12	4 800				600		
3	25	发出				300			300		
3	31	本月合计	900		10 300	1 000	11	11 000	300	11	3 300

$$月末加权平均单位成本=\frac{400\times10+500\times11+400\times12}{400+500+400}=11（元）$$

3 月 12 日发出材料成本 = 700 × 11 = 7 700（元）

3 月 25 日发出材料成本 = 300 × 11 = 3 300（元）

月末结存材料成本 = 300 × 11 = 3 300（元）

完成工作

图表 3－3－10

原材料明细账

第　　页

规　格＿＿＿＿　编　号＿＿＿＿　储备定额＿＿＿＿　类　别＿＿＿＿　最高储存量＿＿＿＿

名　称＿＿＿＿　计量单位＿＿＿＿　计划单位＿＿＿＿　存放地点＿＿＿＿　最低储存量＿＿＿＿

年		凭证		摘要	收入			发出			结存		
月	日	种类	号数		数量	单价	金额（千百十万千百十元角分）	数量	单价	金额（千百十万千百十元角分）	数量	单价	金额（千百十万千百十元角分）

扫码查看答案　　　　　　练一练

子任务六　核算计划成本法发出存货业务

工作任务

2019 年 7 月 31 日，武汉众科电子有限公司结转本月发出材料应负担的材料成本差异。请区别不同情况根据相关单据（图表 3－3－11、图表 3－3－12）编制记账凭证（凭证号：154、155）。

图表 3－3－11

成本差异计算表

原材料：6层沉金阻抗板#01　　2019 年 07 月 31 日　　单位：元

(1)	月初结存材料的成本差异	-10 000.00
(2)	本月验收入库材料成本差异	24 000.00
(3)	月初结存材料的计划成本	660 000.00
(4)	本月验收入库材料的计划成本	792 000.00
(5) = (1+2) / (3+4)	本月材料成本差异率	0.9642%
(6)	本月生产CPU#1领用材料的计划成本	1 200 000.00
(7)	本月结存材料的计划成本	252 000.00
(8)	本月领用材料应负担的成本差异额	11 570.40

审核：徐志文　　　　制单：王薇

图表 3-3-12

成本差异计算表

原材料：6层沉金阻抗板#02　　2019 年 07 月 31 日　　单位：元

(1)	月初结存材料的成本差异	10 000.00
(2)	本月验收入库材料成本差异	-11 000.00
(3)	月初结存材料的计划成本	700 000.00
(4)	本月验收入库材料的计划成本	385 000.00
(5) = (1+2) / (3+4)	本月材料成本差异率	-0.0922%
(6)	本月生产CPU#1领用材料的计划成本	500 000.00
(7)	本月结存材料的计划成本	585 000.00
(8)	本月领用材料应负担的成本差异额	-461.00

审核：徐志文　　制单：王薇

知识准备

采用计划成本法对存货进行日常管理，发出存货时先按计划成本计价，即按发出存货的计划成本，借记“生产成本”“制造费用”“管理费用”等有关成本费用科目，贷记“原材料”等存货科目；月末，再将月初结存存货的成本差异和本月取得存货形成的成本差异，在本月发出存货和月末结存存货之间进行分摊，将本月发出存货和月末结存存货的计划成本调整为实际成本。

为了便于存货成本差异的分摊，企业应当计算材料成本差异率，作为分摊存货成本差异的依据。材料成本差异率包括本月材料成本差异率和月初材料成本差异两种，计算公式如下：

$$\text{本月材料成本差异率}=\frac{\text{月初结存材料的成本差异}+\text{本月验收入库材料的成本差异}}{\text{月初结存材料的计划成本}+\text{本月验收入库材料的计划成本}}\times 100\%$$

$$\text{月初材料成本差异率}=\frac{\text{月初结存材料的成本差异}}{\text{月初结存材料的计划成本}}\times 100\%$$

本月发出存货应负担的成本差异 = 发出存货的计划成本 × 材料成本差异率

◇材料成本差异率为“+”表示超支差异；材料成本差异率为“-”表示节约差异。

企业应当分别原材料、周转材料等按照类别或品种对存货成本差异进行明细核算，并计算相应的材料成本差异率，不能使用一个综合差异率。在计算发出存货应负担的成本差异时，除委托外部加工发出的存货可使用月初材料成本差异率外，其他情况发出的存货均应使用本月材料成本差异率；月初材料成本差异率与本月材料成本差异率相差不大的，也可按照月初材料成本差异率计算。计算方法一经确定，不得随意变更。

发出存货应负担的成本差异应当按月分摊，不得在季末或年末一次分摊。企业在分摊发出存货应负担的成本差异时，按照实际成本大于计划成本的差异，借记“生产成本”“管理费用”“销售费用”“委托加工物资”“其他业务成本”等科目，贷记“材料成本差异”科目；实际成本小于计划成本的差异作相反的会计分录。

【例 3－22】 武汉永鑫电子有限公司 2019 年 3 月发出材料一批，根据发料凭证汇总如图表 3－3－13 所示。

图表 3－3－13 单位：元

材料用途	计划成本
基本生产车间生产产品领用	240 000
辅助生产车间生产产品领用	110 000
各车间一般消耗	35 000
企业管理部门领用	48 000
对外销售	67 000
合　计	500 000

企业月初“原材料”账户余额为 150 000 元，当月收入原材料计划成本为 450 000 元。月初“材料成本差异”账户贷方余额为 3 800 元，本月收入材料成本差异为 800 元。

结转发出原材料计划成本：

借：生产成本——基本生产成本　　240 000
　　　　　　——辅助生产成本　　110 000
　　制造费用　　35 000
　　管理费用　　48 000
　　其他业务成本　　67 000
　　贷：原材料　　500 000

计算并结转发出原材料应负担的成本差异：

$$本月材料成本差异分配率=\frac{-3\ 800+800}{150\ 000+450\ 000}\times 100\% = -0.5\%$$

发出材料应分摊的成本差异 $=500\ 000\times(-0.5\%) = -2\ 500$（元）

借：材料成本差异　　2 500
　　贷：生产成本——基本生产成本　　1 200
　　　　　　　　——辅助生产成本　　550
　　　　制造费用　　175
　　　　管理费用　　240
　　　　其他业务成本　　335

工作步骤

图表 3－3－14

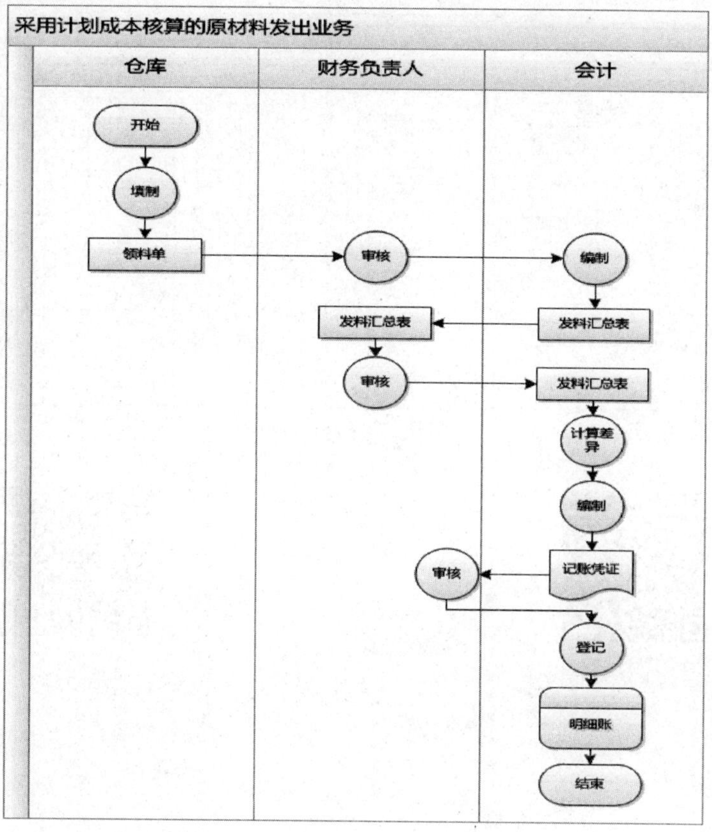

完成工作

图表 3－3－15

记　账　凭　证

年　　月　　日　　　　　　　　　　字第　　　　号

摘要	会计科目		借方金额											贷方金额											记账√
	总账科目	明细科目	亿	千	百	十	万	千	百	十	元	角	分	亿	千	百	十	万	千	百	十	元	角	分	
	合　计																								

附单据　　张

会计主管：　　　　记账：　　　　出纳：　　　　复核：　　　　制单：

图表 3－3－16

记 账 凭 证

年 月 日　　　　字第　　号

摘要	会计科目		借方金额											贷方金额											记账√
	总账科目	明细科目	亿	千	百	十	万	千	百	十	元	角	分	亿	千	百	十	万	千	百	十	元	角	分	
合 计																									

附单据　　张

会计主管：　　记账：　　出纳：　　复核：　　制单：

扫码查看答案

练一练

工作总结

图表 3－3－17　　**发出存货的计价方法**

个别计价法	概念	个别计价法，又称个别认定法或具体辨认法。它是指每次发出存货的实际成本按其购入时的实际成本分别计价的方法。
	适用范围	只适用于不能替代使用的存货、为特定项目专门购入或制造的存货以及品种数量不多、单位价值较高或体积较大、容易辨认的存货。
	计算方法	对本期发出存货和期末结存存货的成本，完全按照该存货所属购进批次或生产批次入账时的实际成本进行确定。
先进先出法	概念	先进先出法，是指以先购入的存货先发出为假设条件，按照货物购入的先后顺序确定发出存货和期末结存存货实际成本的一种方法。
	适用范围	先进先出法可以随时结转存货发出成本，但较烦琐；如果存货收发业务较多且存货单价不稳定时，其工作量较大。在物价持续上升时，期末存货成本接近于市价，而发出成本偏低，会高估企业当期利润和库存存货价值；反之，会低估企业存货价值和当期利润。
	计算方法	收入存货时，逐笔登记收入存货的数量、单价和金额；发出存货时，按照先购入的存货先发出的原则逐笔登记存货的发出成本和结存金额。

续表

移动加权平均法	概念	移动加权平均法，是指平时每入库一批存货，就以原有存货数量和本批入库存货数量为权数，计算一个加权平均单位成本，据以对其后发出存货进行计价的一种方法。
	适用范围	移动平均法能够使企业及时了解存货的结存情况，计算的平均单位成本以及发出和结存的存货成本比较客观。但由于每次收货都要计算一次平均单价，计算工作量较大，对收发货较频繁的小企业不适用。
	计算方法	移动加权平均单位成本 $=\frac{\text{原有库存存货的实际成本}+\text{本次进货的实际成本}}{\text{原有库存存货的数量}+\text{本次进货的数量}}$ 本次发出存货成本 = 本次发出存货的数量 × 最近移动加权平均单位成本 期末结存存货的成本 = 本期末结存存货的数量 × 期末移动加权平均单位成本
月末一次加权平均法	概念	月末一次加权平均法，是指以本月全部进货数量加上月初存货数量作为权数，去除本月全部进货成本加上月初存货成本，于月末一次计算出本月存货的加权平均单位成本，以此为基础计算本月发出存货成本和期末结存存货成本的一种方法。
	适用范围	采用月末一次加权平均法，只在月末一次计算加权平均单位成本并结转发出存货的成本即可，平时不对发出存货计价，因此日常工作量较小，简便易行，适用于存货收发比较频繁的企业。
	计算方法	加权平均单位成本 $=\frac{\text{月初结存存货成本}+\text{本月各次进货的实际成本之和}}{\text{月初结存存货数量}+\text{本月各次进货数量之和}}$ 本月发出存货的成本 = 本月发出存货的数量 × 加权平均单位成本 月末结存存货的成本 = 月末结存存货的数量 × 加权平均单位成本

图表 3-3-18　　工作评价与反馈

项　目		任务完成程度		
		全部完成	部分完成	未完成
自我评价	子任务一			
	子任务二			
	子任务三			
	子任务四			
	子任务五			
	子任务六			
任务完成心得				
存在的问题				
教师评价				

任务四　核算委托加工物资业务

情景导入

在会计实务中，有时企业会由于受工艺设备限制，需要将某些物资委托外单位加工制成另一种性能和用途的物资，以满足生产经营的需要。例如，将木材加工成木箱、生铁加工成铸件等。这种发往外单位加工的物资，虽暂时离开企业，但仍属于本企业的存货。对于这种委托外单位加工的存货，应该怎样来进行会计处理呢？

任务要求

通过学习理解委托加工物资的概念，掌握委托加工物资成本构成，能熟练对有关委托加工物资发出、加工、加工完毕运回仓库等业务进行账务处理。

子任务一　核算收回后用于连续加工业务

工作任务1

2019年12月8日，武汉瑞源实业有限公司委托武汉汉翔制造有限公司将一批价值100 000元的橡胶加工成汽车内胎（属于应税消费品）。请根据有关单据编制记账凭证（凭证号：011）。

图表3-4-1

出库单

出货单位：武汉瑞源实业有限公司　　日期：2019年12月08日　　单号：23

提货单位（部门）：武汉汉翔制造有限公司　　销售单号：　　发货仓库：成品库　　出库日期：2019年12月08日

编码	名称	规格	单位	数量		单价	金额
				应发	实发		
102	橡胶		吨	50	50	2,000.00	100,000.00
合计	人民币（大写）：壹拾万元整						¥100,000.00

部门经理：周帅　　会计：王薇　　仓库：王欣　　经办人：张远

会计联

知识准备 1

委托加工物资，是指企业委托外单位加工的各种材料、商品等物资。委托加工物资的成本，一般包括加工过程中实际耗用的原材料或半成品的成本、支付的加工费用及应负担的运输费、装卸费等，以及按规定应计入加工成本的税金。这里所指的应计入加工成本的税金，指的是需要缴纳消费税的委托加工物资，加工物资收回后直接用于销售，由受托加工方代收代缴的消费税应计入委托加工物资的成本。

企业应设置“委托加工物资”科目核算委托外单位加工的各种材料、商品等物资的实际成本，并按照加工合同、委托加工单位以及加工物资的品种等进行明细核算。“委托加工物资”科目借方登记委托加工物资的实际成本，贷方登记加工完成验收入库的物资的实际成本和剩余物资的实际成本，期末余额在借方，反映企业委托外单位加工尚未完成物资的实际成本。

企业根据加工合同的规定，拨付给加工单位加工用原材料时，由供应部门根据加工合同，填制“委托加工物资发料单”，经审核后由仓库据以发料。发出物资时，按照实际成本，借记“委托加工物资”科目，贷记“原材料”“库存商品”等科目；按照计划成本或售价核算的，还应同时结转材料成本差异或商品进销差价，贷记或借记“材料成本差异”科目，或借记“商品进销差价”科目。

【例 3－23】 武汉永鑫电子有限公司 2019 年 6 月 18 日委托某企业加工材料一批（属于应税消费品，消费税税率为 10%），发出的原料及主要材料成本为 50 000 元。

武汉永鑫电子有限公司应作如下账务处理：

借：委托加工物资　　50 000

　　贷：原材料　　50 000

工作步骤 1

图表 3－4－2

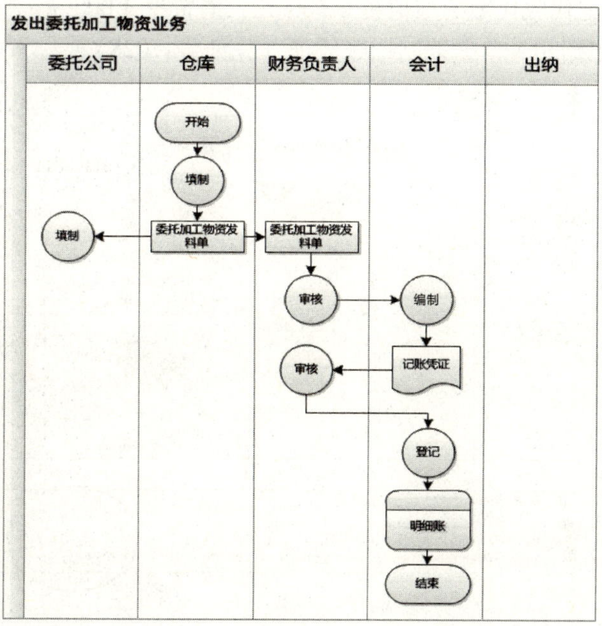

完成工作 1

图表 3－4－3

记 账 凭 证

年 月 日 字第 号

摘要	会计科目		借方金额										贷方金额										记账
	总账科目	明细科目	亿	千	百	十	万	千	百	十	元	角	分	亿	千	百	十	万	千	百	十	元	角	分	√
合计																									

附单据 张

会计主管： 记账： 出纳： 复核： 制单：

扫码查看答案

工作任务 2

武汉瑞源实业有限公司 2019 年 12 月 18 日根据协议支付加工费 50 000 元和运输费 1 000 元。支付由委托加工方代收代缴的增值税 6 500 元、消费税 3 000 元（委托加工物资收回后用于继续加工）。请根据相关单据编制记账凭证（凭证号：028）。

图表 3－4－4

湖北增值税专用发票

4200151140

№ 91193844 4200151140 91193844

发票联

机器编号：982888812388

开票日期：2019年12月18日

购买方	名称：武汉瑞源实业有限公司 纳税人识别号：91420115611958522P 地址、电话：武汉市江夏区金口街南岸一村社区027-56521288 开户行及账号：工商银行武汉市中山大道支行6215582111232609121	密码区	172312-4-275〈1+46*54* 82*59* 181321〉〈8182*59*09618153〈/ 〈4〈3*2702-9〉9*+153〈/0 〉2-3 *08/4〉*〉〉2-3*0/9/〉〉25-275〈1

货物或应税劳务、服务名称	规格型号	单位	数量	单价	金额	税率	税额
*其他加工劳务*加工费			1	50,000.00	50,000.00	13%	6,500.00
合计					¥50,000.00		¥6,500.00
价税合计（大写）	⊗伍万陆仟伍佰元整				（小写）¥56,500.00		

销售方	名称：武汉汉翔制造有限公司 纳税人识别号：91420113334876522L 地址、电话：武汉市东西湖东吴大道22号027-65431155 开户行及账号：工商银行武汉市牡丹支行6215582887267592396	备注	校验码 52118 02817 08248 65199

收款人： 复核： 开票人：刘倩 销售方：（章）

税总函［2016］××号××××公司

第三联：发票联 购买方记账凭证

图表 3－4－5

湖北增值税专用发票

4200151140　　　　　　№ 91193844　4200151140　91193844

机器编号：982888812388　　　　发票联　　　　开票日期：2019年12月18日

购买方	名　　称：武汉瑞源实业有限公司 纳税人识别号：9142011561195852 2P 地 址、电 话：武汉市江夏区金口街南岸一村社区027-56521288 开户行及账号：工商银行武汉市中山大道支行6215582111232609121				密码区	172312-4-275〈1+46*54* 82*59* 181321〉〈8182*59*09618153〈/ 〈4〈3*2702-9〉9*+153〈/0〉2-3 *08/4〉*〉〉2-3*0/9/〉〉25-275〈1	
货物或应税劳务、服务名称	规格型号	单位	数量	单价	金额	税率	税额
*国内铁路货物运输服务*运费			1	917.43	917.43	9%	82.57
合　　计					¥917.43		¥82.57
价税合计（大写）	⊗ 壹仟元整				（小写）¥1,000.00		
销售方	名　　称：武汉尚通物流有限公司 纳税人识别号：91422356751813192F 地 址、电 话：武汉市东西湖区五环大道23号027-67361532 开户行及账号：工商银行武汉市汉北支行6215584587267877122				备注	校验码 52118 02817 08248 65199	

收款人：　　　　复核：　　　　开票人：李飞　　　　销售方：（章）

税总函[2016]××号×××公司

第三联：发票联　购买方记账凭证

图表 3－4－6

中华人民共和国
代扣代收税款凭证

82729684　国

填发日期：2019 年 12 月 18 日　　　　主管税务机关：武汉市江汉区税务局

纳税人	代　码	91420115611958522P	扣缴义务人	代　码	91420113334876522L
	全　称	武汉瑞源实业有限公司		全　称	武汉汉翔制造有限公司
	地　址	武汉市江夏区金口街南岸一村社区		地　址	武汉市东西湖东吴大道22号
	注册类型	有限公司	税款所属日期		2019年12月

税种	纳税项目	课税数量	计税金额	税率或单位税额	已缴或扣除额	实缴金额 百	十	万	千	百	十	元	角	分
消费税	加工		100,000.00	3%					3	0	0	0	0	0
金额合计（大写）	人民币叁仟元整							¥	3	0	0	0	0	0
主管税务机关（盖章）	扣缴义务人（盖章）		填票人（盖章）		备注									

武汉市江汉区税务局 征收专用章　　武汉汉翔制造有限公司　　志明印

图表 3-4-7

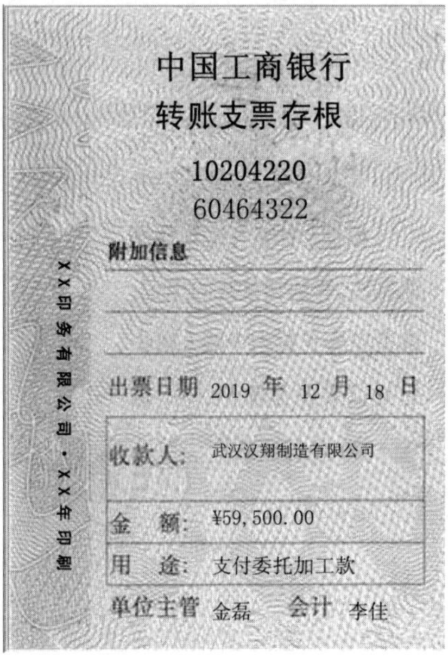

中国工商银行
转账支票存根
10204220
60464322
附加信息
出票日期 2019 年 12 月 18 日
收款人：武汉汉翔制造有限公司
金　额：¥59,500.00
用　途：支付委托加工款
单位主管 金磊　会计 李佳
XX印务有限公司·XX年印制

图表 3-4-8

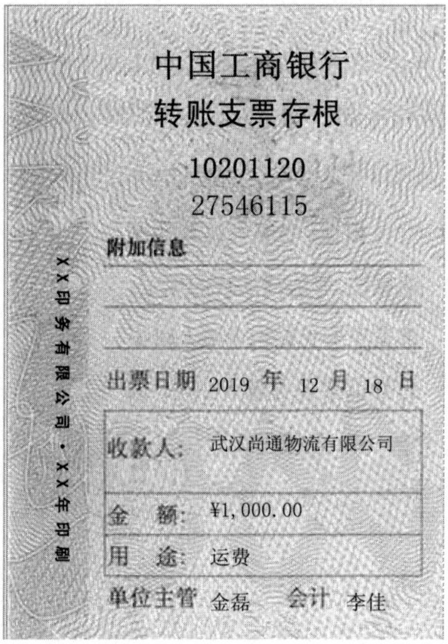

中国工商银行
转账支票存根
10201120
27546115
附加信息
出票日期 2019 年 12 月 18 日
收款人：武汉尚通物流有限公司
金　额：¥1,000.00
用　途：运费
单位主管 金磊　会计 李佳
XX印务有限公司·XX年印制

知识准备 2

支付加工费和往返运杂费时，借记“委托加工物资”科目，贷记“银行存款”科目。

应由委托加工方代收代交的增值税，借记“应交税费——应交增值税（进项税额）”科目，贷记“银行存款”“应付账款”等科目。委托加工的物资收回后用于连续生产应税消费品的，受托方代收代缴的消费税准予抵扣，应按准予抵扣的消费税税额，借记“应交税费——应交消费税”科目，贷记“应付账款”“银行存款”等科目。

【例 3-24】 承例 3-23，武汉永鑫电子有限公司 2019 年 7 月 28 日支付加工费，取得的增值税专用发票上注明的加工费为 40 000 元，增值税税额为 4 200 元，消费税税率为 10%（假设委托加工物资收回后用于连续生产应税消费品）。

消费税组成计税价格 =（50 000 + 40 000）÷（1 - 10%）= 100 000（元）

受托方代收代缴的消费税 = 100 000 × 10% = 10 000（元）

借：委托加工物资　　40 000

　　应交税费——应交增值税（进项税额）　　4 200

　　　　　　——应交消费税　　10 000

　　贷：银行存款　　54 200

工作步骤 2

图表 3-4-9

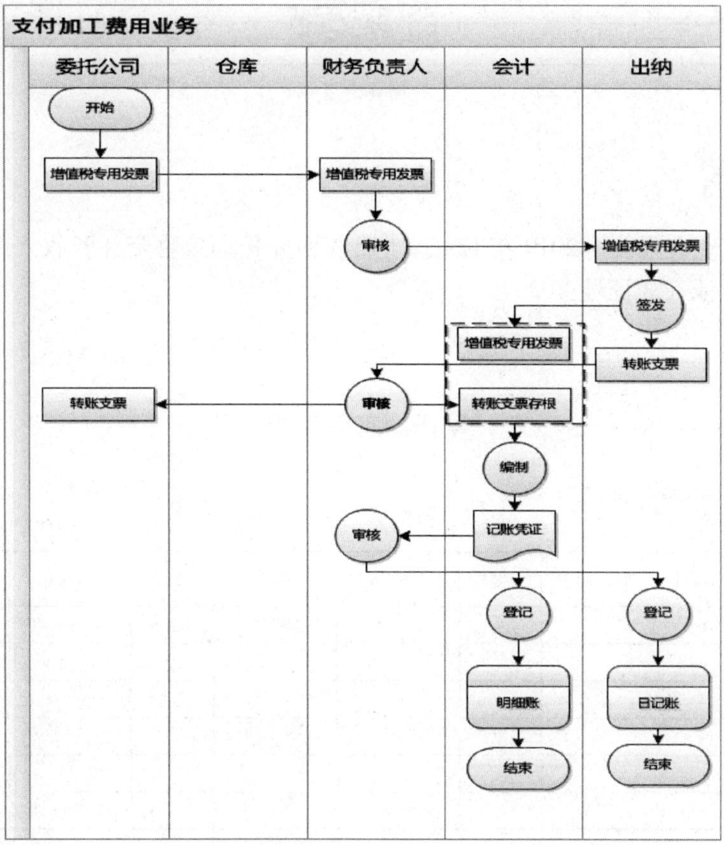

完成工作 2

图表 3-4-10

记　账　凭　证

年　　月　　日　　　　　　　　　　　　字第　　　　号

摘　要	会计科目		借方金额											贷方金额											记账√
	总账科目	明细科目	亿	千	百	十	万	千	百	十	元	角	分	亿	千	百	十	万	千	百	十	元	角	分	
合　计																									

附单据　　张

会计主管：　　　　记账：　　　　出纳：　　　　复核：　　　　制单：

扫码查看答案

工作任务 3

武汉瑞源实业有限公司 2019 年 12 月 21 日收回委托加工物资并验收入库。请根据相关单据编制记账凭证（凭证号：030）。

图表 3－4－11

委托加工入库单

委托加工单位：武汉汉翔制造有限公司　　　　材料仓库：原料库

收发类别：1223　　　　2019 年 12 月 21 日　　　　编号：996713

出库单编号	加工后材料名称及规格	单位	应收数	实收数	单价	金额	备注
23	汽车内胎	个	3000	3000	50.3058	150 917.43	
合　　计			3000	3000		¥150 917.40	

检验：刘兴旺　　　　收料：吴志勇　　　　记账：李伟

第二联　记账联

知识准备 3

委托加工物资收回时，应由供应部门填制“委托加工物资入库单”，通知仓库据以收料。加工完成验收入库的物资和剩余的物资，按照加工收回物资的实际成本和剩余物资的实际成本，借记“原材料”“库存商品”等科目，贷记“委托加工物资”科目。采用计划成本或售价核算的，收回委托加工的存货时，按收回存货的计划成本入账，实际成本与计划成本的差额直接记入“材料成本差异”科目。

【例 3－25】 承例 3－23、例 3－24，武汉永鑫电子有限公司 7 月 30 日，收到委托加工完成的材料，并验收入库。

武汉永鑫电子有限公司应作如下账务处理：

借：原材料　　　　90 000

　　贷：委托加工物资　　　　90 000

工作步骤 3

图表 3－4－12

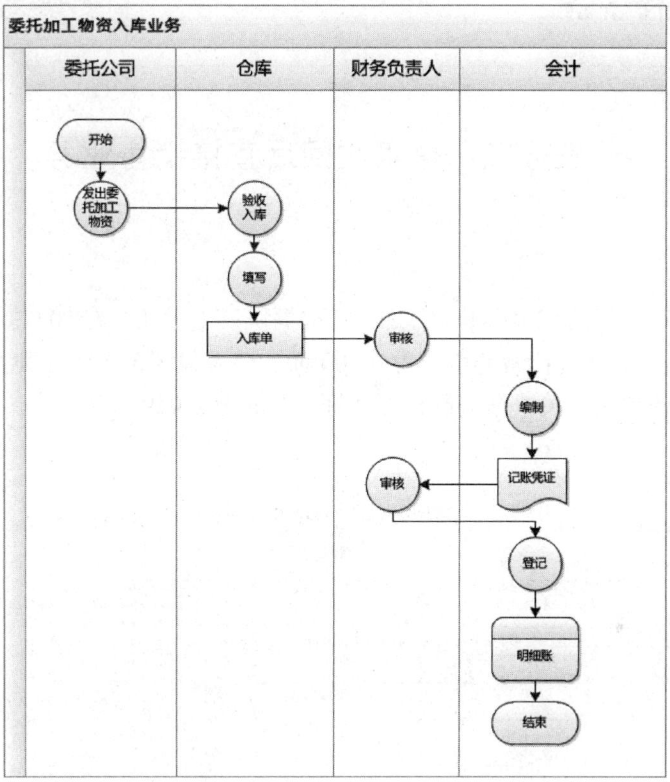

完成工作 3

图表 3－4－13

记　账　凭　证

年　　月　　日　　　　　　　　　　字第　　　　号

摘　要	会计科目		借方金额										贷方金额										记账
	总账科目	明细科目	亿	千	百	十	万	千	百	十	元	角	分	亿	千	百	十	万	千	百	十	元	角	分	√
	合　计																							

附单据　　张

会计主管：　　记账：　　出纳：　　复核：　　制单：

扫码查看答案　　　　练一练

子任务二　核算收回后直接销售业务

工作任务 1

武汉瑞源实业有限公司 2019 年 12 月 18 日根据协议支付加工费 50 000 元和运输费 1 000 元。支付由委托加工方代收代缴的增值税 6 500 元、消费税 3 000 元（委托加工物资收回后用于直接销售）。请根据相关单据编制记账凭证（凭证号：029）。

图表 3－4－14

湖北增值税专用发票

4200151140　　发票联　　№ 89205589　4200151140　89205589

机器编号：982888812388　　开票日期：2019年12月18日

购买方	名　　称：武汉瑞源实业有限公司 纳税人识别号：91420115611958522P 地 址、电 话：武汉市江夏区金口街南岸一村社区027-56521288 开户行及账号：工商银行武汉市中山大道支行6215582111232609121
密码区	172312-4-275〈1+46*54* 82*59*181321〉〈8182*59*09618153〈/〈4〈3*2702-9〉9*+153〈/0〉2-3*08/4〉*〉〉2-3*0/9/〉〉25-275〈1

货物或应税劳务、服务名称	规格型号	单位	数量	单价	金额	税率	税额
*其他加工劳务*加工费			1	50,000.00	50,000.00	13%	6,500.00
合　计					¥50,000.00		¥6,500.00
价税合计（大写）	⊗ 伍万陆仟伍佰元整				（小写）¥56,500.00		

销售方	名　　称：武汉汉翔制造有限公司 纳税人识别号：91420113334876522L 地 址、电 话：武汉市东西湖东吴大道22号027-65431155 开户行及账号：工商银行武汉市牡丹支行6215582887267592396
备注	校验码 52118 02817 08248 65199

收款人：　　复核：　　开票人：刘倩　　销售方：（章）

税总函［2016］××号×××公司　　第三联：发票联　购买方记账凭证

图表 3－4－15

湖北增值税专用发票

4200151140　　发票联　　№ 91193844　4200151140　91193844

机器编号：982888812388　　开票日期：2019年12月18日

购买方	名　　称：武汉瑞源实业有限公司 纳税人识别号：91420115611958522P 地 址、电 话：武汉市江夏区金口街南岸一村社区027-56521288 开户行及账号：工商银行武汉市中山大道支行6215582111232609121
密码区	172312-4-275〈1+46*54* 82*59*181321〉〈8182*59*09618153〈/〈4〈3*2702-9〉9*+153〈/0〉2-3*08/4〉*〉〉2-3*0/9/〉〉25-275〈1

货物或应税劳务、服务名称	规格型号	单位	数量	单价	金额	税率	税额
*国内铁路货物运输服务*运费			1	917.43	917.43	9%	82.57
合　计					¥917.43		¥82.57
价税合计（大写）	⊗ 壹仟元整				（小写）¥1,000.00		

销售方	名　　称：武汉尚通物流有限公司 纳税人识别号：91422356751813192F 地 址、电 话：武汉市东西湖区五环大道23号027-67361532 开户行及账号：工商银行武汉市汉北支行6215584587267877122
备注	校验码 52118 02817 08248 65199

收款人：　　复核：　　开票人：李飞　　销售方：（章）

税总函［2016］××号×××公司　　第三联：发票联　购买方记账凭证

图表 3－4－16

中华人民共和国
代扣代收税款凭证　　40428869

填发日期：2019 年 12 月 18 日　　主管税务机关：武汉市江汉区税务局

纳税人	代　码	91420115611958522P	扣缴义务人	代　码	91420113334876522L
	全　称	武汉瑞源实业有限公司		全　称	武汉汉翔制造有限公司
	地　址	武汉市江夏区金口街南岸一村社区		地　址	武汉市东西湖东吴大道22号
	注册类型	有限公司	税款所属日期		2019年12月

税种	纳税项目	课税数量	计税金额	税率或单位税额	已缴或扣除额	实缴金额
消费税	加工		100,000.00	3%		3000.00
金额合计（大写）	人民币叁仟元整					¥3000.00
主管税务机关（盖章）		扣缴义务人（盖章）		填票人（盖章）		备注

图表 3－4－17

中国工商银行
转账支票存根
10204220
60464322

附加信息

出票日期 2019 年 12 月 18 日

收款人：武汉汉翔制造有限公司

金　额：¥59,500.00

用　途：支付委托加工款

单位主管 金磊　会计 李佳

图表 3－4－18

中国工商银行
转账支票存根
10201120
27546115

附加信息

出票日期 2019 年 12 月 18 日

收款人：武汉尚通物流有限公司

金　额：¥1,000.00

用　途：运费

单位主管 金磊　会计 李佳

知识准备 1

委托加工的物资收回后直接用于销售的，应将受托方代收代缴的消费税计入委托加工物资的成本，借记“委托加工物资”科目，贷记“应付账款”“银行存款”等科目。

【例3-26】 承例3-23、例3-24资料，如果武汉永鑫电子有限公司收回加工后的材料直接用于销售。

武汉永鑫电子有限公司应作如下账务处理：

借：委托加工物资　　50 000

　　应交税费——应交增值税（进项税额）　　4 200

　　贷：银行存款　　54 200

工作步骤1

图表3-4-19

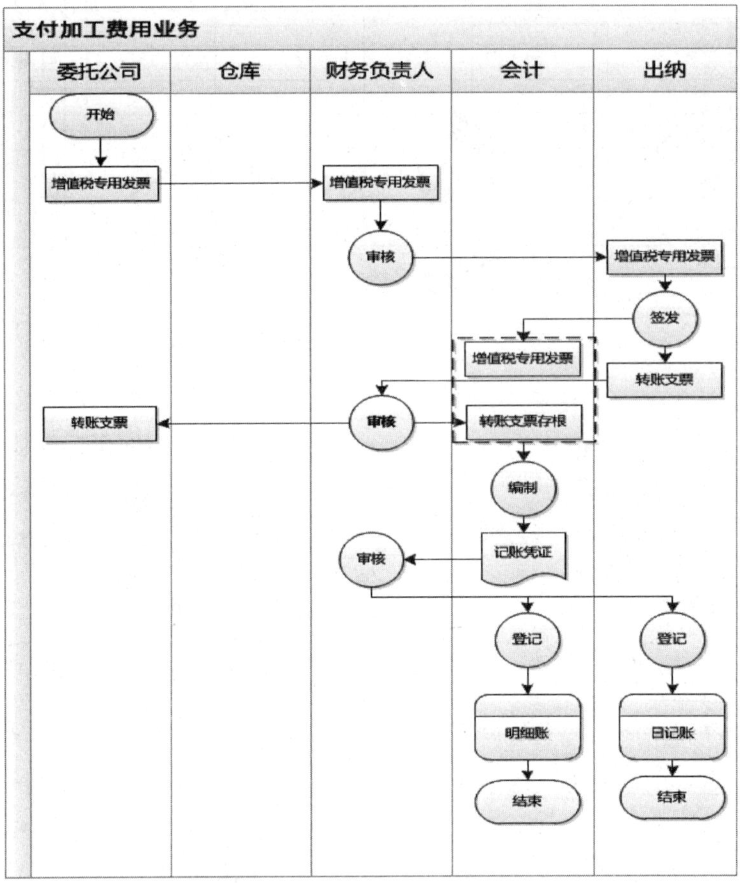

完成工作 1

图表 3－4－20

记 账 凭 证

年 月 日 字第 号

摘要	会计科目		借方金额										贷方金额										记账√
	总账科目	明细科目	亿	千	百	十	万	千	百	十	元	角	分	亿	千	百	十	万	千	百	十	元	角	分	
合 计																							

附单据 张

会计主管： 记账： 出纳： 复核： 制单：

扫码查看答案

工作任务 2

武汉瑞源实业有限公司 2019 年 12 月 21 日收回委托加工物资并验收入库。请根据相关单据编制记账凭证（凭证号：033）。

图表 3－4－21

委托加工入库单

委托加工单位：武汉汉翔制造有限公司 材料仓库：材料库

合同编号：1223 2019 年 12 月 21 日 编号：485209

出库单编号	加工后材料名称及规格	单位	应收数	实收数	单价	金额	备注
23	汽车内胎	个	3000	3000	51.3058	153 917.43	
合 计			3000	3000		¥153 917.43	

第二联 记账联

检验：刘兴旺 收料：吴志勇 记账：李伟

知识准备 2

加工完成验收入库的物资和剩余的物资，按照加工收回物资的实际成本和剩余物资的实际成本，借记“原材料”“库存商品”等科目，贷记“委托加工物资”科目。

【例 3－27】 承例 3－23、例 3－26，武汉永鑫电子有限公司 7 月 30 日，收到委托加工完成的材料，并验收入库。

武汉永鑫电子有限公司应作如下账务处理：

借：原材料　　100 000

　　贷：委托加工物资　　100 000

工作步骤 2

图表 3－4－22

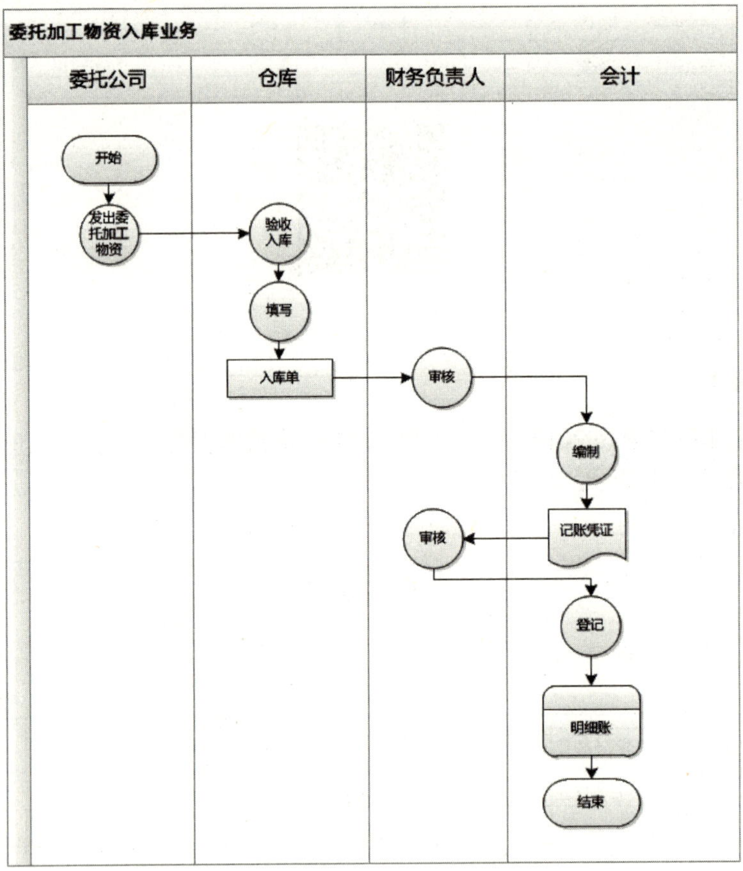

完成工作2

图表3－4－23

记 账 凭 证

年　月　日　　　　字第　　号

摘要	会计科目		借方金额											贷方金额											记账
	总账科目	明细科目	亿	千	百	十	万	千	百	十	元	角	分	亿	千	百	十	万	千	百	十	元	角	分	√
	合计																								

附单据　张

会计主管：　记账：　出纳：　复核：　制单：

扫码查看答案　　　　练一练

工作总结

图表3－4－24　　**委托加工物资核算**

发出材料物资	按实际成本核算	借：委托加工物资 　贷：原材料（库存商品等）
	按计划成本核算	借：委托加工物资 　材料成本差异（节约额） 　贷：原材料（库存商品等） 　　材料成本差异（超支额）
支付加工费、运杂费、增值税等	借：委托加工物资 　应交税费——应交增值税（进项税额） 　贷：银行存款	
由受托加工方代收代缴的消费税	收回后用于直接销售的	借：委托加工物资 　贷：银行存款（应付账款等）
	收回后用于继续加工的	借：应交税费——应交消费税 　贷：银行存款（应付账款等）

续表

委托物资加工完成验收入库并收回剩余物资	按实际成本核算	借：原材料（库存商品） 　　贷：委托加工物资
	按计划成本核算	借：原材料（库存商品） 　　材料成本差异（超支额） 　　贷：委托加工物资 　　　　材料成本差异（节约额）

图表 3-4-25　　　　工作评价与反馈

项目		任务完成程度		
		全部完成	部分完成	未完成
自我评价	子任务一			
	子任务二			
任务完成心得				
存在的问题				
教师评价				

任务五　核算存货清查业务

情景导入

存货是企业资产的重要组成部分，且处于不断销售或耗用以及重置之中，具有较强的流动性。由于存货种类繁多、收发频繁，在日常收发过程中可能发生计量错误、计算错误、自然损耗，还可能发生损坏变质以及贪污、盗窃等情况，造成账实不符，形成存货的盘盈、盘亏。为了加强对存货的管理，企业应当定期或不定期地对存货的实物进行盘点和抽查，以确定存货的实有数量，并与账面记录进行核对，确保存货账实相符。企业至少应当在编制年度财务会计报告之前，对存货进行一次全面的清查盘点。

任务要求

掌握存货清查方法的运用、盘点表和财产清查报告单的编制以及存货清查结果的处理。

子任务一　处理存货清查业务

工作任务

掌握存货清查的方法和存货清查结果的处理方法。

知识准备

存货清查主要包括原材料、在产品、库存商品、半成品、周转材料等的清查，是通过对原材料等存货的实地盘点，来确定其在一定时日的实际结存数与账面结存数是否相符的一种专门的会计核算方法。

存货清查采用实地盘点、账实核对的方法。在每次进行清查盘点前，应将已经收发的存货数量全部登记入账，并准备盘点清册，抄列各种存货的编号、名称、规格和存放地点。盘点时，应在盘点清册上逐一登记各种存货的账面结存数量和实存数量，并进行核对。对于账实不符的存货，应查明原因，分清责任，并根据清查结果编制“存货盘存报告单”，作为存货清查的原始凭证。

存货清查按照清查的对象和范围不同，分为全面清查和局部清查；按清查时间不同，分为定期清查和不定期清查。

存货清查结果的会计处理分为两个步骤：

第一步：在报经有关部门批准前，根据“存货盘点盈亏报告表”，按盘盈或盘亏、毁损存货的实际成本调整存货的账面价值，使存货账实相符。同时，将其记入“待处理财产损溢——待处理流动资产损溢”账户，报送有关部门批示。

第二步：经有关部门批示后，根据存货盘盈或盘亏、毁损的不同原因及处理结果，将“待处理财产损溢”分别结转到不同账户，以落实经济责任。

完成工作

请按照不同标准对存货清查进行分类。

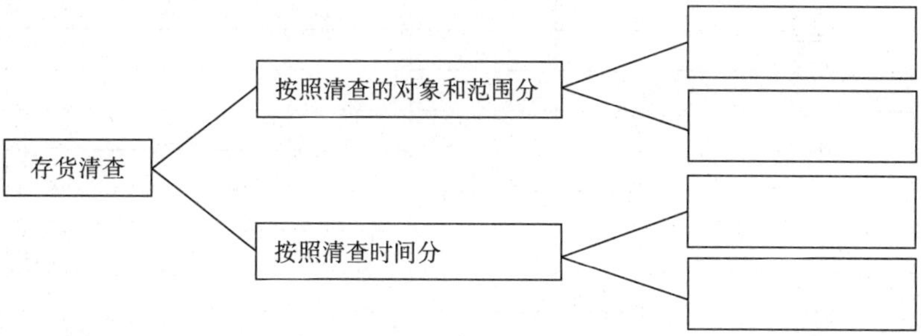

扫码查看答案

练一练

子任务二　核算存货盘盈业务

工作任务

2019 年 12 月 31 日，武汉众科电子有限公司盘点原材料。请根据相关单据编制记账凭证（凭证号：232）。

2019 年 12 月 31 日，武汉众科电子有限公司查明盘盈原材料的原因并审批处理。请根据相关单据编制记账凭证（凭证号：233）。

图表 3－5－1

6号沉金阻抗板盘点报告表

编制单位：武汉众科电子有限公司　　盘点部门：原材料库　　2019 年 12 月 31 日　　单位：元

商品名称	计量单位	账存数量	实盘数量	盘盈/盘亏数	单价	金额	备注
6号沉金阻抗板#01	个	3995	4000	5	68	340.00	
合计						340.00	

财务经理：徐志文　　监盘人：刘希　　盘点人：李爱新

图表 3－5－2

材料盘盈审批处理决定

已查明6层沉金阻抗板，型号是#01的原材料盘盈的原因是由于收发计量错误造成，计入当期损益。

仓库员：李爱新

财务经理：徐志文

总经理：李晓华

武汉众科电子有限公司

2019 年 12 月 31 日

知识准备

为了反映和监督企业在财产清查中查明的各种存货的盘盈、盘亏和毁损情况，企业应设置“待处理财产损溢”科目，借方登记发生的财产物资的盘亏、毁损金额及批准转销的盘盈金额，贷方登记发生的财产物资的盘盈金额及批准转销的盘亏金额。该账户处理前的借方余额反映企业尚未处理的各种财产净损失；处理前的贷方余额反映企业尚未处理的各种财产的净溢余。期末，该账户处理后没有余额。

存货盘盈，是指存货的实有数量超过账面结存数量的差额。

盘盈的各种材料、产成品、商品等，应当按照同类或类似存货的市场价格或评估价值，借记“原材料”“库存商品”等科目，贷记“待处理财产损溢——待处理流动资产损溢”科目。

盘盈的各种材料、产成品、商品等，按照管理权限经批准后处理时，按照“待处理财产损溢——待处理流动资产损溢”账户余额，借记“待处理财产损溢——待处理流动资产损溢”科目，贷记“管理费用”科目。

【例 3－28】 武汉永鑫电子有限公司年终进行全面存货清查，盘盈材料 1 800 元。

武汉永鑫电子有限公司应作如下账务处理：

（1）盘盈时，根据“存货盘点盈亏报告表”：

借：原材料　　　　1 800

贷：待处理财产损溢——待处理流动资产损溢 1 800

（2）报经上级批准后：

借：待处理财产损溢——待处理流动资产损溢 1 800

贷：管理费用 1 800

工作步骤

图表 3－5－3

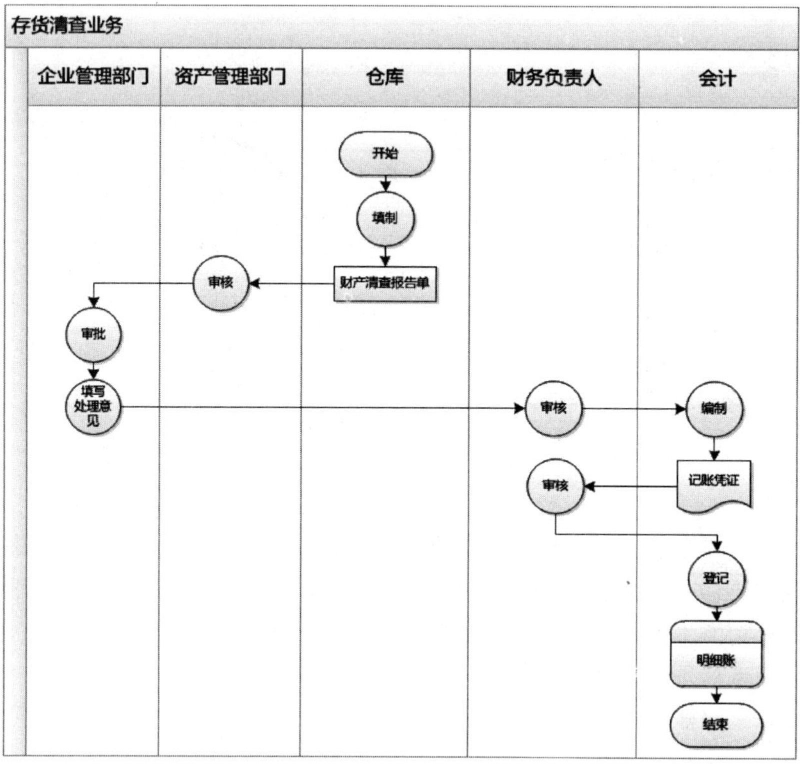

完成工作

图表 3-5-4

记 账 凭 证

年 月 日 字第 号

摘要	会计科目		借方金额											贷方金额											记账√
	总账科目	明细科目	亿	千	百	十	万	千	百	十	元	角	分	亿	千	百	十	万	千	百	十	元	角	分	
合计																									

附单据 张

会计主管： 记账： 出纳： 复核： 制单：

图表 3-5-5

记 账 凭 证

年 月 日 字第 号

摘要	会计科目		借方金额											贷方金额											记账√
	总账科目	明细科目	亿	千	百	十	万	千	百	十	元	角	分	亿	千	百	十	万	千	百	十	元	角	分	
合计																									

附单据 张

会计主管： 记账： 出纳： 复核： 制单：

扫码查看答案

练一练

子任务三　核算存货盘亏业务

工作任务

2019 年 12 月 31 日，武汉众科电子有限公司对原材料进行盘点。请根据相关单据编制记账凭证（凭证号：265）。

2019 年 12 月 31 日，武汉众科电子有限公司查明盘亏原材料的原因并审批处理。请根据相关单据编制记账凭证（凭证号：266）。

图表 3－5－6

6号沉金阻抗板盘点报告表

编制单位：武汉众科电子有限公司　　盘点部门：原材料库　　2019 年 12 月 31 日　　单位：元

商品名称	计量单位	账存数量	实盘数量	盘盈/盘亏数	单价	金额	备注
6号沉金阻抗板#01	个	4000	3995	-5	68	-340.00	
合计						-340.00	

财务经理：徐志文　　监盘人：刘希　　盘点人：李爱新

图表 3 - 5 - 7

材料盘亏审批处理决定

已查明6层沉金阻抗板，型号是#01的原材料盘亏的原因是由于仓管员李爱新管理不善造成的，由仓管员李爱新按原价赔偿。

仓库员：李爱新

财务经理：徐志文

总经理：李晓华

武汉众科电子有限公司

2019 年 12 月 31 日

知识准备

存货盘亏，是指存货的实存数量少于账面结存数量的差额。

盘亏、毁损、短缺的各种材料、产成品、商品等，应当按照其账面余额，借记“待处理财产损溢——待处理流动资产损溢”科目，贷记“原材料”“库存商品”等科目。涉及增值税进项税额的，还应进行相应的账务处理。

盘亏、毁损、报废的各项资产，按照管理权限经批准后处理时，按照入库的残料价值，记入“原材料”等科目；按照可收回的保险公司赔偿或过失人赔偿，记入“其他应收款”科目；扣除残料价值和应由保险公司、过失人赔款后的净损失，属于一般经营损失的部分，记入“管理费用”科目，属于非常损失的部分，记入“营业外支出”科目。

【例 3 - 29】 武汉永鑫电子有限公司库存商品因管理不善等原因发生了质变已无价值，损失货物的实际成本为 10 000 元，报经上级批准后转为管理费用。该商品购入时适用的增值税税率为 13%。

武汉永鑫电子有限公司应作如下账务处理：

（1）盘亏时，根据“存货盘点盈亏报告表”：

借：待处理财产损溢——待处理流动资产损溢　　11 300

　　贷：库存商品　　10 000

　　　　应交税费——应交增值税（进项税额转出）　　1 300

（2）报经上级批准后：

借：管理费用　　　　11 300

　　贷：待处理财产损溢——待处理流动资产损溢　　　　11 300

知识充电器

企业在进行企业所得税汇算时，应根据《国家税务总局关于发布〈企业资产损失所得税税前扣除管理办法〉的公告》（国家税务总局公告2011年第25号）的规定，对存货发生的非正常损失，需备齐相关资料向税务机关进行专项申报才能在税前扣除。

工作步骤

图表3－5－8

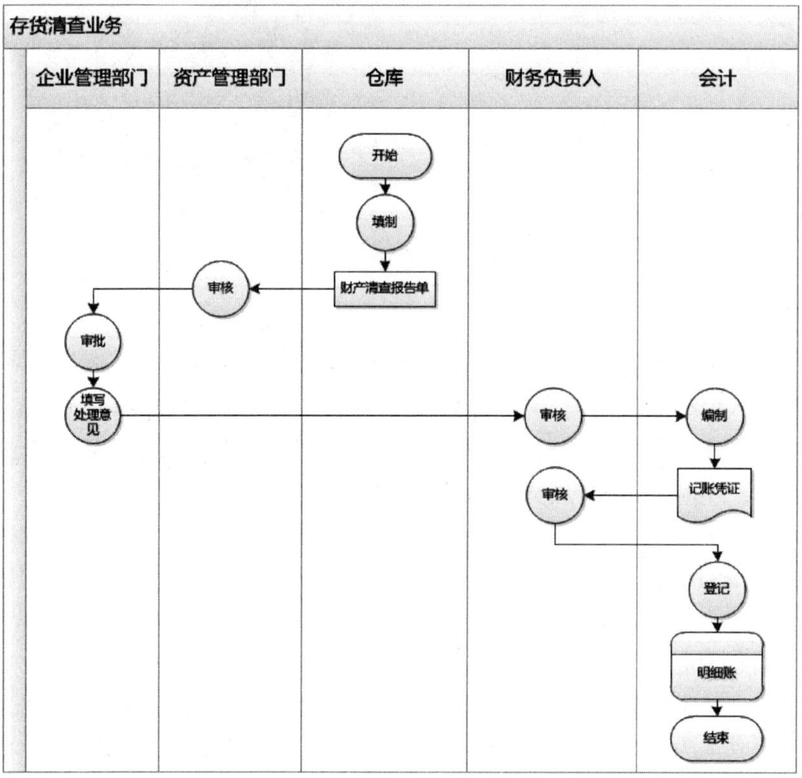

完成工作

图表 3－5－9

记　账　凭　证

年　　月　　日　　　　　　　　　　　　字第　　　　号

摘　要	会计科目		借方金额											贷方金额											记账
	总账科目	明细科目	亿	千	百	十	万	千	百	十	元	角	分	亿	千	百	十	万	千	百	十	元	角	分	√
合　计																									

附单据　　张

会计主管：　　　记账：　　　出纳：　　　复核：　　　制单：

图表 3－5－10

记　账　凭　证

年　　月　　日　　　　　　　　　　　　字第　　　　号

摘　要	会计科目		借方金额											贷方金额											记账
	总账科目	明细科目	亿	千	百	十	万	千	百	十	元	角	分	亿	千	百	十	万	千	百	十	元	角	分	√
合　计																									

附单据　　张

会计主管：　　　记账：　　　出纳：　　　复核：　　　制单：

扫码查看答案　　　　　　　　练一练

子任务四　核算存货减值业务

工作任务

2019 年 12 月 31 日，武汉众科电子有限公司音箱的账面余额（成本）为 300 000 元，由于市场价格下跌，预计可变现净值为 290 000 元。请根据相关单据编制记账凭证（凭证号：130）。

图表 3－5－11

存货跌价准备计提审批表

2019 年 12 月 31 日

成本	可变现净值	减值	审批意见
300,000.00	290,000.00	10,000.00	同意计提减值

制单：王薇　　　　审核：徐志文

知识准备

资产负债表日，存货应当按照成本与可变现净值孰低进行计量。其中，成本是指期末存货的实际成本，如企业在存货成本的日常核算中采用计划成本法、售价金额核算法等简化核算方法，则成本为经调整后的实际成本。可变现净值是指在日常活动中，存货的估计售价减去至完工时估计将要发生的成本、估计的销售费用以及估计的相关税费后的金额。可变现净值的特征表现为存货的预计未来净现金流量，而不是存货的售价或合同价。

当存货成本低于可变现净值时，存货按成本计价；当存货成本高于可变现净值时，存货按可变现净值计价。当存货成本高于其可变现净值时，表明存货可能发生损失，应在存货销售之前确认这一损失，计入当期损益，并相应减少存货的账面价值。以前减记存货价值的影响因素已经消失，减记的金额应当予以恢复，并在原已计提的存货跌价准备金额内转回，转回的金额计入当期损益。

为了反映和监督存货跌价准备的计提、转回和转销情况，企业应当设置“存货跌价准备”科目，贷方登记计提的存货跌价准备金额；借方登记实际发生的存货跌价损失金额和转回的存货跌价准备金额，期末余额一般在贷方，反映企业已计提但尚未转销的存货跌价准备。

当存货成本高于其可变现净值时，企业应当按照存货可变现净值低于账面价值的差额，借记“资产减值损失——计提的存货跌价准备”科目，贷记“存货跌价准备”科目。转回已计提的存货跌价准备金额时，按《企业会计准则》允许恢复增加的金额，借记“存货跌价准备”科目，贷记“资产减值损失——计提的存货跌价准备”科目。

企业结转存货销售成本时，对于已计提存货跌价准备的，应当一并结转，同时调整销售成本，借记“存货跌价准备”科目，贷记“主营业务成本”“其他业务成本”等科目。

【例 3－30】 2018 年 12 月 31 日，武汉永鑫电子有限公司 A 商品的账面余额（成本）为 100 000 元。由于市场价格下跌，预计可变现净值为 80 000 元。假定 A 商品以前未计提存货跌价准备。

武汉永鑫电子有限公司应作如下账务处理：

应计提的存货跌价准备＝100 000－80 000＝20 000（元）

借：资产减值损失——计提的存货跌价准备　　20 000

　　贷：存货跌价准备　　20 000

【例 3－31】 承例 3－30 资料，2019 年 6 月 30 日，A 商品的账面余额（成本）为 100 000元，由于市场价格有所上升，使得 A 商品的预计可变现净值为 95 000 元。

武汉永鑫电子有限公司应作如下账务处理：

应计提的存货跌价准备＝（100 000－95 000）－20 000＝－15 000 元，即应转回存货跌价准备 15 000 元。

借：存货跌价准备　　15 000

　　贷：资产减值损失——计提的存货跌价准备　　15 000

【例 3－32】 承例 3－30、例 3－31 资料，假设 2019 年 12 月 31 日，A 商品的账面余额（成本）为 100 000 元，由于市场价格持续上升，使得 A 商品的预计可变现净值为120 000 元，武汉永鑫电子有限公司应作如下账务处理：

借：存货跌价准备　　5 000

　　贷：资产减值损失——计提的存货跌价准备　　5 000

知识充电器

根据《企业会计准则第 1 号——存货》规定，在资产负债表日，为生产而持有的材料等，用其生产的产成品的可变现净值高于成本的，该材料仍然应当按照成本计量；材料价格的下降表明产成品的可变现净值低于成本的，该材料应当按照可变现净值计量。

工作步骤

图表 3－5－12

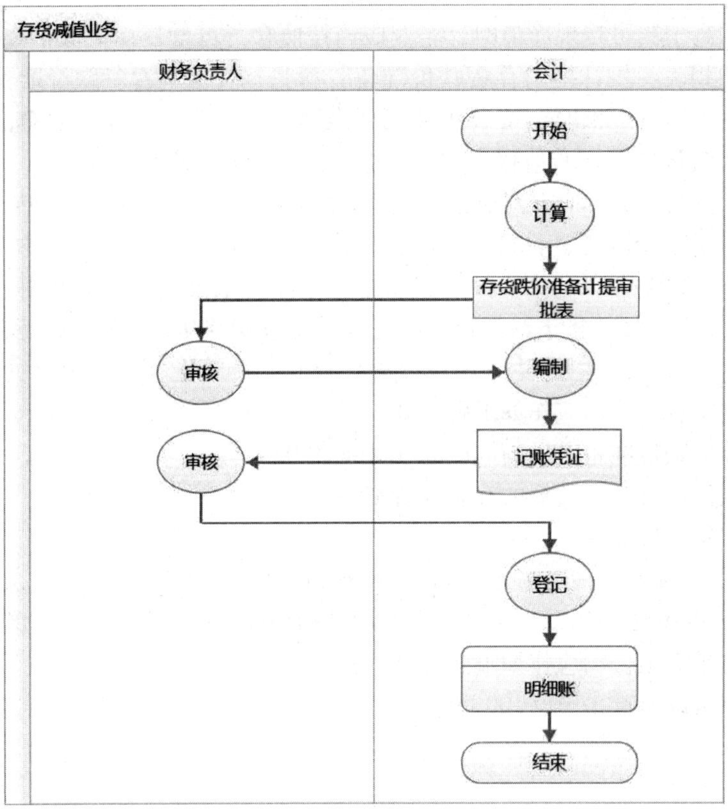

完成工作

图表 3－5－13

记　账　凭　证

年　　月　　日　　　　　　　　　　字第　　　　号

摘　要	会计科目		借方金额											贷方金额											记账√
	总账科目	明细科目	亿	千	百	十	万	千	百	十	元	角	分	亿	千	百	十	万	千	百	十	元	角	分	
	合　计																								

附单据　　张

会计主管：　　记账：　　出纳：　　复核：　　制单：

扫码查看答案

练一练

工作总结

图表 3-5-14　　存货清查业务核算

<table>
<tr><td>存货清查方法</td><td colspan="2">存货清查按照清查的对象和范围不同，可分为全面清查和局部清查；按照清查时间不同，可分为定期清查和不定期清查。</td></tr>
<tr><td>存货清查结果的处理程序</td><td colspan="2">报经批准前：
根据“存货盘点盈亏报告表”，调整存货的账面价值，使存货账实相符。同时，将其记入“待处理财产损溢——待处理流动资产损溢”账户，报送有关部门批示。
报经批准后：
根据存货盘盈或盘亏、毁损的不同原因及处理结果，将“待处理财产损溢”分别结转到不同账户，以落实经济责任。</td></tr>
<tr><td>存货盘盈的核算</td><td colspan="2">报经批准前：
借：原材料（库存商品等）
　　贷：待处理财产损溢——待处理流动资产损溢
报经批准后：
借：待处理财产损溢——待处理流动资产损溢
　　贷：管理费用</td></tr>
<tr><td>存货盘亏的核算</td><td colspan="2">报经批准前：
借：待处理财产损溢——待处理流动资产损溢
　　贷：原材料（库存商品等）
　　　　应交税费——应交增值税（进项税额转出）
报经批准后：
借：原材料
　　其他应收款
　　管理费用
　　营业外支出
　　贷：待处理财产损溢——待处理流动资产损溢</td></tr>
<tr><td rowspan="2">存货减值的核算</td><td>发生减值时</td><td>借：资产减值损失——计提的存货跌价准备
　　贷：存货跌价准备</td></tr>
<tr><td>价值上升时</td><td>借：存货跌价准备
　　贷：资产减值损失——计提的存货跌价准备</td></tr>
</table>

图表 3-5-15 **工作评价与反馈**

项目		任务完成程度		
		全部完成	部分完成	未完成
自我评价	子任务一			
	子任务二			
	子任务三			
	子任务四			
任务完成心得				
存在的问题				
教师评价				

项目四　核算固定资产业务

任务导学

固定资产是指企业使用期限超过 1 年的房屋、建筑物、机器、机械、运输工具以及其他与生产、经营有关的设备、器具、工具等。固定资产是企业的劳动手段，也是企业赖以生产经营的主要资产。

学习目标

认知目标： 了解固定资产的概念和特点、固定资产折旧的性质；熟悉各种方式取得固定资产的计价方法、固定资产折旧方法及其选择。

情感目标： 加强对固定资产增加的管理，树立正确核算资产的业务意识。

技能目标： 能够正确办理固定资产取得业务，根据相关原始凭证进行账务处理；能够正确办理固定资产折旧业务，准确使用固定资产折旧方法计算固定资产折旧，根据相关原始凭证进行账务处理；能够正确办理固定资产后续支出业务，根据相关原始凭证进行账务处理；能够正确办理固定资产处置及清查业务，根据相关原始凭证进行账务处理。

任务一　核算固定资产取得业务

情景导入

本公司现在生产能力已不能满足日常销售的需要了，是否可以增加生产设备一台？应该如何增加？是直接购买，还是自行建造，或是以其他方式取得？

任务要求

能够正确办理固定资产各种方式取得业务，根据相关原始凭证进行账务处理。

子任务一　核算外购固定资产业务

工作任务 1

理解固定资产的含义，正确区分哪些资产是企业的固定资产。

知识准备 1

固定资产，是指企业为生产产品、提供劳务、出租或经营管理而持有的，使用寿命超过 1 年的有形资产。包括：房屋、建筑物、机器、机械、运输工具、设备、器具、工具等。

固定资产是同时具有以下特征的有形资产：

1. 为生产商品、提供劳务、出租或经营管理而持有；

2. 使用寿命超过一个会计年度。

固定资产应具备以下两个特征：

（1）企业持有固定资产的目的，是为了生产商品、提供劳务、出租或经营管理的需要，而不像存货是为了对外出售。这一特征是固定资产区别于存货等流动资产的重要标志。

（2）企业使用固定资产的期限较长，使用寿命一般超过一个会计年度。这一特征表明企业固定资产属于非流动资产，其给企业带来的收益期超过 1 年，能在 1 年以上的时间内为企业创造经济利益。

完成工作 1

理解固定资产的概念，并正确区别企业的哪些资产属于固定资产？

□外购的大型设备	□持有待售的商品
□经营租入的设备	□经营租出的设备
□汽车生产企业自用的汽车	□汽车生产企业用于销售的汽车

扫码查看答案

工作任务 2

能够按照不同标准对固定资产进行正确分类。

知识准备 2

企业的固定资产种类繁多、规格不一，为加强管理，便于组织会计核算，有必要对其进行科学、合理的分类。根据不同的管理需要和核算要求以及不同的分类标准，可以对固定资产进行不同的分类，主要有以下几种分类方法：

（一）按经济用途分类

按固定资产的经济用途分类，可分为生产经营用固定资产和非生产经营用固定资产。

生产经营用固定资产，是指直接服务于企业生产、经营过程的各种固定资产，如生产经营用的房屋、建筑物、机器、设备、器具、工具等。

非生产经营用固定资产，是指不直接服务于生产、经营过程的各种固定资产，如职工宿舍等使用的房屋、设备和其他固定资产等。

按照固定资产的经济用途分类，可以归类反映和监督企业生产经营用固定资产和非生产经营用固定资产之间，以及生产经营用各类固定资产之间的组成和变化情况，借以考核和分析企业固定资产的利用情况，促使企业合理地配备固定资产，充分发挥其效用。

（二）综合分类

按固定资产的经济用途和使用情况等综合分类，可以把企业的固定资产划分为七大类：

1. 生产经营用固定资产；

2. 非生产经营用固定资产；

3. 租出固定资产（是指企业在经营租赁方式下出租给外单位使用的固定资产）；

4. 不需用固定资产；

5. 未使用固定资产；

6. 土地（是指过去已经估价单独入账的土地。因征地而支付的补偿费，应计入与土地有关的房屋、建筑物的价值内，不单独作为土地价值入账，企业取得的土地使用权，应作为无形资产管理，不作为固定资产管理）；

7. 融资租入固定资产（是指企业以融资租赁方式租入的固定资产，在租赁期内应视同自有固定资产进行管理）。

由于企业的经营性质不同，经营规模各异，对固定资产的分类不可能完全一致。但在实际工作中，企业大多采用综合分类的方法作为编制固定资产目录、进行固定资产核算的依据。

完成工作 2

请按照不同标准对固定资产进行分类。

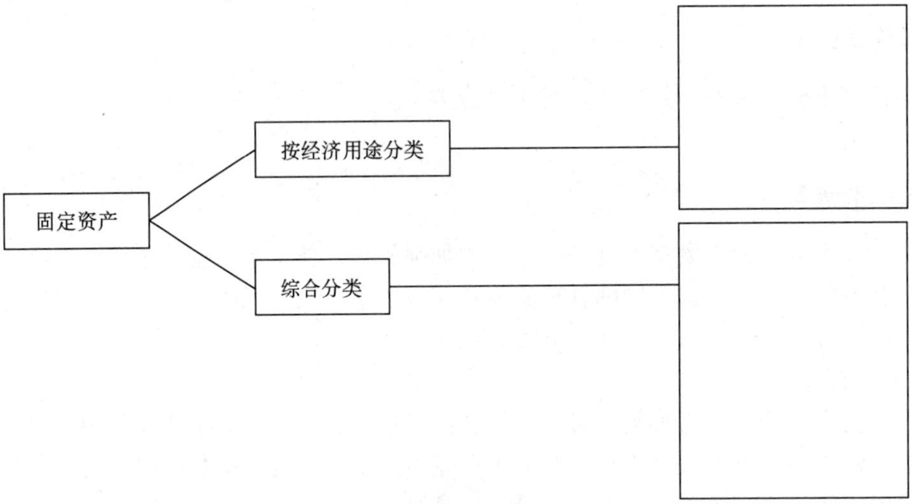

扫码查看答案

工作任务 3

2019 年 12 月 8 日，武汉众科电子有限公司购入不需要安装的固定资产。请根据相关单据编制记账凭证（凭证号：023）。

图表 4－1－1

湖北增值税专用发票

4200151140　　№ 30316364　4200151140　30316364

发票联

机器编号：982888812388　　开票日期：2019年12月08日

税总函[2016]××号××××公司

购买方	名　　称：武汉众科电子有限公司 纳税人识别号：91420103524658761F 地 址、电 话：武汉市洪山区高新大道10号027-98771066 开户行及账号：工商银行武汉市洪山区支行6215581810004608805			密码区	172312-4-275〈1+46*54* 82*59* 181321〉〈8182*59*09618153〈/ 〈4〈3*2702-9〉9*+153〈/0 〉2-3 *08/4〉*〉〉2-3*0/9/〉〉25-275〈1		
货物或应税劳务、服务名称	规格型号	单位	数 量	单 价	金 额	税率	税 额
*其他电子工业专用设备*双液点胶机	2.0	台	1	350,000.00	350,000.00	13%	45,500.00
合　　计					¥350,000.00		¥45,500.00
价税合计（大写）	⊗ 叁拾玖万伍仟伍佰元整				（小写）¥395,500.00		
销售方	名　　称：武汉得隆生产有限公司 纳税人识别号：914201178721497 84F 地 址、电 话：武汉市新洲区阳逻街沿江路5号027-86211256 开户行及账号：工商银行武汉市徐家棚支行6215344587667986743			备注	校验码 52118 02817 08248 65199		

收款人：　　复核：　　开票人：张鹏　　销售方：（章）

第三联：发票联　购买方记账凭证

（印章：武汉得隆生产有限公司 91420117872149784F 发票专用章）

图表 4－1－2

中国工商银行

转账支票存根

10204220

22931192

XX印务有限公司·XX年印制

附加信息

出票日期 2019 年 12 月 08 日

收款人：	武汉众科电子有限公司
金　额：	¥395,500.00
用　途：	购设备

单位主管 李晓华　会计 王薇

图表 4－1－3

交通银行进账单（回　　单）　1

2019 年 12 月 08 日　　№ 15940382

出票人	全　称	武汉众科电子有限公司	收款人	全　称	武汉得隆生产有限公司
	账　号	6215581810004608805		账　号	6215344587667986743
	开户银行	工商银行武汉市洪山区支行		开户银行	工商银行武汉市徐家棚支行

金额	人民币（大写）	亿	千	百	十	万	千	百	十	元	角	分
	叁拾玖万伍仟伍佰元整			¥	3	9	5	5	0	0	0	0

票据种类	转账支票	票据张数	1
票据号码	10204220-22931192		

工商银行武汉市洪山区支行 2019.12.08 转讫

复核　　记账　　开户银行签章

此联是开户银行交给持（出）票人的回单

图表 4－1－4

固定资产验收单

公司名称：武汉众科电子有限公司

资产编号	101002	资产名称	*其他电子工业专用设备*双液点胶机		
规格(编号)		资产代码	002	管理人	张君
计量单位	台	单价(元)	¥350,000.00	金额(元)	¥350,000.00
出厂日期	年 月 日	购置日期	2019 年 12 月 08 日		
生产厂家	武汉得隆生产有限公司	安装地点	武汉市洪山区高新大道10号		
附件情况					

固定资产验收情况说明：

验收合格

验收确认：

合格

武汉众科电子有限公司

验收日期：2019 年 12 月 08 日

管理部门负责人签字：吴金星

公司总经理签字：李晓华

注：此表一式三份，使用部门、保管部门、财务部门各一份。

知识准备 3

企业作为一般纳税人，购入不需要安装的固定资产时，应按支付的购买价款、使固定资产达到预定可使用状态前所发生的可归属于该项资产的运输费、装卸费和专业人员服务费等，作为固定资产成本，借记“固定资产”科目，取得增值税专用发票、海关完税证明或公路发票等增值税扣税凭证，并经税务机关认证可以抵扣的，应按专用发票上注明的增值税进项税额，借记“应交税费——应交增值税（进项税额）”科目，贷记“银行存款”“应付账款”等科目。

企业作为小规模纳税人，购入固定资产发生的增值税进项税额应计入固定资产成本，借记“固定资产”或“在建工程”科目，不通过“应交税费——应交增值税”科目核算。

【例 4－1】 2019 年 4 月 8 日，武汉永鑫电子有限公司购入为生产车间安装的空调设备，取得的增值税专用发票上注明的价款为 200 000 元，增值税税额为 26 000 元，款项以银行存款支付。

武汉永鑫电子有限公司作如下账务处理：

借：固定资产 200 000

应交税费——应交增值税（进项税额） 26 000

贷：银行存款 226 000

【例4－2】 2019年5月1日，武汉永鑫电子有限公司购入一台设备，取得的增值税专用发票上注明的价款为100 000元，增值税税额为13 000元。设备款项暂时未付。

武汉永鑫电子有限公司作如下账务处理：

借：固定资产 100 000

应交税费——应交增值税（进项税额） 13 000

贷：应付账款 113 000

工作步骤1

图表4－1－5

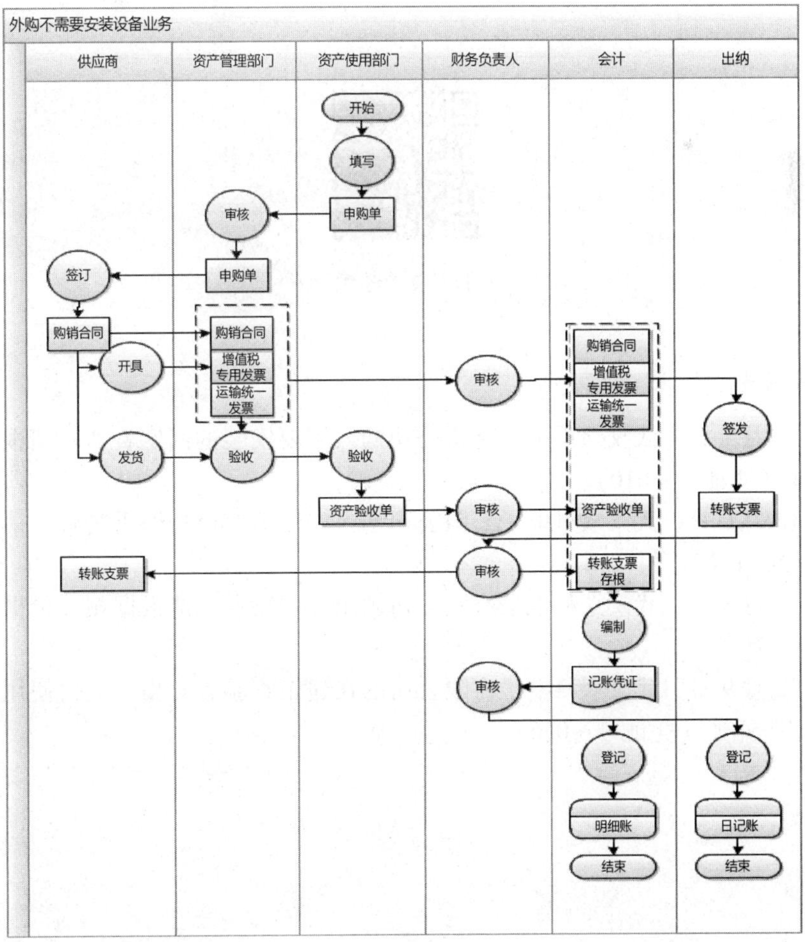

完成工作 3

图表 4-1-6

记 账 凭 证

年 月 日 字第 号

摘要	会计科目		借方金额											贷方金额											记账
	总账科目	明细科目	亿	千	百	十	万	千	百	十	元	角	分	亿	千	百	十	万	千	百	十	元	角	分	√
合计																									

附单据 张

会计主管： 记账： 出纳： 复核： 制单：

扫码查看答案

工作任务 4

2019 年 12 月 1 日，武汉众科电子有限公司购入需要安装的固定资产。请根据相关单据编制记账凭证（凭证号：010）。

2019 年 12 月 6 日，武汉众科电子有限公司购入安装监控设备所需物资。请根据相关单据编制记账凭证（凭证号：016）。

2019 年 12 月 8 日，武汉众科电子有限公司领用工程物资。请根据相关单据编制记账凭证（凭证号：045）。

2019 年 12 月 9 日，武汉众科电子有限公司的在建工程验收合格，交付使用。请根据相关单据编制记账凭证（凭证号：056）。

图表 4－1－7

湖北增值税专用发票

发票联

4200151140　　№ 38614864　　4200151140　38614864

机器编号：982888812388　　开票日期：2019年12月01日

购买方	名　　称：武汉众科电子有限公司 纳税人识别号：91420103524658761F 地 址、电 话：武汉市洪山区高新大道10号027-98771066 开户行及账号：工商银行武汉市洪山区支行6215581810004608805	密码区	172312-4-275〈1+46*54* 82*59*181321〉〈8182*59*09618153〈/〈4〈3*2702-9〉9*+153〈/0 〉2-3*08/4〉*〉〉2-3*0/9/〉〉25-275〈1

货物或应税劳务、服务名称	规格型号	单位	数量	单价	金额	税率	税额
*监控电视摄像机*监控设备	LDC2	套	1	300,000.00	300,000.00	13%	39,000.00
合　　计					¥300,000.00		¥39,000.00
价税合计（大写）	⊗ 叁拾叁万玖仟元整				（小写）¥339,000.00		

销售方	名　　称：武汉得隆生产有限公司 纳税人识别号：91420117872149784F 地 址、电 话：武汉市新洲区阳逻街沿江路5号027-86211256 开户行及账号：工商银行武汉市徐家棚支行6215344587667986743	备注	校验码 52118 02517 08248 65199

收款人：　　复核：　　开票人：张鹏　　销售方：（章）

税总函〔2016〕××号×××公司

第三联：发票联　购买方记账凭证

图表 4－1－8

中国工商银行

转账支票存根

10204220

23417532

附加信息

出票日期 2019 年 12 月 01 日

收款人：	武汉得隆生产有限公司
金　额：	¥339,000.00
用　途：	设备款

单位主管 李晓华　会计 王薇

XX印务有限公司・XX年印制

图表 4－1－9

中国工商银行进账单（回　单） 1

2019 年 12 月 01 日　　№ 25914793

出票人	全　称	武汉众科电子有限公司	收款人	全　称	武汉得隆生产有限公司
	账　号	6215581810004608805		账　号	6215344587667986743
	开户银行	工商银行武汉市洪山区支行		开户银行	工商银行武汉市徐家棚支行
金额	人民币（大写）	叁拾叁万玖仟元整			亿千百十万千百十元角分：¥ 3 3 9 0 0 0 0 0
票据种类	转账支票	票据张数	1		
票据号码	10204220-23417532				
	复核　　记账				开户银行签章

工商银行武汉市洪山区支行 2019.12.01 转讫

此联是开户银行交给持（出）票人的回单

图表 4－1－10

湖北增值税专用发票

4200151140　　№ 30477960　4200151140　30477960

发票联

机器编号：982888812388　　开票日期：2019年12月06日

购买方	名　称：武汉众科电子有限公司 纳税人识别号：91420103524658761F 地 址、电 话：武汉市洪山区高新大道10号027-98771066 开户行及账号：工商银行武汉市洪山区支行6215581810004608805			密码区	172312-4-275〈1+46*54* 82*59* 181321〉〈8182*59*09618153〈/ 〈4〈3*2702-9〉9*+153〈/0〉〉2-3 *08/4〉*〉〉2-3*0/9/〉〉25-275〈1		
货物或应税劳务、服务名称	规格型号	单位	数量	单价	金额	税率	税额
*润滑油*润滑油	#01	桶	200	30.00	6,000.00	13%	780.00
合　计					¥6,000.00		¥780.00
价税合计（大写）	⊗ 陆仟柒佰捌拾元整				（小写）¥6,780.00		
销售方	名　称：武汉君阳电路有限公司 纳税人识别号：9142010076540981 6X 地 址、电 话：武汉市东湖新技术开发区高新四路40号027-67516213 开户行及账号：工商银行武汉市江汉区支行6215582111267509121			备注	校验码 52118 02312 08248 65199		

收款人：　　复核：　　开票人：李强　　销售方：（章）

税总函［2016］××号×××公司

第三联：发票联　购买方记账凭证

图表 4－1－11

入　库　单

2019 年 12 月 01 日　　单号 990583

交来单位或部门	武汉君阳电路有限公司	发票号码或生产单号码	30477960		验收仓库	物资库	入库日期	2019-12-01
编号	名称及规格	单位	数量		实际价格		计划价格		价格差异
			交库	实收	单价	金额	单价	金额	
1	润滑油 #01	桶	200	200	30.00	6,000.00			6,000.00
合　计			200	200		¥6,000.00			¥6,000.00

部门经理：张学平　　会计：王薇　　仓库：周帅　　经办人：马秀

图表 4－1－12

交通银行电子汇划付款 回单

2019 年 12 月 06 日　　　　流水号：522779043472346

付款人	全　称	武汉众科电子有限公司	收款人	全　称	武汉君阳电路有限公司
	账　号	6215581810004608805		账　号	6215582111267509121
	开户银行	工商银行武汉市洪山区支行		开户银行	工商银行武汉市江汉区支行
金　额		人民币（大写） 陆仟柒佰捌拾元整			¥6,780.00
用　途		物资款			

备注：

汇划日期：2019-12-06　　　　汇划流水号：522779043472346

汇出行行号：102521000360　　　　原凭证种类：

原凭证号码：　　　　原凭证金额：¥6,780.00

汇款人地址：武汉市洪山区高新大道10号

收款人地址：武汉市东湖新技术开发区高新四路40号

实际收款人账号：6215582111267509121

实际收款人名称：武汉君阳电路有限公司

工商银行武汉市洪山区支行 回单专用章

银行盖章

图表 4－1－13

领　料　单

领料部门：物资库

用　　途：安装监控设备　　　　2019 年 12 月 08 日　　　　编号：090998

材料编号	材料名称	规格	计量单位	数量		成本	
				请领	实发	单价	金额
01	润滑油	#01	桶	200	200	30.00	6,000.00
合　计				200	200		¥6,000.00

第一联：存根联

主管：徐志文　　记账：王薇　　仓管主管：周帅　　领料：王文　　发料：周帅

图表 4－1－14

固定资产验收单

公司名称：武汉众科电子有限公司

资产编号	301002	资产名称	*监控电视摄像机*监控设备		
规格(编号)		资产代码	002	管理人	张君
计量单位	套	单价(元)	¥306,000.00	金额(元)	¥306,000.00
出厂日期	年 月 日	购置日期	2019 年 06 月 09 日		
生产厂家		安装地点	武汉市洪山区高新大道10号		
附件情况					
固定资产验收情况说明： 验收合格					
验收确认： 合格 验收日期： 2019 年 12 月 09 日					
管理部门负责人签字：吴金星					
公司总经理签字：李晓华					

注：此表一式三份，使用部门、保管部门、财务部门各一份。

知识准备 4

企业作为一般纳税人，购入需要安装的固定资产时，应在购入的固定资产取得成本的基础上加上安装调试成本作为入账成本。按照购入需安装的固定资产的取得成本，借记“在建工程”科目，按购入固定资产时可抵扣的增值税进项税额，借记“应交税费——应交增值税（进项税额）”科目，贷记“银行存款”“应付账款”等科目；按照发生的安装调试成本，借记“在建工程”科目，按取得的外部单位提供的增值税专用发票上注明的增值税进项税额，借记“应交税费——应交增值税（进项税额）”科目，贷记“银行存款”等科目；耗用了本单位的材料或人工的，按应承担的成本金额，借记“在建工程”科目，贷记“原材料”“应付职工薪酬”等科目。安装完成达到预定可使用状态时，由“在建工程”科目转入“固定资产”科目，借记“固定资产”科目，贷记“在建工程”科目。

“工程物资”科目核算企业为在建工程而准备的各种物资的实际成本，借方登记企业购入工程物资的成本，贷方登记领用工程物资的成本，期末借方余额，反映企业为在建工程准备的各种物资的成本。

购入工程物资时，按已认证的增值税专用发票上注明的价款，借记“工程物资”科目；按增值税专用发票上注明的增值税进项税额，借记“应交税费——应交增值税（进项税额）”科目，按实际应支付或应付的金额，贷记“银行存款”“应付账款”等科目。领用工程物资时，借记“在建工程”科目，贷记“工程物资”科目。

【例 4－3】 武汉永鑫电子有限公司 2019 年 5 月 31 日购入一台需安装设备，价款

1 000 000元，增值税 130 000 元，6 月 5 日安装完毕，支付安装费并取得增值税专用发票，注明安装费 10 000 元，税率 9%，增值税税额 900 元。

武汉永鑫电子有限公司作如下账务处理：

（1）2019 年 5 月 31 日会计处理：

借：在建工程　　1 000 000

　　应交税费——应交增值税（进项税额）　　130 000

　　贷：银行存款　　1 130 000

（2）2019 年 6 月 5 日会计处理：

借：在建工程　　10 000

　　应交税费——应交增值税（进项税额）　　900

　　贷：银行存款　　10 900

借：固定资产　　1 010 000

　　贷：在建工程　　1 010 000

工作步骤 2

图表 4 -1 -15

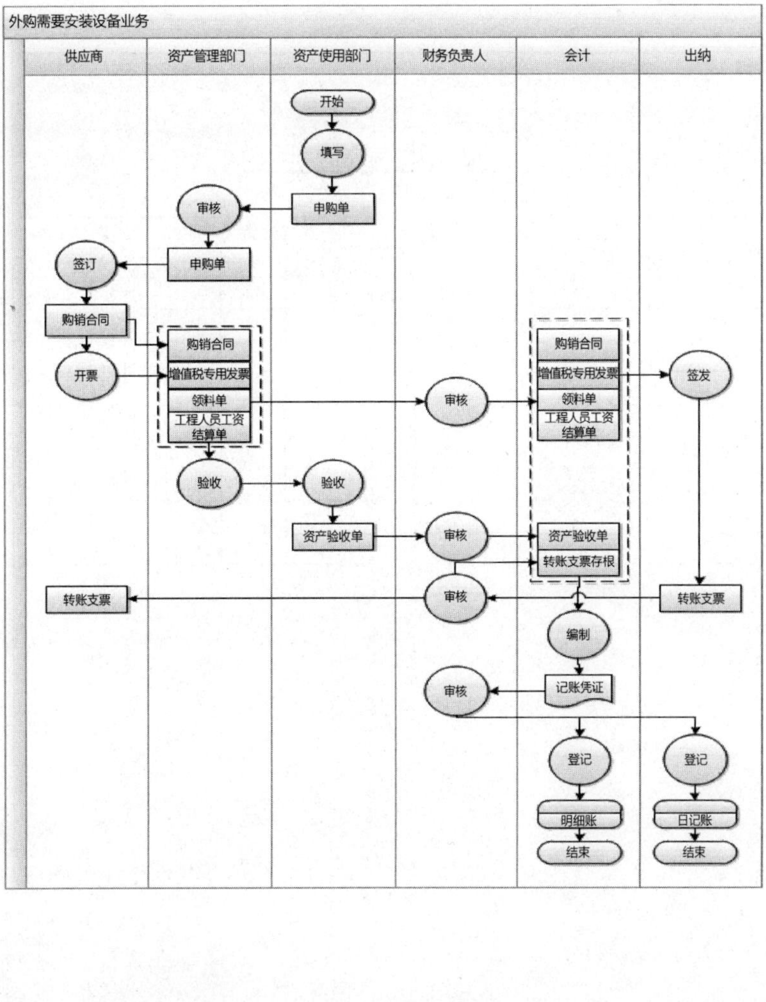

完成工作 4

图表 4－1－16

记 账 凭 证

年 月 日 字第 号

摘 要	会计科目		借方金额										贷方金额										记账√
	总账科目	明细科目	亿	千	百	十	万	千	百	十	元	角	分	亿	千	百	十	万	千	百	十	元	角	分	
合 计																							

附单据 张

会计主管： 记账： 出纳： 复核： 制单：

图表 4－1－17

记 账 凭 证

年 月 日 字第 号

摘 要	会计科目		借方金额										贷方金额										记账√
	总账科目	明细科目	亿	千	百	十	万	千	百	十	元	角	分	亿	千	百	十	万	千	百	十	元	角	分	
合 计																							

附单据 张

会计主管： 记账： 出纳： 复核： 制单：

图表 4－1－18

记 账 凭 证

年　　月　　日　　　　　　　　　字第　　　号

摘要	会计科目		借方金额											贷方金额											记账
	总账科目	明细科目	亿	千	百	十	万	千	百	十	元	角	分	亿	千	百	十	万	千	百	十	元	角	分	√
合计																									

附单据　　张

会计主管：　　　记账：　　　出纳：　　　复核：　　　制单：

图表 4－1－19

记 账 凭 证

年　　月　　日　　　　　　　　　字第　　　号

摘要	会计科目		借方金额											贷方金额											记账
	总账科目	明细科目	亿	千	百	十	万	千	百	十	元	角	分	亿	千	百	十	万	千	百	十	元	角	分	√
合计																									

附单据　　张

会计主管：　　　记账：　　　出纳：　　　复核：　　　制单：

扫码查看答案

工作任务 5

2019 年 5 月 8 日，武汉众科电子有限公司购入一栋厂房作为生产车间并交付使用。请根据相关单据编制记账凭证（凭证号：018）。

图表 4 -1 -20

湖北增值税专用发票

4200151140　　　　发票联　　　　№ 01237874　4200151140　01237874

机器编号：982888812388　　　　开票日期：2019年05月08日

购买方	名称：武汉众科电子有限公司 纳税人识别号：91420103524658761F 地址、电话：武汉市洪山区高新大道10号027-98771066 开户行及账号：工商银行武汉市洪山区支行6215581810004608805			密码区	172312-4-275〈1+46*54* 82*59*181321〉〈8182*59*09618153〈/〈4〈3*2702-9〉9*+153〈/0 〉2-3*08/4〉*〉〉2-3*0/9/〉〉25-275〈1		
货物或应税劳务、服务名称	规格型号	单位	数量	单价	金额	税率	税额
厂房		层	1	200,000.00	200,000.00	9%	18,000.00
合计					¥200,000.00		¥18,000.00
价税合计（大写）	⊗ 贰拾壹万捌仟元整				（小写）¥218,000.00		
销售方	名称：武汉凯德实业有限公司 纳税人识别号：91420103303419517R 地址、电话：武汉市江汉区发展大道108号2楼3号027-89214211 开户行及账号：工商银行武汉市江汉区支行6215581811232609812			备注	武汉市江汉区发展大道99号1楼3号		

收款人：　　　复核：　　　开票人：李江　　　（武汉凯德实业有限公司 91420103303419517R 发票专用章）

税总函[2016]××号×××公司

第三联：发票联　购买方记账凭证

图表 4 -1 -21

中国工商银行
转账支票存根
10204220
24245607

附加信息

出票日期 2019 年 05 月 08 日

收款人：武汉凯德实业有限公司

金　额：¥218,000.00

用　途：购买厂房

单位主管 李晓华 会计 王薇

××印务有限公司·××年印制

图表 4－1－22

中国工商银行进账单（回　单）　1

2019 年 05 月 08 日　　№ 77601771

出票人	全　称	武汉众科电子有限公司	收款人	全　称	武汉凯德实业有限公司
	账　号	6215581810004608805		账　号	6215581811232609812
	开户银行	工商银行武汉市洪山区支行		开户银行	工商银行武汉市江汉区支行

金额	人民币（大写）	贰拾壹万捌仟元整	亿	千	百	十	万	千	百	十	元	角	分
					¥	2	1	8	0	0	0	0	0

票据种类	转账支票	票据张数	1
票据号码	10204220-24245607		

工商银行武汉市洪山区支行 2019.05.08 转讫

复核　　记账　　开户银行签章

此联是开户银行交给持（出）票人的回单

图表 4－1－23

固定资产验收单

公司名称：武汉众科电子有限公司

资产编号	C00201	资产名称	厂房		
规格(编号)	C002	资产代码	201	管理人	张君
计量单位	层	单价(元)	¥200,000.00	金额(元)	¥200,000.00
出厂日期	年　月　日	购置日期	2019 年 05 月 08 日		
生产厂家	武汉凯德实业有限公司	安装地点	武汉市洪山区高新大道10号		
附件情况					

固定资产验收情况说明：

验收合格

验收确认：

合格

（印章：武汉众科电子有限公司）

验收日期：2019 年 05 月 08 日

管理部门负责人签字：吴金星

公司总经理签字：李晓华

注：此表一式三份，使用部门、保管部门、财务部门各一份。

知识准备 5

企业作为一般纳税人，自 2019 年 4 月 1 日起，纳税人取得不动产的进项税额允许一次性抵扣，按允许抵扣的金额，借记"应交税费——应交增值税（进项税额）"科目。

【例 4-4】 2019 年 6 月 1 日，武汉永鑫电子有限公司购入一幢商业大楼作为生产车间并支付使用，取得的增值税专用发票上注明的价款为 200 000 000 元，增值税税额为18 000 000 元，款项以银行存款支付。

武汉永鑫电子有限公司作如下账务处理：

借：固定资产	200 000 000	
应交税费——应交增值税（进项税额）	18 000 000	
贷：银行存款		218 000 000

工作步骤 3

图表 4-1-24

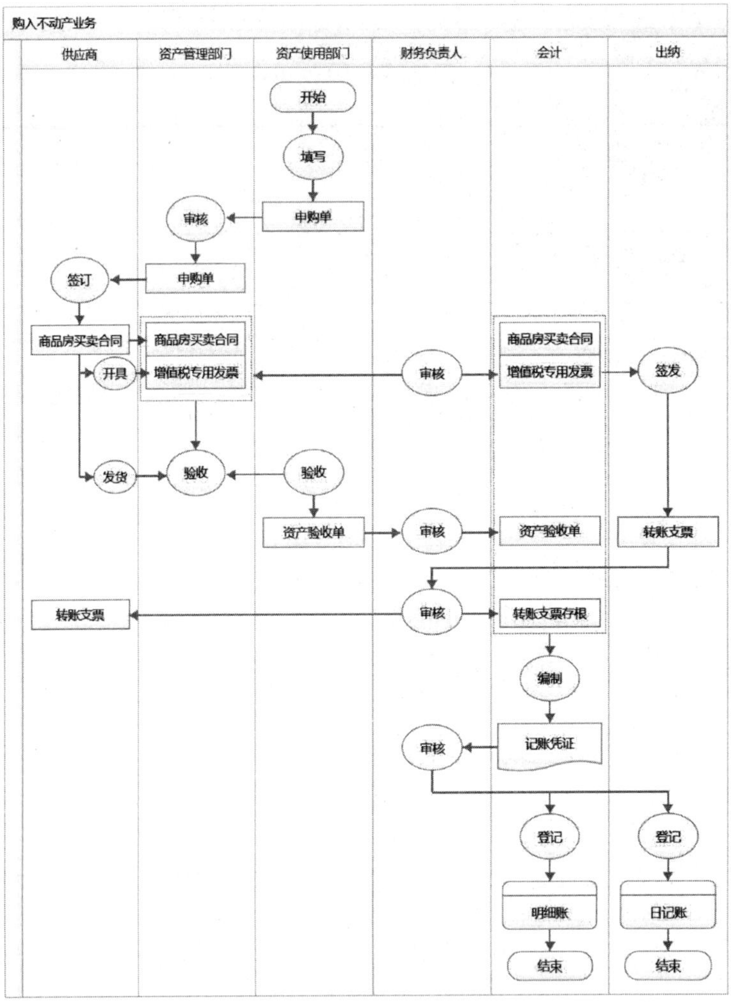

完成工作 5

图表 4－1－25

记　账　凭　证

年　　月　　日　　　　　　　　　　　　字第　　　　　号

摘　要	会计科目		借方金额										贷方金额										记账
	总账科目	明细科目	亿	千	百	十	万	千	百	十	元	角	分	亿	千	百	十	万	千	百	十	元	角	分	√
	合　计																							

附单据　　张

会计主管：　　　记账：　　　出纳：　　　复核：　　　制单：

扫码查看答案

工作任务 6

2019 年 4 月 1 日，武汉众科电子有限公司向武汉汉翔制造有限公司（为增值税一般纳税人）一次购进了三台不同型号且具有不同生产能力的设备，请根据相关单据编制记账凭证（凭证号：020）。

图表 4－1－26

湖北增值税专用发票

发票联

4200151140　　　№ 99556867　　4200151140　99556867

机器编号：982888812388　　　　开票日期：2019年04月01日

购买方	名　　称：武汉众科电子有限公司 纳税人识别号：91420103524658761F 地 址、电 话：武汉市洪山区高新大道10号027-98771066 开户行及账号：工商银行武汉市洪山区支行6215581810004608805	密码区	172312-4-275〈1+46*54* 82*59* 181321〉〈8182*59*09618153〈/ 〈4〈3*2702-9〉9*+153〈/0 〉2-3 *08/4〉*〉〉2-3*0/9/〉〉25-275〈1	

货物或应税劳务、服务名称	规格型号	单位	数量	单价	金额	税率	税额
A设备	D005101	台	1	55,000.00	55,000.00	13%	7,150.00
B设备	A30420	台	1	58,500.00	58,500.00	13%	7,605.00
C设备	W600302	台	1	36,500.00	36,500.00	13%	4,745.00
合　计					¥150,000.00		¥19,500.00
价税合计（大写）	⊗壹拾陆万玖仟伍佰元整				（小写）¥169,500.00		

销售方	名　　称：武汉汉翔制造有限公司 纳税人识别号：91420113334876522L 地 址、电 话：武汉市东西湖东吴大道22号027-65431155 开户行及账号：工商银行武汉市牡丹支行6215582887267592396	备注	校验码 52118 02817 08248 65199 （印章：武汉汉翔制造有限公司 91420113334876522L 发票专用章）

收款人：　　　复核：　　　开票人：刘倩　　　销售方：（章）

税总函［2016］××号××××公司

第三联：发票联　购买方记账凭证

图表 4－1－27

湖北增值税专用发票

4200151140　　№ 37608413　　4200151140 37608413

发票联

机器编号：982888812388　　开票日期：2019年04月01日

购买方	名　　称：武汉众科电子有限公司 纳税人识别号：91420103524658761F 地址、电话：武汉市洪山区高新大道10号027-98771066 开户行及账号：工商银行武汉市洪山区支行6215581810004608805				密码区	172312-4-275〈1+46*54* 82*59* 181321〉〈8182*59*09618153〈/ 〈4〈3*2702-9〉9*+153〈/0 〉2-3 *08/4〉*〉〉2-3*0/9/〉〉25-275〈1	
货物或应税劳务、服务名称	规格型号	单位	数量	单价	金额	税率	税额
包装费		次	1	850.00	850.00	6%	51.00
合　　计					¥850.00		¥51.00
价税合计（大写）	⊗玖佰零壹元整				（小写）¥901.00		
销售方	名　　称：武汉汉翔制造有限公司 纳税人识别号：91420113334876522L 地址、电话：武汉市东西湖东吴大道22号027-65431155 开户行及账号：工商银行武汉市牡丹支行6215582887267592396				备注	校验码 52118 02817 08248 65199	

收款人：　　复核：　　开票人：刘倩　　销售方：（章）

税总函〔2016〕××号×××公司

第三联：发票联　购买方记账凭证

图表 4－1－28

中国工商银行

转账支票存根

10204220

05042012

附加信息

出票日期 2019 年 04 月 01 日

收款人：	武汉汉翔制造有限公司
金　额：	¥169,500.00
用　途：	购买设备

单位主管 李晓华　会计 王薇

××印务有限公司·××年印制

图表 4－1－29

中国工商银行进账单（回　单）1

2019 年 04 月 01 日　　　　№ 02661908

出票人	全　称	武汉众科电子有限公司	收款人	全　称	武汉汉翔制造有限公司
	账　号	6215581810004608805		账　号	6215582887267592396
	开户银行	工商银行武汉市洪山区支行		开户银行	工商银行武汉市牡丹支行
金额	人民币（大写）	壹拾陆万玖仟伍佰元整		亿千百十万千百十元角分	¥16950000
票据种类	转账支票	票据张数	1		
票据号码	10204220-05042012				
复核　记账			开户银行签章	工商银行武汉市洪山区支行 2019.01.01 转讫	

此联是开户银行交给持（出）票人的回单

图表 4－1－30

中国工商银行
转账支票存根

10204220
32638199

附加信息

出票日期 2019 年 04 月 01 日

收款人：	武汉汉翔制造有限公司
金　额：	¥901.00
用　途：	包装费

单位主管 李晓华　会计 王薇

XX印务有限公司·XX年印刷

图表 4－1－31

中国工商银行进账单（回　　单）1

2019 年 04 月 01 日　　№ 40355283

出票人	全　称	武汉众科电子有限公司	收款人	全　称	武汉汉翔制造有限公司
	账　号	6215581810004608805		账　号	6215582887267592396
	开户银行	工商银行武汉市洪山区支行		开户银行	工商银行武汉市牡丹支行
金额	人民币（大写）	玖佰零壹元整		亿千百十万千百十元角分	¥ 9 0 1 0 0
票据种类	转账支票	票据张数	1		
票据号码	10204220-32638199				
	复核　记账			开户银行签章	工商银行武汉市洪山区支行 2019.01.01 转讫

此联是开户银行交给持（出）票人的回单

图表 4－1－32

固定资产验收单

公司名称：武汉众科电子有限公司

资产编号	D005101	资产名称	A设备		
规格(编号)	D005	资产代码	101	管理人	张君
计量单位	台	单价(元)	¥55,311.67	金额(元)	¥55,311.67
出厂日期	年　月　日	购置日期	2019 年 04 月 01 日		
生产厂家	武汉汉翔制造有限公司	安装地点	武汉市洪山区高新大道10号		
附件情况					

固定资产验收情况说明：

验收合格

验收确认：

合格

（印章：武汉众科电子有限公司）

验收日期：2019 年 04 月 01 日

管理部门负责人签字：吴金星

公司总经理签字：李晓华

注：此表一式三份，使用部门、保管部门、财务部门各一份。

图表 4－1－33

固定资产验收单

公司名称：武汉众科电子有限公司

资产编号	A30420	资产名称	B设备		
规格(编号)	A304	资产代码	20	管理人	张君
计量单位	台	单价(元)	¥58,831.50	金额(元)	¥58,831.50
出厂日期	年 月 日	购置日期	2019 年 04 月 01 日		
生产厂家	武汉汉翔制造有限公司	安装地点	武汉市洪山区高新大道10号		
附件情况					
固定资产验收情况说明： 验收合格					
验收确认： 合格 验收日期： 2019 年 04 月 01 日					
管理部门负责人签字：吴金星					
公司总经理签字：李晓华					

注：此表一式三份，使用部门、保管部门、财务部门各一份。

图表 4－1－34

固定资产验收单

公司名称：武汉众科电子有限公司

资产编号	W600302	资产名称	C设备		
规格(编号)	W600	资产代码	302	管理人	张君
计量单位	台	单价(元)	¥36,706.83	金额(元)	¥36,706.83
出厂日期	年 月 日		购置日期	2019 年 04 月 01 日	
生产厂家	武汉汉翔制造有限公司		安装地点	武汉市洪山区高新大道10号	
附件情况					
固定资产验收情况说明： 验收合格					
验收确认： 合格 验收日期：2019 年 04 月 01 日					
管理部门负责人签字：吴金星					
公司总经理签字：李晓华					

注：此表一式三份，使用部门、保管部门、财务部门各一份。

知识准备6

企业以一笔款项购入多项没有单独标价的固定资产，应将各项资产单独确认为固定资产，并按各项固定资产公允价值的比例对总成本进行分配，分别确定各项固定资产的成本。

【例4-5】 2019年4月15日，武汉市永鑫电子有限公司向华新公司（为增值税一般纳税人）一次购进了三台不同型号且具有不同生产能力的设备，取得的增值税专用发票上注明的价款为100 000 000元，增值税税额为13 000 000元，另支付包装费750 000元，增值税税额为45 000元，全部以银行存款转账支付。假设设备的公允价值分别为45 000 000元、38 500 000元和16 500 000元。

武汉永鑫电子有限公司作如下账务处理：

（1）确定应计入固定资产成本的金额，包括购买价款、包装费：

应计入固定资产的成本 = 100 000 000 + 750 000 = 100 750 000（元）

（2）确定设备的价值分配比例：

A设备应分配的固定资产价值比例 = 45 000 000 ÷（45 000 000 + 38 500 000 + 16 500 000）× 100% = 45%

B设备应分配的固定资产价值比例 = 38 500 000 ÷（45 000 000 + 38 500 000 + 16 500 000）× 100% = 38.5%

C设备应分配的固定资产价值比例 = 16 500 000 ÷（45 000 000 + 38 500 000 + 16 500 000）× 100% = 16.5%

（3）确定设备各自的成本：

设备的成本 = 100 750 000 × 45% = 45 337 500（元）

设备的成本 = 100 750 000 × 38.50% = 38 788 750（元）

设备的成本 = 100 750 000 × 16.50% = 16 623 750（元）

（4）永鑫公司应作如下账务处理：

借：固定资产——A设备	45 337 500	
——B设备	38 788 750	
——C设备	16 623 750	
应交税费——应交增值税（进项税额）	13 045 000	
贷：银行存款		113 795 000

工作步骤 4

图表 4－1－35

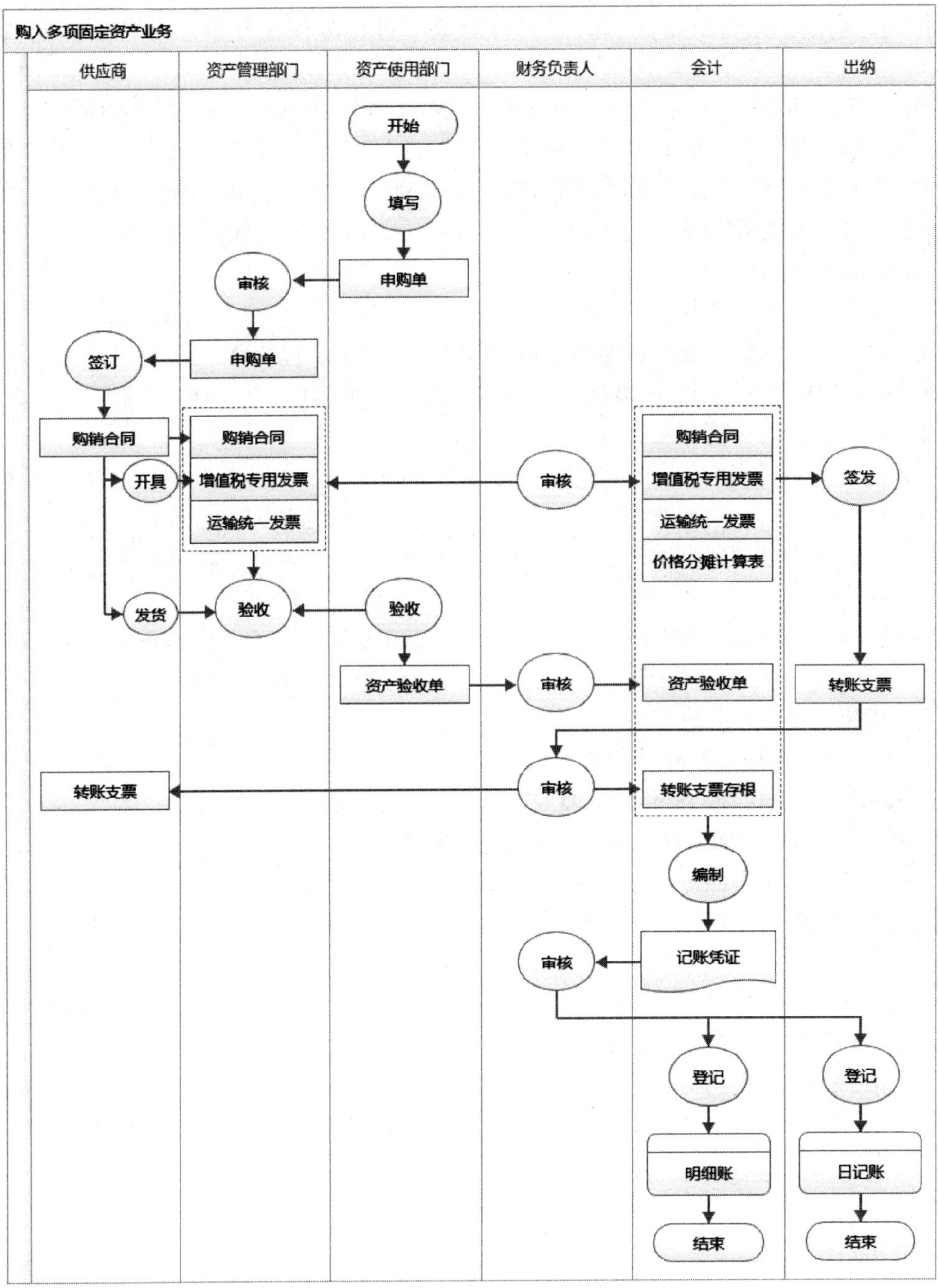

完成工作6

图表4－1－36

计算项目结果

图表4－1－37

记　账　凭　证

年　　月　　日　　　　　　　　字第　　　号

<table>
<tr><td rowspan="2">摘　要</td><td colspan="2">会 计 科 目</td><td colspan="10">借 方 金 额</td><td colspan="10">贷 方 金 额</td><td rowspan="2">记账 √</td><td rowspan="10">附单据　　张</td></tr>
<tr><td>总账科目</td><td>明细科目</td><td>亿</td><td>千</td><td>百</td><td>十</td><td>万</td><td>千</td><td>百</td><td>十</td><td>元</td><td>角</td><td>分</td><td>亿</td><td>千</td><td>百</td><td>十</td><td>万</td><td>千</td><td>百</td><td>十</td><td>元</td><td>角</td><td>分</td></tr>
<tr><td></td><td></td><td></td><td></td><td></td><td></td><td></td><td></td><td></td><td></td><td></td><td></td><td></td><td></td><td></td><td></td><td></td><td></td><td></td><td></td><td></td><td></td><td></td><td></td></tr>
<tr><td></td><td></td><td></td><td></td><td></td><td></td><td></td><td></td><td></td><td></td><td></td><td></td><td></td><td></td><td></td><td></td><td></td><td></td><td></td><td></td><td></td><td></td><td></td><td></td></tr>
<tr><td></td><td></td><td></td><td></td><td></td><td></td><td></td><td></td><td></td><td></td><td></td><td></td><td></td><td></td><td></td><td></td><td></td><td></td><td></td><td></td><td></td><td></td><td></td><td></td></tr>
<tr><td></td><td></td><td></td><td></td><td></td><td></td><td></td><td></td><td></td><td></td><td></td><td></td><td></td><td></td><td></td><td></td><td></td><td></td><td></td><td></td><td></td><td></td><td></td><td></td></tr>
<tr><td></td><td></td><td></td><td></td><td></td><td></td><td></td><td></td><td></td><td></td><td></td><td></td><td></td><td></td><td></td><td></td><td></td><td></td><td></td><td></td><td></td><td></td><td></td><td></td></tr>
<tr><td></td><td></td><td></td><td></td><td></td><td></td><td></td><td></td><td></td><td></td><td></td><td></td><td></td><td></td><td></td><td></td><td></td><td></td><td></td><td></td><td></td><td></td><td></td><td></td></tr>
<tr><td></td><td></td><td></td><td></td><td></td><td></td><td></td><td></td><td></td><td></td><td></td><td></td><td></td><td></td><td></td><td></td><td></td><td></td><td></td><td></td><td></td><td></td><td></td><td></td></tr>
<tr><td colspan="3">合　　计</td><td></td><td></td><td></td><td></td><td></td><td></td><td></td><td></td><td></td><td></td><td></td><td></td><td></td><td></td><td></td><td></td><td></td><td></td><td></td><td></td><td></td></tr>
</table>

会计主管：　　　　记账：　　　　出纳：　　　　复核：　　　　制单：

扫码查看答案

练一练

子任务二　核算出包建造固定资产业务

工作任务

2019 年 4 月 20 日，武汉众科电子有限公司将物资仓库出包给中铁十七局集团有限公司武汉分公司承建，按合理估计的发包进度和合同规定，向中铁十七局公司结算进度，并取得中铁十七局开具的增值税专用发票，注明工程款 300 000 元，税率 9%，增值税税额 27 000 元（凭证号：053）。

2020 年 2 月 20 日，武汉众科电子有限公司收到中铁十七局有关工程结算单据和增值税专用发票，补付工程款并取得中铁十七局开具的增值税专用发票，注明工程款 100 000 元，税率 9%，增值税税额 9 000 元（凭证号：054）。

2020 年 4 月 20 日，武汉众科电子有限公司物资仓库验收合格，交付使用（凭证号：055）。

图表 4－1－38

中国工商银行
转账支票存根

10204220
63955547

附加信息

XX印务有限公司·XX年印刷

出票日期 2019 年 04 月 20 日

收款人：中铁十七局集团有限公司武汉分公司

金　额：¥327,000.00

用　途：工程款

单位主管 李晓华 会计 王薇

图表 4 -1 -39

中国工商银行进账单（回　单）1

2019 年 04 月 20 日　　№ 22445874

出票人	全　称	武汉众科电子有限公司	收款人	全　称	中铁十七局集团有限公司武汉分公司
	账　号	6215581810004608805		账　号	6215344545267982786
	开户银行	工商银行武汉市洪山区支行		开户银行	工商银行武汉市多福路支行
金额	人民币（大写）	叁拾贰万柒仟元整		亿 千 百 十 万 千 百 十 元 角 分	¥ 3 2 7 0 0 0 0 0
票据种类	转账支票	票据张数	1		工商银行武汉市洪山区支行 2019.04.20 转讫
票据号码	10204220-63955547				
	复核　记账				开户银行签章

此联是开户银行交给持（出）票人的回单

图表 4 -1 -40

湖北增值税专用发票

4200151140　　№ 80068558　　4200151140 80068558

发票联

机器编号：982888812388　　开票日期：2019年04月20日

购买方	名　　称：武汉众科电子有限公司 纳税人识别号：91420103524658761F 地 址、电 话：武汉市洪山区高新大道10号027-98771066 开户行及账号：工商银行武汉市洪山区支行6215581810004608805			密码区	172312-4-275〈1+46*54* 82*59* 181321〉〈8182*59*09618153〈/ 〈4〈3*2702-9〉9*+153〈/0〉2-3 *08/4〉*〉〉2-3*0/9/〉〉25-275〈1		
货物或应税劳务、服务名称	规格型号	单位	数量	单价	金额	税率	税额
*建筑服务*工程费			1	300,000.00	300,000.00	9%	27,000.00
合　计					¥300,000.00		¥27,000.00
价税合计（大写）	⊗ 叁拾贰万柒仟元整				（小写）¥327,000.00		
销售方	名　　称：中铁十七局集团有限公司武汉分公司 纳税人识别号：91420106569871738U 地 址、电 话：武昌区姚家岭村星海虹城3号027-89218712 开户行及账号：工商银行武汉市多福路支行6215344545267982786			备注	武昌区姚家岭村星海虹城1号楼		

收款人：　　复核：　　开票人：李洪泽　　销售方：（章）

（发票专用章：中铁十七局集团有限公司武汉分公司 91420106569871738U）

税总函〔2016〕××号××××公司

第三联：发票联　购买方记账凭证

图表 4 –1 –41

中国工商银行
转账支票存根
10204220
94995469

附加信息

XX印务有限公司・XX年印制

出票日期 2020 年 02 月 20 日

收款人:	中铁十七局集团有限公司武汉分公司
金 额:	¥109,000.00
用 途:	工程款

单位主管 李晓华 会计 王薇

图表 4 –1 –42

中国工商银行进账单（回 单） 1

2020 年 02 月 20 日 № 24440921

出票人	全 称	武汉众科电子有限公司	收款人	全 称	中铁十七局集团有限公司武汉分公司
	账 号	6215581810004608805		账 号	6215344545267982786
	开户银行	工商银行武汉市洪山区支行		开户银行	工商银行武汉市多福路支行

金额	人民币（大写）	亿	千	百	十	万	千	百	十	元	角	分
	壹拾万玖仟元整			¥	1	0	9	0	0	0	0	0

票据种类	转账支票	票据张数	1
票据号码	10204220-94995469		

复核 记账

工商银行武汉市洪山区支行 2020.02.20 转讫

开户银行签章

此联是开户银行交给持（出）票人的回单

图表 4－1－43

税总函［2016］××号×××公司

湖北增值税专用发票

4200151140 **№** 80068558 4200151140 80068558

发票联

机器编号：982888812388 开票日期：2020年02月20日

购买方	名　　称：武汉众科电子有限公司 纳税人识别号：91420103524658761F 地 址、电 话：武汉市洪山区高新大道10号027-98771066 开户行及账号：工商银行武汉市洪山区支行6215581810004608805	密码区	172312-4-275〈1+46*54* 82*59* 181321〉〈8182*59*09618153〈/ 〈4〈3*2702-9〉9*+153〈/0 〉2-3 *08/4〉*〉〉2-3*0/9/〉〉25-275〈1

货物或应税劳务、服务名称	规格型号	单位	数 量	单 价	金 额	税率	税 额
*建筑服务*工程费			1	100,000.00	100,000.00	9%	9,000.00
合　计					¥100,000.00		¥9,000.00
价税合计（大写）	⊗ 壹拾万玖仟元整				（小写）¥109,000.00		

销售方	名　　称：中铁十七局集团有限公司武汉分公司 纳税人识别号：91420106569871738U 地 址、电 话：武昌区姚家岭村星海虹城3号027-89218712 开户行及账号：工商银行武汉市多福路支行6215344545267982786	备注	武昌区姚家岭村星海虹城1号楼

收款人：　　复核：　　开票人：李洪泽　　销售方：（章）

第三联：发票联　购买方记账凭证

图表 4－1－44

固定资产验收单

公司名称：武汉众科电子有限公司

资产编号	301003	资产名称	物资仓库		
规格(编号)	301	资产代码	003	管理人	张君
计量单位	幢	单价(元)	¥400,000.00	金额(元)	¥400,000.00
出厂日期	年　月　日	购置日期	2020 年 04 月 20 日		
生产厂家		安装地点	武汉市洪山区高新大道10号		
附件情况					
固定资产验收情况说明： 验收合格					
验收确认： 合格 验收日期：2020 年 04 月 20 日					
管理部门负责人签字：吴金星					
公司总经理签字：李晓华					

注：此表一式三份，使用部门、保管部门、财务部门各一份。

知识准备

出包工程是指企业通过招标方式将工程项目发包给建造承包商，由建造承包商组织施工的建筑工程和安装工程。企业采用出包方式进行的固定资产工程，其工程的具体支出主要由建造承包商核算，在这种方式下，“在建工程”科目主要是反映企业与建造承包商办理工程价款结算的情况，企业支付给建造承包商的工程价款作为工程成本，通过“在建工程”科目核算。

企业按合理估计的发包工程进度和合同规定向建造承包商结算的进度款，并由对方开具增值税专用发票，按增值税专用发票上注明的价款，借记“在建工程”科目，按增值税专用发票上注明的进项税额，借记“应交税费——应交增值税（进项税额）”科目，按应实际支付的金额，贷记“银行存款”科目。工程达到预定可使用状态时，按其成本，借记“固定资产”科目，贷记“在建工程”科目。

【例 4－6】 武汉永鑫电子有限公司为增值税一般纳税人，2019 年 6 月 14 日，将一幢厂房的建造工程出包给欣胜公司（为增值税一般纳税人）承建，按合理估计的发包进度和合同规定向欣胜公司结算进度款并取得欣胜公司开具的增值税专用发票，注明工程款 600 000 元，税率 9%，增值税税额 54 000 元。2020 年 1 月 1 日，工程完工后，收到欣胜公司有关工程结算单据和增值税专用发票，补付工程款并取得欣胜公司开具的增值税专用发票，注明工程款 400 000 元，税率 9%，增值税税额 36 000 元。工程完工并达到预定可使用状态。

武汉永鑫电子有限公司作如下账务处理：

（1）按合理估计的发包工程进度和合同规定向欣胜公司结算进度款时：

借：在建工程	600 000	
应交税费——应交增值税（进项税额）	54 000	
贷：银行存款		654 000

（2）补付工程款时：

借：在建工程	400 000	
应交税费——应交增值税（进项税额）	36 000	
贷：银行存款		436 000

（3）工程完工并达到预定可使用状态时：

借：固定资产	1 000 000	
贷：在建工程		1 000 000

工作步骤

图表 4－1－45

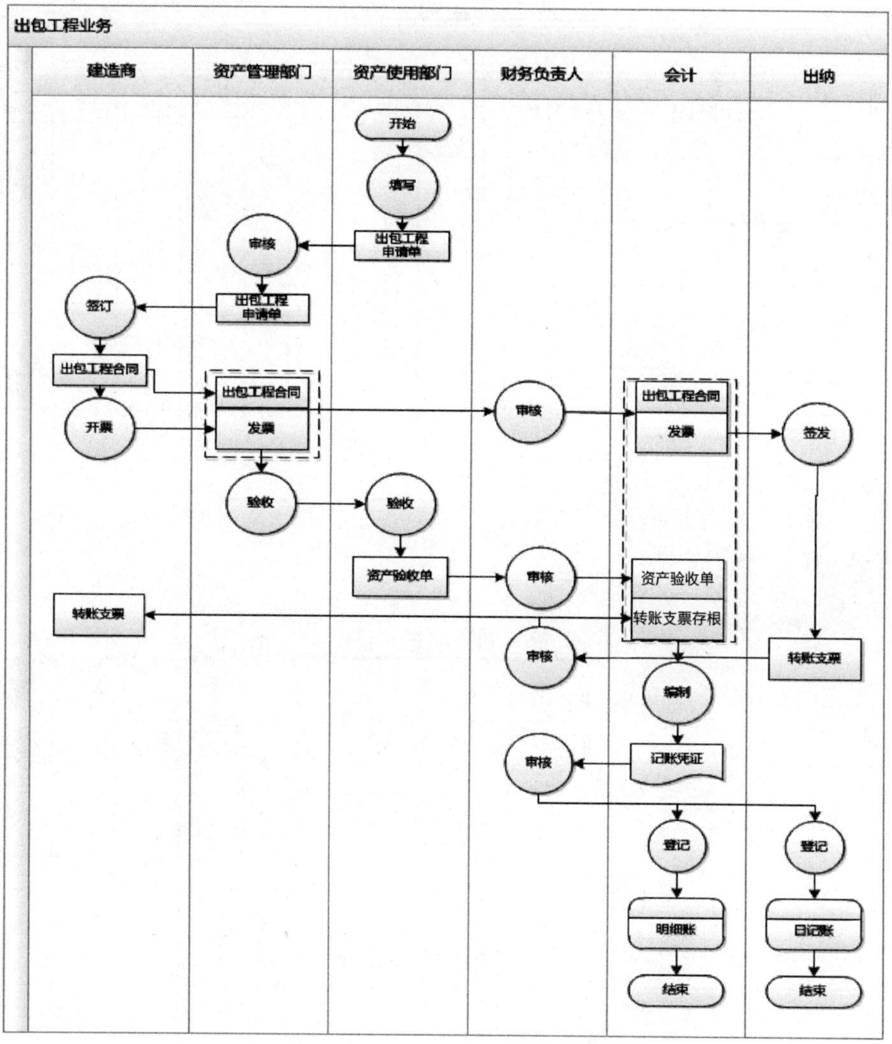
出包工程业务
建造商
资产管理部门
资产使用部门
财务负责人
会计
出纳
开始
填写
出包工程申请单
审核
出包工程申请单
签订
出包工程合同
出包工程合同
发票
开票
审核
出包工程合同
发票
签发
验收
验收
资产验收单
审核
资产验收单
转账支票存根
转账支票
审核
转账支票
编制
记账凭证
审核
登记
登记
明细账
日记账
结束
结束

完成工作

图表 4－1－46

记 账 凭 证

年 月 日　　　　字第　　号

摘要	会计科目		借方金额											贷方金额											记账√
	总账科目	明细科目	亿	千	百	十	万	千	百	十	元	角	分	亿	千	百	十	万	千	百	十	元	角	分	
合计																									

附单据　　张

会计主管：　　记账：　　出纳：　　复核：　　制单：

图表 4－1－47

记 账 凭 证

年 月 日　　　　字第　　号

摘要	会计科目		借方金额											贷方金额											记账√
	总账科目	明细科目	亿	千	百	十	万	千	百	十	元	角	分	亿	千	百	十	万	千	百	十	元	角	分	
合计																									

附单据　　张

会计主管：　　记账：　　出纳：　　复核：　　制单：

图表 4－1－48

记　账　凭　证

年　　月　　日　　　　　　　　字第　　　号

摘　要	会计科目		借方金额											贷方金额											记账
	总账科目	明细科目	亿	千	百	十	万	千	百	十	元	角	分	亿	千	百	十	万	千	百	十	元	角	分	✓
合　计																									

附单据　　张

会计主管：　　记账：　　出纳：　　复核：　　制单：

扫码查看答案　　　　练一练

子任务三　核算自行建造固定资产业务

工作任务

武汉众科电子有限公司自行建造仓库一座：2019 年 4 月 25 日，武汉众科电子有限公司购入工程物资，物资已验收入库。请根据相关单据编制记账凭证（凭证号：027）。

2019 年 4 月 28 日，武汉众科电子有限公司工程施工领用工程物资。请根据相关单据编制记账凭证（凭证号：028）。

2019 年 8 月 31 日，武汉众科电子有限公司支付工程建设期间发生工程人员工资。请根据相关单据编制记账凭证（凭证号：030）。

2019 年 8 月 31 日，武汉众科电子有限公司以银行存款支付工程管理费。请根据相关单据编制记账凭证（凭证号：031）。

2019 年 12 月 31 日，武汉众科电子有限公司工程完工并办理竣工决算。请根据相关单据编制记账凭证（凭证号：032）。

图表 4－1－49

湖北增值税专用发票

发票联

4200151140　　№ 42834209　4200151140　42834209

机器编号：982888812388　　开票日期：2019年04月25日

购买方	名称：武汉众科电子有限公司 纳税人识别号：914201035246587б1F 地址、电话：武汉市洪山区高新大道10号027-98771066 开户行及账号：工商银行武汉市洪山区支行6215581810004608805			密码区	172312-4-275〈1+46*54* 82*59* 181321〉〈8182*59*09618153〈/ 〈4〈3*2702-9〉9*+153〈/0〉2-3 *08/4〉*〉〉2-3*0/9/〉〉25-275〈1		
货物或应税劳务、服务名称	规格型号	单位	数量	单价	金额	税率	税额
*润滑油*润滑油	#01	桶	200	2,500.00	500,000.00	13%	65,000.00
合计					¥500,000.00		¥65,000.00
价税合计（大写）	⊗伍拾陆万伍仟元整				（小写）¥565,000.00		
销售方	名称：武汉得隆生产有限公司 纳税人识别号：91420117872149784F 地址、电话：武汉市新洲区阳逻街沿江路5号027-86211256 开户行及账号：工商银行武汉市徐家棚支行6215344587667986743			备注	校验码 52118 02817 08248 65199		

收款人：　　复核：　　开票人：张鹏　　销售方：（章）

税总函［2016］××号×××公司

第三联：发票联　购买方记账凭证

图表 4－1－50

中国工商银行电子汇划收款回单

2019 年 04 月 25 日　　流水号：272652139743202

付款人	全称	武汉众科电子有限公司	收款人	全称	武汉得隆生产有限公司
	账号	6215581810004608805		账号	6215344587667986743
	开户银行	工商银行武汉市洪山区支行		开户银行	工商银行武汉市徐家棚支行
金额		人民币（大写）伍拾陆万伍仟元整			¥565,000.00
用途		物资款			

备注：

汇划日期：2019-04-25　　汇划流水号：272652139743202

汇出行行号：102521000360　　原凭证种类：

原凭证号码：　　原凭证金额：¥565,000.00

汇款人地址：武汉市洪山区高新大道10号

收款人地址：武汉市新洲区阳逻街沿江路5号

实际收款人账号：6215344587667986743

实际收款人名称：武汉得隆生产有限公司

工商银行武汉市洪山区支行　回单专用章　银行盖章

图表 4－1－51

入　库　单

2019 年 04 月 25 日　　　　单号 543350

交来单位或部门	武汉得隆生产有限公司	发票号码或生产单号码	42834209	验收仓库	物资库	入库日期	2019-04-25

编号	名称及规格	单位	数量		实际价格		计划价格		价格差异
			交库	实收	单价	金额	单价	金额	
1	润滑油 #01	桶	200	200	2,500.00	500,000.00			500,000.00
合计			200	200		¥500,000.00			¥500,000.00

部门经理：张学平　　会计：王薇　　仓库：周帅　　经办人：马秀

图表 4－1－52

出库单

出货单位：武汉众科电子有限公司　　日期：2019年04月28日　　单号：

提货单位（部门）：工程部　　销售单号：　　发货仓库：物资库　　出库日期：2019年04月28日

编码	名称	规格	单位	数量		单价	金额
				应发	实发		
1	润滑油	#01	桶	200	200	2,500.00	500,000.00
合计	人民币（大写）：伍拾万元整						¥500,000.00

会计联

部门经理：周帅　　会计：王薇　　仓库：马秀　　经办人：马秀

图表 4－1－53

在建工程职工薪酬汇总表

单位名称：武汉众科电子有限公司　　2019年 8 月 31日　　单位：元

部门	费用项目	应发工资	工会经费	福利费支出	社会保险费	住房公积金	合计
管理部门	在建工程	11,476.51	229.53	385.61	3,666.74	1,341.60	17,100.00
生产部门	在建工程	26,778.52	535.57	899.76	8,555.74	3,130.41	39,900.00
合计		38,255.03	765.10	1,285.37	12,222.48	4,472.01	57,000.00

审核：徐志文　　制单：王薇

图表 4－1－54

中国工商银行
转账支票存根
10204220
64157446

XX印务有限公司·XX年印制

附加信息

出票日期 2019 年 08 月 31 日

收款人：	武汉顺达实业有限公司
金　额：	¥21,800.00
用　途：	工程管理费

单位主管 李晓华 会计 王薇

图表 4－1－55

湖北增值税专用发票

发票联

4200151140　　№ 29901598　4200151140 29901598

机器编号：982888812388　　开票日期：2019年08月31日

购买方	名　　称：武汉众科电子有限公司 纳税人识别号：91420103524658761F 地 址、电 话：武汉市洪山区高新大道10号027-98771066 开户行及账号：工商银行武汉市洪山区支行6215581810004608805	密码区	172312-4-275〈1+46*54* 82*59* 181321〉〈8182*59*09618153〈/ 〈4〈3*2702-9〉9*+153〈/0 〉2-3 *08/4〉*〉〉2-3*0/9/〉〉25-275〈1				
货物或应税劳务、服务名称	规格型号	单位	数量	单价	金额	税率	税额
*建筑服务*工程管理费		次	1	20,000.00	20,000.00	9%	1,800.00
合　计					¥20,000.00		¥1,800.00
价税合计（大写）	⊗ 贰万壹仟捌佰元整				（小写）¥21,800.00		
销售方	名　　称：武汉顺达实业有限公司 纳税人识别号：91420103177229701R 地 址、电 话：武汉市江汉区江汉一路23号027-67234155 开户行及账号：建设银行武汉沿江支行6217987670034880916	备注	校验码 52118 02317 08248 65199				

收款人：　　复核：　　开票人：王威　　销售方：（章）

税总函［2016］××号××××公司

第三联：发票联　购买方记账凭证

（印章：武汉顺达实业有限公司 91420103177229701R 发票专用章）

图表 4－1－56

固定资产验收单

公司名称：武汉众科电子有限公司

资产编号	101002	资产名称	生产设备		
规格(编号)	101	资产代码	002	管理人	张君
计量单位	台	单价(元)	¥577,000.00	金额(元)	¥577,000.00
出厂日期	年　月　日	购置日期	2019 年 12 月 31 日		
生产厂家		安装地点	武汉市洪山区高新大道10号		
附件情况					

固定资产验收情况说明：

验收合格

武汉众科电子有限公司

验收确认：

合格

验收日期：　2019 年 12 月 31 日

管理部门负责人签字：吴金星

公司总经理签字：李晓华

注：此表一式三份，使用部门、保管部门、财务部门各一份。

知识准备

企业自行建造固定资产，应当按照建造该项资产达到预定可使用状态前所发生的必要支出，作为固定资产的成本。

企业自行建造固定资产，应先通过“在建工程”科目核算，工程达到预定可使用状态时，再从“在建工程”科目转入“固定资产”科目。

自营工程，是指企业自行组织工程物资采购、自行组织施工人员施工的建筑工程和安装工程。购入工程物资时，按已认证的增值税专用发票上注明的价款，借记“工程物资”科目；按增值税专用发票上注明的增值税进项税额，借记“应交税费——应交增值税（进项税额）”科目，按实际支付或应付的金额，贷记“银行存款”“应付账款”等科目。领用工程物资时，借记“在建工程”科目，贷记“工程物资”科目。在建工程领用本企业原材料时，借记“在建工程”科目，贷记“原材料”等科目。在建工程领用本企业生产的商品时，借记“在建工程”科目，贷记“库存商品”科目。自营工程发生的其他费用（如分配工程人员薪酬等），借记“在建工程”科目，贷记“银行存款”“应付职工薪酬”等科目。自营工程达到预定可使用状态时，按其成本，借记“固定资产”科目，贷记“在建工程”科目。

【例4－7】 武汉永鑫电子有限公司自行建造仓库一座，购入工程物资500 000元，取得的增值税专用发票上注明的增值税税额为65 000元，物资已验收入库；全部用于工程建设；另外工程领用本企业外购原材料一批，其成本为10 000元；工程建设期间发生工程人员工资50 000元；发放职工福利7 000元；以银行存款支付工程管理费等20 000元，取得增值税专用发票上注明的增值税税额为1 800元；工程完工并办理竣工决算。

武汉永鑫电子有限公司作如下账务处理：

（1）购入工程物资时：

借：工程物资	500 000	
应交税费——应交增值税（进项税额）	65 000	
贷：银行存款		565 000

（2）工程领用工程物资时：

借：在建工程——建筑工程	500 000	
贷：工程物资		500 000

（3）工程领用生产用材料时：

借：在建工程——建筑工程	10 000	
贷：原材料		10 000

（4）分配工程人员工资及福利费时：

借：在建工程——建筑工程	57 000	
贷：应付职工薪酬——工资		50 000
——福利费		7 000

（5）支付工程管理费时：

借：在建工程——建筑工程 20 000
　　应交税费——应交增值税（进项税额） 1 800
　　贷：银行存款 21 800

（6）工程办理竣工决算时：

借：固定资产 587 000
　　贷：在建工程——建筑工程 587 000

【例4-8】 武汉永鑫电子有限公司于2019年4月15日自行建造一条生产线，购入各种工程物资，取得的增值税专用发票上注明的价款为200 000元，增值税税额为26 000元，实际领用工程物资180 000元，剩余物资转为原材料。工程领用本企业产品一批，其成本为24 000元；分配工程人员工资50 000元，企业辅助生产车间为工程提供有关劳务支出10 000元，款项以银行存款支付。工程于2019年8月26日办理竣工决算。

武汉永鑫电子有限公司作如下账务处理：

（1）购入工程物资时：

借：工程物资 200 000
　　应交税费——应交增值税（进项税额） 26 000
　　贷：银行存款 226 000

（2）工程领用工程物资时：

借：在建工程 180 000
　　贷：工程物资 180 000

（3）工程领用产品时：

借：在建工程 24 000
　　贷：库存商品 24 000

（4）分配工程人员工资时：

借：在建工程 50 000
　　贷：应付职工薪酬 50 000

（5）分配辅助生产车间提供的劳务支出时：

借：在建工程 10 000
　　贷：生产成本——辅助生产成本 10 000

（6）剩余物资转为材料时：

借：原材料 20 000
　　贷：工程物资 20 000

（7）工程办理竣工决算时：

借：固定资产 264 000
　　贷：在建工程 264 000

工作步骤

图表 4－1－57

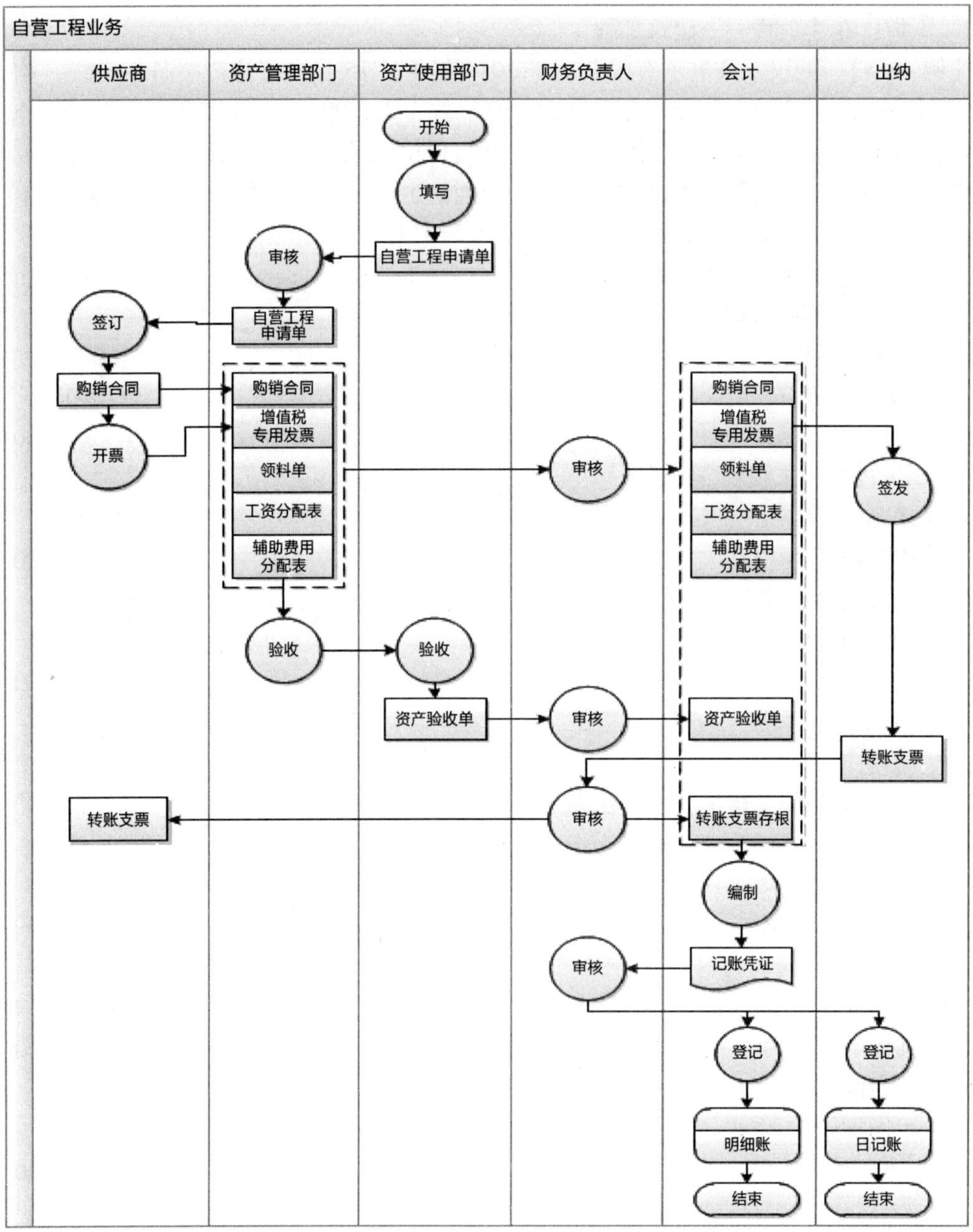

自营工程业务
供应商
资产管理部门
资产使用部门
财务负责人
会计
出纳
开始
填写
自营工程申请单
审核
自营工程申请单
签订
购销合同
开票
购销合同
增值税专用发票
领料单
工资分配表
辅助费用分配表
审核
购销合同
增值税专用发票
领料单
工资分配表
辅助费用分配表
签发
验收
验收
资产验收单
审核
资产验收单
转账支票
转账支票
审核
转账支票存根
编制
审核
记账凭证
登记
登记
明细账
日记账
结束
结束

完成工作

图表 4-1-58

记 账 凭 证

年 月 日 字第 号

摘 要	会计科目		借方金额											贷方金额											记账
	总账科目	明细科目	亿	千	百	十	万	千	百	十	元	角	分	亿	千	百	十	万	千	百	十	元	角	分	√
合 计																									

附单据 张

会计主管： 记账： 出纳： 复核： 制单：

图表 4-1-59

记 账 凭 证

年 月 日 字第 号

摘 要	会计科目		借方金额											贷方金额											记账
	总账科目	明细科目	亿	千	百	十	万	千	百	十	元	角	分	亿	千	百	十	万	千	百	十	元	角	分	√
合 计																									

附单据 张

会计主管： 记账： 出纳： 复核： 制单：

图表 4－1－60

记 账 凭 证

年 月 日　　　　字第 号

附单据 张

摘要	会计科目		借方金额											贷方金额											记账√
	总账科目	明细科目	亿	千	百	十	万	千	百	十	元	角	分	亿	千	百	十	万	千	百	十	元	角	分	
合计																									

会计主管：　　记账：　　出纳：　　复核：　　制单：

图表 4－1－61

记 账 凭 证

年 月 日　　　　字第 号

附单据 张

摘要	会计科目		借方金额											贷方金额											记账√
	总账科目	明细科目	亿	千	百	十	万	千	百	十	元	角	分	亿	千	百	十	万	千	百	十	元	角	分	
合计																									

会计主管：　　记账：　　出纳：　　复核：　　制单：

图表 4－1－62

记 账 凭 证

年　　月　　日　　　　　　　　字第　　　　号

摘要	会计科目		借方金额											贷方金额											记账✓
	总账科目	明细科目	亿	千	百	十	万	千	百	十	元	角	分	亿	千	百	十	万	千	百	十	元	角	分	
合计																									

附单据　　张

会计主管：　　记账：　　出纳：　　复核：　　制单：

扫码查看答案　　　　练一练

工作总结

图表 4－1－63　　固定资产取得业务核算

外购不需要安装的固定资产	借：固定资产 　　应交税费——应交增值税（进项税额） 　　贷：银行存款等
外购需要安装的固定资产	1. 购入时： 借：在建工程 　　应交税费——应交增值税（进项税额） 　　贷：银行存款 2. 支付安装费： 借：在建工程 　　应交税费——应交增值税（进项税额） 　　贷：银行存款 3. 安装完毕，交付使用： 借：固定资产 　　贷：在建工程

续表

自行建造固定资产	1. 购入工程物资： 借：工程物资 　　应交税费——应交增值税（进项税额） 　　贷：银行存款 2. 领用工程物资： 借：在建工程 　　贷：工程物资 3. 支付其他工程费用： 借：在建工程 　　应交税费——应交增值税（进项税额） 　　贷：银行存款 4. 支付工程人员工资及福利： 借：在建工程 　　贷：应付职工薪酬 5. 领用本企业原材料和自产产品： 借：在建工程 　　贷：原材料 　　　　库存商品 6. 转入固定资产： 借：固定资产 　　贷：在建工程

图表 4－1－64　　工作评价与反馈

项目		任务完成程度		
		全部完成	部分完成	未完成
自我评价	子任务一			
	子任务二			
	子任务三			
任务完成心得				
存在的问题				
教师评价				

任务二　核算固定资产折旧业务

情景导入

公司厂房、机器设备等固定资产的价值随着使用年限的增加而降低，我们是通过什么方法来计算它们每年损耗的价值的呢？

任务要求

能够正确办理固定资产折旧业务，准确使用固定资产折旧方法计算固定资产折旧，根据相关原始凭证进行账务处理。

子任务一 确定固定资产折旧范围及方法

工作任务

掌握固定资产折旧的含义，确定固定资产折旧范围及方法。

知识准备

固定资产折旧，是指企业的固定资产由于磨损和损耗而逐渐转移的价值。

固定资产折旧在固定资产使用寿命内，按照确定的方法对应计折旧额进行系统分摊。应计折旧额，是指应当计提折旧的固定资产的原价（成本）扣除其预计净残值后的金额。预计净残值，是指固定资产预计使用寿命已满，企业从该项固定资产处置中获得的扣除预计处置费用后的净额。已提足折旧，是指已经提足该项固定资产的应计折旧额。

企业应当根据固定资产的性质和使用情况，并考虑税法的规定，合理确定固定资产的使用寿命和预计净残值。固定资产的使用寿命、预计净残值一经确定，不得随意变更。

企业应当对所有固定资产计提折旧，但已提足折旧仍继续使用的固定资产和单独计价入账的土地不得计提折旧。

企业应当根据与固定资产有关的经济利益的预期实现方式，合理选择固定资产折旧方法。可选用的折旧方法包括年限平均法（即直线法）、工作量法、双倍余额递减法和年数总和法等。固定资产的折旧方法一经确定，不得随意变更。

企业应当按月计提折旧，当月增加的固定资产，当月不计提折旧，从下月起计提折旧；当月减少的固定资产，当月仍计提折旧，从下月起不再计提折旧。固定资产的折旧费应当记入“累计折旧”科目，并根据固定资产的受益对象计入相关资产成本或者当期损益。企业自行建造固定资产过程中使用的固定资产，其计提的折旧应计入在建工程成本；基本生产车间所使用的固定资产，其计提的折旧应计入制造费用；管理部门所使用的固定资产，其计提的折旧应计入管理费用；销售部门所使用的固定资产，其计提的折旧应计入销售费用；经营租出的固定资产，其计提的折旧应计入其他业务成本。

在实际工作中，固定资产折旧是通过编制“固定资产折旧计算表”进行计算的。

完成工作

1. 下列哪些固定资产企业需要计提折旧？

□融资租入的设备　　　　□融资租出的设备
□经营租入的设备　　　　□经营租出的设备
□不需要的设备　　　　　□已提足折旧的建筑物

2. 请将下列使用固定资产的部门与其折旧应记入的科目进行连线。

自行建造固定资产过程中使用的固定资产	“管理费用”
基本生产车间	“销售费用”
管理部门	“在建工程”
销售部门	“其他业务成本”
经营租出的固定资产	“制造费用”

扫码查看答案　　　　练一练

子任务二　核算工作量法折旧业务

工作任务

2019 年 5 月 31 日，武汉众科电子有限公司的一辆车间用运货卡车的原值为 100 000 元，预计总行驶里程为 500 000 公里，预计净残值率为 5%，本月行驶 4 000 公里。请计算本月折旧额，并根据相关单据编制记账凭证（凭证号：035）。

图表 4－2－1

固定资产折旧计算表

单位名称：武汉众科电子有限公司　　2019年 05月 31日　　金额单位：元

名称	原值	使用寿命（公里）	净残值率	折旧方法	单位里程折旧额（元／公里）	本月折旧额
卡车	100,000.00	500,000.00	5%	工作量法	0.19	760.00

审核人：徐志文　　制单：王薇

知识准备

工作量法是根据实际工作量计提固定资产折旧额的一种方法。其计算公式为：

单位工作量折旧额＝[原值×（1－预计净残值率）]÷预计总工作量

某项固定资产月折旧额 = 该项固定资产当月工作量 × 单位工作量折旧额

【例 4－9】 武汉永鑫电子有限公司现有管理部门使用的一辆卡车原价 60 000 元，预计总里程为 500 000 公里，预计净残值率为 5%，本月行驶 400 公里，计算当月应计提的折旧额。

武汉永鑫电子有限公司作如下账务处理：

单位工作量折旧额 = 60 000 ×（1 －5%）÷500 000 = 0. 114（元）

当月折旧额 = 0. 114 ×400 = 45. 60（元）

借：管理费用　　45. 60

　　贷：累计折旧　　45. 60

工作步骤

图表 4－2－2

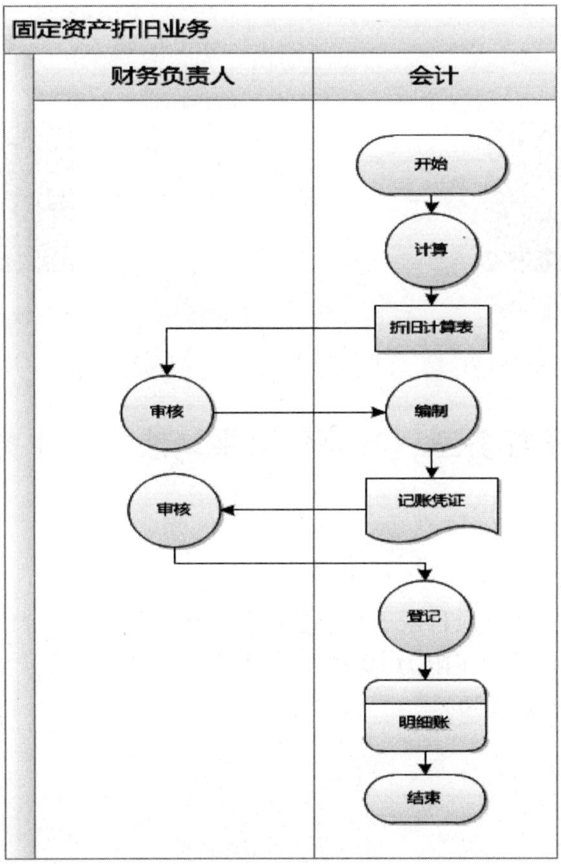

完成工作

图表 4-2-3

记 账 凭 证

年　月　日　　字第　号

摘要	会计科目		借方金额										贷方金额										记账
	总账科目	明细科目	亿	千	百	十	万	千	百	十	元	角	分	亿	千	百	十	万	千	百	十	元	角	分	√
合　计																									

附单据　张

会计主管：　记账：　出纳：　复核：　制单：

扫码查看答案　　练一练

子任务三　核算年限平均法折旧业务

工作任务

2019 年 5 月 31 日，武汉众科电子有限公司某项生产用固定资产原值为 700 000 元，预计净残值率为 4%，预计使用年限为 10 年，采用年限平均法按月计提折旧。请根据相关单据编制记账凭证（凭证号：036）。

图表 4-2-4

固定资产折旧计算表

单位名称：武汉众科电子有限公司　　2019年 05月 31日　　金额单位：元

名称	原值	使用年限（年）	净残值率	折旧方法	年折旧率	月折旧率	本月折旧额
机器设备	700,000.00	10	4%	年限平均法	9.60%	0.80%	5,600.00

审核人：徐志文　　制单：王薇

知识准备

年限平均法，是指将固定资产的应计折旧额均衡地分摊到其预计使用寿命内的一种方法。采用该种方法计算的折旧额每期均是等额的。其计算公式为：

年折旧率 =（1 - 预计净残值率）÷ 预计使用年限 × 100%

年折旧额 = 原值 × 年折旧率

其中：预计净残值率 = 预计净残值 ÷ 原值

预计净残值 = 预计残值收入 - 预计清理费用

【例 4 - 10】　武汉永鑫电子有限公司厂房原值 50 万元，预计使用 20 年，残值率为 2%，计算月折旧额。

武汉永鑫电子有限公司作如下账务处理：

年折旧率 =（1 - 2%）÷ 20 × 100% = 4.90%

月折旧率 = 4.90% ÷ 12 = 0.41%

月折旧额 = 500 000 × 0.41% = 2 050（元）

借：管理费用　　　　2 050

　　贷：累计折旧　　　　2 050

工作步骤

图表 4 - 2 - 5

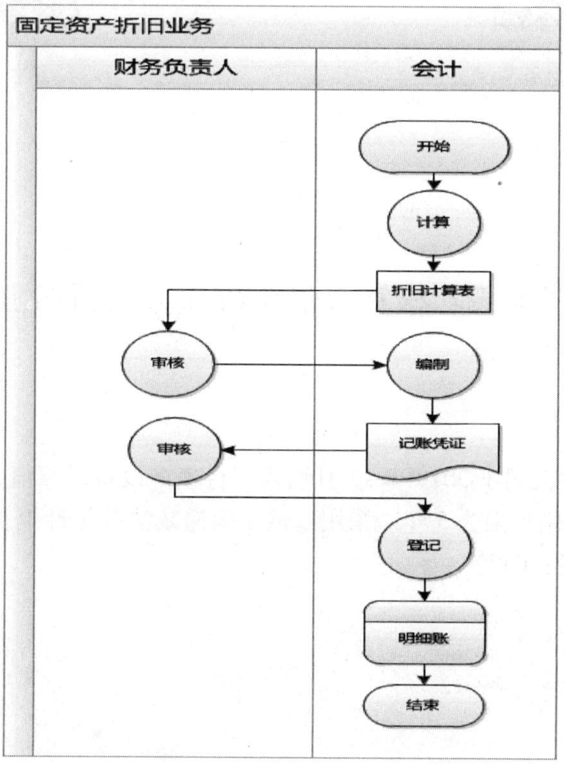

完成工作

图表 4－2－6

记 账 凭 证

年 月 日　　　　　　字第　　　号

摘要	会计科目		借方金额											贷方金额											记账
	总账科目	明细科目	亿	千	百	十	万	千	百	十	元	角	分	亿	千	百	十	万	千	百	十	元	角	分	√
合计																									

附单据　　张

会计主管：　　记账：　　出纳：　　复核：　　制单：

扫码查看答案　　　　练一练

子任务四　核算双倍余额递减法折旧业务

工作任务

武汉众科电子有限公司于 2019 年 12 月购入一台生产设备，原值为 300 000 元，预计净残值率为 3%，预计使用年限为 5 年。采用双倍余额递减法按年计提折旧，请根据相关单据编制记账凭证（凭证号：037）。

图表 4 –2 –7

固定资产折旧计算表

单位名称：武汉众科电子有限公司　　2019年 12 月 31日　　单位：元

年度	年初账面净值	年折旧率	年折旧额	累计折旧	年末账面价值
2020	300,000.00	40%	120,000.00	120,000.00	180,000.00
2021	180,000.00	40%	72,000.00	192,000.00	108,000.00
2022	108,000.00	40%	43,200.00	235,200.00	64,800.00
2023	64,800.00		27,900.00	263,100.00	36,900.00
2024	36,900.00		27,900.00	291,000.00	9,000.00

审核人：徐志文　　制单：王薇

知识准备

双倍余额递减法，是在不考虑固定资产预计净残值的情况下，根据每年年初固定资产的账面净值和双倍于年限平均法下的折旧率计算固定资产折旧额的一种方法，也是一种加速折旧法。其计算公式为：

年折旧率 = 2 ÷ 预计使用年限 × 100%

年折旧额 = 年初固定资产账面净值 × 年折旧率

由于双倍余额递减法不考虑固定资产的预计净残值，因此，在使用该法时应注意不能使固定资产的年初账面净值降低到其预计净残值以下，即应当在固定资产预计使用年限到期前两年内，将固定资产年初账面净值扣除预计净残值后的余额平均摊销。

【例 4 –11】 武汉永鑫电子有限公司作如下账务处理：电子有限公司管理部门的一项固定资产原价为 20 000 元，预计使用年限为 5 年，预计净残值为 200 元。按双倍余额递减法计算折旧。

武汉永鑫电子有限公司作如下账务处理：

双倍余额递减折旧率 = 2/5 × 100% = 40%

第一年应提的折旧额 = 20 000 × 40% = 8 000（元）

第二年应提的折旧额 =（20 000 – 8 000）× 40% = 4 800（元）

第三年应提的折旧额 =（20 000 – 8 000 – 4 800）× 40% = 2 880（元）

第四、第五年的年折旧额 =（20 000 – 8 000 – 4 800 – 2 880 – 200）÷ 2
= 2 060（元）

（1）第一年：

借：管理费用　　8 000

　　贷：累计折旧　　8 000

（2）第二年：

借：管理费用　　4 800

　　贷：累计折旧　　4 800

（3）第三年：

借：管理费用　　2 880

　　贷：累计折旧　　2 880

（4）第四年：

借：管理费用　　2 060

　　贷：累计折旧　　2 060

（5）第五年：

借：管理费用　　2 060

　　贷：累计折旧　　2 060

工作步骤

图表 4－2－8

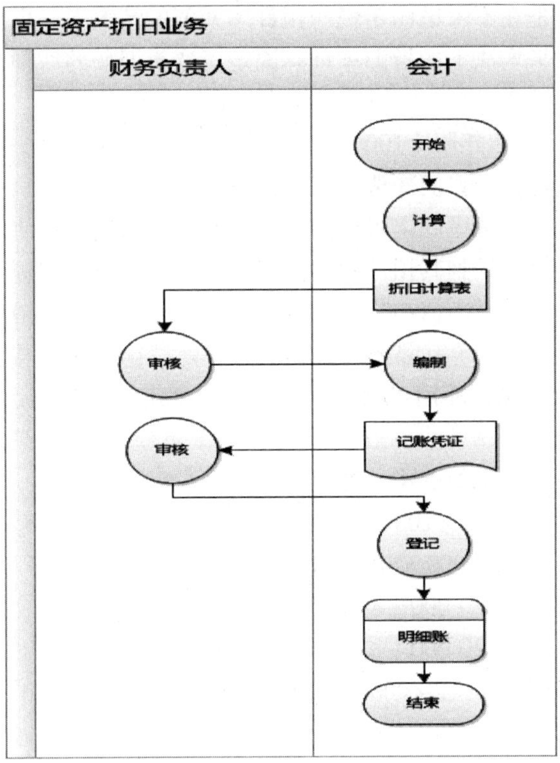

完成工作

图表 4-2-9

记 账 凭 证

年 月 日 字第 号

摘要	会计科目		借方金额										贷方金额										记账✓
	总账科目	明细科目	亿	千	百	十	万	千	百	十	元	角	分	亿	千	百	十	万	千	百	十	元	角	分
	合计																						

附单据 张

会计主管： 记账： 出纳： 复核： 制单：

扫码查看答案

练一练

子任务五 核算年数总和法折旧业务

工作任务

武汉众科电子有限公司 2019 年 12 月购入一台生产设备，该设备的原值为 100 000 元，预计使用年限为 5 年，净残值率为 10%。采用年数总和法按年计提折旧。请根据相关单据编制记账凭证（凭证号：038）。

图表 4 -2 -10

固定资产折旧计算表

单位名称：武汉众科电子有限公司　　2019年 12月 31日　　单位：元

年度	原值减净残值	年折旧率	年折旧额	累计折旧额	固定资产净值
2020	90,000.00	5/15	30,000.00	30,000.00	70,000.00
2021	90,000.00	4/15	24,000.00	54,000.00	46,000.00
2022	90,000.00	3/15	18,000.00	72,000.00	28,000.00
2023	90,000.00	2/15	12,000.00	84,000.00	16,000.00
2024	90,000.00	1/15	6,000.00	90,000.00	10,000.00

审核人：徐志文　　制单：王薇

知识准备

年数总和法，是将固定资产的原值减去预计净残值后的差额再乘以一个逐年递减的折旧率计算确定固定资产折旧额的一种计算方法，是一种加速折旧方法。逐年递减的折旧率的分子代表固定资产年初尚可使用的年限；分母代表使用年数的逐年数字之和。假定预计使用年限为 n 年，分母即为 1 +2 +3 +… +n =n×（n +1）÷2。其折旧的计算公式如下：

年折旧率 = 年初尚可使用年限 ÷ 年数总和 ×100%

或者：年折旧率 =（预计使用年限 − 已使用年限）÷［预计使用年限 ×（预计使用年限 +1）］÷2 ×100%

年折旧额 =（固定资产原值 − 预计净残值）× 年折旧率

【例 4 -12】 武汉永鑫电子有限公司管理部门使用的一项固定资产原值为 20 000 元，预计使用年限为 5 年，预计净残值为 200 元。按年数总和法计算折旧。

武汉永鑫电子有限公司作如下账务处理：

第一年折旧额 =（20 000 −200）×5/15 =6 600（元）

第二年折旧额 =（20 000 −200）×4/15 =5 280（元）

第三年折旧额 =（20 000 −200）×3/15 =3 960（元）

第四年折旧额 =（20 000 −200）×2/15 =2 640（元）

第五年折旧额 =（20 000 −200）×1/15 =1 320（元）

（1）第一年：

借：管理费用　　6 600

　　贷：累计折旧　　6 600

（2）第二年：

借：管理费用　　5 280

　　贷：累计折旧　　5 280

（3）第三年：

借：管理费用　　3 960

　　贷：累计折旧　　3 960

（4）第四年：

借：管理费用　　2 640

　　贷：累计折旧　　2 640

（5）第五年：

借：管理费用　　1 320

　　贷：累计折旧　　1 320

工作步骤

图表 4－2－11

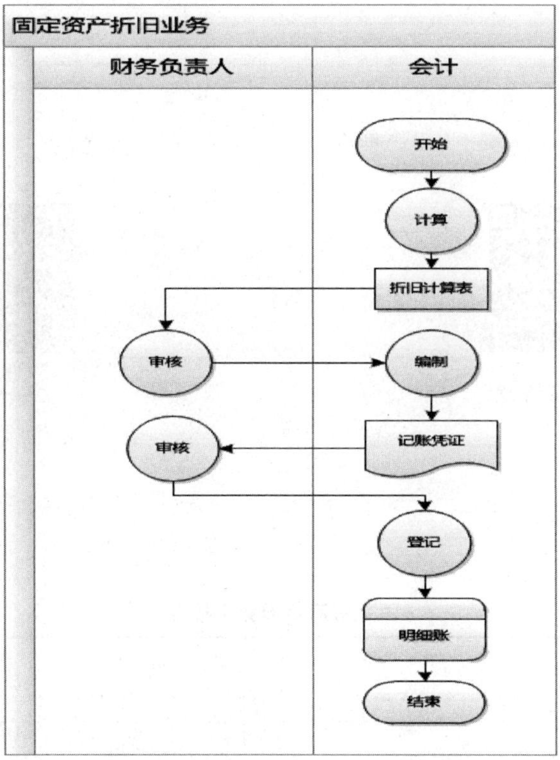

完成工作

图表 4－2－12

记 账 凭 证

年 月 日 字第 号

摘要	会计科目		借方金额											贷方金额											记账√
	总账科目	明细科目	亿	千	百	十	万	千	百	十	元	角	分	亿	千	百	十	万	千	百	十	元	角	分	
合计																									

附单据 张

会计主管： 记账： 出纳： 复核： 制单：

扫码查看答案

练一练

工作总结

图表 4－2－13 固定资产折旧业务核算

生产车间固定资产折旧	借：制造费用 贷：累计折旧
行政管理部门固定资产折旧	借：管理费用 贷：累计折旧
销售部门固定资产折旧	借：销售费用 贷：累计折旧
经营租出固定资产折旧	借：其他业务成本 贷：累计折旧
自行建造固定资产过程中使用的固定资产	借：在建工程 贷：累计折旧

图表 4－2－14　　工作评价与反馈

项目		任务完成程度		
		全部完成	部分完成	未完成
自我评价	子任务一			
	子任务二			
	子任务三			
	子任务四			
	子任务五			
任务完成心得				
存在的问题				
教师评价				

任务三　核算固定资产后续支出业务

情景导入

机器设备在使用过程中需要日常保养，或是发生故障了需要维修，该如何处理？如果为了提高机器设备的性能，从而高效地生产产品，公司可能还需要对机器设备进行改扩建。

任务要求

能够正确办理固定资产后续支出业务，请根据相关原始凭证进行账务处理。

子任务一　核算固定资产日常修理业务

工作任务

2019 年 12 月 23 日，武汉众科电子有限公司生产所用的分割机发生维修费用。请根据相关单据编制记账凭证（凭证号：214）。

图表 4 -3 -1

税总函［2016］××号××××公司

湖北增值税专用发票

发票联

4200151140　　机器编号：982888812388

№ 57449559　4200151140　57449559

开票日期：2019年12月23日

购买方	名　　称：武汉众科电子有限公司 纳税人识别号：91420103524658761F 地 址、电 话：武汉市洪山区高新大道10号027-98771066 开户行及账号：工商银行武汉市洪山区支行6215581810004608805			密码区	172312-4-275〈1+46*54* 82*59* 181321〉〈8182*59*09618153〈/ 〈4〈3*2702-9〉9*+153〈/0 〉2-3 *08/4〉*〉〉2-3*0/9/〉〉25-275〈1		
货物或应税劳务、服务名称	规格型号	单位	数量	单价	金额	税率	税额
*修理修配劳务*分割机维修费		次	1	5,000.00	5,000.00	13%	650.00
合　计					¥5,000.00		¥650.00
价税合计（大写）	⊗伍仟陆佰伍拾元整				（小写）¥5,650.00		
销售方	名　　称：武汉浩星修理有限公司 纳税人识别号：91420111786549866X 地 址、电 话：武汉市蔡甸区常福工业示范园027-67541298 开户行及账号：工商银行武汉市唐家墩支行6215399587267872987			备注	校验码 52118 02817 08248 65199		

收款人：　　复核：　　开票人：沈海源　　销售方：（章）

第三联：发票联　购买方记账凭证

图表 4 -3 -2

中国工商银行

转账支票存根

10204220

69051144

附加信息

出票日期 2019 年 12 月 23 日

收款人：	武汉浩星修理有限公司
金　额：	¥5,650.00
用　途：	修理费

单位主管 李晓华　会计 王薇

XX印务有限公司·XX年印制

图表 4－3－3

中国工商银行进账单（回 单） 1

2019 年 12 月 23 日　　№ 76526514

出票人	全　称	武汉众科电子有限公司	收款人	全　称	武汉浩星修理有限公司
	账　号	6215581810004608805		账　号	6215399587267872987
	开户银行	工商银行武汉市洪山区支行		开户银行	工商银行武汉市唐家墩支行

金额	人民币（大写） 伍仟陆佰伍拾元整	亿	千	百	十	万	千	百	十	元	角	分
						¥	5	6	5	0	0	0

票据种类	转账支票	票据张数	1
票据号码	10204220-69051144		

工商银行武汉市洪山区支行 2019.12.23 转讫

复核　　记账　　开户银行签章

此联是开户银行交给持（出）票人的回单

知识准备

固定资产的后续支出，是指固定资产在使用过程中发生的更新改造支出、修理费用等。固定资产在使用过程中，由于各个组成部分的耐磨程度和使用条件不同，往往会发生固定资产的局部损坏，为了维持固定资产的使用效能，保证固定资产的正常运转和使用，企业必须对固定资产有计划地、及时地进行修理。固定资产的更新改造、修理等后续支出，满足固定资产确认条件的，应当计入固定资产成本；不满足固定资产确认条件的后续支出，应当在发生时计入当期损益。

企业生产车间（部门）和行政管理部门的固定资产发生不可资本化的后续支出，比如，固定资产日常修理费用及其可抵扣的增值税进项税额，借记“管理费用”“应交税费——应交增值税（进项税额）”科目，贷记“银行存款”等科目；企业专设销售机构的固定资产发生不可资本化的后续支出，比如，固定资产日常修理费用及其可抵扣的增值税进项税额，借记“销售费用”“应交税费——应交增值税（进项税额）”科目，贷记“银行存款”等科目。

【例 4－13】 武汉永鑫电子有限公司为增值税一般纳税人，2019 年 7 月 1 日，自行对管理部门使用的设备进行日常修理，发生修理费并取得增值税专用发票，注明修理费 6 500 元，税率 13%，增值税税额 845 元。

武汉永鑫电子有限公司作如下账务处理：

借：管理费用	6 500	
应交税费——应交增值税（进项税额）	845	
贷：银行存款		7 345

工作步骤

图表 4－3－4

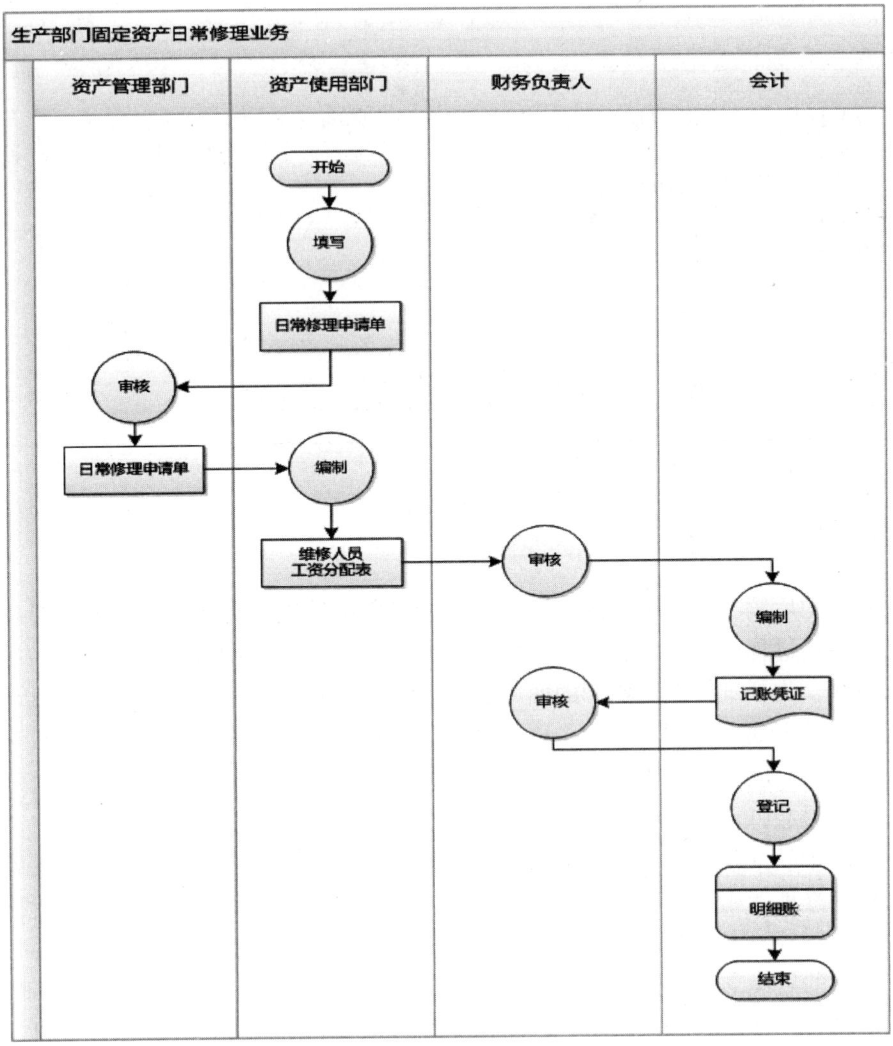
生产部门固定资产日常修理业务
资产管理部门
资产使用部门
财务负责人
会计
开始
填写
日常修理申请单
审核
日常修理申请单
编制
维修人员
工资分配表
审核
编制
记账凭证
审核
登记
明细账
结束

完成工作

图表 4－3－5

记　账　凭　证

年　　月　　日　　　　　　　　字第　　　　号

摘　要	会 计 科 目		借 方 金 额											贷 方 金 额											记账
	总账科目	明细科目	亿	千	百	十	万	千	百	十	元	角	分	亿	千	百	十	万	千	百	十	元	角	分	√
合　计																									

附单据　　张

会计主管：　　记账：　　出纳：　　复核：　　制单：

扫码查看答案　　　　练一练

子任务二　核算固定资产改建支出业务

工作任务

2019 年 10 月 20 日，武汉众科电子有限公司的成品仓库因生产规模扩大需要扩建，由固定资产转入在建工程。请根据相关单据编制记账凭证（凭证号：055）。

2019 年 10 月 30 日，武汉众科电子有限公司支付成品仓库扩建费用。请根据相关单据编制记账凭证（凭证号：178）。

2019 年 12 月 31 日，武汉众科电子有限公司的成品仓库扩建完工。请根据相关单据编制记账凭证（凭证号：179）。

图表 4－3－6

成品仓库折旧情况表

单位名称：武汉众科电子有限公司　　2019 年 10月 20 日　　金额单位：元

编号	名称	原值	建成时间	净残值率	使用年限	年折旧率	折旧月份数	累计折旧额
301003	成品仓库	1,000,000.00	2018-12-12	5%	10年	0.79167%	10	166,250.70

审核人：徐志文　　制单：王薇

图表 4－3－7

中国工商银行
转账支票存根
10204220
04933037

附加信息

出票日期 2019 年 10 月 30 日

收款人：	中铁十七局集团有限公司武汉分公司
金　额：	¥218,000.00
用　途：	扩建款

单位主管 李晓华 会计 王薇

XX印务有限公司·XX年印刷

图表 4－3－8

中国工商银行进账单（回　单）1

2019 年 10 月 30 日　　№ 77048575

出票人	全　称	武汉众科电子有限公司	收款人	全　称	中铁十七局集团有限公司武汉分公司
	账　号	6215581810004608805		账　号	6215344545267982786
	开户银行	工商银行武汉市洪山区支行		开户银行	工商银行武汉市多福路支行
金额	人民币（大写）	贰拾壹万捌仟元整		亿千百十万千百十元角分	¥21800000
票据种类	转账支票	票据张数 1			
票据号码	10204220-04933037				
复核　记账			工商银行武汉市洪山区支行 2019.10.30 转讫		开户银行签章

此联是开户银行交给持（出）票人的回单

图表 4－3－9

湖北增值税专用发票

发票联

4200151140　　№ 71623691　4200151140　71623691

机器编号：982888812388　　开票日期：2019年10月30日

购买方	名　　称：中铁十七局集团有限公司武汉分公司 纳税人识别号：91420106569871738U 地 址、电 话：武昌区姚家岭村星海虹城3号027-89218712 开户行及账号：工商银行武汉市多福路支行6215344545267982786				密码区	172312-4-275〈1+46*54* 82*59* 181321〉〈8182*59*09618153〈/ 〈4〈3*2702-9〉9*+153〈/0〉2-3 *08/4〉*〉〉2-3*0/9/〉〉25-275〈1	
货物或应税劳务、服务名称	规格型号	单位	数量	单价	金额	税率	税额
*建筑服务*扩建费		次	1	200,000.00	200,000.00	9%	18,000.00
合　　计					¥200,000.00		¥18,000.00
价税合计（大写）	⊗ 贰拾壹万捌仟元整				（小写）¥218,000.00		
销售方	名　　称：武汉众科电子有限公司 纳税人识别号：91420103524658761F 地 址、电 话：武汉市洪山区高新大道10号027-98771066 开户行及账号：工商银行武汉市洪山区支行6215581810004608805				备注	校验码 52118 02817 08248 65199	

收款人：　　复核：王薇　　开票人：苏青　　销售方：（章）

税总函［2016］××号××××公司

第三联：发票联　购买方记账凭证

图表 4－3－10

固定资产验收单

公司名称：武汉众科电子有限公司

资产编号	301004	资产名称	成品仓库		
规格(编号)	301	资产代码	004	管理人	张君
计量单位	幢	单价(元)	¥1,033,749.30	金额(元)	¥1,033,749.30
出厂日期	年　月　日	购置日期	2019 年 12 月 31 日		
生产厂家		安装地点	武汉市洪山区高新大道10号		
附件情况					
固定资产验收情况说明： 验收合格					
验收确认： 合格 验收日期：2019 年 12 月 31 日					
管理部门负责人签字：吴金星					
公司总经理签字：李晓华					

注：此表一式三份，使用部门、保管部门、财务部门各一份。

知识准备

固定资产的更新改造等后续支出，满足固定资产确认条件的，应当计入固定资产成本，如有被替换的部分，应同时将被替换部分的账面价值从该固定资产原账面价值中扣除。

固定资产发生可资本化后续支出时，应当通过“在建工程”科目核算。固定资产发生可资本化的后续支出时，企业应将该固定资产的原价、已计提的累计折旧和减值准备转销，将固定资产的账面价值转入在建工程，借记“在建工程”“累计折旧”“固定资产减值准备”等科目，贷记“固定资产”科目。发生可资本化后续支出时，借记“在建工程”科目，发生后续支出取得增值税专用发票的，按增值税专用发票上注明的增值税进项税额，借记“应交税费——应交增值税（进项税额）”科目，按实际支付的金额，贷记“银行存款”等科目。发生后续支出的固定资产达到预定可使用状态时，借记“固定资产”科目，贷记“在建工程”科目。

【例 4－14】 武汉永鑫电子有限公司对车间生产线设备进行改建，该设备原值1 000 000元，已提折旧400 000元，改建中更换部分零部件，新的零部件成本为70 000元，增值税专用发票上注明的增值税税额为9 100元；另支付安装费并取得增值税专用发票，注明安装费10 000元，增值税专用发票上注明的增值税税额1 300元。假定替换下的零部件账面价值为30 000元，且报废无残值收入。

武汉永鑫电子有限公司作如下账务处理：

（1）进行改扩建：

借：在建工程　600 000
　　累计折旧　400 000
　　贷：固定资产　1 000 000

（2）安装新的零部件：

借：在建工程　70 000
　　应交税费——应交增值税（进项税额）　9 100
　　贷：银行存款　79 100

（3）支付安装费：

借：在建工程　10 000
　　应交税费——应交增值税（进项税额）　1 300
　　贷：银行存款　11 300

（4）终止确认旧零部件账面价值：

借：营业外支出——非流动资产处置损失　30 000
　　贷：在建工程　30 000

（5）改扩建完成办理竣工决算时：

借：固定资产　650 000
　　贷：在建工程　650 000

工作步骤

图表 4-3-11

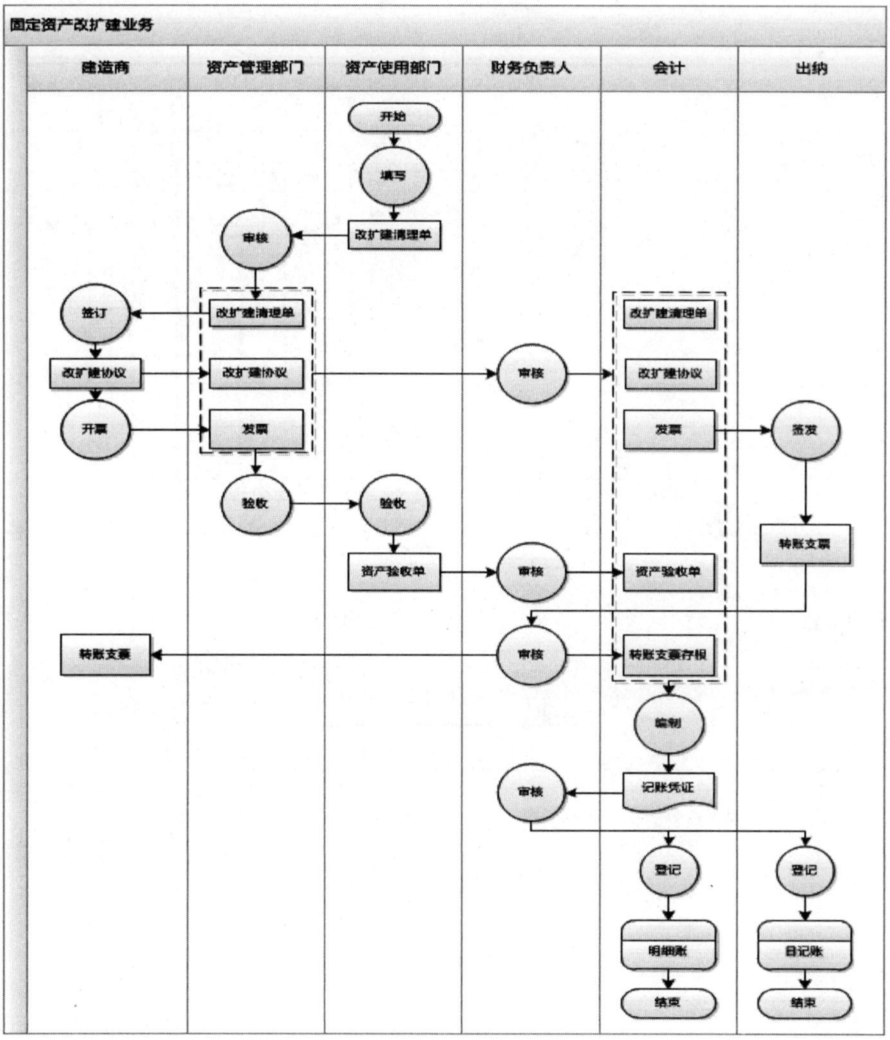
固定资产改扩建业务
建造商
资产管理部门
资产使用部门
财务负责人
会计
出纳
开始
填写
改扩建清理单
审核
签订
改扩建清理单
改扩建协议
改扩建协议
审核
改扩建清理单
改扩建协议
开票
发票
发票
签发
验收
验收
转账支票
资产验收单
审核
资产验收单
转账支票
审核
转账支票存根
编制
审核
记账凭证
登记
登记
明细账
日记账
结束
结束

完成工作

图表 4－3－12

记 账 凭 证

年　　月　　日　　　　　　　　　　　　字第　　　　号

摘　要	会 计 科 目		借 方 金 额											贷 方 金 额											记账
	总账科目	明细科目	亿	千	百	十	万	千	百	十	元	角	分	亿	千	百	十	万	千	百	十	元	角	分	√
合　计																									

附单据　　张

会计主管：　　　　记账：　　　　出纳：　　　　复核：　　　　制单：

图表 4－3－13

记 账 凭 证

年　　月　　日　　　　　　　　　　　　字第　　　　号

摘　要	会 计 科 目		借 方 金 额											贷 方 金 额											记账
	总账科目	明细科目	亿	千	百	十	万	千	百	十	元	角	分	亿	千	百	十	万	千	百	十	元	角	分	√
合　计																									

附单据　　张

会计主管：　　　　记账：　　　　出纳：　　　　复核：　　　　制单：

图表 4－3－14

记 账 凭 证

年　月　日　　　　　　　　　　　　字第　　　号

摘要	会计科目		借方金额											贷方金额											记账
	总账科目	明细科目	亿	千	百	十	万	千	百	十	元	角	分	亿	千	百	十	万	千	百	十	元	角	分	√
合计																									

附单据　　张

会计主管：　　记账：　　出纳：　　复核：　　制单：

扫码查看答案

练一练

工作总结

图表 4－3－15　　固定资产后续支出业务核算

固定资产改建支出	（1）将改建固定资产转入在建工程： 借：在建工程 　　累计折旧 　　贷：固定资产 （2）支付各项改建支出： 借：在建工程 　　应交税费——应交增值税（进项税额） 　　贷：银行存款等 （3）改建完工达到预定可使用状态： 借：固定资产 　　贷：在建工程
固定资产日常修理费	借：管理费用 　　销售费用 　　应交税费——应交增值税（进项税额） 　　贷：银行存款等

图表 4-3-16　　工作评价与反馈

<table>
<tr><td colspan="2" rowspan="2">项目</td><td colspan="3">任务完成程度</td></tr>
<tr><td>全部完成</td><td>部分完成</td><td>未完成</td></tr>
<tr><td rowspan="2">自我评价</td><td>子任务一</td><td></td><td></td><td></td></tr>
<tr><td>子任务二</td><td></td><td></td><td></td></tr>
<tr><td colspan="2">任务完成心得</td><td colspan="3"></td></tr>
<tr><td colspan="2">存在的问题</td><td colspan="3"></td></tr>
<tr><td colspan="2">教师评价</td><td colspan="3"></td></tr>
</table>

任务四　核算固定资产处置业务

情景导入

当公司机器设备不合乎生产需要的时候，可能就要出售，或是机器设备到了使用寿命年限需要报废，这些固定资产的处置业务该如何办理呢？

任务要求

能够正确办理固定资产处置及清查业务，根据相关原始凭证进行账务处理。

子任务一　核算固定资产出售业务

工作任务

2019 年 6 月 5 日，武汉众科电子有限公司出售一台已使用的生产设备。请根据相关单据编制记账凭证（凭证号：218）。

2019 年 6 月 5 日，武汉众科电子有限公司收到出售设备款项。请根据相关单据编制记账凭证（凭证号：219）。

2019 年 6 月 5 日，武汉众科电子有限公司结转出售设备损溢。请根据相关单据编制记账凭证（凭证号：220）。

原价为 500 000 元，已计提折旧 50 000 元，实际出售价格为 468 000 元（含增值税），假设该生产设备于 2015 年 1 月 21 日购入。请根据相关单据编制记账凭证。

图表 4－4－1

固定资产折旧计提明细表

单位名称：武汉众科电子有限公司　　2019 年 6月 5 日　　金额单位：元

编号	名称	数量	使用部门	购入日期	使用年限	固定资产原值	固定资产净值	至本月累计折旧额
301004	检测设备	1	生产车间	2015-12-20	10	5,000,000.00	450,000.00	50,000.00

审核人：徐志文　　制单：王薇

图表 4－4－2

湖北 增值税专用发票

4200151140　　№ 32988169　4200151140　32988169

机器编号：982888812388　　此联不做报销、扣税凭证使用　　开票日期：2019年06月05日

税总函[2016]××号×××公司

购买方	名　　称：武汉环利回收有限公司 纳税人识别号：91420115081993015D 地 址、电 话：武汉市江汉区建设大道523号027-87698231 开户行及账号：工商银行武汉市王家巷支行6215344587267872349	密码区	172312-4-275〈1+46*54* 82*59* 181321〉〈8182*59*09618153〈/ 〈4〈3*2702-9〉9*+153〈/0 〉2-3 *08/4〉*〉〉2-3*0/9/〉〉25-275〈1

货物或应税劳务、服务名称	规格型号	单位	数量	单价	金额	税率	税额
*电子工业设备*检测设备		台	1	400,000.00	400,000.00	13%	52,000.00
合　　计					¥400,000.00		¥52,000.00
价税合计（大写）	⊗ 肆拾伍万贰仟元整				（小写）¥452,000.00		

销售方	名　　称：武汉众科电子有限公司 纳税人识别号：91420103524658761F 地 址、电 话：武汉市洪山区高新大道10号027-98771066 开户行及账号：工商银行武汉市洪山区支行6215581810004608805	备注	校验码 52118 02817 08248 65199

收款人：　　复核：王薇　　开票人：苏青　　销售方：（章）

第一联：记账联　销售方记账凭证

图表 4－4－3

中国工商银行　电汇凭证（收账通知）3

☑普通　☐加急　　委托日期 2019 年 06 月 05 日　　NO 25075119

汇款人	全　称	武汉环利回收有限公司	收款人	全　称	武汉众科电子有限公司
	账　号	6215344587267872349		账　号	6215581810004608805
	汇出地点	湖北 省 武汉 市/县		汇入地点	湖北 省 武汉 市/县
汇出行名称		工商银行武汉市王家巷支行	汇入行名称		工商银行武汉市洪山区支行
金额	人民币（大写）	肆拾伍万贰仟元整		千百十万千百十元角分	¥45200000
汇出行盖章：工商银行武汉市王家巷支行 2019.06.05 转讫			支付密码		190292358527
			附加信息及用途：改为出售固定资产		
			复核　记账		

此联汇出行给汇款人的回单

知识准备

企业固定资产处置包括固定资产出售、报废、毁损、对外投资、非货币性资产交换、债务重组等。

企业在生产经营过程中，可能将不适用或不需用的固定资产对外出售转让，或因磨损、技术进步等原因对固定资产进行报废，或遭受自然灾害而对毁损的固定资产进行处理。对于上述事项在进行会计处理时，应当按照规定程序办理有关手续，结转固定资产的账面价值，计算有关的清理收入、清理费用及残料价值等，清理完毕，结转固定资产清理损益。

企业应设置“固定资产清理”科目核算企业因出售、转让等原因处置固定资产所转出的固定资产账面价值以及在清理过程中发生的费用等。该科目应按照被清理的固定资产项目进行明细核算。

企业因出售、转让等转出的固定资产，按该项固定资产的账面价值，借记“固定资产清理”科目，按已计提的累计折旧，借记“累计折旧”科目，按已计提的减值准备，借记“固定资产减值准备”科目，按其账面原价，贷记“固定资产”科目。

固定资产在清理过程中，应支付的清理费用及其可抵扣的增值税进项税额，借记“固定资产清理”“应交税费——应交增值税（进项税额）”科目，贷记“银行存款”等科目。

收回出售固定资产的价款和税款，借记“银行存款”科目，按增值税专用发票上注明的价款，贷记“固定资产清理”科目，按增值税专用发票上注明的增值税销项税额，贷记“应交税费——应交增值税（销项税额）”科目。残料入库，按残料价值，借记“原材料”等科目，贷记“固定资产清理”科目。

因出售、转让等原因产生的固定资产处置利得或损失应计入资产处置收益。确认处置损失，借记“资产处置损益”科目，贷记“固定资产清理”科目；如为净收益，借记“固定资产清理”科目，贷记“资产处置损益”科目。

【例4-15】 2019年7月5日，武汉永鑫电子有限公司出售一台已使用的生产设备，原价为358 000元，已计提折旧为50 000元，实际出售价格为300 000元，增值税税额为39 000元。

武汉永鑫电子有限公司作如下账务处理：

（1）出售固定资产转入清理：

借：固定资产清理	308 000	
累计折旧	50 000	
贷：固定资产		358 000

（2）收到出售设备价款：

借：银行存款	339 000	
贷：固定资产清理		300 000
应交税费——应交增值税（销项税额）		39 000

（3）结转出售设备净损失：

借：资产处置损益	8 000	
贷：固定资产清理		8 000

工作步骤

图表 4－4－4

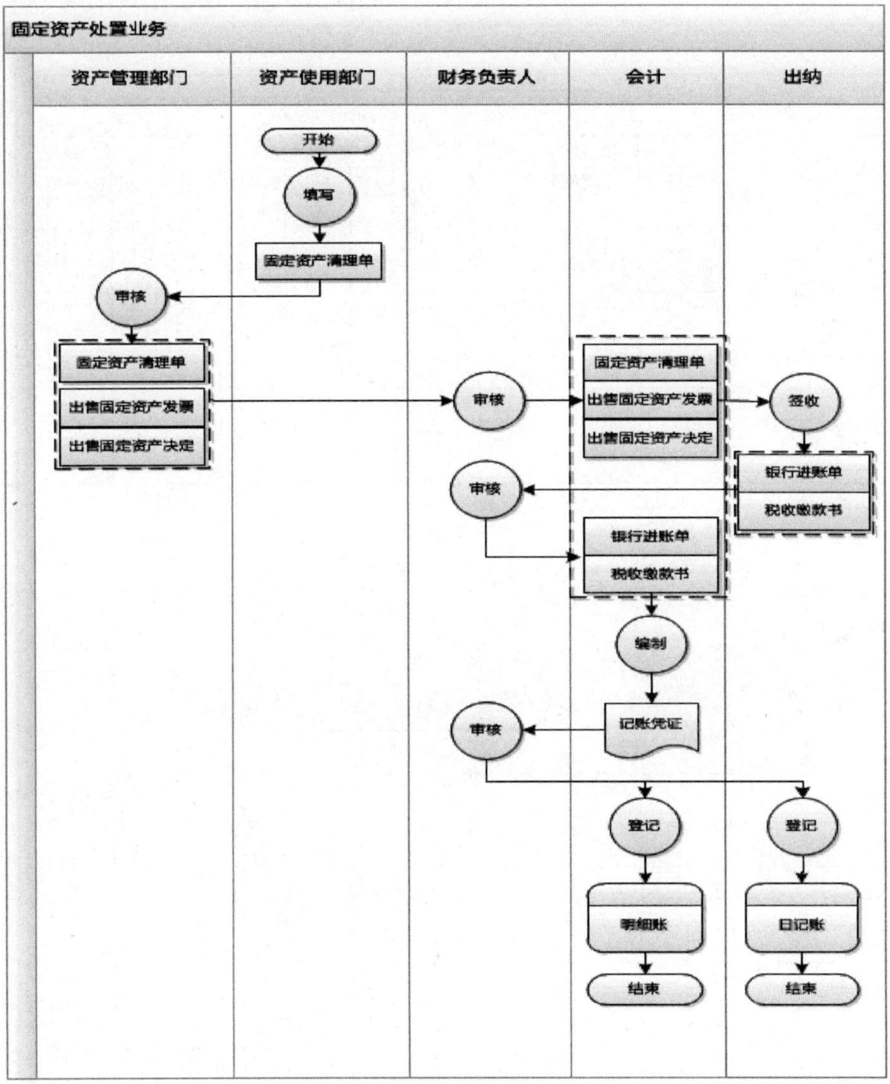
固定资产处置业务
资产管理部门
资产使用部门
财务负责人
会计
出纳
开始
填写
固定资产清理单
审核
固定资产清理单
出售固定资产发票
出售固定资产决定
审核
固定资产清理单
出售固定资产发票
出售固定资产决定
签收
银行进账单
税收缴款书
审核
银行进账单
税收缴款书
编制
记账凭证
审核
登记
登记
明细账
日记账
结束
结束

完成工作

图表 4－4－5

记 账 凭 证

年　　月　　日　　　　　　　　字第　　　　号

摘要	会计科目		借方金额											贷方金额											记账
	总账科目	明细科目	亿	千	百	十	万	千	百	十	元	角	分	亿	千	百	十	万	千	百	十	元	角	分	√
	合计																								

附单据　　张

会计主管：　　记账：　　出纳：　　复核：　　制单：

图表 4－4－6

记 账 凭 证

年　　月　　日　　　　　　　　字第　　　　号

摘要	会计科目		借方金额											贷方金额											记账
	总账科目	明细科目	亿	千	百	十	万	千	百	十	元	角	分	亿	千	百	十	万	千	百	十	元	角	分	√
	合计																								

附单据　　张

会计主管：　　记账：　　出纳：　　复核：　　制单：

图表 4－4－7

记 账 凭 证

年　月　日　　　　字第　　号

摘要	会计科目		借方金额											贷方金额											记账
	总账科目	明细科目	亿	千	百	十	万	千	百	十	元	角	分	亿	千	百	十	万	千	百	十	元	角	分	√
合计																									

附单据　张

会计主管：　记账：　出纳：　复核：　制单：

扫码查看答案

练一练

子任务二　核算固定资产报废毁损业务

工作任务

2019 年 12 月 25 日，武汉众科电子有限公司的固定资产报废，转入清理。请根据相关单据编制记账凭证（凭证号：063）。

2019 年 12 月 25 日，武汉众科电子有限公司收到固定资产清理费发票，清理费未付。请根据相关单据编制记账凭证（凭证号：064）。

2019 年 12 月 25 日，武汉众科电子有限公司取得销售残料收入。请根据相关单据编制记账凭证（凭证号：065）。

2019 年 12 月 25 日，结转固定资产清理。请根据相关单据编制记账凭证（凭证号：066）。

图表 4－4－8

固定资产处置申请单

单位名称：武汉众科电子有限公司　　日期：2019年12月25日

固定资产名称	小型货车	单位	辆	型号	2.0	数量	1
资产编号		停用时间	2019年12月25日	购建时间	2019年12月12日	存放地点	
已提折旧月数	48	原值	350,000.00	累计折旧		263,228.85	
有效使用年限		月折旧额		净值			
处置原因：	维修成本过高，耗油量大，提前报废！						
财务部门意见：	同意报废			公司领导意见：	同意报废		

编制人：　　单位负责人：

图表 4－4－9

湖北增值税专用发票

4200151140　　№ 58900863　4200151140　58900863

发票联

机器编号：982888812388　　开票日期：2019年12月25日

购买方	名　　称：武汉众科电子有限公司 纳税人识别号：91420103524658761F 地 址、电 话：武汉市洪山区高新大道10号027-98771066 开户行及账号：工商银行武汉市洪山区支行6215581810004608805			密码区	172312-4-275〈1+46*54* 82*59* 181321〉〈8182*59*09618153〈/ 〈4〈3*2702-9〉9*+153〈/0 〉2-3 *08/4〉*〉〉2-3*0/9/〉〉25-275〈1		
货物或应税劳务、服务名称	规格型号	单位	数量	单价	金额	税率	税额
*生活服务*清理费		次	1	4,000.00	4,000.00	6%	240.00
合　　计					¥4,000.00		¥240.00
价税合计（大写）	⊗ 肆仟贰佰肆拾元整				（小写）¥4,240.00		
销售方	名　　称：武汉环利回收有限公司 纳税人识别号：91420115081993015D 地 址、电 话：武汉市江汉区建设大道523号027-87698231 开户行及账号：工商银行武汉市王家巷支行6215344587267872349			备注	校验码 52118 02317 08248 65199		

收款人：　　复核：　　开票人：江庆荣　　销售方：（章）

税总函[2016]××号××××公司

第三联：发票联　购买方记账凭证

图表 4－4－10

中国工商银行
转账支票存根

10201120
60244096

XX印务有限公司·XX年印刷

附加信息

出票日期 2019 年 12 月 25 日

收款人：	武汉环利回收有限公司
金　额：	¥4,240.00
用　途：	支付清理费

单位主管 李晓华　会计 王薇

图表 4－4－11

湖北　增值税专用发票

4200151140　　№ 19254179　4200151140 19254179

机器编号：982888812388　　此联不做报销、扣税凭证使用　　开票日期：2019年12月25日

税总函[2016]××号××××公司

购买方	名　称：武汉环利回收有限公司 纳税人识别号：91420115081993015D 地址、电话：武汉市江汉区建设大道523号027-87698231 开户行及账号：工商银行武汉市王家巷支行6215344587267872349				密码区	172312-4-275〈1+46*54* 82*59* 181321〉〈8182*59*09618153〈/ 〈4〈3*2702-9〉9*+153〈/0〉2-3 *08/4〉*〉〉2-3*0/9/〉〉25-275〈1	
货物或应税劳务、服务名称	规格型号	单位	数量	单价	金额	税率	税额
*黑色金属冶炼压延品*废钢铁		吨	4	2,700.00	10,800.00	13%	1,404.00
合　计					¥10,800.00		¥1,404.00
价税合计（大写）	⊗ 壹万贰仟贰佰零肆元整				（小写）¥12,204.00		
销售方	名　称：武汉众科电子有限公司 纳税人识别号：91420103524658761F 地址、电话：武汉市洪山区高新大道10号027-98771066 开户行及账号：工商银行武汉市洪山区支行6215581810004608805				备注	校验码 52118 02817 08248 65199	

收款人：　　复核：王薇　　开票人：苏青　　销售方：（章）

第一联：记账联　销售方记账凭证

图表 4－4－12

中国工商银行 进账单（回　单） 1

2019 年 12 月 25 日　　　№ 34501104

出票人	全称	武汉环利回收有限公司	收款人	全称	武汉众科电子有限公司
	账号	6215344587267872349		账号	6215581810004608805
	开户银行	工商银行武汉市王家巷支行		开户银行	工商银行武汉市洪山区支行
金额	人民币（大写）	壹万贰仟贰佰零肆元整		亿千百十万千百十元角分	¥1220400
票据种类	转账	票据张数 1			
票据号码					
	复核　记账			工商银行武汉市洪山区支行 2019.12.25 转讫	开户银行签章

此联是开户银行交给持（出）票人的回单

知识准备

企业因报废、毁损等转出的固定资产，按该项固定资产的账面价值，借记“固定资产清理”科目，按已计提的累计折旧，借记“累计折旧”科目，按已计提的减值准备，借记“固定资产减值准备”科目，按其账面原价，贷记“固定资产”科目。

固定资产清理过程中，应支付的清理费用及其可抵扣的增值税进项税额，借记“固定资产清理”“应交税费——应交增值税（进项税额）”科目，贷记“银行存款”等科目。

收回出售固定资产的价款和税款，借记“银行存款”科目，按增值税专用发票上注明的价款，贷记“固定资产清理”科目，按增值税专用发票上注明的增值税销项税额，贷记“应交税费——应交增值税（销项税额）”科目。残料入库，按残料价值，借记“原材料”等科目，贷记“固定资产清理”科目。

应由保险公司或过失人赔偿的损失，借记“其他应收款”等科目，贷记“固定资产清理”科目。

因固定资产已丧失使用功能或因自然灾害发生毁损等原因而报废清理产生的利得或损失应记入营业外收支。属于生产经营期间报废清理产生的处理净损失，借记“营业外支出——非流动资产处置损失”（正常原因）或“营业外支出——非常损失”（非正常原因）科目；如为净收益，借记“固定资产清理”科目，贷记“营业外收入——非流动资产处置利得”科目。

【例 4－16】 武汉永鑫电子有限公司一座仓库因遭受暴雨袭击而损毁，经批准报废转入清理。该仓库原值 500 000 元，已提折旧 400 000 元，发生清理费用并取得增值税专用发票，注明的清理费为 40 000 元，增值税税额为 5 200 元。收到保险公司的赔款为 200 000 元。

武汉永鑫电子有限公司作如下账务处理：

（1）转入清理时：

借：固定资产清理 100 000
　　累计折旧 400 000
　　贷：固定资产——生产经营用固定资产 500 000

（2）支付清理费用：

借：固定资产清理 40 000
　　应交税费——应交增值税（进项税额） 5 200
　　贷：银行存款 45 200

（3）收到保险公司赔款：

借：银行存款 200 000
　　贷：固定资产清理 200 000

（4）结转报废清理的净收益：

借：固定资产清理 60 000
　　贷：营业外收入——非流动资产处置利得 60 000

【例 4 -17】 承上例，若收到保险公司的赔款为 100 000 元。

武汉永鑫电子有限公司作如下账务处理：

（1）转入清理时：

借：固定资产清理 100 000
　　累计折旧 400 000
　　贷：固定资产——生产经营用固定资产 500 000

（2）支付清理费用：

借：固定资产清理 40 000
　　应交税费——应交增值税（进项税额） 5 200
　　贷：银行存款 45 200

（3）收到保险公司赔款：

借：银行存款 100 000
　　贷：固定资产清理 100 000

（4）结转报废清理的净收益：

借：营业外支出——非常损失 40 000
　　贷：固定资产清理 40 000

工作步骤

图表 4－4－13

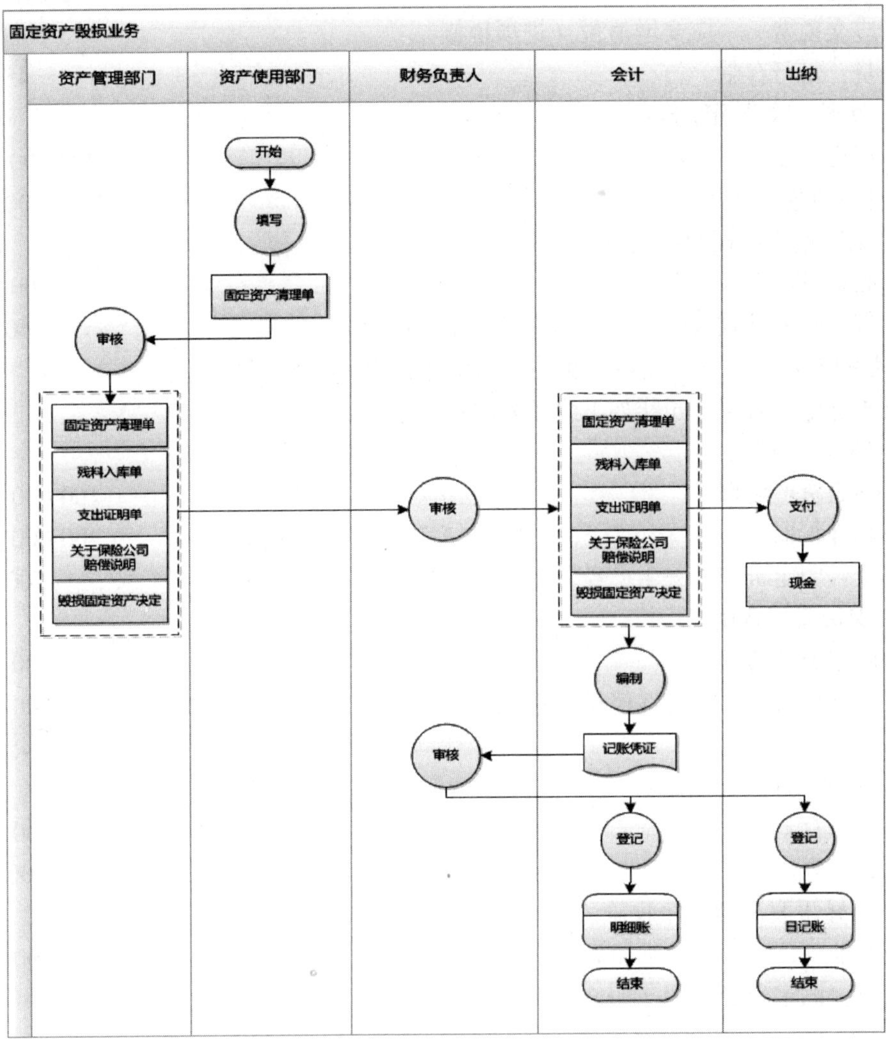
固定资产毁损业务
资产管理部门
资产使用部门
财务负责人
会计
出纳
开始
填写
固定资产清理单
审核
固定资产清理单
残料入库单
支出证明单
关于保险公司赔偿说明
毁损固定资产决定
审核
固定资产清理单
残料入库单
支出证明单
关于保险公司赔偿说明
毁损固定资产决定
支付
现金
编制
记账凭证
审核
登记
登记
明细账
日记账
结束
结束

完成工作

图表 4－4－14

记　账　凭　证

年　　月　　日　　　　　　　　　　　　字第　　　　号

摘要	会计科目		借方金额											贷方金额											记账√
	总账科目	明细科目	亿	千	百	十	万	千	百	十	元	角	分	亿	千	百	十	万	千	百	十	元	角	分	
合计																									

附单据　　张

会计主管：　　　　记账：　　　　出纳：　　　　复核：　　　　制单：

图表 4－4－15

记　账　凭　证

年　　月　　日　　　　　　　　　　　　字第　　　　号

摘要	会计科目		借方金额											贷方金额											记账√
	总账科目	明细科目	亿	千	百	十	万	千	百	十	元	角	分	亿	千	百	十	万	千	百	十	元	角	分	
合计																									

附单据　　张

会计主管：　　　　记账：　　　　出纳：　　　　复核：　　　　制单：

图表 4－4－16

记 账 凭 证

年　　月　　日　　　　　　　　　　字第　　　　号

摘 要	会计科目		借方金额											贷方金额											记账√
	总账科目	明细科目	亿	千	百	十	万	千	百	十	元	角	分	亿	千	百	十	万	千	百	十	元	角	分	
合 计																									

附单据　　张

会计主管：　　记账：　　出纳：　　复核：　　制单：

图表 4－4－17

记 账 凭 证

年　　月　　日　　　　　　　　　　字第　　　　号

摘 要	会计科目		借方金额											贷方金额											记账√
	总账科目	明细科目	亿	千	百	十	万	千	百	十	元	角	分	亿	千	百	十	万	千	百	十	元	角	分	
合 计																									

附单据　　张

会计主管：　　记账：　　出纳：　　复核：　　制单：

扫码查看答案

练一练

工作总结

图表 4－4－18 固定资产处置业务核算

固定资产转入清理	借：固定资产清理 累计折旧 贷：固定资产
发生的清理费用	借：固定资产清理 应交税费——应交增值税（进项税额） 贷：银行存款
出售收入和残料等的处理	借：银行存款 贷：固定资产清理 应交税费——应交增值税（销项税额）
保险赔偿的处理	借：银行存款 其他应收款 贷：固定资产清理
清理净损益的处理	借：营业外支出——非流动资产处置净损失/资产处置损益 贷：固定资产清理 或借：固定资产清理 贷：营业外收入——非流动资产处置净收益/资产处置损益

图表 4－4－19 工作评价与反馈

项目		任务完成程度		
		全部完成	部分完成	未完成
自我评价	子任务一			
	子任务二			
任务完成心得				
存在的问题				
教师评价				

任务五　核算固定资产清查业务

情景导入

为保证固定产核算的真实性，充分挖掘企业现在固定资产的潜力，企业应当定期或者至少于每年年末对固定资产进行清查盘点。在固定资产清查过程中，如果发现盘盈、盘亏的固定资产，应当填制“固定资产盘盈盘亏报告表”。清查固定资产的损益，应当及时查明原因，并按照规定程序报批处理。

任务要求

能够正确办理固定资产清查业务，根据相关原始凭证进行账务处理。

子任务一　核算固定资产盘亏业务

工作任务

2019 年 12 月 31 日，武汉众科电子有限公司盘亏固定资产。请根据相关单据编制记账凭证（凭证号：235，236）。

图表 4－5－1

固定资产盘点表

单位名称：武汉众科电子有限公司

使用部门：办公室　　　　2019 年 12 月 31 日

财产编号	固定资产			单位	登记卡数量	盘点数量	盘盈		盘亏		备注
	名称	规格	厂牌				数量	金额	数量	金额	
301002	摄像机	UE8	佳能	台	2	1			1	23,000.00	原值是23,000.00元，2019年5月10日投入使用，已计提折旧15,659.31元

第二联　报会计部门

使用部门负责人：张君　　监盘人：王薇　　盘点人：苏青　　制单：苏青

图表 4-5-2

固定资产盘亏审批处理决定

2019年12月31日盘亏佳能UE8摄像机一台，无法查明损失原因。经董事会决议，计入当期损益。

仓管员：周帅

财务经理：徐志文

总经理：李晓华

武汉众科电子有限公司

2019年　12月　31日

知识准备

为保证固定资产核算的真实性，充分挖掘企业现有固定资产的潜力，企业应当定期或者至少于每年年末对固定资产进行清查盘点。在固定资产清查过程中，如果发现盘盈、盘亏的固定资产，应当填制固定资产盘盈盘亏报告表。清查固定资产的损溢，应当及时查明原因，并按照规定程序报批处理。

企业在财产清查中盘亏的固定资产，按照盘亏固定资产的账面价值，借记“待处理财产损溢”科目，按照已计提的累计折旧，借记“累计折旧”科目，按照已计提的减值准备，借记“固定资产减值准备”科目，按照固定资产的原价，贷记“固定资产”科目。

企业按照管理权限报经批准后处理时，按照可收回的保险赔偿或过失人赔偿，借记“其他应收款”科目，按照应计入营业外支出的金额，借记“营业外支出——盘亏损失”科目，贷记“待处理财产损溢”科目。

【例 4-18】　武汉永鑫电子有限公司在清查财产过程中，发现盘亏电子设备一台，经查系因管理不善造成被盗，该设备原值 50 000 元，已提折旧 32 000 元，购入时增值税税额 6 500 元。经批准，由保管员赔偿 5 000 元。

武汉永鑫电子有限公司作如下账务处理：

（1）固定资产盘亏时：

借：待处理财产损溢——待处理非流动资产损溢　　20 340
　　累计折旧　　32 000
　　贷：固定资产　　50 000
　　　　应交税费——应交增值税（进项税额转出）　　2 340

（2）经批准转销固定资产盘亏时：

借：其他应收款　　5 000
　　营业外支出——盘亏损失　　15 340
　　贷：待处理财产损溢——待处理非流动资产损溢　　20 340

工作步骤

图表 4－5－3

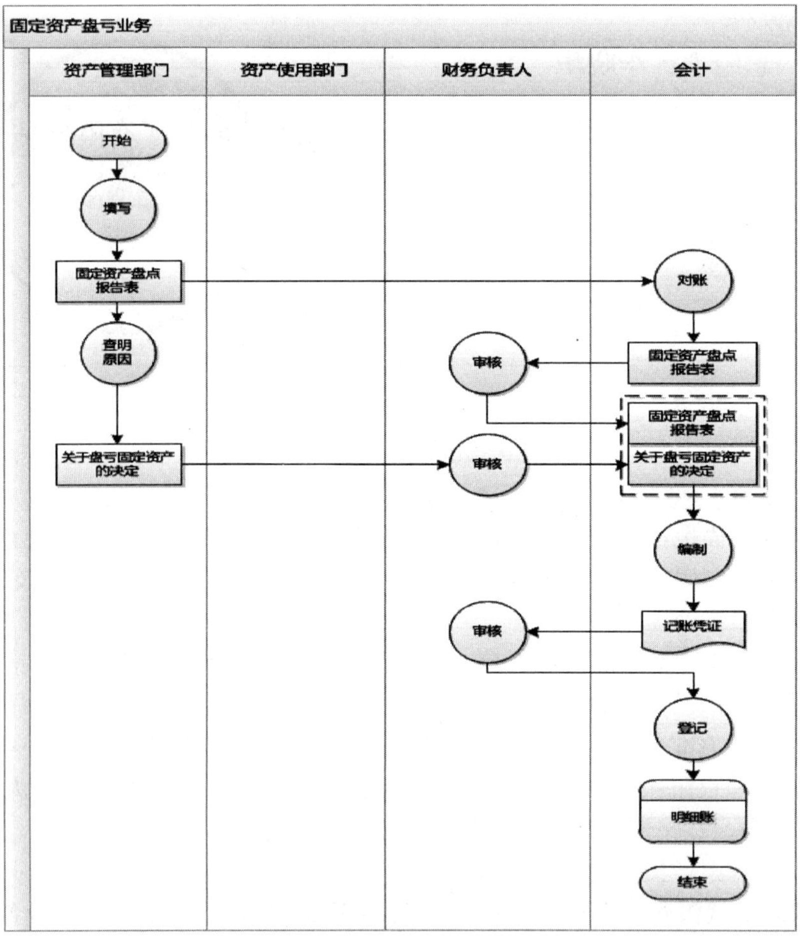

完成工作

图表 4-5-4

记　账　凭　证

年　　月　　日　　　　字第　　　号

摘　要	会计科目		借方金额											贷方金额											记账
	总账科目	明细科目	亿	千	百	十	万	千	百	十	元	角	分	亿	千	百	十	万	千	百	十	元	角	分	√
合　计																									

附单据　　张

会计主管：　　　记账：　　　出纳：　　　复核：　　　制单：

图表 4-5-5

记　账　凭　证

年　　月　　日　　　　字第　　　号

摘　要	会计科目		借方金额											贷方金额											记账
	总账科目	明细科目	亿	千	百	十	万	千	百	十	元	角	分	亿	千	百	十	万	千	百	十	元	角	分	√
合　计																									

附单据　　张

会计主管：　　　记账：　　　出纳：　　　复核：　　　制单：

扫码查看答案

练一练

子任务二 核算固定资产盘盈业务

工作任务

2019 年 11 月 30 日，武汉众科电子有限公司盘盈固定资产，六成新。请根据相关单据编制记账凭证（凭证号：178）。

2019 年 11 月 30 日，武汉众科电子有限公司对盘盈的固定资产做出审批处理。请根据相关单据编制记账凭证（凭证号：179）。

图表 4 -5 -6

固定资产盘点表

单位名称：武汉众科电子有限公司

使用部门：办公室　　　　2019 年 11 月 30 日

财产编号	固定资产			单位	登记卡数量	盘点数量	盘盈		盘亏		备注
	名称	规格	厂牌				数量	金额	数量	金额	
301002	摄像机	UE8	佳能	台	1	2	1	13,800.00			市场价值是23,000.00元，六成新

第二联 报会计部门

使用部门负责人：张君　　监盘人：王薇　　盘点人：苏青　　制单：苏青

图表 4-5-7

固定资产盘盈审批处理决定

2019年11月30日盘盈佳能UE8摄像机一台，经调查是有人遗失在公司办公室，但无法找到失主，经研究决定，计入当期收益。

仓管员：周帅

财务经理：徐志文

总经理：李晓华

武汉众科电子有限公司

2019年　11月　30日

知识准备

企业在财产清查中盘盈的固定资产，根据《企业会计准则第 28——会计政策、会计估计变更和差错更正》的规定，应当作为重要的前期差错进行会计处理。企业在财产清查中盘盈的固定资产，在按管理权限报经批准处理前，应先通过“以前年度损益调整”科目核算。

盘盈的固定资产，应按重置成本确定其入账价值，借记“固定资产”科目，贷记“以前年度损益调整”科目；由于以前年度损益调整而增加的所得税费用，借记“以前年度损益调整”科目，贷记“应交税费——应交所得税”科目；将以前年度损益调整科目余额转入留存收益时，借记“以前年度损益调整”科目，贷记“盈余公积”“利润分配——未分配利润”科目。

【例 4-19】 武汉永鑫电子有限公司于 2019 年 4 月 30 日对企业全部固定资产进行盘查，盘盈一台 5 成新的机器设备，该设备同类产品市场价格为 120 000 元。假定武汉永鑫电子有限公司按净利润的 10% 提取法定盈余公积，不考虑相关税费及其他因素的影响。

武汉永鑫电子有限公司作如下账务处理：

（1）盘盈固定资产时：

借：固定资产	60 000	
贷：以前年度损益调整		60 000

（2）结转为留存收益时：

借：以前年度损益调整	60 000	
贷：盈余公积——法定盈余公积		6 000
利润分配——未分配利润		54 000

工作步骤

图表 4－5－8

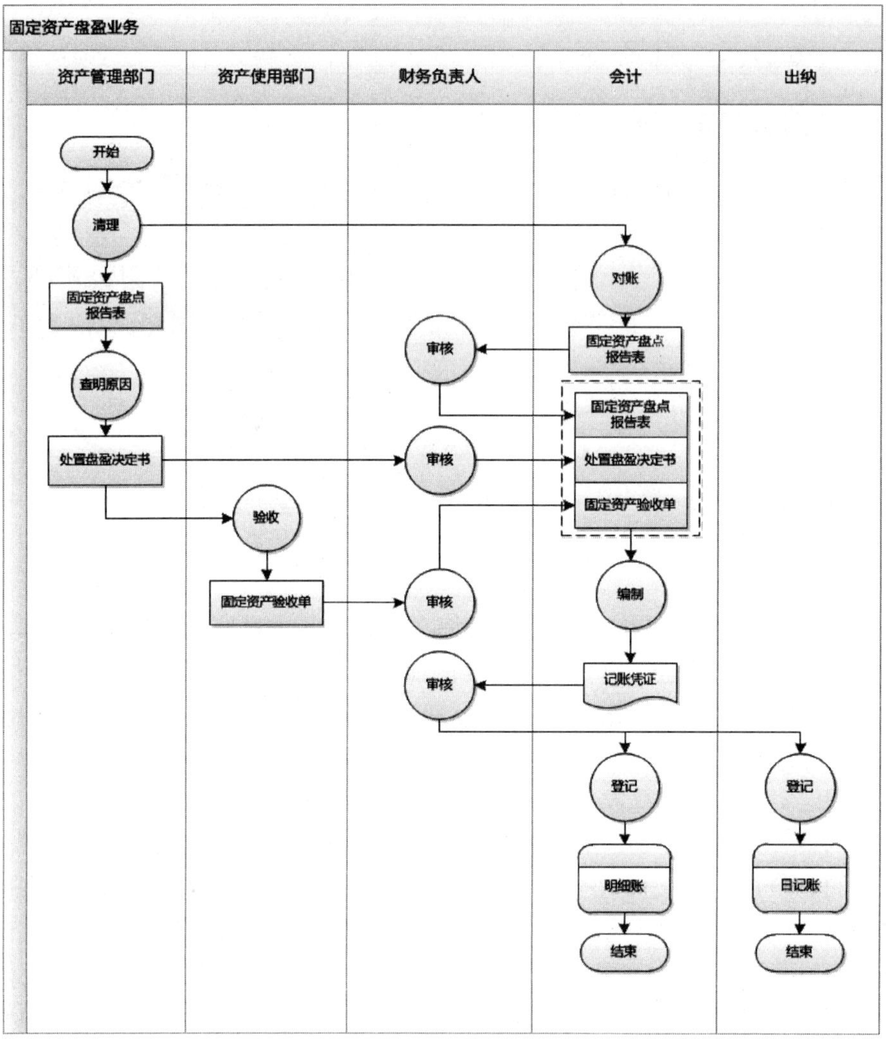

完成工作

图表 4－5－9

记 账 凭 证

年　月　日　　　　　　　　字第　　号

摘 要	会计科目		借方金额											贷方金额											记账
	总账科目	明细科目	亿	千	百	十	万	千	百	十	元	角	分	亿	千	百	十	万	千	百	十	元	角	分	√
合 计																									

附单据　张

会计主管：　　记账：　　出纳：　　复核：　　制单：

图表 4－5－10

记 账 凭 证

年　月　日　　　　　　　　字第　　号

摘 要	会计科目		借方金额											贷方金额											记账
	总账科目	明细科目	亿	千	百	十	万	千	百	十	元	角	分	亿	千	百	十	万	千	百	十	元	角	分	√
合 计																									

附单据　张

会计主管：　　记账：　　出纳：　　复核：　　制单：

扫码查看答案　　　　练一练

子任务三　核算固定资产减值业务

工作任务

2020 年 12 月 31 日，武汉众科电子有限公司的音响生产线存在可能发生减值的迹象。经计算，该机器的可收回金额合计为 1 230 000 元，账面价值为 1 400 000 元，以前年度未对该生产线计提过减值准备。请根据相关单据编制记账凭证（凭证号：195）。

图表 4－5－11

固定资产减值准备计提审批表

2020年12月31日　　　　　　　　　单位：元

账面价值	可收回金额	减值	审批意见
1 400 000.00	1 230 000.00	170 000.00	同意计提减值

武汉众科电子有限公司

知识准备

固定资产的初始入账价值为历史成本，由于固定资产使用年限较长，市场条件和经营环境的变化、科学技术的进步以及企业经营不善等原因，都可能导致固定资产创造未来经济利益的能力大大下降。因此，固定资产的真实价值有可能低于账面价值，在期末必须对固定资产减值损失进行确认。

固定资产在资产负债表日存在可能发生减值的迹象时，其可收回金额低于账面价值的，企业应当将该固定资产的账面价值减记至可收回金额，减记的金额确认为减值损失，计入当期损益，借记“资产减值损失——固定资产减值损失”科目，同时，计提资产减值准备，贷记“固定资产减值准备”科目。

根据《企业会计准则第 8 号——资产减值》的规定，企业固定资产减值损失一经确认，在以后会计期间不得转回。

【例 4－20】 2020 年 12 月 31 日，武汉永鑫电子有限公司的某设备存在可能发生减值的迹象。经计算，该设备的可收回金额合计为 500 000 元，账面价值为 600 000 元，以前年度未对该生产线计提过减值准备。

武汉永鑫电子有限公司作如下账务处理：

借：资产减值损失——固定资产减值损失　　　　100 000

　　贷：固定资产减值准备　　　　　　　　　　　100 000

工作步骤

图表 4－5－12

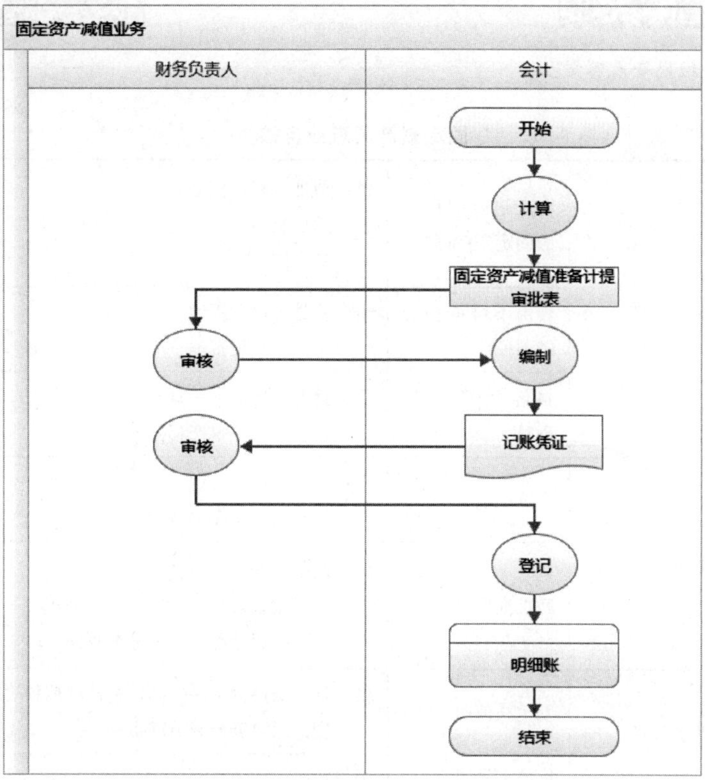

完成工作

图表 4－5－13

记　账　凭　证

年　　月　　日　　　　　　　　字第　　　、号

摘　要	会计科目		借方金额											贷方金额											记账√
	总账科目	明细科目	亿	千	百	十	万	千	百	十	元	角	分	亿	千	百	十	万	千	百	十	元	角	分	
合　计																									

附单据　　张

会计主管：　　　记账：　　　出纳：　　　复核：　　　制单：

扫码查看答案　　　　练一练

图表 4－5－14　　固定资产清查业务核算

固定资产盘亏账务处理	财产清查中盘亏的固定资产时	借：待处理财产损溢 　　累计折旧 　　贷：固定资产
	转出不可抵扣的进项税额	借：待处理财产损溢 　　贷：应交税费——应交增值税（进项税额转出）
	报经批准后处理时	借：营业外支出——盘亏损失 　　贷：待处理财产损溢
固定资产盘盈账务处理	经批准前	借：固定资产 　　贷：以前年度损益调整
	经批准后	借：以前年度损益调整 　　贷：盈余公积——法定盈余公积 　　　　利润分配——未分配利润
固定资产减值账务处理	发生减值时	借：资产减值损失——固定资产减值损失 　　贷：固定资产减值准备
	价值上升时	不得转回

图表 4－5－15　　工作评价与反馈

项目		任务完成程度		
		全部完成	部分完成	未完成
自我评价	子任务一			
	子任务二			
	子任务三			
任务完成心得				
存在的问题				
教师评价				

项目五　核算无形资产业务

任务导学

在科学技术飞跃发展的今天，无形资产在企业经营发展中的地位和作用越来越重要。无形资产是企业拥有或控制的没有实物形态的可辨认非货币性资产。无形资产包括专利权、非专利权、商标权、著作权、土地使用权、特许权等。无形资产有多种取得方式，不同取得方式在账务处理上有所区别；无形资产需要在使用过程中进行摊销。因此，我们在学习时，应从基本原理、程序和方法入手，通过实例来加以掌握。

学习目标

认知目标： 了解无形资产的概念、熟练运用无形资产摊销方法。

情感目标： 加强对无形资产增加的管理，树立正确核算资产的业务意识。

技能目标： 能够正确办理无形资产取得业务，根据相关原始凭证进行账务处理；能够正确办理无形资产摊销业务，准确使用无形资产摊销方法计算无形资产摊销，根据相关原始凭证进行账务处理；能够正确办理无形资产处置业务，根据原始凭证进行账务处理。

任务一　核算无形资产取得业务

情景导入

无形资产是企业的一项重要资源，拥有无形资产就掌握了本企业区别于同类企业的核心竞争力。企业取得无形资产的渠道很多，如外购无形资产、自行研发无形资产、投资者投入无形资产等，而不同的取得方式下无形资产的成本有所不同，这就需要财务部门根据具体情况进行相关处理。

任务要求

能够正确办理无形资产取得业务，根据相关原始凭证进行账务处理。

子任务一　确定无形资产核算范围

工作任务

理解无形资产的含义，正确区分哪些资产是企业的无形资产。

知识准备

无形资产，是指企业拥有或者控制的没有实物形态的可辨认非货币性资产。企业的无形资产包括专利权、非专利技术、商标权、著作权、土地使用权、特许权等。

企业的无形资产具有三个主要特征：

一是不具有实物形态。无形资产是不具有实物形态的非货币性资产，它不像固定资产、存货等有形资产具有实物形态。

二是具有可辨认性。资产满足下列条件之一的，符合无形资产定义中的可辨认性标准：

(1) 能够从企业中分离或者划分出来，并能单独或者与相关合同、资产或负债一起，用于出售、转让、授予许可、租赁或者交换。

(2) 源自合同性权利或其他法定权利，无论这些权利是否可以从企业或其他权利和义务中转移或者分离。

商誉由于无法与企业自身分离而存在，不具有可辨认性，不属于无形资产。

三是属于非货币性长期资产。无形资产属于非货币性资产且能够在多个会计期间为企业带来经济利益。无形资产的使用年限在1年以上，其价值将在各个受益期间逐渐摊销。

完成工作

理解无形资产的概念，并正确区别企业的哪些资产属于无形资产？

□专利权	□非专利技术
□商誉	□商标权
□土地使用权	□著作权

扫码查看答案　　　　练一练

子任务二　核算外购无形资产业务

工作任务

2019 年 5 月 16 日，武汉众科电子有限公司购入专利权。请根据相关单据编制记账凭证（凭证号：045）。

图表 5 -1 -1

专利权转让　　合同

（ 2019 ）第　　　号

甲方	武汉顺达实业有限公司	乙方	武汉众科电子有限公司
地址	武汉市江汉区江汉一路23号	地址	武汉市洪山区高新大道10号
电话	027-67234155	电话	027-98771066
联系人	吴明	联系人	李晓华
合同条款	甲、乙双方本着互惠互利的原则，经协商一致，对专利权达成如下协议： 一、转让的专利名称：包装自动化专利权 二、专利权转让的价款 经双方协商一致，此项包装自动化专利权的转让费共￥212 000元。 三、专利资料 转让方应出示的专利资料包括：国家知识产权局《实用新型专利证书》；国家知识产权局《专利收费收据》（最近期）；国家知识产权局《通知书》若干份；设计图。 四、转让方式和试制 本合同为专利权转让合同。转让方确认收到受让方的全部转让费为正式专利权转让标志。试制期内，转让方收到了(1)首期付款和(2)该产品的企业标准或说明书及(3)产品资料、照片，标志试制成功，执行本合同全部条款。试制期内，转让方收到了(1)企业标准或说明书和(2)试制失败不同产品照片贰张，标志试制失败，受让方不支付转让费，本合同终止。 五、违约及赔偿 合同执行过程中，由于一方的过错导致合同无法继续履行的。由此方承担违约赔偿责任。 六、纠纷及解决方式 双方在履行合同中发生争议时，应按本合同条款，友好协商，自行解决。双方不能协商解决争议的，提请武汉市知识产权局调处。对调处决定不服或知识产权局不予调处的，向人民法院起诉。 七、其他 本合同自签约日起生效。本合同用中文打印，一式六份，转让方、受让方、合同签订地的公证处、合同签订地的技术合同登记机关及双方所在地的管理部门各存一份。 （印章：武汉顺达实业有限公司）（吴明印）　　（印章：武汉众科电子有限公司）（李晓华印） 甲方签章：　　乙方签章： 日期：贰零壹玖年零伍月壹拾陆日　　日期：贰零壹玖年零伍月壹拾陆日		

图表 5-1-2

中国工商银行
转账支票存根

10204220
41616936

附加信息

出票日期 2019 年 05 月 16 日

收款人：	武汉顺达实业有限公司
金　额：	¥212,000.00
用　途：	专利权款

单位主管 李晓华 会计 王薇

××印务有限公司·××年印制

图表 5-1-3

中国工商银行进账单（回　　单）1

2019 年 05 月 16 日　　№ 05304294

出票人	全　称	武汉众科电子有限公司	收款人	全　称	武汉顺达实业有限公司
	账　号	6215581810004608805		账　号	6217987670034880916
	开户银行	工商银行武汉市洪山区支行		开户银行	建设银行武汉沿江支行
金额	人民币（大写）	贰拾壹万贰仟元整		亿千百十万千百十元角分	¥21200000
票据种类	转账支票	票据张数	1		
票据号码	10204220-41616936				
	复核　　记账			中国工商银行 武汉市洪山区支行 2019.05.16 转讫 开户银行签章	

此联是开户银行交给持（出）票人的回单

图表 5－1－4

湖北增值税专用发票

4200151140　　№ 23274004　4200151140 23274004

发票联

机器编号：982888812388　　开票日期：2019年05月16日

购买方	名　　称：武汉众科电子有限公司 纳税人识别号：91420103524658761F 地 址、电 话：武汉市洪山区高新大道10号027-98771066 开户行及账号：工商银行武汉市洪山区支行6215581810004608805			密码区	172312-4-275〈1+46*54* 82*59* 181321〉〈8182*59*09618153〈/ 〈4〈3*2702-9〉9*+153〈/0 〉2-3 *08/4〉*〉〉2-3*0/9/〉〉25-275〈1		
货物或应税劳务、服务名称	规格型号	单位	数量	单价	金额	税率	税额
*无形资产*包装自动化专利权			1	200,000.00	200,000.00	6%	12,000.00
合　　计					¥200,000.00		¥12,000.00
价税合计（大写）	⊗ 贰拾壹万贰仟元整				（小写）¥212,000.00		
销售方	名　　称：武汉顺达实业有限公司 纳税人识别号：91420103177229701R 地 址、电 话：武汉市江汉区江汉一路23号027-67234155 开户行及账号：建设银行武汉沿江支行6217987670034880916			备注	校验码 52118 02517 08248 65199		

收款人：　　复核：　　开票人：李文文　　销售方：（章）

税总函［2016］××号××××公司

第三联：发票联　购买方记账凭证

知识准备

企业外购无形资产的成本包括购买价款、相关税费以及直接归属于使该项资产达到预定用途所发生的其他支出。其中，相关税费不包括按照现行增值税制度规定，可以从销项税额中抵扣的增值税进项税额。外购无形资产，取得增值税专用发票的，按注明的增值税进项税额，借记"应交税费——应交增值税（进项税额）"科目；取得增值税普通发票的，按注明的价税合计金额作为无形资产的成本，其进项税额不可抵扣。

下列各项不包括在无形资产的初始成本中：

1. 为引入新产品进行宣传发生的广告费、管理费用及其他间接费用；
2. 无形资产已经达到预定用途以后发生的费用。

【例 5－1】 2019 年 12 月 3 日，武汉永鑫电子有限公司从四海公司购入一项专利权，取得的增值税专用发票上注明的价款为 600 000 元，税率 6%，增值税税额 36 000 元，以银行存款支付。

武汉永鑫电子有限公司作如下账务处理：

借：无形资产	600 000	
应交税费——应交增值税（进项税额）	36 000	
贷：银行存款		636 000

工作步骤

图表 5－1－5

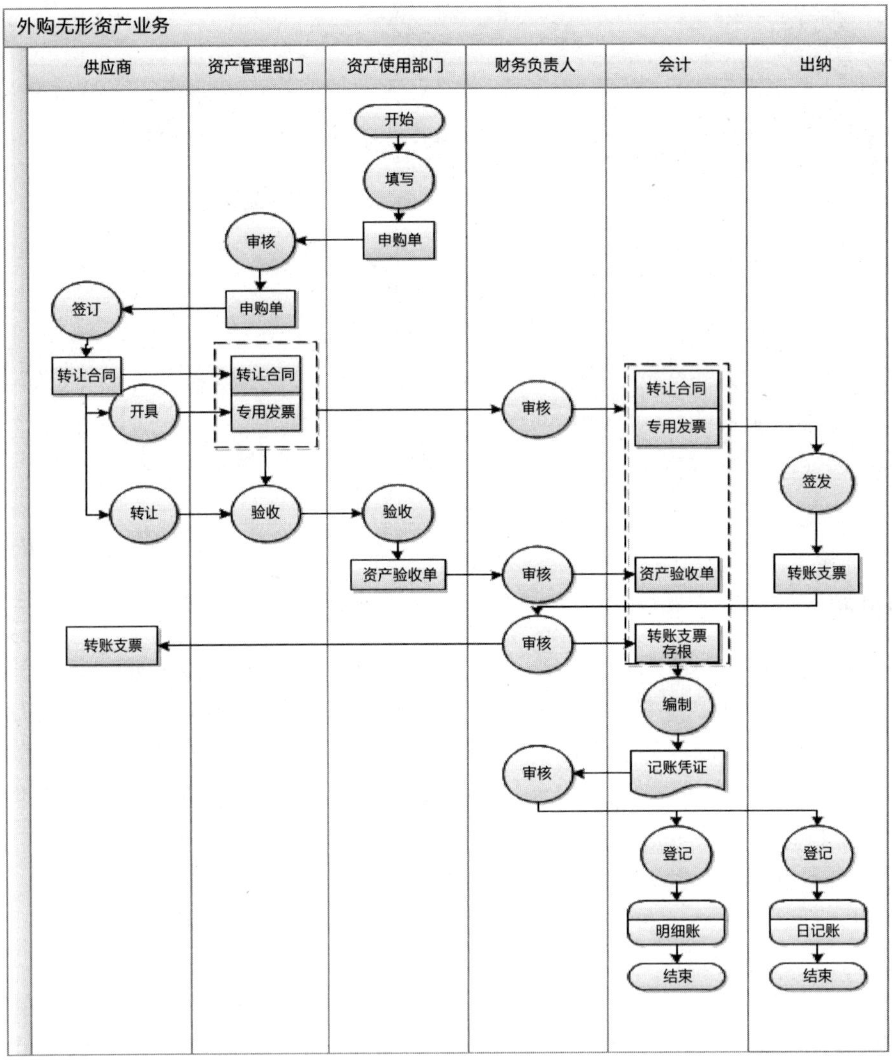
外购无形资产业务
供应商
资产管理部门
资产使用部门
财务负责人
会计
出纳
开始
填写
申购单
审核
申购单
签订
转让合同
转让合同
开具
专用发票
审核
转让合同
专用发票
签发
转让
验收
验收
资产验收单
审核
资产验收单
转账支票
转账支票
审核
转账支票存根
编制
审核
记账凭证
登记
登记
明细账
日记账
结束
结束

完成工作

图表 5-1-6

记账凭证

年 月 日 字第 号

摘要	会计科目		借方金额											贷方金额											记账√
	总账科目	明细科目	亿	千	百	十	万	千	百	十	元	角	分	亿	千	百	十	万	千	百	十	元	角	分	
合计																									

附单据 张

会计主管： 记账： 出纳： 复核： 制单：

扫码查看答案

练一练

子任务三 核算自行研发无形资产业务

工作任务

2019年5月1日，武汉众科电子有限公司开始自行研制某项新型技术，该项目在研究开发过程中发生材料费用、人工费用共计900 000元，其中，符合资本化条件的支出为800 000元。请根据相关单据编制记账凭证（凭证号：046）。

2019年12月31日，该项新型技术已经达到预定用途。请根据相关单据编制记账凭证（凭证号：047）。

图表 5－1－7

领 料 单

领料部门：研发中心

用　　途：无形资产开发　　2019 年 05 月 01 日　　编号：716

材料编号	材料名称	规格	计量单位	数量		成本	
				请领	实发	单价	金额
01	辅助材料		吨	20000	20000	30.00	600,000.00
合计				20000	20000		¥600,000.00

第一联：存根联

主管：徐志文　　记账：王薇　　仓管主管：周帅　　领料：刘雯　　发料：李林

图表 5－1－8

研发中心人工费用表

部门	费用项目	应发工资
研发中心	技术开发	300,000.00
合计		300,000.00

图表 5－1－9

无形资产验收单

2019 年 12 月 31 日　　编号：0978

名称	规格型号	来源	数量	购（造）价	使用年限	预计残值
新型生产技术				800,000.00	10年	
安装费	月折旧率	建造单位		交工日期	附件	
验收部门	生产部门	验收人员	管理部门	生产部门	管理人员	
备注						

审核：徐志文　　制单：王薇

知识准备

企业自行研究开发的无形资产，其成本包括自满足资本化条件的时点至无形资产达到预定用途前发生的可直接归属于该无形资产的创造、生产并使该资产能够以管理层预定的方式运作的必要支出总和。

企业内部研究开发项目所发生的支出应划分为研究阶段和开发阶段。研究阶段支出计入当期管理费用；开发阶段支出符合资本化条件的，应当确认为无形资产，取得增值税专用发票的计入应交税费——应交增值税（进项税额）；不符合资本化条件的，应当计入当期管理费用。

企业自行研究开发无形资产发生的研发支出，不满足资本化条件的，借记“研发支出——费用化支出”科目，满足资本化条件的，借记“研发支出——资本化支出”科目，贷记“原材料”“银行存款”“应付职工薪酬”“应付利息”等科目。自行研究开发无形资产发生的支出取得增值税专用发票可抵扣的进项税额，借记“应交税费——应交增值税（进项税额）”科目。

研究开发项目达到预定用途形成无形资产的，应按“研发支出——资本化支出”科目的余额，借记“无形资产”科目，贷记“研发支出——资本化支出”科目。月末，应将“研发支出——费用化支出”科目归集的金额转入“管理费用”科目，借记“管理费用”科目，贷记“研发支出——费用化支出”科目。

企业如果无法可靠区分研究阶段的支出和开发阶段的支出，应将发生的研发支出全部费用化，计入当期损益，记入“管理费用”科目的借方。

【例 5 -2】 武汉永鑫电子有限公司 2019 年 6 月开始自行研制某项新型技术，该项目在研究开发过程中发生材料费用 600 000 元，人工费用 300 000 元，其他开发支出 200 000 元，取得的增值税专用发票上注明的增值税税额合计为 32 000 元，用银行存款支付，总计 1 132 000元，其中，符合资本化条件的支出为 500 000 元。2019 年 12 月 31 日，该项新型技术已经达到预定用途。

武汉永鑫电子有限公司作如下账务处理：

（1）发生研发支出时：

借：研发支出——费用化支出	600 000	
——资本化支出	500 000	
应交税费——应交增值税（进项税额）	32 000	
贷：原材料		600 000
应付职工薪酬		300 000
银行存款		232 000

（2）该项新型技术已经达到预定用途时：

借：管理费用	600 000	
无形资产	500 000	
贷：研发支出——费用化支出		600 000
——资本化支出		500 000

工作步骤

图表 5－1－10

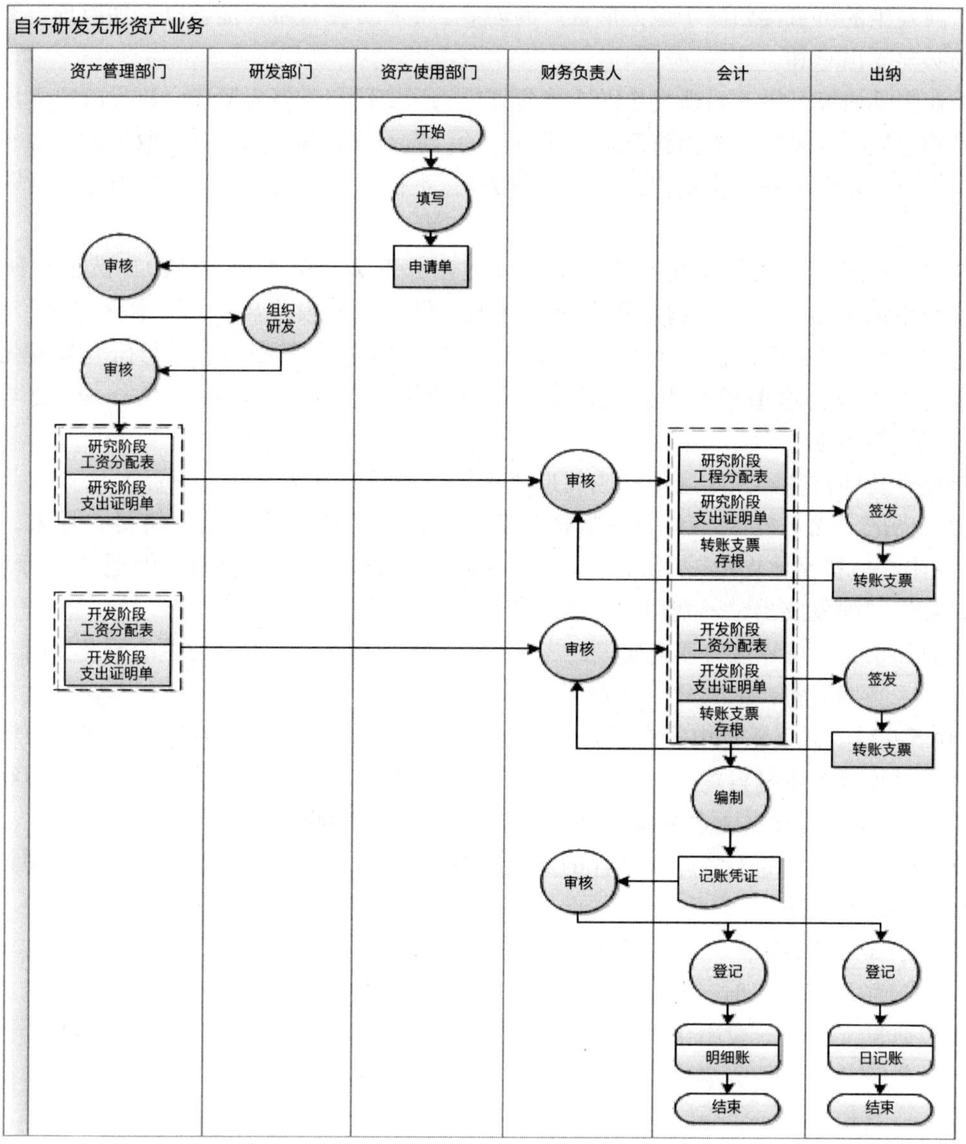
自行研发无形资产业务
资产管理部门
研发部门
资产使用部门
财务负责人
会计
出纳
开始
填写
申请单
审核
组织研发
审核
研究阶段工资分配表
研究阶段支出证明单
审核
研究阶段工程分配表
研究阶段支出证明单
转账支票存根
签发
转账支票
开发阶段工资分配表
开发阶段支出证明单
审核
开发阶段工资分配表
开发阶段支出证明单
转账支票存根
签发
转账支票
编制
记账凭证
审核
登记
登记
明细账
日记账
结束
结束

完成工作

图表 5－1－11

记 账 凭 证

年 月 日 字第 号

摘要	会计科目		借方金额										贷方金额										记账
	总账科目	明细科目	亿	千	百	十	万	千	百	十	元	角	分	亿	千	百	十	万	千	百	十	元	角	分	√
合计																									

附单据 张

会计主管： 记账： 出纳： 复核： 制单：

图表 5－1－12

记 账 凭 证

年 月 日 字第 号

摘要	会计科目		借方金额										贷方金额										记账
	总账科目	明细科目	亿	千	百	十	万	千	百	十	元	角	分	亿	千	百	十	万	千	百	十	元	角	分	√
合计																									

附单据 张

会计主管： 记账： 出纳： 复核： 制单：

扫码查看答案

练一练

工作总结

图表 5-1-13　　取得无形资产业务核算

外购无形资产的账务处理	借：无形资产 　应交税费——应交增值税（进项税额） 　贷：银行存款等
自行研发无形资产的账务处理	
发生研发支出	借：研发支出——费用化支出 　　　　　——资本化支出 　应交税费——应交增值税（进项税额） 　贷：原材料 　　应付职工薪酬 　　银行存款
无形资产已经达到预定用途	借：管理费用 　无形资产 　贷：研发支出——费用化支出 　　　　　——资本化支出

图表 5-1-14　　工作评价与反馈

项目		任务完成程度		
		全部完成	部分完成	未完成
自我评价	子任务一			
	子任务二			
	子任务三			
任务完成心得				
存在的问题				
教师评价				

任务二　核算无形资产摊销业务

情景导入

作为一种长期资产，无形资产为企业带来未来经济利益的能力逐渐降低，其价值也会在其使用期限内逐渐减少，直至全部丧失。因此，无形资产的价值应当分期摊销。

任务要求

能够正确办理无形资产摊销业务，准确使用无形资产摊销方法计算无形资产摊销，根据相关原始凭证进行账务处理。

子任务一　核算直线法摊销业务

工作任务

2019 年 5 月 31 日，武汉众科电子有限公司计提本月专利权的摊销额（提示：制造费用明细科目设置：制造费用——车间——费用明细）。请根据相关单据编制记账凭证（凭证号：214）。

图表 5 -2 -1

无形资产摊销计算表

单位名称：武汉众科电子有限公司　　2019 年 05 月 31 日　　单位：元

使用部门	名称	使用年限	原值	购入时间	月摊销额	累计摊销额
管理部门	商标权	10	300,000.00	2016-12-13	2,500.00	
音响车间	音响设计专利权	10	450,000.00	2018-10-14	3,750.00	
耳机车间	耳机设计专利权	10	240,000.00	2017-1-1	2,000.00	
装配车间	包装自动化专利权	10	200,000.00	2019-1-16	1,666.67	
合计			1,190,000.00		9,916.67	

审核：徐志文　　制单：王薇

知识准备

企业应当于取得无形资产时分析判断其使用寿命。使用寿命有限的无形资产应进行摊销，使用寿命不确定的无形资产不应摊销。

使用寿命有限的无形资产，通常其残值视为零。对于使用寿命有限的无形资产，企业应当按月进行摊销。自可供使用当月起开始摊销，处置当月不再摊销。无形资产摊销方法包括年限平均法（即直线法）、生产总量法等。企业选择的无形资产摊销方法，应当反映与该项无形资产有关的经济利益的预期实现方式。无法可靠确定预期实现方式的，应当采用年限平均法（直线法）摊销。

企业管理用的无形资产，其摊销金额计入管理费用；出租的无形资产，其摊销金额计入其他业务成本；某项无形资产包含的经济利益通过所生产的产品或其他资产实现的，其摊销金额计入相关资产成本。

企业对无形资产进行摊销时，借记“管理费用”“其他业务成本”“生产成本”“制造费用”等科目，贷记“累计摊销”科目。

【例5-3】 武汉永鑫电子有限公司2019年8月对某非专利技术和某商标权进行摊销。该非专利技术用于产品的生产，其实际成本为360 000元，合同规定受益年限为10年；该商标权的实际成本为600 000元，使用寿命10年。

武汉永鑫电子有限公司作如下账务处理：

借：制造费用	3 000	
管理费用	5 000	
贷：累计摊销		8 000

工作步骤

图表5-2-2

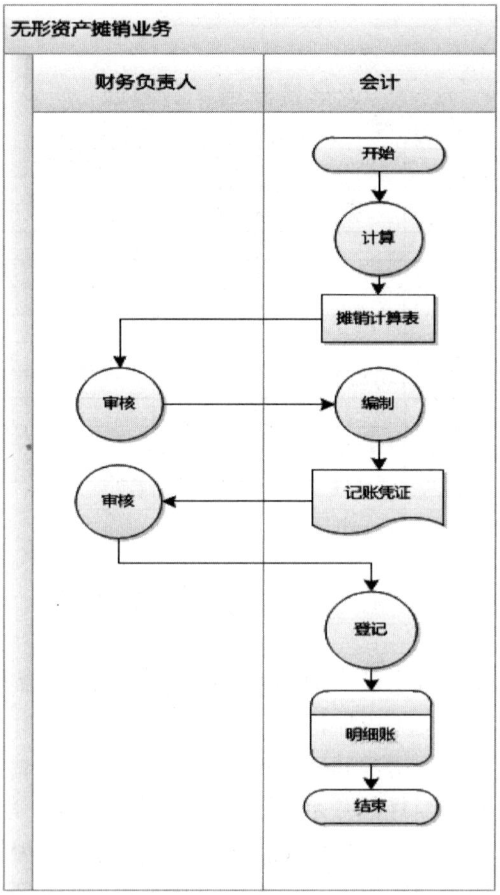

完成工作

图表 5－2－3

记　账　凭　证

年　　月　　日　　　　　　　　字第　　　　号

摘　要	会计科目		借方金额											贷方金额											记账
	总账科目	明细科目	亿	千	百	十	万	千	百	十	元	角	分	亿	千	百	十	万	千	百	十	元	角	分	√
合　计																									

附单据　　张

会计主管：　　　记账：　　　出纳：　　　复核：　　　制单：

扫码查看答案

练一练

工作总结

图表 5－2－4　　　　**无形资产摊销业务核算**

无形资产用于生产产品	借：制造费用 　贷：累计摊销
无形资产用于日常行政管理	借：管理费用 　贷：累计摊销
无形资产用于营销活动	借：销售费用 　贷：累计摊销
无形资产用于开发某项新技术	借：研发支出 　贷：累计摊销
无形资产用于建造某项固定资产	借：在建工程 　贷：累计摊销

图表 5-2-5　　工作评价与反馈

项目		任务完成程度		
		全部完成	部分完成	未完成
自我评价	子任务一			
任务完成心得				
存在的问题				
教师评价				

任务三　核算无形资产处置业务

情景导入

公司因技术、法律、经济等原因需要出售无形资产，或是报废无形资产以及将无形资产用作对外投资等，这些都属于无形资产减少的情形。

任务要求

能够正确办理无形资产处置业务，根据原始凭证进行账务处理。

子任务一　核算出售和报废无形资产业务

工作任务

2019 年 5 月 31 日，武汉众科电子有限公司出售一商标权。请根据相关单据编制记账凭证（凭证号：219）。

图表5－3－1

商标权转让　　合同

（　2019　）第　　号

甲方	武汉众科电子有限公司	乙方	武汉汉翔制造有限公司
地址	武汉市洪山区高新大道10号	地址	武汉市东西湖东吴大道22号
电话	027-98771066	电话	027-65431155
联系人	李晓华	联系人	田明志
合同条款	甲、乙双方本着互惠互利的原则，经协商一致，对商标权的转让达成如下协议： 一、转让的商标名称："众科"商标 二、商标图样：（见协议附件） 三、商标注册号：第173115号；国别：中国 四、该商标下次应续展的时间：2026年12月13日 五、该商标取得注册所包括的商品或服务的类别及商品或服务的具体名称："众科"商标主要用于耳机和音响生产及销售业务。 六、商标权转让方保证是上述商标的注册所有人。在本合同签订前，该商标未签订过非独占(或独占)的商标使用许可合同。 七、商标权转让后，受让方的权限： 1.可以使用该商标的商品种类(或服务的类裂及名称)：耳机 2.可以使用该商标的地域范围：中国境内 八、商标权转让的性质：非永久性的商标权转让 九、商标权转让的时间：自本合同生效之日起，或办妥商标转让变更注册手续后，该商标权正式转归受让方。属非永久性商标权转让的，商标权转让的期限为5年，自2019年5月31日至2023年12月31日。转让方将在本合同期满之日起收回商标权。 十、商标权转让的转让费与付款方式： 1.转让费按转让的权限计算共￥21,200.00(大写人民币:贰拾壹万贰仟元整) 2.付款期限：2019年5月31日 3.付款方式：转账支付。 十一、违约及赔偿 合同执行过程中，由于一方的过错导致合同无法继续履行的，由此方承担违约赔偿责任。 十二、纠纷及解决方式 双方在履行合同中发生争议时，应按本合同条款，友好协商，自行解决。 双方不能协商解决争议的，提请武汉市商标管理局调处。对调处决定不服或知识产权局不予调处的，向人民法院起诉。 十三、其他 本合同自签约日起生效。本合同用中文打印，一式六份，转让方、受让方、合同签订地的公证处、合同签订地的商标合同登记机关及双方所在地的商标管理部门各存一份。 （印章：武汉众科电子有限公司）（李晓华印）　　（印章：武汉汉翔制造有限公司）（田明志印） 甲方签章：　　乙方签章： 日期：贰零壹玖年零伍月叁拾壹日　　日期：贰零壹玖年零伍月叁拾壹日			

图表 5－3－2

税总函[2016]××号×××公司

湖北增值税专用发票

4200151140　　№ 96565913　4200151140 96565913

发票联

机器编号：982888812388　　开票日期：2019年05月31日

购买方	名　　称：武汉汉翔制造有限公司 纳税人识别号：91420113334876522L 地 址、电 话：武汉市东西湖东吴大道22号027-65431155 开户行及账号：工商银行武汉市牡丹支行6215582887267592396				密码区	172312-4-275〈1+46*54* 82*59* 181321〉〈8182*59*09618153〈/ 〈4〈3*2702-9〉9*+153〈/0〉2-3 *08/4〉*〉〉2-3*0/9/〉〉25-275〈1	
货物或应税劳务、服务名称	规格型号	单位	数量	单价	金额	税率	税额
*无形资产*商标权			1	200,000.00	200,000.00	6%	12,000.00
合　　计					¥200,000.00		¥12,000.00
价税合计（大写）	⊗ 贰拾壹万贰仟元整				（小写）¥212,000.00		
销售方	名　　称：武汉众科电子有限公司 纳税人识别号：91420103524658761F 地 址、电 话：武汉市洪山区高新大道10号027-98771066 开户行及账号：工商银行武汉市洪山区支行6215581810004608805				备注	校验码 52118 02317 08248 65199	

收款人：　　复核：王薇　　开票人：苏青　　销售方：（章）

第三联：发票联　购买方记账凭证

图表 5－3－3

中国工商银行　电汇凭证（收账通知）3

☑普通　☐加急　　委托日期 2019 年 05 月 31 日　　NO 61635425

汇款人	全　称	武汉汉翔制造有限公司	收款人	全　称	武汉众科电子有限公司
	账　号	6215582887267592396		账　号	6215581810004608805
	汇出地点	湖北 省 武汉 市/县		汇入地点	湖北 省 武汉 市/县
汇出行名称		工商银行武汉市牡丹支行	汇入行名称		工商银行武汉市洪山区支行
金额	人民币（大写）	贰拾壹万贰仟元整		千百十万千百十元角分	¥ 2 1 2 0 0 0 0 0
中国工商银行 武汉市牡丹支行 2019.05.31 转讫 汇出行盖章				支付密码	388729645988
				附加信息及用途： 复核　记账	

此联汇出行给汇款人的回单

图表 5-3-4

无形资产摊销计算表

单位名称：武汉众科电子有限公司　　2019 年 05 月 31 日　　单位：元

使用部门	名称	使用年限	原值	购入时间	月摊销额	累计摊销额
管理部门	商标权	10	300,000.00	2017-3-13	2,500.00	65,000.00
音响车间	音响设计专利权	10	450,000.00	2019-1-14	3,750.00	15,000.00
耳机车间	耳机设计专利权	10	240,000.00	2017-4-1	2,000.00	50,000.00
装配车间	包装自动化专利权	10	200,000.00	2019-4-16	1,666.67	1,666.67
合计			1,190,000.00		9,916.67	131,666.67

审核：徐志文　　制单：王薇

知识准备

企业出售无形资产，应当将取得的价款扣除该无形资产账面价值以及出售相关税费后的差额作为资产处置损益进行会计处理。

企业出售无形资产，应当按照实际收到或应收的金额等，借记“银行存款”“其他应收账款”等科目，按照已计提的累计摊销，借记“累计摊销”科目，按照实际支付相关费用的可抵扣的进项税额，借记“应交税费——应交增值税（进项税额）”科目，按照实际支付的相关费用，贷记“银行存款”等科目，按无形资产账面余额，贷记“无形资产”科目，按照开具的增值税专用发票上注明的增值税销项税额，贷记“应交税费——应交增值税（销项税额）”科目，按照其差额，贷记或借记“资产处置损益”科目。已计提减值准备的，还应同时结转减值准备，借记“无形资产减值准备”科目。

如果无形资产预期不能为企业带来未来经济利益，例如，某项无形资产已被其他新技术所替代或超过法律保护期，该资产不再符合无形资产的定义，企业应将其报废并予以转销，其账面价值转入当期损益。

企业报废并转销无形资产时，应按已计提的累计摊销，借记“累计摊销”科目，按其账面余额，贷记“无形资产”科目，如果已计提减值准备的，还应同时结转减值准备，借记“无形资产减值准备”科目，按其差额，借记“营业外支出——处置非流动资产损失”科目。

【例 5-4】 武汉永鑫电子有限公司出售一项专利权，该项专利权取得时的成本 320 000 元，已摊销 160 000 元，开具增值税专用发票，注明价款 200 000 元，税率 6%，增值税税额 12 000 元，款项 212 000 元已存入银行。

武汉永鑫电子有限公司作如下账务处理：

借：银行存款　　212 000

　　累计摊销　　160 000

贷：无形资产　　320 000

　　应交税费——应交增值税（销项税额）　　12 000

　　资产处置损益　　40 000

【例 5－5】 武汉永鑫电子有限公司批准将内部研发成功的非专利技术替代现有的 A 专利技术，并将其予以转销。转销时，A 专利技术的成本为 2 000 000 元，已累计摊销 1 600 000元，未计提减值准备，该专利技术的残值为 0。假定不考虑其他相关因素。

武汉永鑫电子有限公司作如下账务处理：

借：累计摊销　　1 600 000

　　营业外支出——处置非流动资产损失　　400 000

　　贷：无形资产——A 专利技术　　2 000 000

工作步骤

图表 5－3－5

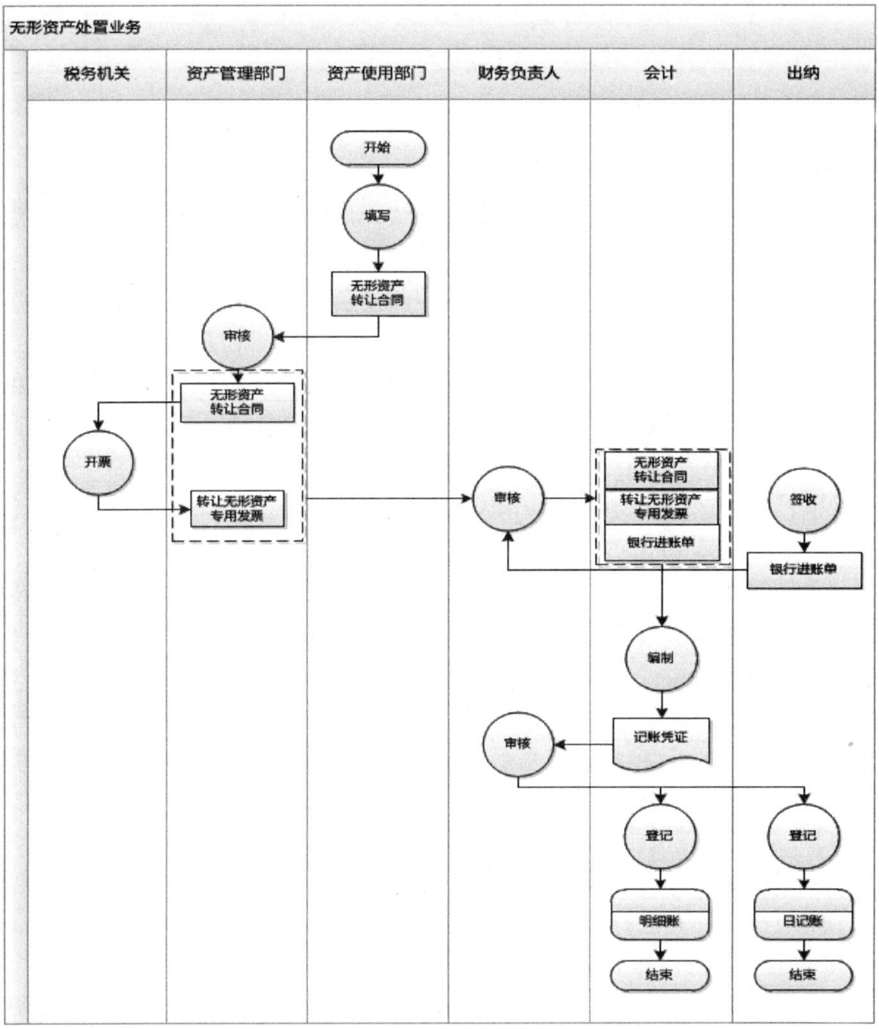

完成工作

图表 5-3-6

记 账 凭 证

年 月 日 字第 号

摘 要	会计科目		借方金额										贷方金额										记账
	总账科目	明细科目	亿	千	百	十	万	千	百	十	元	角	分	亿	千	百	十	万	千	百	十	元	角	分	√
	合 计																								

附单据 张

会计主管： 记账： 出纳： 复核： 制单：

扫码查看答案

练一练

子任务二 核算转让无形资产使用权业务

工作任务

2019 年 5 月 1 日，武汉众科电子有限公司将其拥有的商标权出租给武汉昌盛实业有限公司企业使用。出租合同规定，承租方每年支付使用费 80 000 元。该项无形资产的年摊销额为 32 000 元。请根据相关单据编制记账凭证（凭证号：229、230）。

图表 5－3－7

中国工商银行　电汇凭证（收账通知）3

☑普通　☐加急　委托日期 2019 年 05 月 01 日　NO 27304310

汇款人	全　称	武汉昌盛实业有限公司	收款人	全　称	武汉众科电子有限公司
	账　号	6217002870034889186		账　号	6215581810004608805
	汇出地点	湖北 省 武汉 市/县		汇入地点	湖北 省 武汉 市/县
汇出行名称		建设银行武汉市江汉区支行	汇入行名称		工商银行武汉市洪山区支行
金额	人民币（大写）	捌万肆仟捌佰元整	千百十万千百十元角分		¥84800000
		汇出行盖章	支付密码		123593363518
			附加信息及用途：		
			复核　记账		

中国建设银行 武汉市江岸区支行 2019.05.01 转讫

此联汇出行给汇款人的回单

图表 5－3－8

湖北增值税专用发票

发票联

4200151140　№ 18450807　4200151140 18450807

机器编号：982888812388　开票日期：2019年05月01日

购买方	名　　称：武汉昌盛实业有限公司 纳税人识别号：914201007218715450 地 址、电 话：武汉市江汉区发展大道299号027-67511832 开户行及账号：建设银行武汉市江汉区支行6217002870034889186	密码区	172312-4-275〈1+46*54* 82*59* 181321〉〈8182*59*09618153〈/ 〈4〈3*2702-9〉9*+153〈/0 〉2-3 *08/4〉*〉〉2-3*0/9/〉〉25-275〈1

货物或应税劳务、服务名称	规格型号	单位	数量	单价	金额	税率	税额
*无形资产*出租商标权			1	80,000.00	80,000.00	6%	4,800.00
合　　计					¥80,000.00		¥4,800.00
价税合计（大写）	⊗捌万肆仟捌佰元整				（小写）¥84,800.00		

销售方	名　　称：武汉众科电子有限公司 纳税人识别号：91420103524658761F 地 址、电 话：武汉市洪山区高新大道10号027-98771066 开户行及账号：工商银行武汉市洪山区支行6215581810004608805	备注	校验码 52118 02517 08248 65199

收款人：　复核：王薇　开票人：苏青　销售方：（章）

湖北 国家税务总局监制

武汉众科电子有限公司 91420103524658761F 发票专用章

税总函[2016]××号×××公司

第三联：发票联　购买方记账凭证

图表 5－3－9　　**无形资产摊销计算表**

2019 年 5 月 1 日　　单位：元

名称	原价	摊销年限	年摊销额
商标权	320 000	10	32 000

知识准备

企业出租无形资产取得的租金收入，借记“银行存款”等科目，贷记“其他业务收入”等科目；计提出租无形资产摊销额时，借记“其他业务成本”科目，贷记“累计摊销”等科目。

【例5-6】 武汉永鑫电子有限公司将其拥有的商标权出租给长虹公司使用。出租合同规定，承租方每年支付使用费100 000元。开出增值税专用发票，税率为6%。该项无形资产的年摊销额为20 000元。

武汉永鑫电子有限公司作如下账务处理：

(1) 收到使用费时：

借：银行存款　　106 000

　　贷：其他业务收入　　100 000

　　　　应交税费——应交增值税（销项税额）　　6 000

(2) 摊销无形资产价值时：

借：其他业务成本　　20 000

　　贷：累计摊销　　20 000

工作步骤

图表5-3-10

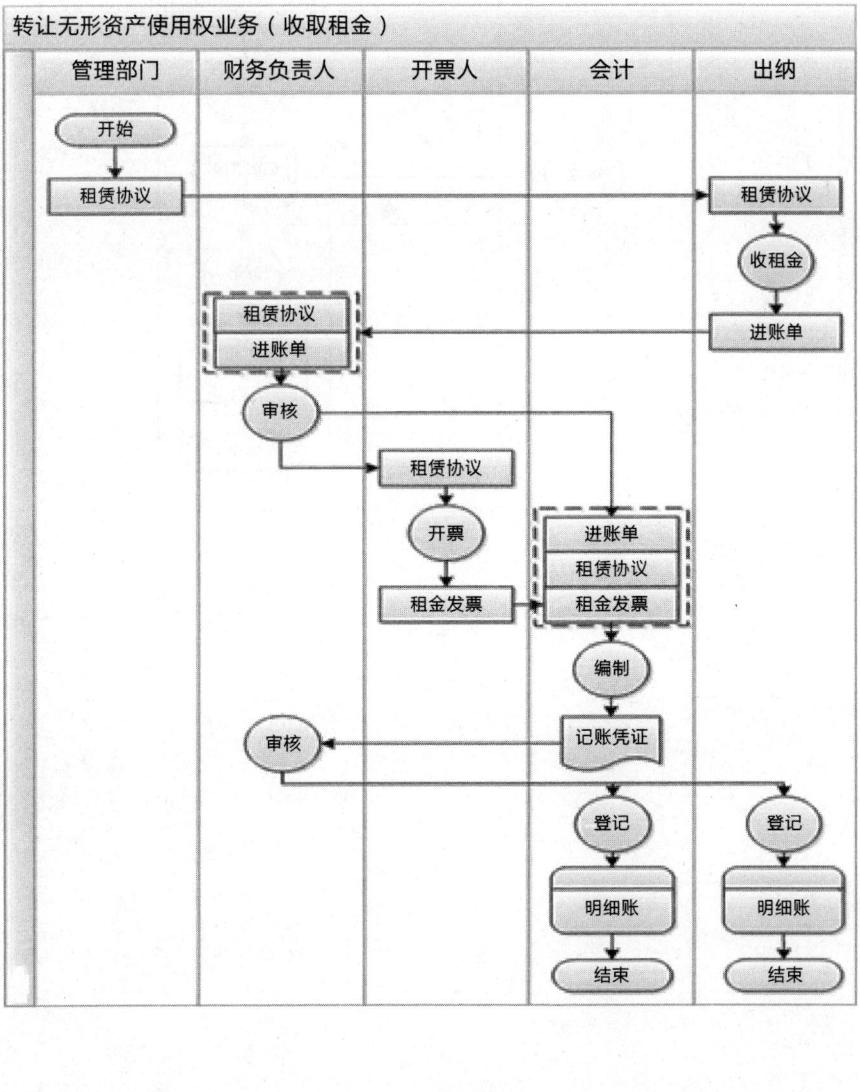

图表 5－3－11

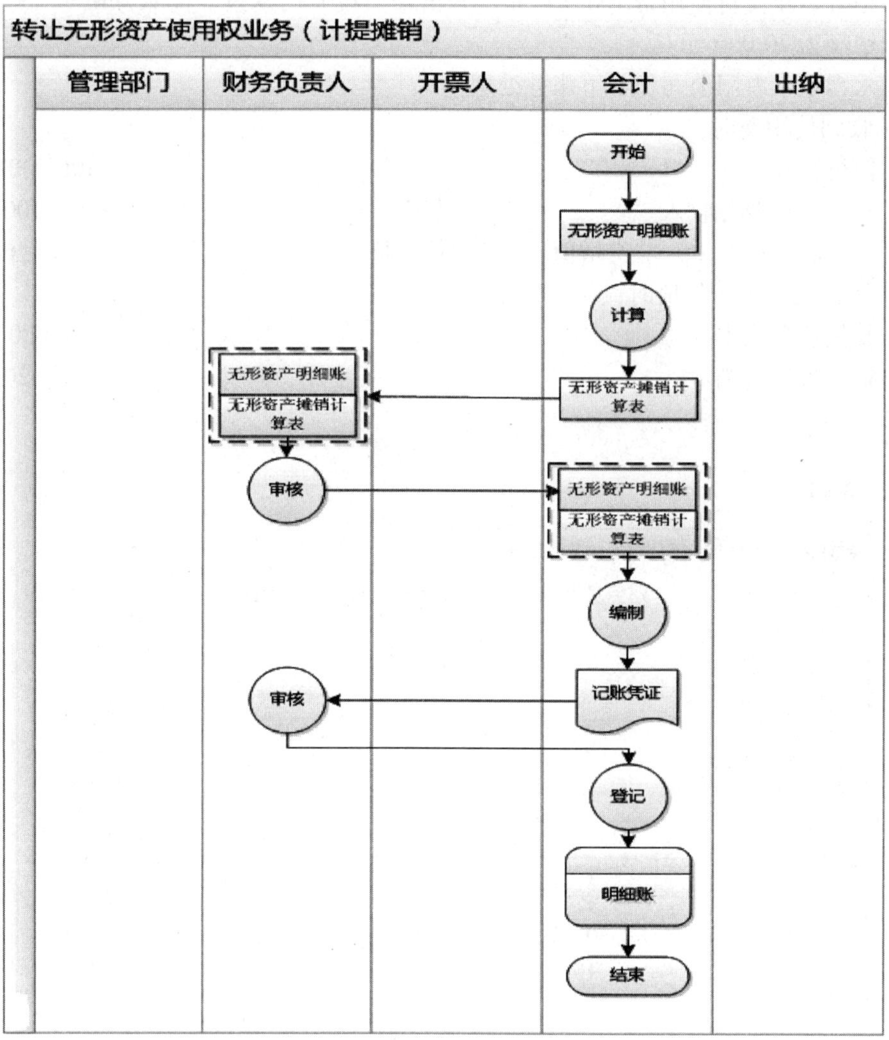
转让无形资产使用权业务（计提摊销）
管理部门
财务负责人
开票人
会计
出纳
开始
无形资产明细账
计算
无形资产摊销计算表
无形资产明细账
无形资产摊销计算表
审核
无形资产明细账
无形资产摊销计算表
编制
记账凭证
审核
登记
明细账
结束

完成工作

图表 5－3－12

记　账　凭　证

年　　月　　日　　　　　　　　字第　　　　号

摘要	会计科目		借方金额											贷方金额											记账√
	总账科目	明细科目	亿	千	百	十	万	千	百	十	元	角	分	亿	千	百	十	万	千	百	十	元	角	分	
合计																									

附单据　　张

会计主管：　　　　记账：　　　　出纳：　　　　复核：　　　　制单：

图表 5－3－13

记　账　凭　证

年　　月　　日　　　　　　　　字第　　　　号

摘要	会计科目		借方金额											贷方金额											记账√
	总账科目	明细科目	亿	千	百	十	万	千	百	十	元	角	分	亿	千	百	十	万	千	百	十	元	角	分	
合计																									

附单据　　张

会计主管：　　　　记账：　　　　出纳：　　　　复核：　　　　制单：

扫码查看答案

练一练

子任务三　核算无形资产减值业务

工作任务

2019 年 5 月 14 日，武汉众科电子有限公司对耳机设计专利权按照资产减值的原则进行减值测试，经测试表明该专利权已发生减值，该专利权的可收回金额为 10 万元。请根据相关单据编制记账凭证（凭证号：231）。

图表 5-3-14

无形资产减值计算表

2019 年 05 月 14 日

项目	入账价值	累计摊销金额	可收回金额
耳机设计专利权	240,000.00	50,000.00	100,000.00
合　计	240,000.00	50,000.00	100,000.00

制单：王薇　　　　审核：

知识准备

无形资产在资产负债表日存在可能发生减值的迹象，且其可收回金额低于账面价值的，企业应当将该无形资产的账面价值减记至可收回金额，减记的金额确认为减值损失，并计提相应的资产减值准备。企业按照应减记的金额，借记“资产减值损失——无形资产减值损失”，贷记“无形资产减值准备”科目。企业无形资产减值损失一经确认，在以后会计期间不得转回。

【例 5-7】 武汉永鑫电子有限公司拥有某专利技术的账面价值为 800 000 元，剩余摊销年限为 4 年，经减值测试，该专利技术的可收回金额为 750 000 元。

武汉永鑫电子有限公司作如下账务处理：

借：资产减值损失——无形资产减值损失　　50 000

　　贷：无形资产减值准备　　50 000

工作步骤

图表 5－3－15

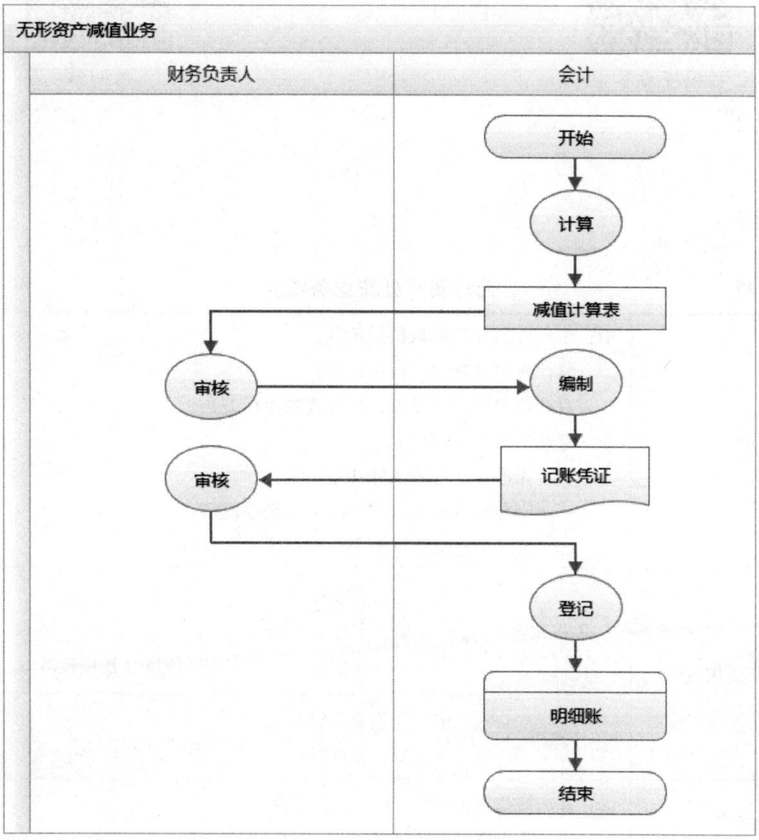

完成工作

图表 5－3－16

记 账 凭 证

年 月 日　　　　字第　　　号

摘 要	会计科目		借方金额											贷方金额											记账
	总账科目	明细科目	亿	千	百	十	万	千	百	十	元	角	分	亿	千	百	十	万	千	百	十	元	角	分	√
合 计																									

附单据　　张

会计主管：　　记账：　　出纳：　　复核：　　制单：

扫码查看答案　　　　练一练

工作总结

图表 5－3－17　　无形资产处置业务核算

<table>
<tr><td>处置报废</td><td colspan="2">借：银行存款（实际取得的价款）
累计摊销（账面已经摊销数）
资产处置损益（差额，指处置的净损失）
营业外支出（报废）
贷：无形资产（原入账成本）
应交税费——应交增值税（销项税额）
资产处置损益（差额，指处置的净收益）</td></tr>
<tr><td rowspan="2">转让无形资产使用权</td><td>取得租金</td><td>借：银行存款
贷：其他业务收入
应交税费——应交增值税（销项税额）</td></tr>
<tr><td>摊销</td><td>借：其他业务成本
贷：累计摊销</td></tr>
<tr><td>无形资产减值</td><td colspan="2">借：资产减值损失
贷：无形资产减值准备</td></tr>
</table>

图表 5－3－18　　工作评价与反馈

<table>
<tr><td colspan="2" rowspan="2">项目</td><td colspan="3">任务完成程度</td></tr>
<tr><td>全部完成</td><td>部分完成</td><td>未完成</td></tr>
<tr><td rowspan="3">自我评价</td><td>子任务一</td><td></td><td></td><td></td></tr>
<tr><td>子任务二</td><td></td><td></td><td></td></tr>
<tr><td>子任务三</td><td></td><td></td><td></td></tr>
<tr><td colspan="2">任务完成心得</td><td colspan="3"></td></tr>
<tr><td colspan="2">存在的问题</td><td colspan="3"></td></tr>
<tr><td colspan="2">教师评价</td><td colspan="3"></td></tr>
</table>

项目六　核算应付职工薪酬业务

任务导学

企业作为用人单位与劳动者应当订立劳动合同，不论订立的是固定期限、无固定期限还是以完成一定的工作为期限的劳动合同，都是企业的职工。企业为获得职工提供的服务而应付给职工的各种形式的报酬以及其他相关支出，即为职工薪酬。

学习目标

认知目标：知晓职工薪酬的含义；明确职工薪酬的内容；能对应付职工薪酬业务进行准确核算。

情感目标：通过应付职工薪酬业务处理，培养学生全面思考的能力及谨慎的业务态度。

技能目标：能正确办理企业职工薪酬相关业务，根据原始凭证对短期薪酬和设定提存计划业务进行账务处理。

任务一　核算短期薪酬业务

情景导入

企业为获得职工提供的服务，会支付给职工各种形式的报酬，如工资、福利费、医疗保险费、住房公积金等，这些都属于短期薪酬。

任务要求

知晓短期薪酬的方式，学会短期薪酬业务的账务处理。

子任务一　核算工资、奖金、津贴和补贴业务

工作任务1

掌握职工薪酬的概念，以及职工与职工薪酬的范围。

知识准备1

一、职工薪酬的含义

职工薪酬，是指企业为获得职工提供的服务或解除劳动关系而给予的各种形式的报酬或补偿。

从性质上，凡是企业为获得职工提供的服务而给予或付出的各种形式的对价，都构成职工薪酬，作为一种耗费构成人工成本，与这些服务产生的经济利益相匹配。与此同时，企业与职工之间因职工提供服务形成的关系，大多数构成企业的现时义务，将导致企业未来经济利益的流出，从而形成企业的一项负债。

这里所称的“职工”，主要包括三类人员：一是与企业订立劳动合同的所有人员，含全职、兼职和临时职工；二是未与企业订立劳动合同，但由企业正式任命的企业治理层和管理层人员，如董事会成员、监事会成员等；三是在企业的计划和控制下，虽未与企业订立劳动合同或未由其正式任命，但向企业所提供服务与职工所提供服务类似的人员，也属于职工的范畴，包括通过企业与劳务中介公司签订用工合同而向企业提供服务的人员。

职工提供的服务，是指职工在企业内部所从事的具体工作和岗位，即职工为企业提供的服务是通过从事具体工作和岗位来体现和实现的。具体工作和岗位包括：生产产品、销售产品或商品、对外提供劳务、管理生产经营活动、建造固定资产、自行研发无形资产等。

二、职工薪酬的内容

职工薪酬包括短期薪酬、离职后福利、辞退福利和其他长期职工福利。企业提供给职工配偶、子女、受赡养人、已故员工遗属及其他受益人等的福利，也属于职工薪酬。

（一）短期薪酬

短期薪酬，是指企业在职工提供相关服务的年度报告期间结束后12个月内需要全部予以支付的职工薪酬，因解除与职工的劳动关系给予的补偿除外。短期薪酬具体包括：

1. 职工工资、奖金、津贴和补贴，是指按照构成工资总额的计时工资、计件工资、支付给职工的超额劳动报酬和增收节支的劳动报酬、为补偿职工特殊或额外的劳动消耗和因其

他特殊原因支付给职工的津贴，以及为保证职工工资水平不受物价影响支付给职工的物价补贴等。其中，企业按照短期奖金计划向职工发放的奖金属于短期薪酬，按照长期奖金计划向职工发放的奖金属于其他长期职工福利。

2. 职工福利费，是指企业向职工提供的生活困难补助、丧葬补助费、抚恤费、职工异地安家费、防暑降温费等职工福利支出。

3. 医疗保险费、工伤保险费等社会保险费，是指企业按照国家规定的基准和比例计算，向社会保险经办机构缴纳的医疗保险费、工伤保险费。

4. 住房公积金，是指企业按照国家规定的基准和比例计算，向住房公积金管理机构缴存的住房公积金。

5. 工会经费和职工教育经费，是指企业为了改善职工文化生活、为职工学习先进技术和提高文化水平和业务素质，用于开展工会活动和职工教育及职业技能培训等相关支出。

6. 短期带薪缺勤，是指职工虽然缺勤但企业仍向其支付报酬的安排，包括年休假、病假、婚假、产假、丧假、探亲假等。长期带薪缺勤属于其他长期职工福利。

7. 短期利润分享计划，是指因职工提供服务而与职工达成的基于利润或其他经营成果提供薪酬的协议。长期利润分享计划属于其他长期职工福利。

8. 其他短期薪酬，是指除上述薪酬以外的其他为获得职工提供的服务而给予的短期薪酬。

（二）离职后福利

离职后福利是指企业为获得职工提供的服务而在职工退休或与企业解除劳动关系后，提供的各种形式的报酬和福利，短期薪酬和辞退福利除外。企业应当将离职后福利计划分类为设定提存计划和设定受益计划。离职后福利计划，是指企业与职工就离职后福利达成的协议，或者企业为向职工提供离职后福利制定的规章或办法等。其中，设定提存计划，是指向独立的基金缴存固定费用后，企业不再承担进一步支付义务的离职后福利计划；设定受益计划，是指除设定提存计划以外的离职后福利计划。

（三）辞退福利

辞退福利是指企业在职工劳动合同到期之前解除与职工的劳动关系，或者为鼓励职工自愿接受裁减而给予职工的补偿。

（四）其他长期职工福利

其他长期职工福利是指除短期薪酬、离职后福利、辞退福利之外所有的职工薪酬，包括长期带薪缺勤、长期残疾福利、长期利润分享计划等。

完成工作1

理解职工薪酬的概念，并正确区别下列哪些属于职工薪酬？

□职工工资　　　　　　□为职工子女支付部分医疗费用

□发给职工的春节物资　　□辞退福利

□为职工缴纳的住房公积金　□报销职工差旅费

扫码查看答案

工作任务 2

武汉众科电子有限公司工人张凯的月工资标准为 2 840 元。2020 年 3 月，该工人病假 3 日，事假 2 日，周末休假 9 日，出勤 17 日。根据张凯的工龄，其病假工资按工资标准的 95% 计算，事假日工资全部扣除。假定张凯病假和事假期间没有节假日。请计算张凯 3 月份工资。假定日工资率按每月 30 天计算。请填制图表 6 – 1 – 1 计时工资计算表。

知识准备 2

计时工资，是指按照劳动者的工作时间来计算工资的一种方式。计时工资可分为：月工资制、周工资制、日工资制和小时工资制。由于计时工资是直接以劳动时间计算报酬，简单易行，便于计算；同时，由于各种劳动均可以用劳动时间来计量，所以计时工资的适应性强，实行范围广泛，任何部门、任何单位和各类工种、岗位均可采用。

采用月薪制不论各月日历天数多少，每月的标准工资相同，即在月薪制下，不论当月日历天数多少，只要该月职工出全勤，即可领取固定的月工资标准。如果发生缺勤情况可以按以下公式计算应付标准工资。

应付标准工资 = 月标准工资 – 应扣缺勤工资

应扣缺勤工资 = 缺勤日数 × 日工资率 × 缺勤扣款比例

【例 6 – 1】 武汉永鑫电子有限公司工人李明的月工资标准为 3 630 元。2020 年 7 月，该工人病假 2 日，事假 3 日，周末休假 9 日，出勤 17 日。根据李明的工龄，其病假工资按工资标准的 90% 计算，事假日工资全部扣除。假定李明病假和事假期间没有节假日。请计算李明 7 月份工资。假定日工资率按每月 30 天计算。

日工资率 = 3 630 ÷ 30 = 121（元）

应扣缺勤工资 = 121 × (1 – 90%) × 2 + 121 × 3 = 387.2（元）

应付标准工资 = 3 630 – 387.2 = 3 242.8（元）

完成工作2

图表6－1－1

计时工资计算表

姓名	日工资率	应扣缺勤病假工资	应扣缺勤事假工资	应付工资
张凯				

扫码查看答案

工作任务3

武汉众科电子有限公司工人王肖本月加工音响、耳机两种产品。音响验收的合格品为100件，料废品为3件，工废品为1件，其计价单价为15元；耳机验收的合格品为120件，料废品为5件，工废品为1件，其计价单价为10元。请计算王肖本月应得计件工资。请填制图表6－1－2计件工资计算表。

知识准备3

计件工资，是按照工人生产的合格品的数量（或作业量）和预先规定的计件单价来计算报酬的一种工资形式。它不是直接用劳动时间来计量，而是用一定时间内的劳动成果如产品数量或作业量来计算的，因此，它是间接用劳动时间来计算的，是计时工资的转化形式。

计件工资计算的主要依据是计件单价，即工人完成每一件产品的工资额。一般按各该等级工人的日（小时）工资率除日（小时）产量来确定，计算公式如下：

个人应付计件工资＝（合格品数量＋料废品数量）×计件单价

【例6－2】 武汉永鑫电子有限公司工人李明本月加工音响、耳机两种产品。音响验收的合格品为80件，料废品为2件，工废品为2件，其计件单价为12元；耳机验收的合格品为150件，料废品为5件，工废品为2件，其计件单价为11元。请计算李明本月应得计件工资。

个人应付计件工资＝(80＋2)×12＋(150＋5)×11＝2 689（元）

完成工作 3

图表 6－1－2

计件工资计算表

姓名	音响（计件单价15元/件）		耳机（计件单价10元/件）		计件工资(元)	备注
	产量（个）	金额（元）	产量（个）	金额（元）		
王肖						

扫码查看答案

工作任务 4

2019 年 5 月 31 日，武汉众科电子有限公司计提本月职工工资。请根据相关单据编制记账凭证（凭证号：196），（生产成本明细科目到产品，制造费用明细科目到车间，应付职工薪酬核算到明细科目）。

图表 6－1－3

职工薪酬分配表

2019年5月31日　　金额单位：元

部门		应付工资	"五险一金"基数	短期薪酬					离职后福利		合计
				医疗保险	工伤保险	生育保险	住房公积金	工会经费	养老保险	失业保险	
				8%	0.20%	0.50%	12.00%	2%	16%	0.70%	
音响车间	生产工人	29,580.00	29,000.00	2,320.00	58.00	145.00	3,480.00	580.00	4,640.00	203.00	41,006.00
	管理人员	3,500.00	3,300.00	264.00	6.60	16.50	396.00	66.00	528.00	23.10	4,800.20
耳机车间	生产工人	56,235.00	56,000.00	4,480.00	112.00	280.00	6,720.00	1,120.00	8,960.00	392.00	78,299.00
	管理人员	4,000.00	4,000.00	320.00	8.00	20.00	480.00	80.00	640.00	28.00	5,576.00
管理部门		38,599.00	38,000.00	3,040.00	76.00	190.00	4,560.00	760.00	6,080.00	266.00	53,571.00
销售部门		9,800.00	9,700.00	776.00	19.40	48.50	1,164.00	194.00	1,552.00	67.90	13,621.80
合计		141,714.00	140,000.00	11,200.00	280.00	700.00	16,800.00	2,800.00	22,400.00	980.00	196,874.00
		审核：徐志文							制单：王薇		

知识准备 4

企业应设置"应付职工薪酬"科目，核算应付职工薪酬的计提、结算、使用等情况。该科目贷方登记已分配计入有关成本费用项目的职工薪酬，借方登记实际发放的职工薪酬，包括扣还的款项；期末贷方余额，反映企业应付未付的职工薪酬。企业应根据职工薪酬类别，设置"职工工资、奖金、津贴和补贴""职工福利费""社会保险费""住房公积金""工会经费""职工教育经费""非货币性福利""辞退福利""带薪缺勤""设定提存计划"等二级科目进行明细核算。

月末，企业应当将本月发生的职工薪酬区分以下情况进行分配：

生产部门（提供劳务）人员的职工薪酬，借记“生产成本”“制造费用”等科目，贷记“应付职工薪酬”科目。

应由在建工程、无形资产开发项目负担的职工薪酬，借记“在建工程”“研发支出”等科目，贷记“应付职工薪酬”科目。

管理部门人员的职工薪酬和因解除与职工的劳动关系给予的补偿，借记“管理费用”科目，贷记“应付职工薪酬”科目。

销售人员的职工薪酬，借记“销售费用”科目，贷记“应付职工薪酬”科目。

【例 6－3】 武汉永鑫电子有限公司本月发生应付职工工资总额为 1 100 000 元。其中，生产音响工人工资 400 000 元，生产耳机工人工资 300 000 元，车间管理人员工资 300 000 元，行政管理人员工资 100 000 元。

武汉永鑫电子有限公司作如下账务处理：

借：生产成本——音响	400 000	
生产成本——耳机	300 000	
制造费用	300 000	
管理费用	100 000	
贷：应付职工薪酬——职工工资、奖金、津贴和补贴		1 100 000

工作步骤 1

图表 6－1－4

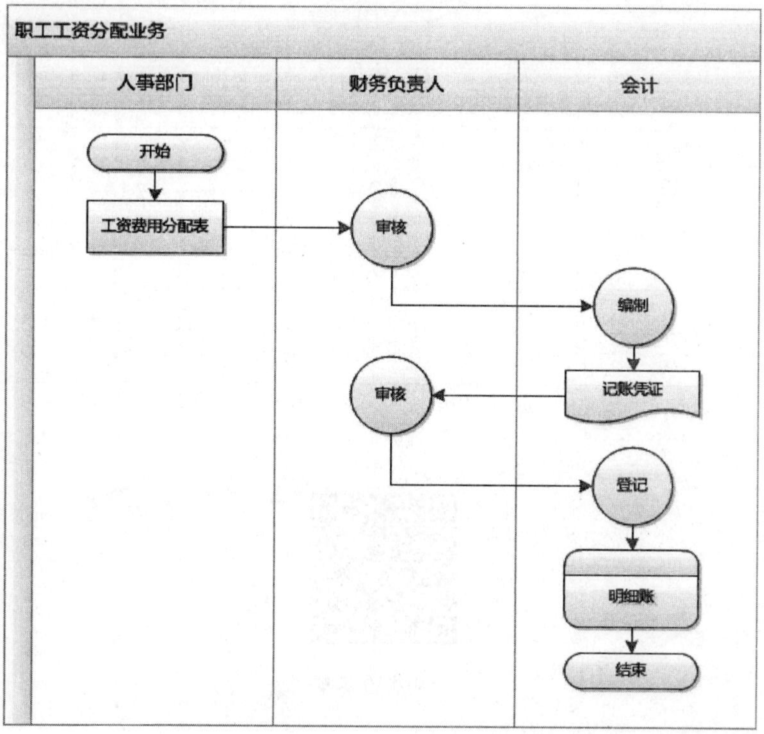

完成工作 4

图表 6－1－5

记 账 凭 证

年 月 日 字第 号

摘 要	会计科目		借方金额											贷方金额											记账
	总账科目	明细科目	亿	千	百	十	万	千	百	十	元	角	分	亿	千	百	十	万	千	百	十	元	角	分	√
合 计																									

附单据 张

会计主管： 记账： 出纳： 复核： 制单：

图表 6－1－6

记 账 凭 证

年 月 日 字第 号

摘 要	会计科目		借方金额											贷方金额											记账
	总账科目	明细科目	亿	千	百	十	万	千	百	十	元	角	分	亿	千	百	十	万	千	百	十	元	角	分	√
合 计																									

附单据 张

会计主管： 记账： 出纳： 复核： 制单：

扫码查看答案

工作任务5

2019年5月31日，武汉众科电子有限公司支付本月工资，并代扣款项。请根据相关单据编制记账凭证（凭证号：197、198）。

图表6-1-7

中国工商银行
转账支票存根
10204220
32551513

附加信息

出票日期 2019 年 05 月 31 日

收款人：武汉众科电子有限公司

金　额：¥110,092.46

用　途：工资

单位主管 李晓华 会计 王薇

XX印务有限公司·XX年印制

图表6-1-8

中国工商银行进账单（回　　单）　1

2019 年 05 月 31 日　　№ 02203334

出票人	全　称	武汉众科电子有限公司	收款人	全　称	武汉众科电子有限公司
	账　号	6215581810004608805		账　号	6215581810004607268
	开户银行	工商银行武汉市洪山区支行		开户银行	工商银行武汉市洪山区支行
金额	人民币（大写）	壹拾壹万零玖拾贰元肆角陆分		亿千百十万千百十元角分	¥11009246
票据种类	转账支票	票据张数	1		
票据号码	10204220-32551513				
复核	记账			开户银行签章	

工商银行武汉市洪山区支行 2019.05.31 转讫

此联是开户银行交给持（出）票人的回单

图表 6 –1 –9

工资结算汇总表

2019年5月　　金额单位：元

部门		短期薪酬	代扣款项							实发金额
		应付工资	“三险一金”基数	养老保险 8%	失业保险 0.30%	医疗保险 2%+3	住房公积金 12%	个人所得税	小计	
音响车间	生产工人	29,580.00	29,000.00	2,320.00	87.00	583.00	3,480.00		6,470.00	23,110.00
	管理人员	3,500.00	3,300.00	264.00	9.90	69.00	396.00		738.90	2,761.10
耳机车间	生产工人	56,235.00	56,000.00	4,480.00	168.00	1,123.00	6,720.00		12,491.00	43,744.00
	管理人员	4,000.00	4,000.00	320.00	12.00	83.00	480.00		895.00	3,105.00
管理部门		38,599.00	38,000.00	3,040.00	114.00	763.00	4,560.00	273.33	8,750.33	29,848.67
销售部门		9,800.00	9,700.00	776.00	29.10	197.00	1,164.00	110.21	2,276.31	7,523.69
合计		141,714.00	140,000.00	11,200.00	420.00	2,818.00	16,800.00	383.54	31,621.54	110,092.46
		审核：徐志文							制单：王薇	

知识准备 5

实务中，企业一般在每月发放工资前，根据“工资结算汇总表”中的“实发金额”栏的合计数，通过开户银行支付给职工或从开户银行提取现金，然后再向职工发放。

企业按照有关规定向职工支付工资、奖金、津贴、补贴等，借记“应付职工薪酬——工资、奖金、津贴和补贴”科目，贷记“银行存款”“库存现金”等科目；企业从应付职工薪酬中扣还的各种款项（代垫的家属药费、个人所得税等），借记“应付职工薪酬”科目，贷记“银行存款”“库存现金”“其他应收款”“其他应付款”“应交税费——应交个人所得税”等科目。

【例 6 –4】 武汉永鑫电子有限公司根据“工资费用分配汇总表”结算本月应付职工工资总额 1 100 000 元，其中以银行存款支付 857 700 元，企业代垫职工房租 3 000 元，代垫职工家属医药费 3 500 元，代扣社会保险费 113 300 元，代扣住房公积金 99 000 元，代扣个人所得税 23 500 元。

武汉永鑫电子有限公司作如下账务处理：

（1）用银行存款发放工资：

	借方	贷方
借：应付职工薪酬——工资、奖金、津贴和补贴	857 700	
贷：银行存款		857 700

（2）代扣款项：

	借方	贷方
借：应付职工薪酬——工资、奖金、津贴和补贴	242 300	
贷：其他应收款——职工房租		3 000
——代垫医药费		3 500
其他应付款——社会保险费		113 300
——住房公积金		99 000
应交税费——应交个人所得税		23 500

工作步骤 2

图表 6－1－10

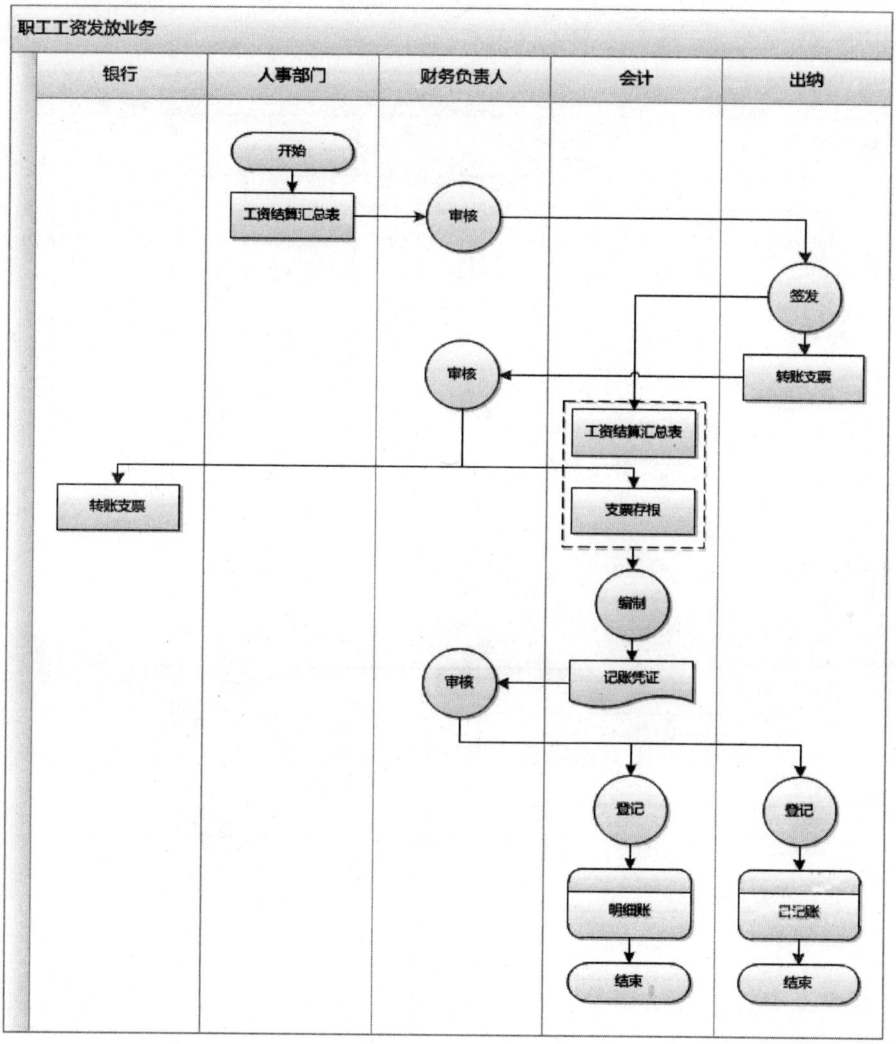

完成工作 5

图表 6-1-11

记 账 凭 证

年　月　日　　　　字第　　号

摘要	会计科目		借方金额											贷方金额											记账 √
	总账科目	明细科目	亿	千	百	十	万	千	百	十	元	角	分	亿	千	百	十	万	千	百	十	元	角	分	
合计																									

附单据　　张

会计主管：　　记账：　　出纳：　　复核：　　制单：

图表 6-1-12

记 账 凭 证

年　月　日　　　　字第　　号

摘要	会计科目		借方金额											贷方金额											记账 √
	总账科目	明细科目	亿	千	百	十	万	千	百	十	元	角	分	亿	千	百	十	万	千	百	十	元	角	分	
合计																									

附单据　　张

会计主管：　　记账：　　出纳：　　复核：　　制单：

扫码查看答案

练一练

子任务二　核算职工福利费业务

工作任务

2019 年 5 月 5 日，武汉众科电子有限公司发放职工困难补助。请根据相关单据编制分配职工困难补助和发放职工困难补助的记账凭证（凭证号：036、037）。

图表 6 -1 -13

关于发放职工困难补助的决定

经股东会研究决定，公司为管理部门职工王方发放困难补助人民币叁仟元整（￥3,000.00）。

武汉众科电子有限公司

2019 年 05 月 05

图表 6－1－14

职工困难补助发放表

2019 年 05 月 05 日

部门	姓名	补助金额（元）	签名
管理部门	王方	3,000.00	王方
		现金付讫	
合 计		¥3,000	

制单：王薇　　审核：徐志文

知识准备

职工福利费，是指企业向职工提供的生活困难补助、防暑降温费等职工福利支出。

对于职工福利费，企业应当在实际发生时根据实际发生额计入当期损益或相关资产成本，借记“生产成本”“制造费用”“管理费用”“销售费用”等科目，贷记“应付职工薪酬——职工福利费”科目。

【例 6－5】 武汉永鑫电子有限公司本月计算需要发放生产车间王刚生活困难补助 2 000元。

武汉永鑫电子有限公司作如下账务处理：

借：制造费用　　2 000

　　贷：应付职工薪酬——职工福利费　　2 000

【例 6－6】 承例 6－5，武汉永鑫电子有限公司用银行存款支付王刚困难补助 2 000 元。

武汉永鑫电子有限公司作如下账务处理：

借：应付职工薪酬——职工福利费　　2 000

　　贷：银行存款　　2 000

工作步骤

图表 6－1－15

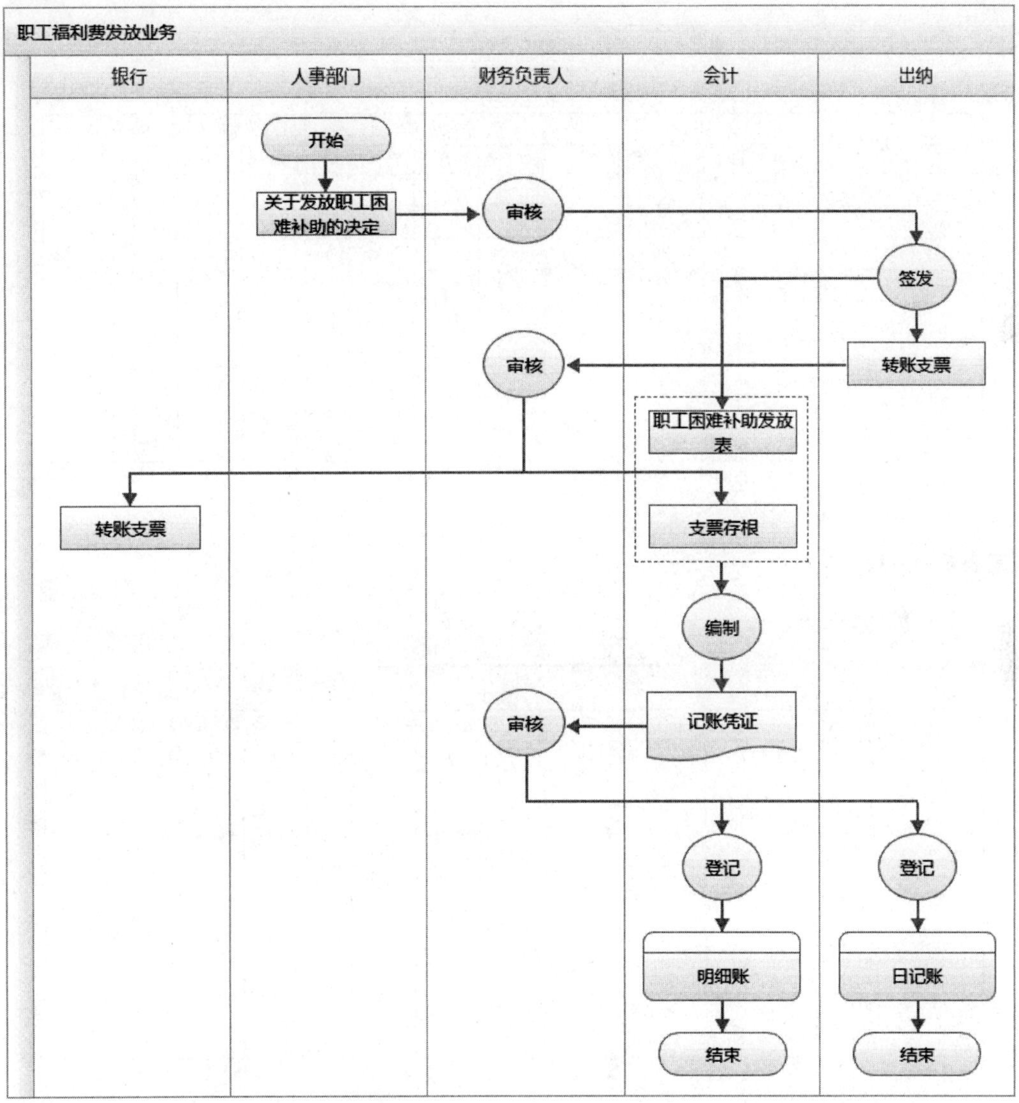
职工福利费发放业务
银行
人事部门
财务负责人
会计
出纳
开始
关于发放职工困难补助的决定
审核
签发
转账支票
审核
职工困难补助发放表
转账支票
支票存根
编制
记账凭证
审核
登记
登记
明细账
日记账
结束
结束

完成工作

图表 6－1－16

记 账 凭 证

年　月　日　　　　　　字第　　　号

摘要	会计科目		借方金额											贷方金额											记账✓
	总账科目	明细科目	亿	千	百	十	万	千	百	十	元	角	分	亿	千	百	十	万	千	百	十	元	角	分	
合计																									

附单据　张

会计主管：　　记账：　　出纳：　　复核：　　制单：

图表 6－1－17

记 账 凭 证

年　月　日　　　　　　字第　　　号

摘要	会计科目		借方金额											贷方金额											记账✓
	总账科目	明细科目	亿	千	百	十	万	千	百	十	元	角	分	亿	千	百	十	万	千	百	十	元	角	分	
合计																									

附单据　张

会计主管：　　记账：　　出纳：　　复核：　　制单：

扫码查看答案

练一练

子任务三　核算“三险一金”业务

工作任务 1

2019 年 5 月 31 日，武汉众科电子有限公司计提本月的医疗保险费、工伤保险费、生育保险费和住房公积金。请根据相关单据编制记账凭证（凭证号：201、202）。

图表 6－1－18

职工薪酬分配表											
2019年5月31日										金额单位：元	
部门		短期薪酬							离职后福利		合计
		应付工资	“五险一金”基数	医疗保险	工伤保险	生育保险	住房公积金	工会经费	养老保险	失业保险	
				8%	0.20%	0.50%	12.00%	2%	16%	0.70%	
音响车间	生产工人	29,580.00	29,000.00	2,320.00	58.00	145.00	3,480.00	580.00	4,640.00	203.00	41,006.00
	管理人员	3,500.00	3,300.00	264.00	6.60	16.50	396.00	66.00	528.00	23.10	4,800.20
耳机车间	生产工人	56,235.00	56,000.00	4,480.00	112.00	280.00	6,720.00	1,120.00	8,960.00	392.00	78,299.00
	管理人员	4,000.00	4,000.00	320.00	8.00	20.00	480.00	80.00	640.00	28.00	5,576.00
管理部门		38,599.00	38,000.00	3,040.00	76.00	190.00	4,560.00	760.00	6,080.00	266.00	53,571.00
销售部门		9,800.00	9,700.00	776.00	19.40	48.50	1,164.00	194.00	1,552.00	67.90	13,621.80
合计		141,714.00	140,000.00	11,200.00	280.00	700.00	16,800.00	2,800.00	22,400.00	980.00	196,874.00
		审核：徐志文							制单：　王薇		

知识准备 1

对于国家规定了计提基础和计提比例的医疗保险费、工伤保险费、生育保险费等社会保险费和住房公积金，以及按规定提取的工会经费和职工教育经费，企业应当在职工为其提供服务的会计期间，根据规定的计提基础和计提比例计算确定相应的职工薪酬金额，并确认相关负债，按照受益对象计入当期损益或相关资产成本，借记“生产成本”“制造费用”“管理费用”等科目，贷记“应付职工薪酬”科目。

【例 6－7】 武汉永鑫电子有限公司本月按照国家标准计提基本医疗保险费 88 000 元，其中生产音响工人应计提 32 000 元，生产耳机工人应计提 24 000 元，车间管理人员应计提 24 000 元，行政管理人员应计提 8 000 元。

武汉永鑫电子有限公司作如下账务处理：

借：生产成本——音响　　32 000
　　　　　　——耳机　　24 000
　　制造费用　　24 000
　　管理费用　　8 000
　　贷：应付职工薪酬——社会保险费（基本医疗保险）　　88 000

【例 6－8】 武汉永鑫电子有限公司本月按照国家标准计提住房公积金 99 000 元，其中生产音响工人应计提 36 000 元，生产耳机工人应计提 27 000 元，车间管理人员应计提 27 000元，行政管理人员应计提 9 000 元。

武汉永鑫电子有限公司作如下账务处理：

借：生产成本——音响　　36 000
　　　　　　——耳机　　27 000
　　制造费用　　27 000
　　管理费用　　9 000
　　贷：应付职工薪酬——住房公积金　　99 000

工作步骤1

图表6－1－19

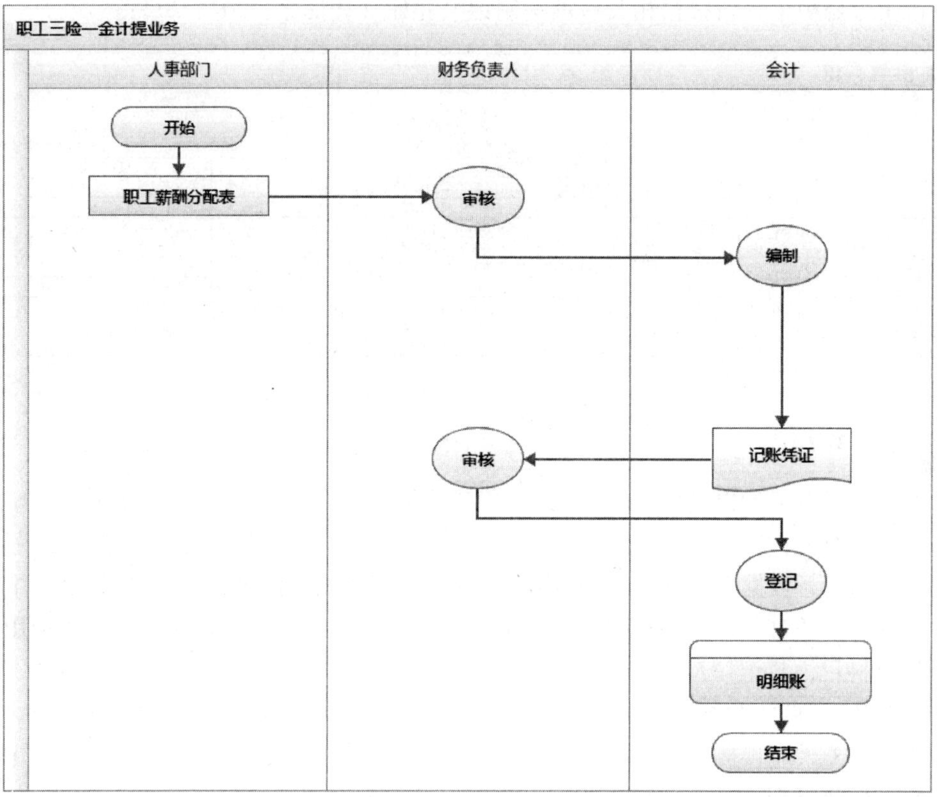

完成工作1

图表 6－1－20

记　账　凭　证

年　　月　　日　　　　　　　　字第　　　　号

摘要	会计科目		借方金额											贷方金额											记账
	总账科目	明细科目	亿	千	百	十	万	千	百	十	元	角	分	亿	千	百	十	万	千	百	十	元	角	分	√
合计																									

附单据　　张

会计主管：　　　记账：　　　出纳：　　　复核：　　　制单：

图表 6－1－21

记　账　凭　证

年　　月　　日　　　　　　　　字第　　　　号

摘要	会计科目		借方金额											贷方金额											记账
	总账科目	明细科目	亿	千	百	十	万	千	百	十	元	角	分	亿	千	百	十	万	千	百	十	元	角	分	√
合计																									

附单据　　张

会计主管：　　　记账：　　　出纳：　　　复核：　　　制单：

图表 6 –1 –22

记 账 凭 证

年 月 日 字第 号

摘 要	会 计 科 目		借 方 金 额											贷 方 金 额											记账√
	总账科目	明细科目	亿	千	百	十	万	千	百	十	元	角	分	亿	千	百	十	万	千	百	十	元	角	分	
合 计																									

附单据 张

会计主管： 记账： 出纳： 复核： 制单：

图表 6 –1 –23

记 账 凭 证

年 月 日 字第 号

摘 要	会 计 科 目		借 方 金 额											贷 方 金 额											记账√
	总账科目	明细科目	亿	千	百	十	万	千	百	十	元	角	分	亿	千	百	十	万	千	百	十	元	角	分	
合 计																									

附单据 张

会计主管： 记账： 出纳： 复核： 制单：

扫码查看答案

工作任务 2

2019 年 6 月 15 日，武汉众科电子有限公司支付住房公积金。请根据相关单据编制记账凭证（凭证号：121）。

图表 6－1－24

中国工商银行
转账支票存根

10204220
70421261

附加信息

出票日期 2019 年 06 月 15 日

收款人:	武汉众科电子有限公司
金　额:	¥33,600.00
用　途:	支付公积金

单位主管 李晓华　会计 王薇

XX印务有限公司·XX年印制

图表 6－1－25

住房公积金汇缴书

2019 年 06 月 15 日

附变更清册　　张

单位名称（公章）	武汉众科电子有限公司			
单位登记号	27066050	资金来源	□财政统发　☑非财政统发	汇缴 2019年06月份
汇缴金额(大写):	叁万叁仟陆佰元整			
	上月汇缴	本月增加	本月减少	本月汇缴
人数	57			57
金额	¥33,600.00			¥33,600.00
缴款方式	☑支票	□委托收款	□现金送款簿	□汇票
票据号码	10204220-70421261		备注:	
付款银行	工商银行武汉市洪山区支行			
付款账户	6215581810544000916			

千	百	十	万	千	百	十	元	角	分
		¥	3	3	6	0	0	0	0

单位财务主管签字（盖章）：徐志文　　复核：王薇　　制单：苏青

武汉众科电子有限公司

图表 6－1－26

职工薪酬分配表												
2019年5月31日											金额单位：元	
部门		短期薪酬							离职后福利		合计
		应付工资	“五险一金”基数	医疗保险	工伤保险	生育保险	住房公积金	工会经费	养老保险	失业保险	
				8%	0.20%	0.50%	12.00%	2%	16%	0.70%	
音响车间	生产工人	29,580.00	29,000.00	2,320.00	58.00	145.00	3,480.00	580.00	4,640.00	203.00	41,006.00
	管理人员	3,500.00	3,300.00	264.00	6.60	16.50	396.00	66.00	528.00	23.10	4,800.20
耳机车间	生产工人	56,235.00	56,000.00	4,480.00	112.00	280.00	6,720.00	1,120.00	8,960.00	392.00	78,299.00
	管理人员	4,000.00	4,000.00	320.00	8.00	20.00	480.00	80.00	640.00	28.00	5,576.00
管理部门		38,599.00	38,000.00	3,040.00	76.00	190.00	4,560.00	760.00	6,080.00	266.00	53,571.00
销售部门		9,800.00	9,700.00	776.00	19.40	48.50	1,164.00	194.00	1,552.00	67.90	13,621.80
合计		141,714.00	140,000.00	11,200.00	280.00	700.00	16,800.00	2,800.00	22,400.00	980.00	196,874.00
		审核：徐志文							制单：王薇		

图表 6－1－27

工资结算汇总表											
2019年5月										金额单位：元	
部门		短期薪酬	代扣款项							实发金额
		应付工资	“三险一金”基数	养老保险	失业保险	医疗保险	住房公积金	个人所得税	小计	
				8%	0.30%	2%+3	12%			
音响车间	生产工人	29,580.00	29,000.00	2,320.00	87.00	583.00	3,480.00		6,470.00	23,110.00
	管理人员	3,500.00	3,300.00	264.00	9.90	69.00	396.00		738.90	2,761.10
耳机车间	生产工人	56,235.00	56,000.00	4,480.00	168.00	1,123.00	6,720.00		12,491.00	43,744.00
	管理人员	4,000.00	4,000.00	320.00	12.00	83.00	480.00		895.00	3,105.00
管理部门		38,599.00	38,000.00	3,040.00	114.00	763.00	4,560.00	273.33	8,750.33	29,848.67
销售部门		9,800.00	9,700.00	776.00	29.10	197.00	1,164.00	110.21	2,276.31	7,523.69
合计		141,714.00	140,000.00	11,200.00	420.00	2,818.00	16,800.00	383.54	31,621.54	110,092.46
		审核：徐志文							制单：王薇	

知识准备 2

按照国家有关规定缴纳社会保险费时，借记“应付职工薪酬”科目，贷记“银行存款”科目，其中个人负担的部分，可通过“其他应收款”或“其他应付款”进行核算。

按照国家有关规定缴纳住房公积金时，借记“应付职工薪酬”科目，贷记“银行存款”科目，其中个人负担的部分，可通过“其他应收款”或“其他应付款”的借方进行核算。

【例 6－9】 武汉永鑫电子有限公司缴纳基本医疗保险共 110 000 元，其中单位应负担 88 000 元，个人应负担 22 000 元。

武汉永鑫电子有限公司作如下账务处理：

借：应付职工薪酬——社会保险费（基本医疗保险）　　88 000
　　其他应付款——社会保险费　　22 000
　　贷：银行存款　　110 000

【例 6－10】 武汉永鑫电子有限公司缴纳住房公积金共 198 000 元，其中单位应负担 99 000元，个人应负担 99 000 元。

武汉永鑫电子有限公司作如下账务处理：

借：应付职工薪酬——住房公积金　　99 000
　　其他应付款——住房公积金　　99 000
　　贷：银行存款　　198 000

工作步骤 2

图表 6－1－28

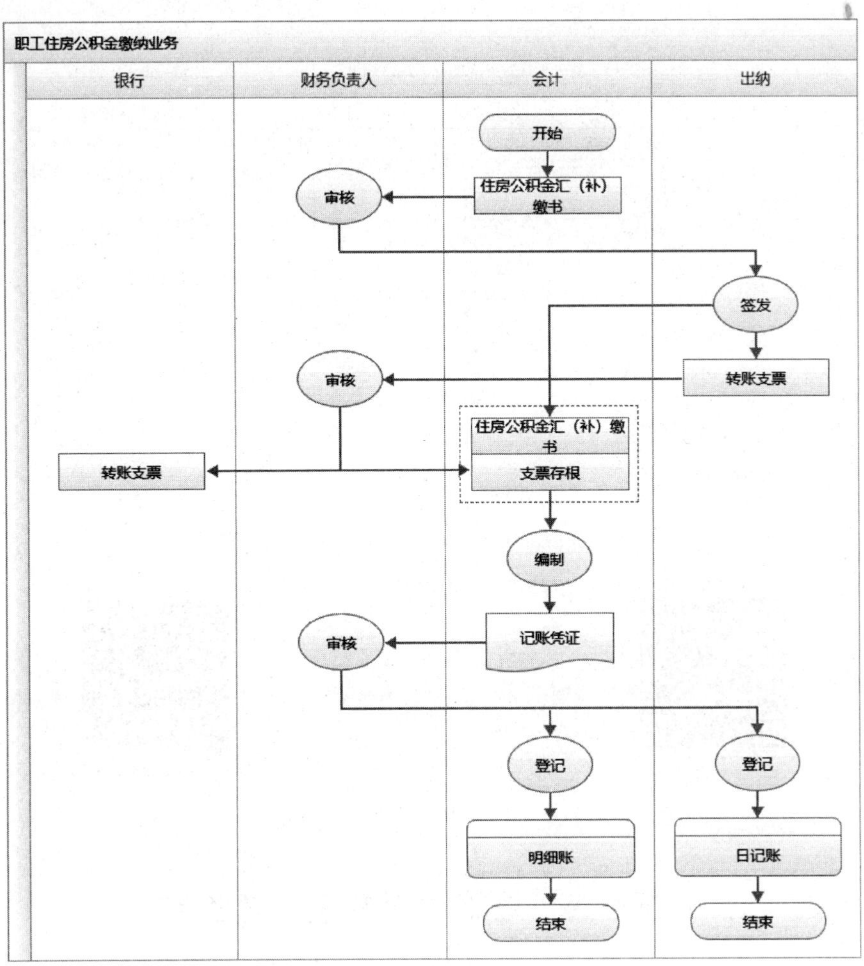

完成工作 2

图表 6－1－29

记 账 凭 证

年 月 日 字第 号

摘 要	会计科目		借方金额											贷方金额											记账
	总账科目	明细科目	亿	千	百	十	万	千	百	十	元	角	分	亿	千	百	十	万	千	百	十	元	角	分	√
	合 计																								

附单据 张

会计主管： 记账： 出纳： 复核： 制单：

扫码查看答案

练一练

子任务四 核算短期带薪缺勤业务

工作任务

武汉众科电子有限公司实行累积带薪缺勤制度。该制度规定，每个职工每年可享受 5 个工作日带薪年休假，未使用的年休假只能向后结转一个公历年度。该企业 2019 年有 20 名职工未享受 5 个工作日带薪年休假。该企业平均每名职工每个工作日工资为 500 元。不考虑其他相关因素，请根据相关单据编制记账凭证（凭证号：090）。

图表 6－1－30

公司人事部关于2020年员工年假的预计

公司人事部预计：2020年，公司有60名员工每人将享受不超过5天的年休假，20名员工（10名为总部各部门经理，10名为销售部门人员）每人将可以平均享受7天的年休假。

审核：徐志文

批准：李晓华

武汉众科电子有限公司

2019 年 12 月 1 日

知识准备

对于职工带薪缺勤，企业应当根据其性质及职工享有的权利，分为累积带薪缺勤和非累积带薪缺勤两类。企业应当对累积带薪缺勤和非累积带薪缺勤分别进行会计处理。如果带薪缺勤属于长期带薪缺勤的，企业应当作为其他长期职工福利处理。

累积带薪缺勤，是指带薪权利可以结转下期的带薪缺勤，本期尚未用完的带薪缺勤权利可以在未来期间使用。企业应当在职工提供了服务从而增加了其未来享有的带薪缺勤权利时，确认与累积带薪缺勤相关的职工薪酬，并以累积未行使权利而增加的预期支付金额计量。确认累积带薪缺勤时，借记“管理费用”等科目，贷记“应付职工薪酬——带薪缺勤——短期带薪缺勤——累积带薪缺勤”科目。

非累积带薪缺勤，是指带薪权利不能结转下期的带薪缺勤，本期尚未用完的带薪缺勤权利将予以取消，并且职工离开企业时也无权获得现金支付。我国企业职工休婚假、产假、丧假、探亲假、病假期间的工资通常属于非累积带薪缺勤。由于职工提供服务本身不能增加其能够享受的福利金额，企业在职工未缺勤时不应当计提相关费用和负债。为此，企业应当在职工实际发生缺勤的会计期间确认与非累积带薪缺勤相关的职工薪酬。

企业确认职工享有的与非累积带薪缺勤权利相关的薪酬，视同职工出勤确认的当期损益或相关资产成本。通常情况下，与非累积带薪缺勤相关的职工薪酬已经包括在企业每期向职工发放的工资等薪酬中，因此，不必额外作相应的账务处理。

【例 6－11】 武汉永鑫电子有限公司共有 1 000 名职工，从 2018 年 1 月 1 日起，该企业实行累积带薪缺勤制度。该制度规定，每个职工每年可享受 10 个工作日带薪年休假，未使用的年休假只能向后结转一个公历年度，超过 1 年未使用的权利作废，在职工离开企业时也无权获得现金支付；职工休年假时，首先使用当年可享受的权利，不足部分再从上年结转的带薪年休假中扣除。

2019 年 12 月 31 日，武汉市永鑫电子有限公司预计 2020 年有 800 名职工将享受不超过 10 天的带薪年休假，剩余 200 名职工每人将平均享受 11 天半的年休假，假定这 200 名职工中 150 名为总部各部门经理，50 名为车间管理人员，该企业平均每名职工每个工作日工资为 400 元。不考虑其他相关因素。

武汉永鑫电子有限公司作如下账务处理：

借：管理费用 90 000

　　制造费用 30 000

　　贷：应付职工薪酬——带薪缺勤——短期带薪缺勤——累积带薪缺勤 120 000

该公司在 2019 年 12 月 31 日应当预计由于职工累积未使用的带薪年休假权利而导致的预期支付的金额，即相当于 300 天［200 ×（11.5 － 10）］的年休假工资金额 120 000 元（300 ×400）。

工作步骤

图表 6－1－31

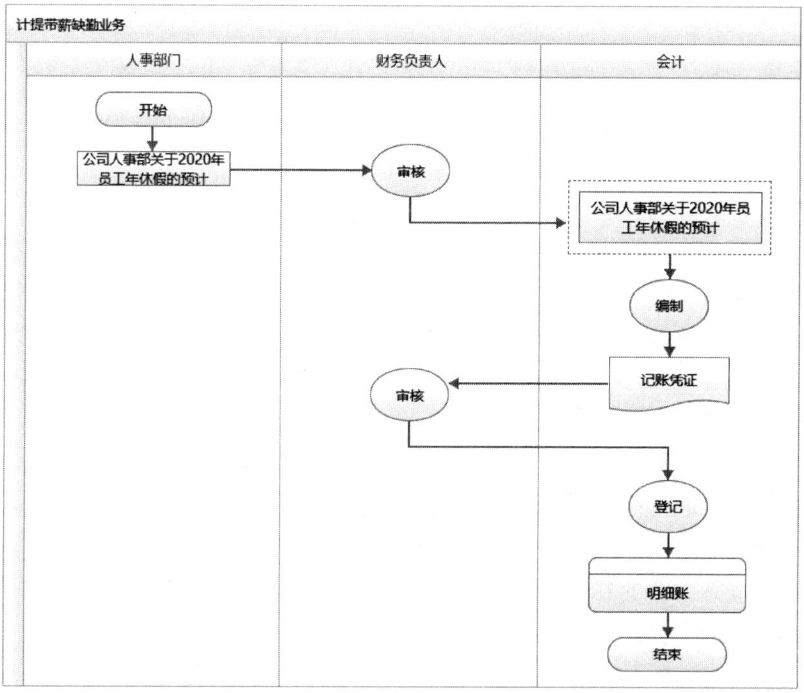

完成工作

图表 6-1-32

记 账 凭 证

年 月 日 字第 号

摘要	会计科目		借方金额											贷方金额											记账
	总账科目	明细科目	亿	千	百	十	万	千	百	十	元	角	分	亿	千	百	十	万	千	百	十	元	角	分	√
	合计																								

附单据 张

会计主管： 记账： 出纳： 复核： 制单：

扫码查看答案

练一练

子任务五 核算非货币性职工薪酬业务

工作任务 1

2019 年 12 月 10 日，武汉众科电子有限公司以自产耳机发放给公司员工。请根据相关单据编制计提非货币性福利和发放非货币性福利的记账凭证（凭证号：041、042、043）。

图表 6－1－33

职工福利发放通知

新春佳节，在辞旧迎新之际，为了奖励本年度管理部门和销售部门在销售工作中的突出贡献，经公司研究决定，以我司资产的“2#音响”作为福利发放给管理人员及销售部员工。发放标准及成本费用计算：每人1个，其中：管理部门共计11人；销售部门共计2人，共13人，每只音响市场售价200元，另需按13%缴纳增值税销项税，共计2,938.00元（含税）。

审核：徐志文

批准：李晓华

武汉众科电子有限公司

2019 年 12 月 10 日

图表 6－1－34

出 库 单

出货单位：武汉众科电子有限公司　　日期：2019年12月10日　　单号：556446566

提货单位（部门）：管理部门　　销售单号：　　发货仓库：成品库　　出库日期：2019年12月10日

编码	名称	规格	单位	数量		单价	金额
				应发	实发		
01	2#音响		个	13	13	150.00	1,950.00
合计	人民币（大写）：壹仟玖佰伍拾元整						¥1,950.00

会计联

部门经理：周帅　　会计：王薇　　仓库：马秀　　经办人：马秀

图表 6 - 1 - 35

领用物品登记表

2019 年 12 月 10 日

领取物品	领取数量	领取人签名
2#音响	1	李晓华
2#音响	1	徐志文
2#音响	1	刘建刚
2#音响	1	张学平
2#音响	1	周帅
2#音响	1	吴金星
2#音响	1	张君
2#音响	1	黄兰
2#音响	1	周翔
2#音响	1	兰明丽
2#音响	1	赵文文
2#音响	1	刘华敏
2#音响	1	杨子华

审核：徐志文　　　　制单：王薇

知识准备 1

企业提供给职工的非货币性职工薪酬通常包括：

1. 企业以其自产产品作为非货币性福利发放给职工。
2. 将企业拥有的房屋等资产无偿提供给职工使用。
3. 租赁住房等资产供职工无偿使用。

企业以其自产产品作为非货币性福利发放给职工的，应当根据受益对象，按照该产品的含税公允价值计入相关资产成本或当期损益，同时确认应付职工薪酬，借记“生产成本”“制造费用”“管理费用”等科目，贷记“应付职工薪酬——非货币性福利”科目。

企业以自产产品作为职工薪酬发放给职工时，应确认主营业务收入，借记“应付职工薪酬——非货币性福利”科目，贷记“主营业务收入”科目，同时结转相关成本，涉及增值税销项税额的，还应进行相应的处理，借记“应付职工薪酬——非货币性福利”科目，贷记“应交税费——应交增值税（销项税额）”科目。企业支付租赁住房等资产供职工无偿使用所发生的租金，借记“应付职工薪酬——非货币性福利”科目，贷记“银行存款”等科目。

【例 6 - 12】 武汉永鑫电子有限公司共有职工 1 000 名，其中 450 名为生产音响工人，350 人为生产耳机工人，50 人为车间管理人员，150 名为总部管理人员。2019 年 12 月，永鑫公司以其生产的音响作为春节福利发放给公司每名职工。该音响不含增值税的市场售价为每件 200 元，成本每件 150 元，武汉永鑫电子有限公司适用的增值税税率为 13%。

武汉永鑫电子有限公司作如下账务处理：

借：生产成本——音响　　　　　　　　101 700

——耳机 79 100

制造费用 11 300

管理费用 33 900

贷：应付职工薪酬——非货币性福利 226 000

应确认的应付职工薪酬 = 1 000 × 200 + 1 000 × 200 × 13% = 226 000（元）

【例 6 – 13】 承例 6 – 12，武汉永鑫电子有限公司向职工发放音响作为福利，应确认主营业务收入，同时根据现行增值税制度规定，计算增值税销项税额。

武汉永鑫电子有限公司作如下账务处理：

借：应付职工薪酬——非货币性福利 226 000

贷：主营业务收入 200 000

应交税费——应交增值税（销项税额） 26 000

借：主营业务成本 150 000

贷：库存商品——音响 150 000

工作步骤 1

图表 6 – 1 – 36

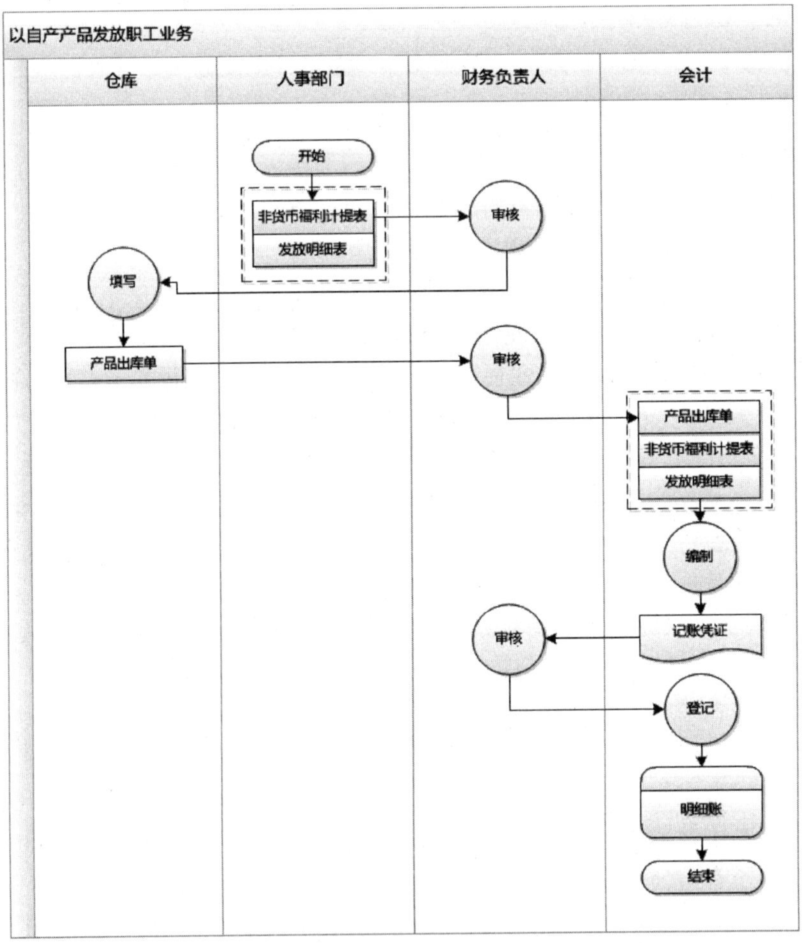

完成工作1

图表6-1-37

记账凭证

年 月 日 字第 号

摘要	会计科目		借方金额											贷方金额											记账√
	总账科目	明细科目	亿	千	百	十	万	千	百	十	元	角	分	亿	千	百	十	万	千	百	十	元	角	分	
合计																									

附单据 张

会计主管： 记账： 出纳： 复核： 制单：

图表6-1-38

记账凭证

年 月 日 字第 号

摘要	会计科目		借方金额											贷方金额											记账√
	总账科目	明细科目	亿	千	百	十	万	千	百	十	元	角	分	亿	千	百	十	万	千	百	十	元	角	分	
合计																									

附单据 张

会计主管： 记账： 出纳： 复核： 制单：

图表 6－1－39

记 账 凭 证

年　月　日　　　　　　　　　　字第　　　号

摘要	会计科目		借方金额											贷方金额											记账√
	总账科目	明细科目	亿	千	百	十	万	千	百	十	元	角	分	亿	千	百	十	万	千	百	十	元	角	分	
合计																									

附单据　　张

会计主管：　　记账：　　出纳：　　复核：　　制单：

扫码查看答案

工作任务 2

2019 年 12 月 10 日，武汉众科电子有限公司为总部各部门经理级别以上职工提供汽车免费使用。总部共有部门经理以上职工 20 名，每人一辆桑塔纳汽车，每辆汽车每月应提折旧 1 000 元。请根据相关单据编制计提非货币性福利和发放非货币性福利的记账凭证（凭证号：005、006）。

图表 6－1－40

关于为部分职工提供汽车免费使用的决定

经股东会研究决定，武汉众科电子有限公司为总部各部门经理级别以上职工共20名，提供每人一辆桑塔纳汽车免费使用。

审核：徐志文

批准：李晓华

武汉众科电子有限公司

2019 年 12 月 10 日

图表 6－1－41

固定资产折旧汇总表

2019 年 12 月 10 日　　　　单位：元

使用部门	类别	原值	月折旧率或单位折旧	折旧额
管理部门		1,000,000.00	2%	20,000.00
合计				¥20,000

审核：徐志文　　　　制单：王薇

知识准备 2

将企业拥有的房屋等资产无偿提供给职工使用的，应当根据受益对象，将该住房每期应计提的折旧计入相关资产成本或当期损益，同时确认应付职工薪酬，借记“管理费用”“生产成本”“制造费用”等科目，贷记“应付职工薪酬——非货币性福利”科目，并且同时借记“应付职工薪酬——非货币性福利”科目，贷记“累计折旧”科目。

【例 6－14】 武汉永鑫电子有限公司为总部经理级别以上职工提供汽车免费使用，同时为副总裁以上高级管理人员提供每人租赁一套住房。总部共有部门经理以上职工 20 名，假定每辆汽车每月计提折旧 1 000 元；该公司共有副总裁以上高级管理人员 5 名，公司为其每人租赁一套面积为 200 平方米，带有家具和电器的公寓，月租金为 8 000 元/套。

武汉永鑫电子有限公司作如下账务处理：

借：管理费用	60 000	
贷：应付职工薪酬——非货币性福利		60 000
借：应付职工薪酬——非货币性福利	20 000	
贷：累计折旧		20 000
借：应付职工薪酬——非货币性福利	40 000	
贷：银行存款		40 000

工作步骤 2

图表 6－1－42

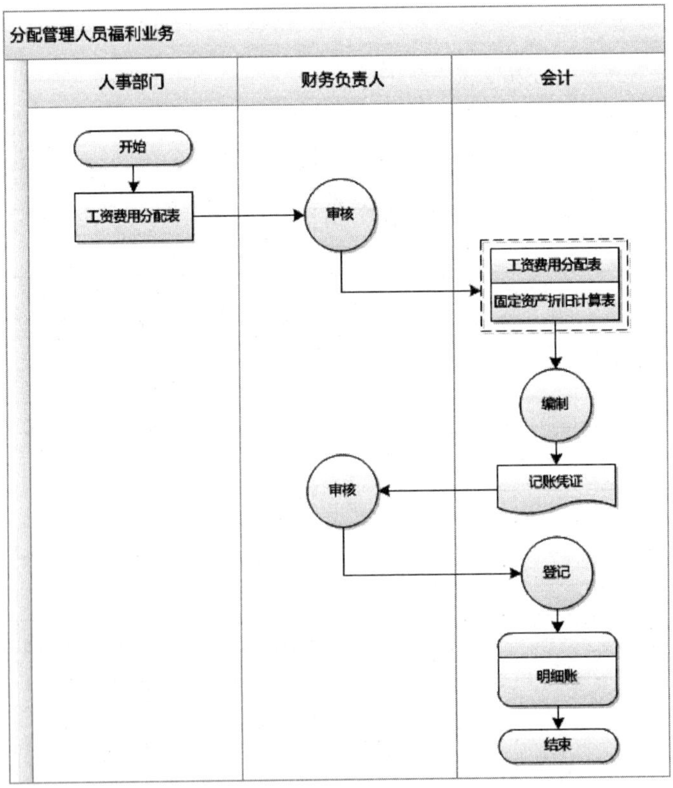

完成工作 2

图表 6－1－43

记 账 凭 证

年　　月　　日　　　　　　　　字第　　　号

摘　要	会计科目		借方金额										贷方金额										记账√
	总账科目	明细科目	亿	千	百	十	万	千	百	十	元	角	分	亿	千	百	十	万	千	百	十	元	角	分	
合　计																							

附单据　　张

会计主管：　　记账：　　出纳：　　复核：　　制单：

图表 6－1－44

记 账 凭 证

年　　月　　日　　　　　　　　字第　　　号

摘　要	会计科目		借方金额										贷方金额										记账√
	总账科目	明细科目	亿	千	百	十	万	千	百	十	元	角	分	亿	千	百	十	万	千	百	十	元	角	分	
合　计																							

附单据　　张

会计主管：　　记账：　　出纳：　　复核：　　制单：

扫码查看答案　　　　练一练

工作总结

图表 6－1－45　　短期货币性职工薪酬的核算

<table>
<tr><td rowspan="4">月末分配职工薪酬账务处理</td><td>生产部门（提供劳务）人员的职工薪酬</td><td>借：生产成本
制造费用
贷：应付职工薪酬</td></tr>
<tr><td>应由在建工程、无形资产开发项目负担的职工薪酬</td><td>借：在建工程
研发支出
贷：应付职工薪酬</td></tr>
<tr><td>管理部门人员职工薪酬</td><td>借：管理费用
贷：应付职工薪酬</td></tr>
<tr><td>销售人员的职工薪酬</td><td>借：销售费用
贷：应付职工薪酬</td></tr>
<tr><td rowspan="2">发放职工薪酬账务处理</td><td>向职工支付工资、奖金、津贴、福利费等，从应付职工薪酬中扣还的各种款项（代垫的家属药费、个人所得税等）</td><td>借：应付职工薪酬
贷：库存现金
银行存款
其他应收款或其他应付款
应交税费——应交个人所得税</td></tr>
<tr><td>按照国家有关规定缴纳的“三险一金”等</td><td>借：应付职工薪酬
其他应收款或其他应付款
贷：银行存款</td></tr>
<tr><td>确认累计带薪缺勤的账务处理</td><td>管理人员等的缺勤工资金额</td><td>借：管理费用等
贷：应付职工薪酬</td></tr>
</table>

图表 6－1－46　　非货币性职工薪酬业务核算

企业以其自产产品作为非货币性福利发放给职工	借：生产成本 制造费用 管理费用 贷：应付职工薪酬——非货币性福利 借：应付职工薪酬——非货币性福利 贷：主营业务收入 应交税费——应交增值税（销） 借：主营业务成本 贷：库存商品
将企业拥有的房屋等资产无偿提供给职工使用	借：在建工程 研发支出 贷：应付职工薪酬——非货币性福利 借：应付职工薪酬——非货币性福利 贷：累计折旧

续表

租赁住房等资产供职工无偿使用	借：生产成本 制造费用 管理费用 贷：应付职工薪酬——非货币性福利 借：应付职工薪酬——非货币性福利 贷：银行存款

图表 6-1-47 工作评价与反馈

项目		任务完成程度		
		全部完成	部分完成	未完成
自我评价	子任务一			
	子任务二			
	子任务三			
	子任务四			
	子任务五			
任务完成心得				
存在的问题				
教师评价				

任务二 核算设定提存计划业务

情景导入

设定提存计划是企业向独立的基金缴存固定费用后，企业不再承担进一步支付义务的离职后福利计划。主要包括养老保险费和失业保险费。

任务要求

知晓设定提存计划业务的内容，学会设定提存计划业务的账务处理。

子任务一　核算设定提存计划业务

工作任务

2019 年 5 月 31 日，武汉众科电子有限公司计提本月的养老保险费和失业保险费。请根据相关单据编制记账凭证（凭证号：210）。

2019 年 6 月 15 日，武汉众科电子有限公司支付社会保险费（五险）。请根据相关单据编制记账凭证（凭证号：122）。

图表 6－2－1

职工薪酬分配表

2019年5月31日　　金额单位：元

部门		短期薪酬							离职后福利		合计
		应付工资	"五险一金"基数	医疗保险	工伤保险	生育保险	住房公积金	工会经费	养老保险	失业保险	
				8%	0.20%	0.50%	12.00%	2%	16%	0.70%	
音响车间	生产工人	29,580.00	29,000.00	2,320.00	58.00	145.00	3,480.00	580.00	4,640.00	203.00	41,006.00
	管理人员	3,500.00	3,300.00	264.00	6.60	16.50	396.00	66.00	528.00	23.10	4,800.20
耳机车间	生产工人	56,235.00	56,000.00	4,480.00	112.00	280.00	6,720.00	1,120.00	8,960.00	392.00	78,299.00
	管理人员	4,000.00	4,000.00	320.00	8.00	20.00	480.00	80.00	640.00	28.00	5,576.00
管理部门		38,599.00	38,000.00	3,040.00	76.00	190.00	4,560.00	760.00	6,080.00	266.00	53,571.00
销售部门		9,800.00	9,700.00	776.00	19.40	48.50	1,164.00	194.00	1,552.00	67.90	13,621.80
合计		141,714.00	140,000.00	11,200.00	280.00	700.00	16,800.00	2,800.00	22,400.00	980.00	196,874.00
		审核：徐志文							制单：王薇		

图表 6－2－2

社会保险费电子转账凭证

凭证号：28705782

2019 年 06 月 15 日　　凭证提交号：76608788

申请人	全　称	武汉众科电子有限公司	收款人	全　称	武汉市洪山社会保险管理处
	账　号	6215581810004608805		账　号	6227581810688905626
	开户银行	工商银行武汉市洪山区支行		开户银行	中国银行武汉市珞珈山分理处
	行　号	102521000360		行　号	104521003334

金　额	人民币（大写）　肆万玖仟玖佰玖拾捌元整	亿	千	百	十	万	千	百	十	元	角	分
					¥	4	9	9	9	8	0	0

摘要：

代扣号：

养老小计：	33,600.00	单位养老：	22,400.00	个人养老：	11,200.00
失业小计：	1,400.00	单位失业：	980.00	个人失业：	420.00
医疗小计：	14,018.00	单位医疗：	11,200.00	个人医疗：	2,818.00
工伤小计：	280.00	单位工伤：	280.00		
生育小计：	700.00	单位生育：	700.00		
合计：	49,998.00	合计：	35,560.00	合计：	14,438.00

收款人开户银行盖章

中国银行
武汉市珞珈山分理处
2019.06.15
业务受理专用章

转账时间：

备注：　　打印次数：

复核：　　记账：

第二联　缴费单位记账凭证

图表 6－2－3

同城委托收款凭证（付款通知）

委收号码：80783933

特约　　委托日期　2019 年 06 月 15 日　　第　号

付款人	全　称	武汉众科电子有限公司	收款人	全　称	武汉市洪山社会保险管理处
	账　号	6215581810004608805		账　号	6227581810688905626
	开户银行	工商银行武汉市洪山区支行		开户银行	中国银行武汉市珞珈山分理处
金额	人民币（大写）	肆万玖仟玖佰玖拾捌元整		千百十万千百十元角分	¥ 4 9 9 9 8 0 0
款项内容	社会保险费	委托收款凭据名称		附寄单证张数	

备注：

中国银行武汉市珞珈山分理处 2019.06.15 转讫

收款人开户行盖章

2019 年 06 月 15 日

此联付款人开户银行给付款人按时付款的通知

图表 6－2－4

工资结算汇总表

2019年5月　　　金额单位：元

部门		短期薪酬	代扣款项							实发金额
		应付工资	“三险一金”基数	养老保险 8%	失业保险 0.30%	医疗保险 2%+3	住房公积金 12%	个人所得税	小计	
音响车间	生产工人	29,580.00	29,000.00	2,320.00	87.00	583.00	3,480.00		6,470.00	23,110.00
	管理人员	3,500.00	3,300.00	264.00	9.90	69.00	396.00		738.90	2,761.10
耳机车间	生产工人	56,235.00	56,000.00	4,480.00	168.00	1,123.00	6,720.00		12,491.00	43,744.00
	管理人员	4,000.00	4,000.00	320.00	12.00	83.00	480.00		895.00	3,105.00
管理部门		38,599.00	38,000.00	3,040.00	114.00	763.00	4,560.00	273.33	8,750.33	29,848.67
销售部门		9,800.00	9,700.00	776.00	29.10	197.00	1,164.00	110.21	2,276.31	7,523.69
合计		141,714.00	140,000.00	11,200.00	420.00	2,818.00	16,800.00	383.54	31,621.54	110,092.46
		审核：徐志文							制单：王薇	

知识准备

对于设定提存计划，企业应当根据在资产负债表日为换取职工在会计期间提供的服务而应向单独主体缴存的提存金，确认为应付职工薪酬，并计入当期损益或相关资产成本，借记“生产成本”“制造费用”“管理费用”等科目，贷记“应付职工薪酬——设定提存计划”科目。

【例 6－15】 承例 6－3，武汉永鑫电子有限公司根据所在地政府规定，按照当地职工平均工资总额的 16% 计提基本养老保险费，缴存当地社会保险经办机构。2019 年 7 月，企业缴存的基本养老保险费 176 000 元，其中，音响工人负担 64 000 元，耳机工人负担 48 000 元，车间管理人员负担 48 000 元，行政管理人员负担 16 000 元。

武汉永鑫电子有限公司作如下账务处理：

借：生产成本——音响	64 000
——耳机	48 000

　　制造费用　　48 000
　　管理费用　　16 000
　　贷：应付职工薪酬——设定提存计划——基本养老保险费　　176 000

【例 6－16】 承例 6－15，武汉永鑫电子有限公司用银行存款支付基本养老保险费 264 000元，其中单位承担部分 176 000 元，个人承担部分 88 000 元。

武汉永鑫电子有限公司作如下账务处理：

借：应付职工薪酬——设定提存计划——基本养老保险费　　176 000
　　其他应付款——社会保险费　　88 000
　　贷：银行存款　　264 000

工作步骤

图表 6－2－5

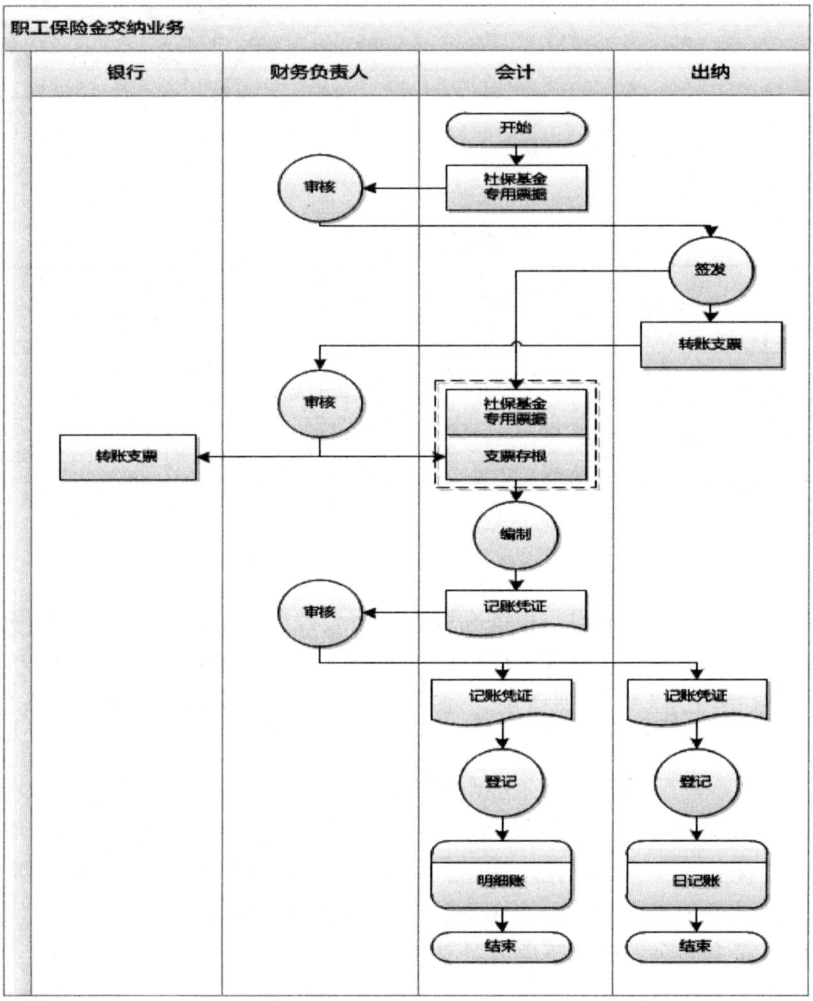

完成工作

图表 6 –2 –6

记 账 凭 证

年 月 日 字第 号

摘 要	会计科目		借方金额											贷方金额											记账√
	总账科目	明细科目	亿	千	百	十	万	千	百	十	元	角	分	亿	千	百	十	万	千	百	十	元	角	分	
合 计																									

附单据 张

会计主管： 记账： 出纳： 复核： 制单：

图表 6 –2 –7

记 账 凭 证

年 月 日 字第 号

摘 要	会计科目		借方金额											贷方金额											记账√
	总账科目	明细科目	亿	千	百	十	万	千	百	十	元	角	分	亿	千	百	十	万	千	百	十	元	角	分	
合 计																									

附单据 张

会计主管： 记账： 出纳： 复核： 制单：

图表 6－2－8

记 账 凭 证

年 月 日 字第 号

摘要	会计科目		借方金额											贷方金额											记账√
	总账科目	明细科目	亿	千	百	十	万	千	百	十	元	角	分	亿	千	百	十	万	千	百	十	元	角	分	
合计																									

附单据 张

会计主管： 记账： 出纳： 复核： 制单：

图表 6－2－9

记 账 凭 证

年 月 日 字第 号

摘要	会计科目		借方金额											贷方金额											记账√
	总账科目	明细科目	亿	千	百	十	万	千	百	十	元	角	分	亿	千	百	十	万	千	百	十	元	角	分	
合计																									

附单据 张

会计主管： 记账： 出纳： 复核： 制单：

扫码查看答案

练一练

工作总结

图表 6－2－10　　设定提存计划核算

计提养老保险、 失业保险等薪酬	借：生产成本 　　制造费用 　　管理费用等 　　贷：应付职工薪酬——设定提存计划 　　　　　　　　　　——养老保险 　　　　应付职工薪酬——设定提存计划 　　　　　　　　　　——失业保险等
支付养老保险、 失业保险等薪酬	借：应付职工薪酬——设定提存计划 　　　　　　　　——养老保险 　　应付职工薪酬——设定提存计划 　　　　　　　　——失业保险等 　　贷：银行存款

图表 6－2－11　　工作评价与反馈

项目		任务完成程度		
		全部完成	部分完成	未完成
自我评价	子任务一			
任务完成心得				
存在的问题				
教师评价				

项目七　核算销售与应收款项业务

任务导学

收入是指企业在日常活动中形成的、会导致所有者权益增加的、与所有者投入资本无关的经济利益的总流入。收入按企业从事日常活动的性质不同，分为销售商品收入、提供劳务收入和让渡资产使用权收入。收入按企业经营业务的主次不同，分为主营业务收入和其他业务收入。主营业务收入是指企业为完成其经营目标所从事的经常性活动所实现的收入；其他业务收入是指企业为完成其经营目标所从事的与经常性活动相关的活动实现的收入。

应收款项是指企业在日常生产经营过程中发生的各项债权，包括应收票据、应收账款、应收股利、应收利息和其他应收款等；预收账款是指企业按照合同规定向购货单位预收的款项。

学习目标

认知目标：知晓收入和应收款项的含义；明确商业折扣、现金折扣及销售折让、销售退回的区别；能对销售及应收款项的业务进行准确核算。

情感目标：通过销售与应收款项的业务处理，培养学生全面思考的能力及谨慎的业务态度。

技能目标：能正确办理销售及应收款项业务，并根据相关原始凭证进行账务处理。

任务一 核算商品销售业务

情景导入

批发业、零售业企业销售商品，制造业企业销售产成品、代制品、代修品以及企业销售的其他构成存货的资产，如原材料、周转材料（包装物、低值易耗品）、消耗性生物资产等，这些都是企业商品销售业务。

任务要求

知晓常见的商品销售业务涉及的原始凭证，学会商品销售业务账务处理。

子任务一 核算一般商品销售业务

工作任务

2019 年 11 月 24 日，武汉众科电子有限公司销售一批商品、款未收。请根据相关单据编制记账凭证（凭证号：108、109）。

图表 7－1－1

湖北 增值税专用发票

4200151140 № 58477265 4200151140 58477265

此联不做报销、扣税凭证使用

机器编号：982888812388 开票日期：2019年11月24日

税总函[2016]××号××××公司

购买方	名　　称：武汉瑞源实业有限公司 纳税人识别号：91420115611958522P 地 址、电 话：武汉市江夏区金口街南岸一村社区027-56521288 开户行及账号：工商银行武汉市中山大道支行6215582111232609121
密码区	172312-4-275〈1+46*54* 82*59* 181321〉〈8182*59*09618153〈/ 〈4〈3*2702-9〉9*+153〈/0〉2-3 *08/4〉*〉〉2-3*0/9/〉〉25-275〈1

货物或应税劳务、服务名称	规格型号	单位	数量	单价	金额	税率	税额
*电声器件*耳机	E01	个	5000	100.00	500,000.00	13%	65,000.00
合　　计					¥500,000.00		¥65,000.00
价税合计（大写）	⊗ 伍拾陆万伍仟元整				（小写）¥565,000.00		

销售方	名　　称：武汉众科电子有限公司 纳税人识别号：91420103524658761F 地 址、电 话：武汉市洪山区高新大道10号027-98771066 开户行及账号：工商银行武汉市洪山区支行6215581810004608805
备注	校验码 52118 02817 08248 65199

收款人： 复核：王薇 开票人：苏青 销售方：（章）

第一联：记账联 销售方记账凭证

图表 7-1-2

销 售 单

购货单位：武汉瑞源实业有限公司　地址和电话：武汉市江夏区金口街南岸一村社区027-56521288　单据编号：7686

纳税识别号：91420115611958522P　开户行及账号：工商银行武汉市中山大道支行6215582111232609121　制单日期：2019年11月24日

编码	产品名称	规格	单位	单价	数量	金额	备注
01	耳机	E01	个	100.00	5000	500,000.00	
合计	人民币（大写）：伍拾万元整					¥500,000.00	

总经理：李晓华　销售经理：刘建刚　经手人：马秀　会计：王薇　签收人：赵新宇

图表 7-1-3

出 库 单

出货单位：武汉众科电子有限公司　日期：2019年11月24日　单号：023765

提货单位（部门）：武汉瑞源实业有限公司　销售单号：7686　发货仓库：成品库　出库日期：2019年11月24日

编码	名称	规格	单位	数量		单价	金额
				应发	实发		
01	耳机	E01	个	5000	5000	80.00	400,000.00
合计	人民币（大写）：肆拾万元整						¥400,000.00

会计联

部门经理：周帅　会计：王薇　仓库：周帅　经办人：马秀

知识准备

企业应当在履行了合同中的履约义务，即在客户取得相关商品控制权时确认收入。取得相关商品控制权，是指客户能够主导该商品的使用并从中获得几乎全部经济利益，也包括有能力阻止其他方主导该商品的使用并从中获得经济利益。

根据《企业会计准则第 14 号——收入》（2018），收入确认和计量大致分为五步：

第一步：识别与客户订立的合同。

第二步：识别合同中的单项履约义务。履约义务是指合同中企业向客户转让可明确区分商品或服务的承诺。企业应当将向客户转让可明确区分商品（或者商品的组合）的承诺以及向客户转让一系列实质相同且转让模式相同的、可明确区分商品的承诺作为单项履约义务。

第三步：确定交易价格。交易价格是指企业因向客户转让商品而预期有权收取的对价金额，不包括企业代第三方收取的款项（如增值税）以及企业预期将退还给客户的款项。

第四步：将交易价格分摊至各单项履约义务。当合同中包含两项或多项履约义务时，需要将交易价格分摊至各单项履约义务，分摊的方法是在合同开始日，按照各单项履约义务所承诺商品的单独售价（企业向客户单独销售商品的价格）的相对比例，将交易价格分摊至各单项履约义务。

第五步：履行各单项履约义务时确认收入。

【例7－1】 2019年4月20日武汉永鑫电子有限公司采用托收承付结算方式向昆明公司销售一批耳机，开出的增值税专用发票上注明售价为100 000元，增值税税额为13 000元，产品已经发出，并已向银行办妥托收手续。该批耳机的成本为60 000元。6月5日武汉永鑫电子有限公司收到昆明公司支付的货款和增值税税款，并存入银行。

武汉永鑫电子有限公司应作如下账务处理：

（1）4月20日销售商品时：

借：应收账款——昆明公司	113 000	
贷：主营业务收入		100 000
应交税费——应交增值税（销项税额）		13 000

（2）结转销售商品成本时：

借：主营业务成本	60 000	
贷：库存商品		60 000

（3）6月5日收到货款和增值税时：

借：银行存款	113 000	
贷：应收账款——昆明公司		113 000

工作步骤

图表7－1－4

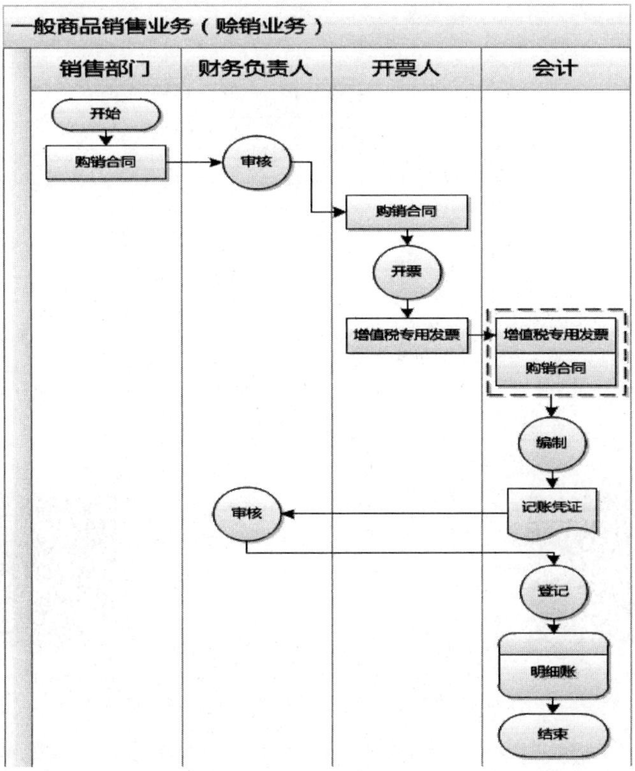

完成工作

图表 7-1-5

记 账 凭 证

年 月 日 字第 号

摘 要	会计科目		借方金额											贷方金额											记账
	总账科目	明细科目	亿	千	百	十	万	千	百	十	元	角	分	亿	千	百	十	万	千	百	十	元	角	分	√
合 计																									

附单据 张

会计主管： 记账： 出纳： 复核： 制单：

图表 7-1-6

记 账 凭 证

年 月 日 字第 号

摘 要	会计科目		借方金额											贷方金额											记账
	总账科目	明细科目	亿	千	百	十	万	千	百	十	元	角	分	亿	千	百	十	万	千	百	十	元	角	分	√
合 计																									

附单据 张

会计主管： 记账： 出纳： 复核： 制单：

扫码查看答案

练一练

子任务二　核算商业折扣销售商品业务

工作任务

2019 年 4 月 11 日，武汉众科电子有限公司销售货物给扬州乐购电子商务有限公司，货已发款未收。由于扬州乐购电子商务有限公司购货量大，本公司给予 5% 的商业折扣。请根据相关背景资料编制记账凭证（凭证号：015）。

图表 7－1－7

湖北　增值税专用发票

4200151140　　№ 98915479　4200151140　98915479

机器编号：982888812388　　此联不做报销、扣税凭证使用　　开票日期：2019年04月11日

购买方	名　　称：扬州乐购电子商务有限公司 纳税人识别号：91321023342123892Q 地 址、电 话：扬州市邗江区文昌中路55号0514-65234213 开户行及账号：工商银行扬州市广陵支行6215582887267871236	密码区	172312-4-275〈1+46*54* 82*59* 181321〉〈8182*59*09618153〈/ 〈4〈3*2702-9〉9*+153〈/0〉2-3 *08/4〉*〉〉2-3*0/9/〉〉25-275〈1

货物或应税劳务、服务名称	规格型号	单位	数量	单价	金额	税率	税额
*电声器件*耳机	E01	个	2000	33.68	67,369.00	13%	8,757.97
*电声器件*扩音器	#A101	个	500	42.10	21,052.00	13%	2,736.76
折扣行数1（5%）					-4,421.00	13%	-574.74
合　　计					¥84,000.00		¥10,920.00
价税合计（大写）	⊗ 玖万肆仟玖佰贰拾元整				（小写）¥94,920.00		

销售方	名　　称：武汉众科电子有限公司 纳税人识别号：91420103524658761F 地 址、电 话：武汉市洪山区高新大道10号027-98771066 开户行及账号：工商银行武汉市洪山区支行6215581810004608805	备注	校验码 52118 02817 08248 65199

收款人：　　复核：王薇　　开票人：苏青　　销售方：（章）

（印章：武汉众科电子有限公司 91420103524658761F 发票专用章）

税总函[2016]××号×××公司

第一联：记账联　销售方记账凭证

图表 7－1－8

湖北　增值税专用发票

4200151140　　№ 59904494　4200151140　59904494

机器编号：982888812388　　此联不做报销、扣税凭证使用　　开票日期：2019年04月11日

购买方	名　　称：扬州乐购电子商务有限公司 纳税人识别号：91321023342123892Q 地 址、电 话：扬州市邗江区文昌中路55号0514-65234213 开户行及账号：工商银行扬州市广陵支行6215582887267871236	密码区	172312-4-275〈1+46*54* 82*59* 181321〉〈8182*59*09618153〈/ 〈4〈3*2702-9〉9*+153〈/0〉2-3 *08/4〉*〉〉2-3*0/9/〉〉25-275〈1

货物或应税劳务、服务名称	规格型号	单位	数量	单价	金额	税率	税额
*电声器件*扩音器	#A101	个	2000	42.105	84,210.00	13%	10,947.30
折扣行数1（5%）					-4,210.00	13%	-547.30
合　　计					¥80,000.00		¥10,400.00
价税合计（大写）	⊗ 玖万零肆佰元整				（小写）¥90,400.00		

销售方	名　　称：武汉众科电子有限公司 纳税人识别号：91420103524658761F 地 址、电 话：武汉市洪山区高新大道10号027-98771066 开户行及账号：工商银行武汉市洪山区支行6215581810004608805	备注	校验码 52118 02817 08248 65199

收款人：　　复核：王薇　　开票人：苏青　　销售方：（章）

（印章：武汉众科电子有限公司 91420103524658761F 发票专用章）

税总函[2016]××号×××公司

第一联：记账联　销售方记账凭证

图表 7－1－9

销 售 单

购货单位：扬州乐购电子商务有限公司　地址和电话：扬州市邗江区文昌中路55号0514-65234213　单据编号：8698

纳税识别号：913210233421238920　开户行及账号：工商银行扬州市广陵支行6215582887267871236　制单日期：2019年04月11日

编码	产品名称	规格	单位	单价	数量	金额	备注
01	耳机	E01	个	33.68	2000	67,369.00	
02	扩音器	#A101	个	42.10	2500	105,262.00	
						-8,631.00	折扣5%
合计	人民币（大写）：壹拾陆万肆仟元整					¥164,000.00	

总经理：李晓华　销售经理：刘建刚　经手人：马秀　会计：王薇　签收人：吴鑫

知识准备

商业折扣是指企业为促进商品销售而给予的价格扣除。例如，企业为鼓励客户多买商品规定，购买10件以上商品给予客户10%的折扣，或客户每买10件送1件。此外，企业为了尽快出售一些残次、陈旧、冷背的商品，也可能降价（即打折）销售。

商业折扣在商品销售时即已发生，并不构成最终成交价格的一部分。企业销售商品涉及商业折扣的，应当按照扣除商业折扣后的金额确定销售商品收入金额。

【例7－2】 武汉永鑫电子有限公司2019年7月18日销售给武汉凯德实业有限公司扩音器3 000件；扩音器原售价每件300元，因为公司10周年店庆酬宾八折销售，武汉永鑫电子有限公司已收到款项。

武汉永鑫电子有限公司应作如下账务处理：

借：银行存款　　813 600

　　贷：主营业务收入——扩音器　　720 000

　　　　应交税费——应交增值税（销项税额）　　93 600

工作步骤

图表 7－1－10

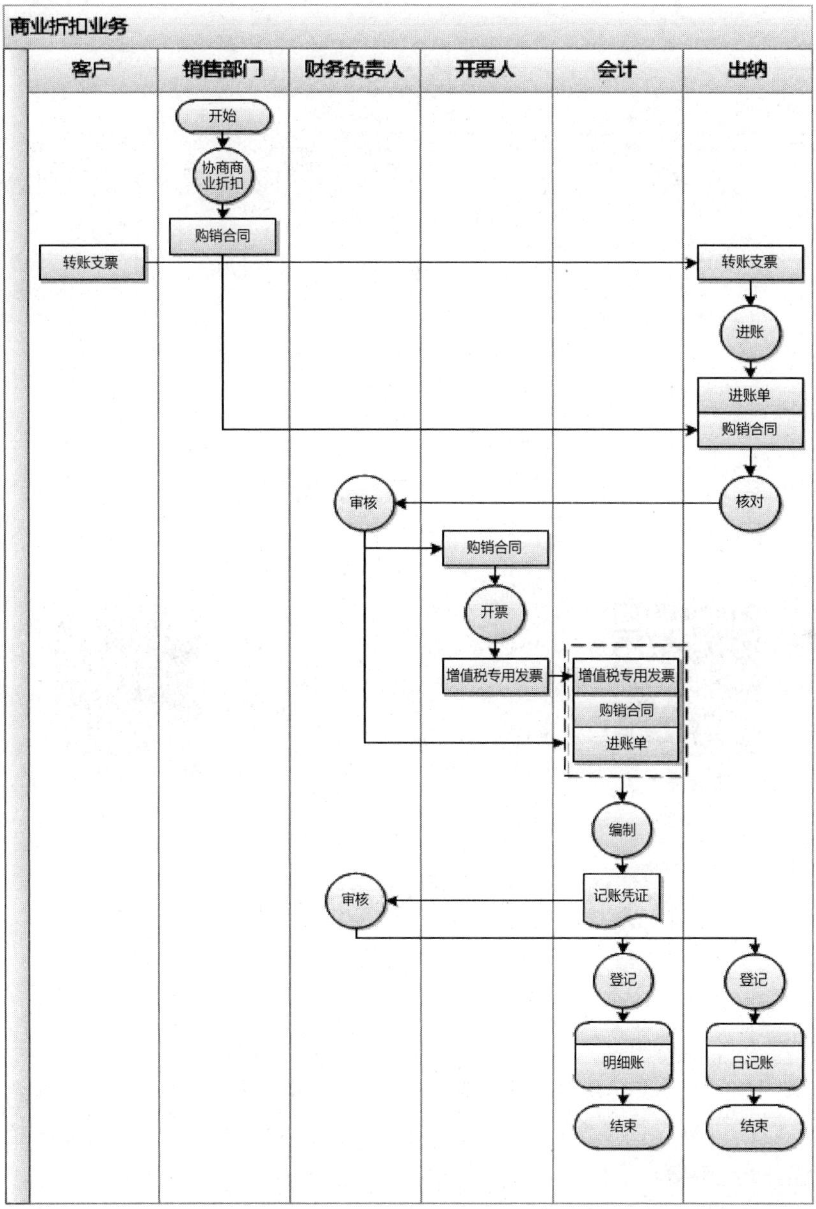
商业折扣业务
客户
销售部门
财务负责人
开票人
会计
出纳
开始
协商商业折扣
购销合同
转账支票
转账支票
进账
进账单
购销合同
核对
审核
购销合同
开票
增值税专用发票
增值税专用发票
购销合同
进账单
编制
记账凭证
审核
登记
登记
明细账
日记账
结束
结束

完成工作

图表 7－1－11

记 账 凭 证

年 月 日 字第 号

摘 要	会计科目		借方金额											贷方金额											记账√
	总账科目	明细科目	亿	千	百	十	万	千	百	十	元	角	分	亿	千	百	十	万	千	百	十	元	角	分	
合 计																									

附单据 张

会计主管： 记账： 出纳： 复核： 制单：

扫码查看答案

练一练

子任务三 核算现金折扣销售商品业务

工作任务 1

2019 年 10 月 8 日，武汉众科电子有限公司销售一批耳机，款未收。该项交易附有现金折扣条件（只对销售额提供现金折扣，税费没有折扣）：2/10，n/30。请根据相关单据编制记账凭证（凭证号：043）。

图表 7－1－12

湖北 增值税专用发票

4200151140　　№ 92204377　4200151140　92204377

此联不做报销、扣税凭证使用

机器编号：982888812388　　开票日期：2019年10月08日

税总函[2016]××号×××公司

购买方	名　　称：武汉凯德实业有限公司 纳税人识别号：91420103303419517R 地 址、电 话：武汉市江汉区发展大道108号2楼3号027-89214211 开户行及账号：工商银行武汉市江汉区支行6215581811232609812				密码区	172312-4-275〈1+46*54* 82*59* 181321〉〈8182*59*09618153〈/ 〈4〈3*2702-9〉9*+153〈/0〉2-3 *08/4〉*〉〉2-3*0/9/〉〉25-275〈1	
货物或应税劳务、服务名称	规格型号	单位	数量	单价	金额	税率	税额
*电声器件*耳机	A#101	个	50000	3.00	150,000.00	13%	19,500.00
合　　计					¥150,000.00		¥19,500.00
价税合计（大写）	⊗ 壹拾陆万玖仟伍佰元整				（小写）¥169,500.00		
销售方	名　　称：武汉众科电子有限公司 纳税人识别号：91420103524658761F 地 址、电 话：武汉市洪山区高新大道10号027-98771066 开户行及账号：工商银行武汉市洪山区支行6215581810004608805				备注	校验码 52118 02817 08248 65198	

收款人：　　复核：王薇　　开票人：苏青　　销售方：（章）

第一联：记账联　销售方记账凭证

图表 7－1－13

销 售 单

购货单位：武汉凯德实业有限公司　　地址和电话：武汉市江汉区发展大道108号2楼3号027-89214211　　单据编号：8688

纳税识别号：91420103303419517R　　开户行及账号：工商银行武汉市江汉区支行6215581811232609812　　制单日期：2019年10月08日

编码	产品名称	规格	单位	单价	数量	金额	备注
01	耳机	A#101	个	3.00	50000	150,000.00	
合计	人民币（大写）：壹拾伍万元整					¥150,000.00	

总经理：李晓华　　销售经理：刘建刚　　经手人：马秀　　会计：王薇　　签收人：赵新宇

知识准备 1

现金折扣，是指债权人为鼓励债务人在规定的期限内付款而向债务人提供的债务扣除。现金折扣一般用符号“折扣率/付款期限”表示，例如，“2/10，1/20，N/30”表示：销货方允许客户最长的付款期限为 30 天，如果客户在 10 天内付款，销货方可按商品售价给予客户 2% 的折扣；如果客户在 11～20 天内付款，销货方可按商品售价给予客户 1% 的折扣；如果客户在 21～30 天内付款，将不能享受现金折扣。

现金折扣发生在企业销售商品之后，企业销售商品后现金折扣是否发生以及发生多少要视买方的付款情况而定，企业在确认销售商品收入时不能确定现金折扣金额。因此，企业销售商品涉及现金折扣的，应当按照扣除现金折扣前的金额（即总价法）确定销售商品收入金额，借记“应收账款”科目，贷记“主营业务收入”“其他业务收入”等科目，按照增值税专用发票上注明的增值税额，贷记“应交税费——应交增值税（销项税额）”。

【例7-3】 武汉永鑫电子有限公司2019年5月1日向华夏公司销售一批扩音器，开出的增值税专用发票上注明售价为20 000元，增值税税额为2 600元。公司为了及时收回货款，在合同中承诺给予购货方的现金折扣条件为：2/10、1/20、n/30。假设计算现金折扣时不考虑增值税。

武汉永鑫电子有限公司应作如下账务处理：

借：应收账款——华夏公司　　22 600

　贷：主营业务收入——扩音器　　20 000

　　　应交税费——应交增值税（销项税额）　　2 600

工作步骤1

图表7-1-14

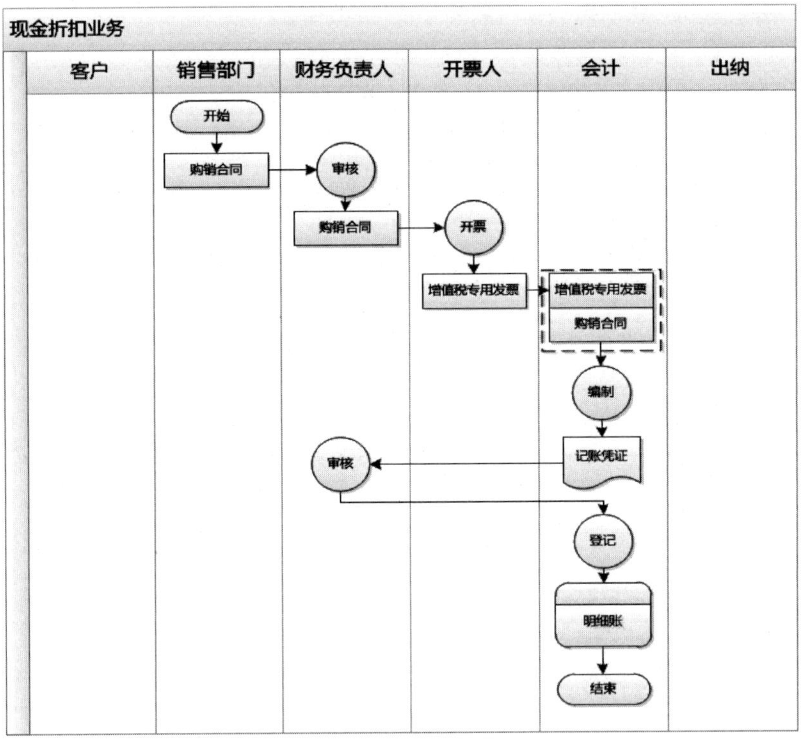

完成工作 1

图表 7－1－15

记　账　凭　证

年　　月　　日　　　　　　　　字第　　　　号

摘要	会计科目		借方金额										贷方金额										记账√
	总账科目	明细科目	亿	千	百	十	万	千	百	十	元	角	分	亿	千	百	十	万	千	百	十	元	角	分	
合　计																							

附单据　　张

会计主管：　　记账：　　出纳：　　复核：　　制单：

扫码查看答案

工作任务 2

2019 年 10 月 15 日，武汉众科电子有限公司收到货款，请根据相关单据编制记账凭证（凭证号：076）。

图表 7－1－16

中国工商银行　电汇凭证（收账通知）3

☑普通　☐加急　　委托日期　2019 年 10 月 15 日　　NO 56878111

汇款人	全　称	武汉凯德实业有限公司	收款人	全　称	武汉众科电子有限公司
	账　号	6215581811232609812		账　号	6215581810004608805
	汇出地点	湖北 省 武汉 市/县		汇入地点	湖北省 省 武汉市 市/县
汇出行名称		工商银行武汉市江汉区支行	汇入行名称		工商银行武汉市洪山区支行
金额	人民币（大写）	壹拾陆万陆仟伍佰元整		千百十万千百十元角分	¥16650000
工商银行武汉市江汉区支行 2019.10.15 转讫		汇出行盖章	支付密码	147802266203	
			附加信息及用途：货款		
			复核　记账		

此联汇出行给汇款人的回单

知识准备2

现金折扣实际上是企业为了尽快回笼资金而发生的理财费用，应在实际发生时计入当期财务费用。在计算现金折扣时，还应注意销售方式是按不包含增值税的价款提供现金折扣，还是按包含增值税的价款提供现金折扣，两种情况下购买方享有的折扣金额不同。例如，销售价格为1 000元的商品，增值税税额为130元，如不包含增值税，按1%折扣率计算，购买方享有的现金折扣金额为10元；如果购销双方约定计算现金折扣时一并考虑增值税，则购买方享有的现金折扣金额为11.3元。

【例7－4】 承例7－3，如果武汉永鑫电子有限公司在5月9日、18日或25日收到货款。

武汉永鑫电子有限公司应作如下账务处理：

（1）如果在5月9日收到货款，则购货方按售价20 000元的2%享受400元（20 000×2%）的现金折扣，实际收款22 200元（22 600－400）。

借：银行存款	22 200	
财务费用	400	
贷：应收账款——华夏公司		22 600

（2）如果在5月18日收到货款，则购货方应享受的现金折扣为200元（20 000×1%），实际收款22 400元。

借：银行存款	22 400	
财务费用	200	
贷：应收账款——华夏公司		22 600

（3）如果在5月25日收到货款，则购货方应按全额付款。

借：银行存款	22 600	
贷：应收账款——华夏公司		22 600

工作步骤2

图表7－1－17

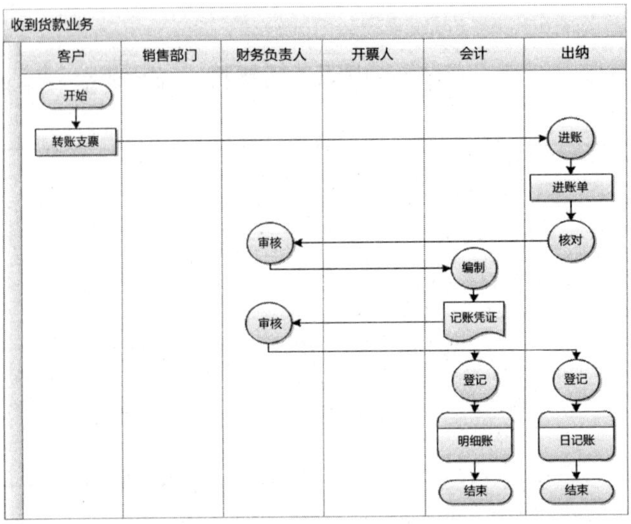

完成工作 2

图表 7－1－18

记　账　凭　证

年　月　日　　　　字第　号

摘要	会计科目		借方金额											贷方金额											记账√
	总账科目	明细科目	亿	千	百	十	万	千	百	十	元	角	分	亿	千	百	十	万	千	百	十	元	角	分	
合计																									

附单据　张

会计主管：　　记账：　　出纳：　　复核：　　制单：

扫码查看答案　　　　练一练

子任务四　核算销售折让业务

工作任务

2019 年 11 月 26 日，武汉众科电子有限公司销售给武汉瑞源实业有限公司的商品，发现部分商品质量有瑕疵，要求给予销售上的折让，武汉众科电子有限公司收回原有的发票和销售单并把原记账凭证冲销后，重新开具发票和销售单。请根据重开的单据编制记账凭证（凭证号：134）。

图表 7－1－19

湖北 增值税专用发票

4200151140　　№ 58005666　4200151140 58005666

机器编号：982888812388　　此联不做报销、扣税凭证使用　　开票日期：2019年11月26日

购买方	名　　称：武汉瑞源实业有限公司 纳税人识别号：91420115611958522P 地 址、电 话：武汉市江夏区金口街南岸一村社区027-56521288 开户行及账号：工商银行武汉市中山大道支行6215582111232609121			密码区	172312-4-275 〈1+46*54* 82*59*181321〉〈8182*59*09618153〈/〈4〈3*2702-9〉9*+153〈/0〉2-3*08/4〉*〉〉2-3*0/9/〉〉25-275〈1		
货物或应税劳务、服务名称	规格型号	单位	数量	单价	金额	税率	税额
*电声器件*耳机	E01	个	5000	100.00	500,000.00	13%	65,000.00
折扣行数1（5.00%）					-25,000.00	13%	-3,250.00
合　　计					¥475,000.00		¥61,750.00
价税合计（大写）	⊗ 伍拾叁万陆仟柒佰伍拾元整				（小写）¥536,750.00		
销售方	名　　称：武汉众科电子有限公司 纳税人识别号：91420103524658761F 地 址、电 话：武汉市洪山区高新大道10号027-98771066 开户行及账号：工商银行武汉市洪山区支行6215581810004608805			备注	校验码 52118 02817 08248 65199		

收款人：　　复核：王薇　　开票人：苏青　　销售方：（章）

税总函〔2016〕××号×××公司

第一联：记账联 销售方记账凭证

图表 7－1－20

销 售 单

购货单位：武汉瑞源实业有限公司　　地址和电话：武汉市江夏区金口街南岸一村社区027-56521288　　单据编号：5683

纳税识别号：91420115611958522P　　开户行及账号：工商银行武汉市中山大道支行6215582111232609121　　制单日期：2019年11月26日

编码	产品名称	规格	单位	单价	数量	金额	备注
01	耳机	E01	个	100.00	5000	500,000.00	
						-25,000.00	折扣5%
合计	人民币（大写）：肆拾柒万伍仟元整					¥475,000.00	

总经理：李晓华　　销售经理：刘建刚　　经手人：马秀　　会计：王薇　　签收人：赵新宇

知识准备

销售折让，是指企业因售出商品质量不符合要求等原因而在售价上给予的减让。企业将商品销售给买方后，如买方发现商品在质量、规格等方面不符合要求，可能要求卖方在价格上给予一定的减让。

销售折让如发生在确认销售收入之前，则应在确认销售收入时直接按扣除销售折让后的金额确认；已确认销售收入的售出商品发生销售折让，且不属于资产负债表日后事项的，应在发生时冲减当期销售商品收入，如按规定允许扣减增值税税额的，还应冲减已确认的应交增值税销项税额。

【例 7－5】 武汉永鑫电子有限公司 2019 年 4 月 25 日销售一批耳机给天河公司，开出的增值税专用发票上注明售价为 60 000 元，增值税税额为 7 800 元。5 月 20 日天河公司在收到商品后发现商品质量不合格，要求在价格上给予 5% 的折让。假定此前武汉永鑫电子有限公司已确认该批耳机的销售收入。经查明，天河公司提出的销售折让要求符合原合同的约

定，武汉永鑫电子有限公司同意天河公司的要求，并凭税务机关出具的《开具红字增值税专用发票通知单》开具了红字增值税专用发票。

武汉永鑫电子有限公司应作如下账务处理：

（1）2019 年 4 月 25 日销售实现时：

借：应收账款——天河公司	67 800	
贷：主营业务收入——耳机		60 000
应交税费——应交增值税（销项税额）		7 800

（2）2019 年 5 月 20 日发生销售折让时：

借：应收账款——天河公司	[3 390]	
贷：主营业务收入——耳机		[3 000]
应交税费——应交增值税（销项税额）		[390]

（3）实际收到款项时：

借：银行存款	64 410	
贷：应收账款——天河公司		64 410

工作步骤

图表 7－1－21

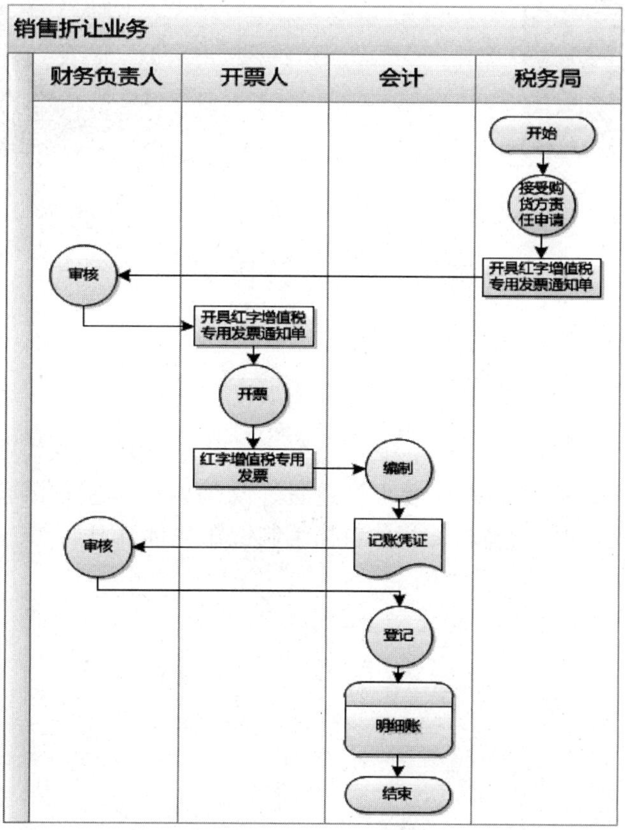

完成工作

图表 7－1－22

记 账 凭 证

年 月 日 字第 号

摘要	会计科目		借方金额											贷方金额											记账
	总账科目	明细科目	亿	千	百	十	万	千	百	十	元	角	分	亿	千	百	十	万	千	百	十	元	角	分	√
合计																									

附单据 张

会计主管： 记账： 出纳： 复核： 制单：

扫码查看答案

练一练

子任务五　核算销售退回业务

工作任务

2019 年 11 月 26 日，武汉众科电子有限公司销售给武汉瑞源实业有限公司的商品，发现商品有质量问题，被要求退货（当月退货，武汉瑞源实业有限公司尚未认证抵扣，销售单位将发票作废处理）。请根据相关单据编制记账凭证（凭证号：134、135，用红字冲销）。

图表 7－1－23

湖北 增值税专用发票

4200151140　　№ 58477265　4200151140 58477265

机器编号：982888812388　　此联不做报销、扣税凭证使用　　开票日期：2019年11月24日

购买方	名　　称：武汉瑞源实业有限公司 纳税人识别号：91420115611958522P 地 址、电 话：武汉市江夏区金口街南岸一村社区027-56521288 开户行及账号：工商银行武汉市中山大道支行6215582111232609121			密码区	172312-4-275 〈1+46*54* 82*59* 181321〉〈8182*59*09618153〈/ 〈4〈3*2702-9〉9*+153〈/0 〉2-3 *08/4〉*〉〉2-3*0/9/〉〉25-275〈1		
货物或应税劳务、服务名称	规格型号	单位	数量	单价	金额	税率	税额
*电声器件*耳机	E01	个	5000	100.00	500,000.00	13%	65,000.00
合　　计					¥500,000.00		¥65,000.00
价税合计（大写）	⊗ 伍拾陆万伍仟元整				（小写）¥565,000.00		
销售方	名　　称：武汉众科电子有限公司 纳税人识别号：91420103524658761F 地 址、电 话：武汉市洪山区高新大道10号027-98771066 开户行及账号：工商银行武汉市洪山区支行6215581810004608805			备注	校验码 52118 02817 08248 65198		

作废

收款人：　　复核：王薇　　开票人：苏青　　销售方：（章）

税总函［2016］××号××××公司

第一联：记账联　销售方记账凭证

图表 7－1－24

退 货 单

购货单位：武汉瑞源实业有限公司　　地址和电话：武汉市江夏区金口街南岸一村社区027-56521288　　单据编号：00005

纳税识别号：91420115611958522P　　开户行及账号：工商银行武汉市中山大道支行6215582111232609121　　制单日期：2019-11-24

编码	产品名称	规格	单位	单价	数量	金额	备注
01	耳机	E01	个	100.00	5000	500,000.00	销售退回，销售单
合计	人民币（大写）：伍拾万元整					¥500,000.00	

总经理：李晓华　　销售经理：刘建刚　　经手人：马秀　　会计：王薇　　签收人：赵新宇

会计联

图表 7－1－25

入　库　单

2019 年 11 月 26 日　　退货　　单号 673838

交来单位或部门	武汉瑞源实业有限公司	发票号码或生产单号码	58477265	验收仓库	成品库	入库日期	2019-11-26

编号	名称及规格	单位	数量		实际价格		计划价格		价格差异
			交库	实收	单价	金额	单价	金额	
01	耳机E01	个	5000	5000	80.00	400,000.00			
合计			5000	5000		¥400,000.00			

部门经理：张学平　　会计：王薇　　仓库：周帅　　经办人：马秀

知识准备

企业销售商品除了可能发生销售折让外，还有可能发生销售退回。销售退回，是指企业售出的商品由于质量、品种不符合要求等原因发生的退货。

企业售出商品发生的销售退回，应当分别不同情况进行会计处理：一是尚未确认销售收入的售出商品发生销售退回的，应当冲减“发出商品”科目，同时增加“库存商品”科目；二是已确认销售商品收入的售出商品发生销售退回的，除属于资产负债表日后事项外，一般应在发生时冲减当期销售商品收入，同时冲减当期销售商品成本。如按规定允许扣减增值税税额的，应同时扣减已确认的应交增值税销项税额。如该项销售退回已发生现金折扣，应同时调整相关财务费用的金额。

【例 7－6】 武汉永鑫电子有限公司 2019 年 9 月 28 日销售一批扩音器，开出的增值税专用发票上注明售价为 80 000 元，增值税税额为 10 400 元。该批扩音器的成本为 40 000 元。2019 年 12 月 10 日该批扩音器因质量严重不合格被退回。

武汉永鑫电子有限公司根据购买方提供的《开具红字增值税专用发票通知单》开具了红字增值税专用发票。

武汉永鑫电子有限公司应作如下账务处理：

（1）2019 年 9 月 28 日销售商品时：

借：应收账款　　90 400

　　贷：主营业务收入——扩音器　　80 000

　　　　应交税费——应交增值税（销项税额）　　10 400

借：主营业务成本——扩音器　　40 000

　　贷：库存商品——扩音器　　40 000

（2）2019 年 12 月 10 日销售退回时：

借：应收账款　　[90 400]

　　贷：主营业务收入——扩音器　　[80 000]

应交税费——应交增值税（销项税额）　　10 400

借：主营业务成本——扩音器　　40 000

　贷：库存商品——扩音器　　40 000

工作步骤

图表 7－1－26

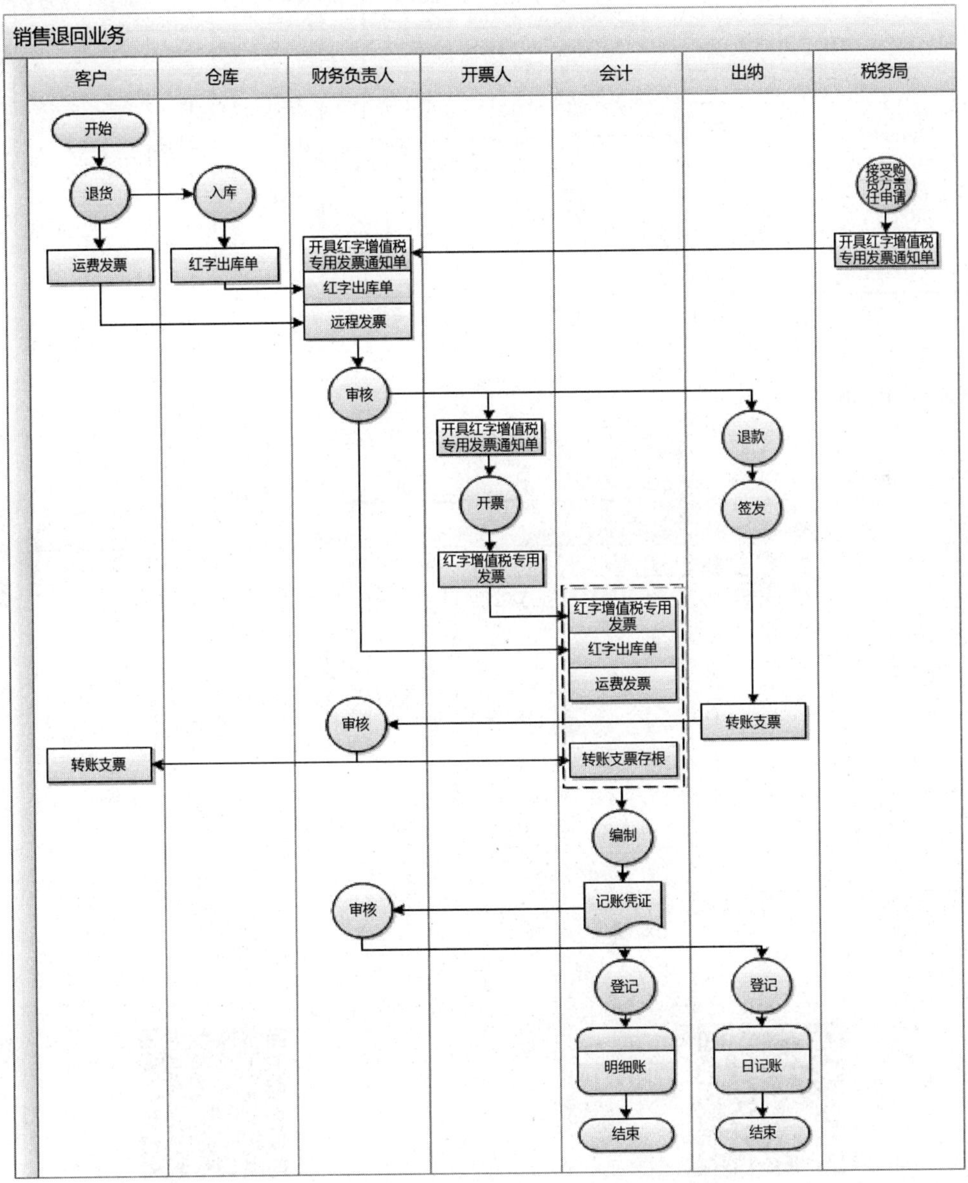

完成工作

图表 7－1－27

记 账 凭 证

年 月 日　　　　　　字第　　号

摘 要	会计科目		借方金额											贷方金额											记账√
	总账科目	明细科目	亿	千	百	十	万	千	百	十	元	角	分	亿	千	百	十	万	千	百	十	元	角	分	
合 计																									

附单据　　张

会计主管：　　记账：　　出纳：　　复核：　　制单：

图表 7－1－28

记 账 凭 证

年 月 日　　　　　　字第　　号

摘 要	会计科目		借方金额											贷方金额											记账√
	总账科目	明细科目	亿	千	百	十	万	千	百	十	元	角	分	亿	千	百	十	万	千	百	十	元	角	分	
合 计																									

附单据　　张

会计主管：　　记账：　　出纳：　　复核：　　制单：

扫码查看答案

练一练

工作总结

图表 7-1-29　　商品销售业务核算

一般销售	确认销售商品收入	借：银行存款等 　贷：主营业务收入 　　应交税费——应交增值税（销）
	结转销售商品成本	借：主营业务成本 　贷：库存商品
商业折扣	按扣除折扣后的金额确认收入	借：银行存款等 　贷：主营业务收入 　　应交税费——应交增值税（销）
	结转销售商品成本	借：主营业务成本 　贷：库存商品
现金折扣	按商品售价确认销售收入	借：应收账款 　贷：主营业务收入 　　应交税费——应交增值税（销）
	结转销售商品成本	借：主营业务成本 　贷：库存商品
	收到货款时	借：银行存款 　财务费用 　贷：应收账款
销售折让	按商品售价确认销售收入	借：应收账款 　贷：主营业务收入 　　应交税费——应交增值税（销）
	结转销售商品成本	借：主营业务成本 　贷：库存商品
	发生销售折让	借：应收账款（红字） 　贷：主营业务收入（红字） 　　应交税费——应交增值税（销）（红字）
销售退回	按商品售价确认销售收入	借：应收账款 　贷：主营业务收入 　　应交税费——应交增值税（销）
	结转销售商品成本	借：主营业务成本 　贷：库存商品
	发生销售退回	借：应收账款（红字） 　贷：主营业务收入（红字） 　　应交税费——应交增值税（销）（红字） 借：主营业务成本（红字） 　贷：库存商品（红字）

图表 7-1-30　　工作评价与反馈

项目		任务完成程度		
		全部完成	部分完成	未完成
自我评价	子任务一			
	子任务二			
	子任务三			
	子任务四			
	子任务五			
任务完成心得				
存在的问题				
教师评价				

任务二　核算提供劳务业务

情景导入

企业提供劳务的种类很多，如旅游、运输、饮食、广告、咨询、代理、培训、产品安装等，有的劳务一次就能完成，且一般为现金交易，如饮食、理发、照相等；有的劳务需要花费一段较长的时间才能完成，如安装、旅游、培训、远洋运输等。

任务要求

了解提供劳务业务的内容，学会提供劳务业务的账务处理。

子任务一　核算提供劳务业务

工作任务

2019 年 7 月 1 日，武汉众科电子有限公司接受武汉瑞源实业有限公司的委托，为该公司设计产品。双方签订了劳务合同，期限 2 个月，合同总收入 100 000 元（不含税）。合同约定，瑞源实业公司预先支付一半的订金，另一半于合同期满时支付。2019 年 7 月 1 日，收到瑞源实业公司定金 30 000 元存入银行（凭证号 027）。

2019 年 7 月 31 日，经专业测量师测量后，确定该项劳务的完工程度为 60%，假定该业务不属于武汉众科电子有限公司的主营业务，该劳务构成单项履约义务，并属于在某一时段内履行的履约义务。武汉瑞源实业有限公司按完工进度支付价款及相应的增值税款，截至

2019 年 7 月 31 日，武汉众科电子有限公司为完成该合同累计发生劳务成本 35 000 元（其中直接材料 10 000 元，直接人工 25 000 元，凭证号 035）。

2019 年 7 月 31 日，收到武汉瑞源实业有限公司支付的款项，并同时结转劳务成本（凭证号 046、047）。

图表 7－2－1

中国工商银行　进账单（收账通知）　3

2019 年 07 月 01 日　　№ 45929531

出票人	全　称	武汉瑞源实业有限公司	收款人	全　称	武汉众科电子有限公司
	账　号	6215582111232609121		账　号	6215581810004608805
	开户银行	工商银行武汉市中山大道支行		开户银行	工商银行武汉市洪山区支行
金额	人民币（大写）	叁万元整		亿千百十万千百十元角分	¥3000000
票据种类	转账支票	票据张数	1		
票据号码	58786235				
复核　　记账				工商银行武汉市洪山区支行 2019.07.01 转讫　收款人开户银行签章	

此联是收款人开户银行交给收款人的收账通知

图表 7－2－2

出 库 单

出货单位：武汉众科电子有限公司　　日期：2019年07月31日　　单号：23

提货单位（部门）：武汉瑞源实业有限公司　　销售单号：　　发货仓库：主材库　　出库日期：2019年07月31日

编码	名称	规格	单位	数量 应发	数量 实发	单价	金额
01	6层沉金阻抗板	#01	个	200	200	50.00	10,000.00
合计	人民币（大写）：壹万元整						¥10,000.00

部门经理：周帅　　会计：王薇　　仓库：周帅　　经办人：马秀

会计联

图表 7－2－3

工资分配表

2019 年 07 月 31 日

部门	总账账户	明细账户	金额
设计部门	其他业务成本	劳务成本	25,000.00
合　计			25,000.00

制单：王薇　　审核：徐志文

图表 7－2－4

中国工商银行 进账单（收账通知） 3

2019 年 07 月 31 日　　№ 14154116

出票人	全　称	武汉瑞源实业有限公司	收款人	全　称	武汉众科电子有限公司
	账　号	6215582111232609121		账　号	6215581810004608805
	开户银行	工商银行武汉市中山大道支行		开户银行	工商银行武汉市洪山区支行
金额	人民币（大写）	叁万叁仟陆佰元整		亿千百十万千百十元角分	¥ 3 3 6 0 0 0 0
票据种类	转账支票	票据张数	1		
票据号码	58786384				

工商银行武汉市洪山区支行 2019.07.31 转讫

复核　　记账　　收款人开户银行签章

此联是收款人开户银行交给收款人的收账通知

图表 7－2－5

湖北 增值税专用发票

4200151140　　№ 11997800　　4200151140 11997800

机器编号：982888812388　　此联不做报销、扣税凭证使用　　开票日期：2019年07月31日

湖北 国家税务总局监制

购买方	名　　称：武汉瑞源实业有限公司 纳税人识别号：91420115611958522P 地 址、电 话：武汉市江夏区金口街南岸一村社区027-56521288 开户行及账号：工商银行武汉市中山大道支行6215582111232609121			密码区	172312-4-275〈1+46*54* 82*59* 181321〉〈8182*59*09618153〈/ 〈4〈3*2702-9〉9*+153〈/0 〉2-3 *08/4〉*〉〉2-3*0/9/〉〉25-275〈1		
货物或应税劳务、服务名称	规格型号	单位	数 量	单 价	金 额	税率	税 额
设计费			1	60,000.00	60,000.00	6%	3,600.00
合　计					¥60,000.00		¥3,600.00
价税合计（大写）	⊗ 陆万叁仟陆佰元整				（小写）¥63,600.00		
销售方	名　　称：武汉众科电子有限公司 纳税人识别号：91420103524658761F 地 址、电 话：武汉市洪山区高新大道10号027-98771066 开户行及账号：工商银行武汉市洪山区支行6215581810004608805			备注	校验码 52118 02817 08248 65199		

收款人：　　复核：王薇　　开票人：苏青　　销售方：（章）

武汉众科电子有限公司 91420103524658761F 发票专用章

税总函[2016]××号××××公司

第一联：记账联 销售方记账凭证

知识准备

对于在某一时段内履行的履约义务，企业应当在该段时间内按照履约进度确认收入，履约进度不能合理确定的除外。满足下列条件之一的，属于在某一时段内履行的履约义务：(1）客户在企业履约的同时即取得并消耗企业履约所带来的经济利益。(2）客户能够控制企业履约过程中在建的商品。(3）企业履约过程中所产出的商品具有不可替代用途，且该企业在整个合同期间内有权就累计至今已完成的履约部分收取款项。

企业应当考虑商品的性质，采用实际测量的完工进度、评估已实现的结果、时间进度、已完工或交付的产品等产出指标，或采用投入的材料数量、花费的人工工时、机器工时、发生的成本和时间进度等投入指标确定恰当的履约进度，并且在确定履约进度时，应当扣除那些控制权尚未转移给客户的商品和服务。资产负债表日，企业按照合同的交易价格总额乘以履约进度扣除以前会计期间累计已确认的收入后的金额，确认当期收入。

合同履约成本是指企业为履行当前或预期取得的合同所发生的、属于《企业会计准则第14号——收入》(2018）规定范围并且按照该准则应当确认为一项资产的成本。

企业为履行合同可能会发生各种成本，企业在确认收入的同时应当对这些成本进行分析，属于《企业会计准则第14号——收入》(2018）准则规定范围且同时满足下列条件的，应当作为合同履约成本确认为一项资产：

(1）该成本与一份当前或预期取得的合同直接相关。

(2）该成本增加了企业未来用于履行（包括持续履行）履约义务的资源。

(3）该成本预期能够收回。

企业发生合同履约成本时，借记“合同履约成本”科目，贷记“银行存款”“应付职工薪酬”“原材料”等科目；对合同履约成本进行摊销时，借记“主营业务成本”“其他业务成本”等科目，贷记“合同履约成本”科目。涉及增值税的，还应进行相应的处理。

【例7-7】 武汉永鑫电子有限公司为增值税一般纳税人，装修服务适用增值税税率为9%。2019年12月1日，与乙公司签订一项为期3个月的装修合同，合同约定装修价款为500 000元，增值税税额为45 000元，装修费用每月末按完工进度支付。2019年12月31日，经专业测量师测量后，确定该项劳务的完工程度为25%；乙公司按完工进度支付价款及相应的增值税款，截至2019年12月31日，甲公司为完成该合同累计发生劳务成本100 000元（假定均为装修人员薪酬），估计还将发生劳务成本300 000元。假定该业务属于武汉永鑫电子有限公司的主营业务，全部由其自行完成；该装修服务构成单项履约义务，并属于在某一时段内履行的履约义务；武汉永鑫电子有限公司按照实际测量的完工进度确定履约进度。

武汉永鑫电子有限公司应作如下账务处理：

(1）实际发生劳务成本100 000元：

借：合同履约成本　　　　100 000

　　贷：应付职工薪酬　　　　100 000

(2）2019年12月31日确认劳务收入并结转劳务成本：

2019年12月31日确认的劳务收入 = 500 000 × 25% − 0 = 125 000（元）

借：银行存款　136 250
　贷：主营业务收入　125 000
　　应交税费——应交增值税（销项税额）　11 250
借：主营业务成本　100 000
　贷：合同履约成本　100 000

【例7－8】 承例7－7，2020年1月31日，经专业测量师测量后，确定该项劳务的完工程度为70%；乙公司按完工进度支付价款的同时支付对应的增值税款。2020年1月，为完成该合同发生劳务成本180 000元（假定均为装修人员薪酬），为完成该合同估计还将发生劳务成本120 000元。

武汉永鑫电子有限公司应作如下账务处理：

（1）实际发生劳务成本180 000元：

借：合同履约成本　180 000
　贷：应付职工薪酬　180 000

（2）2020年1月31日确认劳务收入并结转劳务成本：

2020年1月31日确认的劳务收入＝500 000×70%－125 000＝225 000（元）

借：银行存款　245 250
　贷：主营业务收入　225 000
　　应交税费——应交增值税（销项税额）　20 250
借：主营业务成本　180 000
　贷：合同履约成本　180 000

【例7－9】 承例7－7、例7－8，2020年2月28日装修完工；乙公司验收合格，按完工进度支付价款同时支付对应的增值税款。2020年2月，为完成该合同发生劳务成本120 000元（假定均为装修人员薪酬）。

武汉永鑫电子有限公司应作如下账务处理：

（1）实际发生劳务成本时：

借：合同履约成本　120 000
　贷：应付职工薪酬　120 000

（2）2020年2月28日确认劳务收入并结转劳务成本：

2020年2月28日确认的劳务收入＝500 000－125 000－225 000＝150 000（元）

借：银行存款　163 500
　贷：主营业务收入　150 000
　　应交税费——应交增值税（销项税额）　13 500
借：主营业务成本　120 000
　贷：合同履约成本　120 000

工作步骤

图表 7－2－6

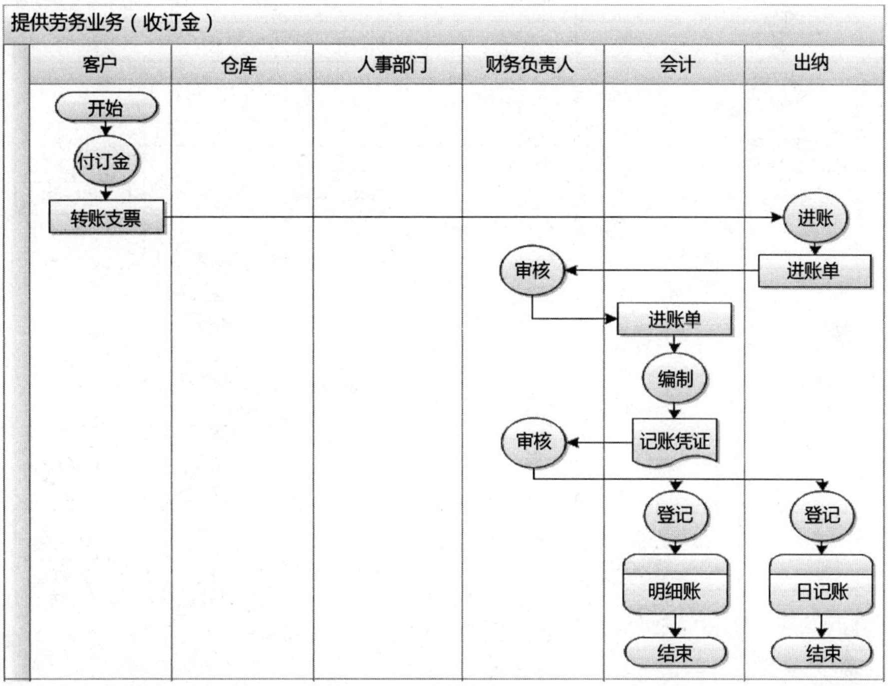

图表 7－2－7

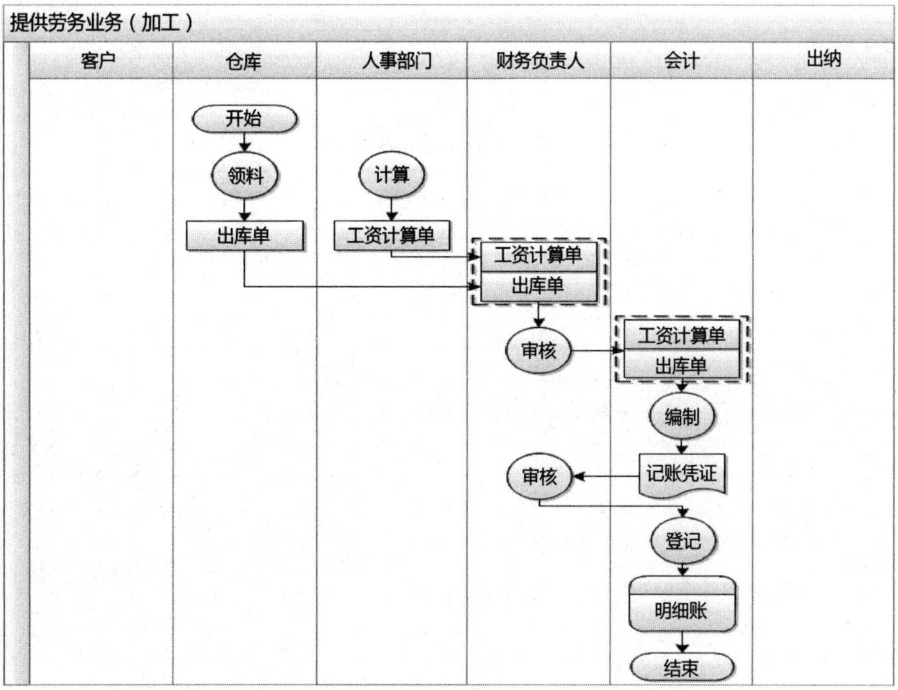

图表 7－2－8

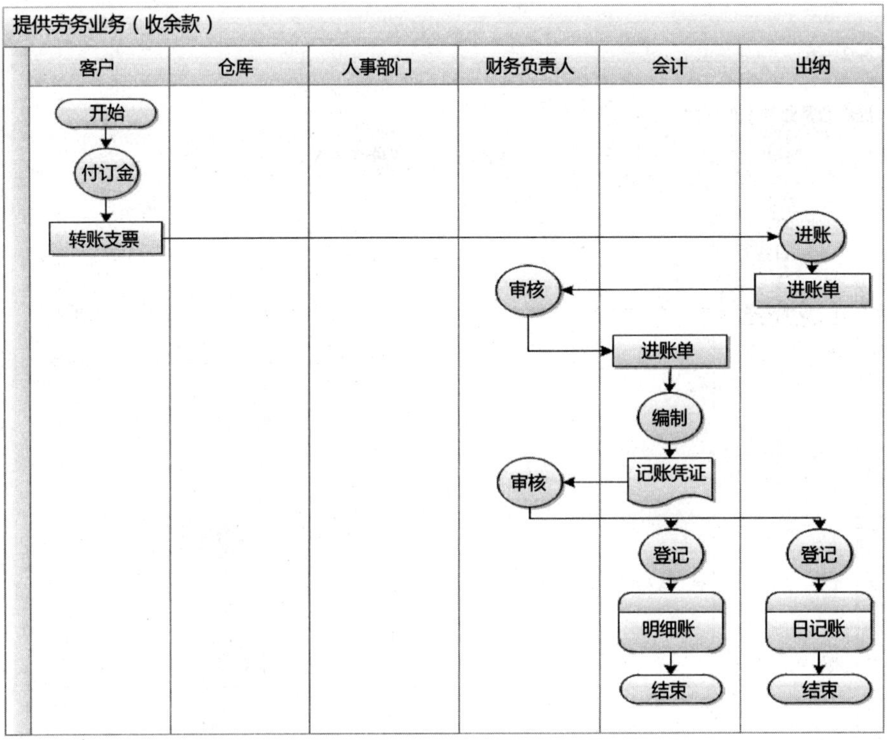

完成工作

图表 7－2－9

记 账 凭 证

年 月 日 字第 号

摘 要	会计科目		借方金额										贷方金额										记账√
	总账科目	明细科目	亿	千	百	十	万	千	百	十	元	角	分	亿	千	百	十	万	千	百	十	元	角	分	
	合 计																						

附单据 张

会计主管： 记账： 出纳： 复核： 制单：

图表 7－2－10

记　账　凭　证

年　　月　　日　　　　　　　　字第　　　号

摘　要	会 计 科 目		借 方 金 额											贷 方 金 额											记账√
	总账科目	明细科目	亿	千	百	十	万	千	百	十	元	角	分	亿	千	百	十	万	千	百	十	元	角	分	
合　计																									

附单据　　张

会计主管：　　记账：　　出纳：　　复核：　　制单：

图表 7－2－11

记　账　凭　证

年　　月　　日　　　　　　　　字第　　　号

摘　要	会 计 科 目		借 方 金 额											贷 方 金 额											记账√
	总账科目	明细科目	亿	千	百	十	万	千	百	十	元	角	分	亿	千	百	十	万	千	百	十	元	角	分	
合　计																									

附单据　　张

会计主管：　　记账：　　出纳：　　复核：　　制单：

图表 7－2－12

记　账　凭　证

年　　月　　日　　　　　　　　字第　　　号

摘　要	会 计 科 目		借 方 金 额											贷 方 金 额											记账√
	总账科目	明细科目	亿	千	百	十	万	千	百	十	元	角	分	亿	千	百	十	万	千	百	十	元	角	分	
合　计																									

附单据　　张

会计主管：　　记账：　　出纳：　　复核：　　制单：

扫码查看答案

练一练

工作总结

图表 7－2－13　　提供劳务业务核算

在某一时段内履行履约义务确认收入	（1）预收款项时： 借：银行存款 　　贷：合同负债 （2）实际发生服务成本时： 借：合同履约成本 　　贷：银行存款、应付职工薪酬等 （3）确认服务收入并结转服务成本时： 借：合同负债、银行存款等 　　贷：主营业务收入（其他业务收入） 　　　　应交税费——应交增值税（销项税额） 借：主营业务成本（其他业务成本） 　　贷：合同履约成本

图表 7－2－14　　工作评价与反馈

项目		任务完成程度		
		全部完成	部分完成	未完成
自我评价	子任务一			
任务完成心得				
存在的问题				
教师评价				

任务三　核算让渡资产使用权收入业务

情景导入

企业让渡资产使用权收入主要是指让渡无形资产等资产使用权的使用费收入，出租固定资产取得的租金，进行债权投资收取的利息，进行股权投资取得的现金股利等，也构成让渡资产使用权收入。

任务要求

了解让渡资产使用权收入的内容，学会让渡资产使用权收入业务的账务处理。

子任务一　核算让渡资产使用权收入业务

工作任务

2019 年 12 月 30 日，武汉众科电子有限公司收到本月出租货车收入。根据背景资料编制记账凭证（凭证号：038）。

图表 7－3－1

湖北　增值税专用发票

4200151140　　№ 06910641　4200151140　06910641

机器编号：982888812388　　此联不做报销、扣税凭证使用　　开票日期：2019年12月30日

购买方	名　　称：武汉君阳电路有限公司 纳税人识别号：91420100765409816X 地 址、电 话：武汉市东湖新技术开发区高新四路40号027-67516213 开户行及账号：工商银行武汉市江汉区支行6215582111267509121			密码区	172312-4-275〈1+46*54* 82*59* 181321〉〈8182*59*09618153〈/ 〈4〈3*2702-9〉9*+153〈/0 〉2-3 *08/4〉*〉〉2-3*0/9/〉〉25-275〈1		
货物或应税劳务、服务名称	规格型号	单位	数 量	单 价	金　额	税率	税　额
*经营租赁*汽车租赁费			1	7,000.00	7,000.00	13%	910.00
合　　计					¥7,000.00		¥910.00
价税合计（大写）	⊗ 柒仟玖佰壹拾元整				（小写）¥7,910.00		
销售方	名　　称：武汉众科电子有限公司 纳税人识别号：91420103524658761F 地 址、电 话：武汉市洪山区高新大道10号027-98771066 开户行及账号：工商银行武汉市洪山区支行6215581810004608805			备注	租赁期：2019年12月1日-12月30日		

收款人：　　复核：王薇　　开票人：苏青　　销售方：（章）

税总函［2016］××号×××公司

第一联：记账联　销售方记账凭证

图表 7 –3 –2

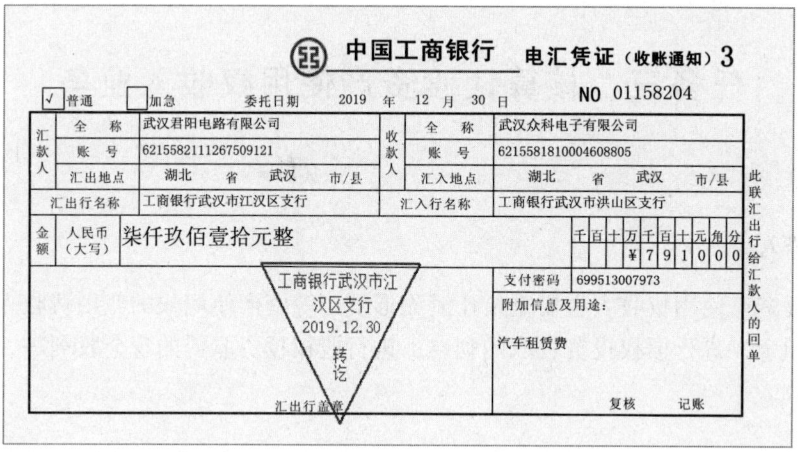

中国工业银行 电汇凭证（收账通知）3

☑普通 □加急 委托日期 2019 年 12 月 30 日 NO 01158204

汇款人	全称	武汉君阳电路有限公司	收款人	全称	武汉众科电子有限公司
	账号	6215582111267509121		账号	6215581810004608805
	汇出地点	湖北 省 武汉 市/县		汇入地点	湖北 省 武汉 市/县
汇出行名称		工商银行武汉市江汉区支行	汇入行名称		工商银行武汉市洪山区支行
金额	人民币（大写）	柒仟玖佰壹拾元整		千百十万千百十元角分	¥ 7 9 1 0 0 0
工商银行武汉市江汉区支行 2019.12.30 转讫				支付密码	699513007973
汇出行盖章				附加信息及用途：	汽车租赁费
				复核	记账

此联汇出行给汇款人的回单

知识准备

（一）让渡资产使用权收入的确认和计量

让渡资产使用权的使用费收入同时满足下列条件的，才能予以确认：

（1）相关的经济利益很可能流入企业；

（2）收入的金额能够可靠地计量。

（二）让渡资产使用权收入的账务处理

企业让渡资产使用权的使用费收入，一般通过“其他业务收入”科目核算；所让渡资产计提的摊销额等，一般通过“其他业务成本”科目核算。

企业确认让渡资产使用权的使用费收入时，按确定的收入金额，借记“银行存款”“应收账款”等科目，贷记“其他业务收入”“应交税费——应交增值税（销项税额）”科目。企业对所让渡资产计提摊销以及所发生的与让渡资产有关的支出等，借记“其他业务成本”科目，贷记“累计摊销”等科目。

【例 7 –10】 武汉永鑫电子有限公司为增值税一般纳税人，转让专利权的使用权适用的增值税税率为 6%。2019 年 1 月 1 日，该公司向华昌公司转让某专利权的使用权，协议约定转让期为 5 年，每年末收取的使用费为 200 000 元，开具的增值税专用发票上注明的价款为 200 000 元，增值税税额为 12 000 元。2019 年该专利权计提的摊销额为 120 000 元，每月计提金额为 10 000 元。

武汉永鑫电子有限公司应作如下账务处理：

（1）2019 年末确认转让专利权使用费收入：

借：银行存款（或应收账款等） 212 000

　　贷：其他业务收入 200 000

　　　　应交税费——应交增值税（销项税额） 12 000

（2）2019 年每月计提专利权摊销额：

借：其他业务成本 10 000

　　贷：累计摊销 10 000

工作步骤

图表 7－3－3

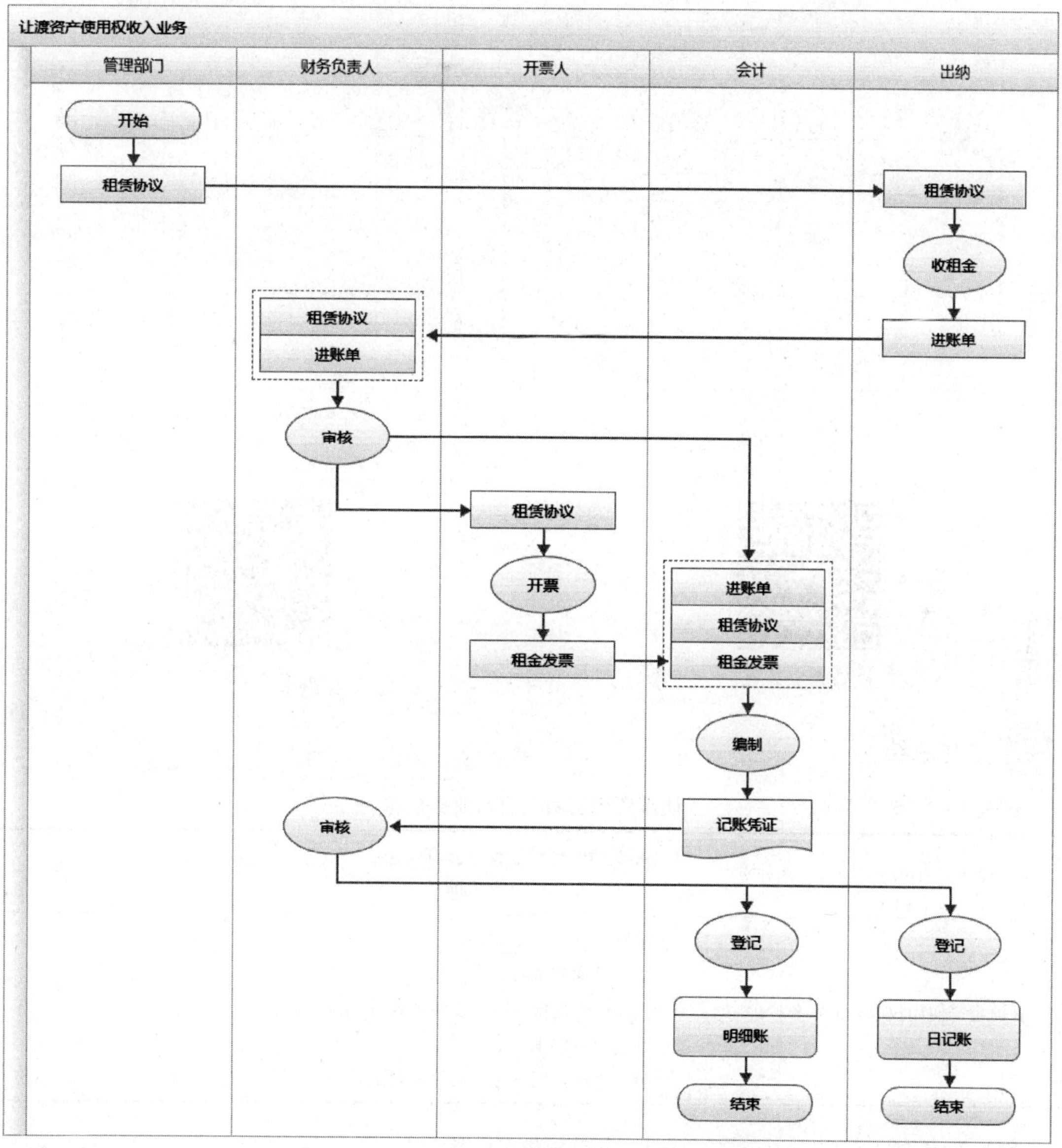

让渡资产使用权收入业务
管理部门
财务负责人
开票人
会计
出纳
开始
租赁协议
租赁协议
收租金
租赁协议
进账单
进账单
审核
租赁协议
开票
进账单
租赁协议
租金发票
租金发票
编制
审核
记账凭证
登记
登记
明细账
日记账
结束
结束

完成工作

图表 7－3－4

记 账 凭 证

年 月 日 字第 号

摘 要	会计科目		借方金额											贷方金额											记账
	总账科目	明细科目	亿	千	百	十	万	千	百	十	元	角	分	亿	千	百	十	万	千	百	十	元	角	分	√
合 计																									

附单据 张

会计主管： 记账： 出纳： 复核： 制单：

扫码查看答案

练一练

工作总结

图表 7－3－5 **让渡资产使用权收入业务核算**

让渡资产使用权收入的确认和计量	（1）相关的经济利益很可能流入企业。 （2）收入的金额能够可靠地计量。
让渡资产使用权收入的账务处理	借：银行存款等 　　贷：其他业务收入 　　　　应交税费——应交增值税（销项税额） 借：其他业务成本 　　贷：累计折旧（或累计摊销等）

图表 7－3－6 **工作评价与反馈**

项目		任务完成程度		
		全部完成	部分完成	未完成
自我评价	子任务一			
任务完成心得				
存在的问题				
教师评价				

任务四 核算应收款项业务

情景导入

应收款项，是指企业在日常生产经营过程中发生的各项债权，包括应收票据、应收账款、应收股利、应收利息和其他应收款等；合同负债科目核算企业已收或应收客户对价而应向客户转让商品的义务。

任务要求

知晓应收款项包括的内容，学会应收款项业务的账务处理。

子任务一 核算应收账款业务

工作任务 1

2019 年 12 月 23 日，武汉众科电子有限公司出售原材料。请根据相关单据编制记账凭证（凭证号：067、068）。

图表 7－4－1

税总函［2016］××号×××公司

湖北 增值税专用发票

4200151140 №47975433 4200151140 47975433

此联不做报销、扣税凭证使用

机器编号：982888812388 开票日期：2019年12月23日

购买方	名称：武汉瑞源实业有限公司 纳税人识别号：91420115611958522P 地址、电话：武汉市江夏区金口街南岸一村社区027-56521288 开户行及账号：工商银行武汉市中山大道支行6215582111232609121			密码区	172312-4-275〈1+46*54* 82*59* 181321〉〈8182*59*09618153〈/ 〈4〈3*2702-9〉9*+153〈/0 〉2-3 *08/4〉*〉〉2-3*0/9/〉〉25-275〈1		
货物或应税劳务、服务名称	规格型号	单位	数量	单价	金额	税率	税额
*电声器件*音圈	#01	个	5000	2.00	10,000.00	13%	1,300.00
*电声器件*喇叭	#01	个	4000	5.00	20,000.00	13%	2,600.00
合计					¥30,000.00		¥3,900.00
价税合计（大写）	⊗叁万叁仟玖佰元整				（小写）¥33,900.00		
销售方	名称：武汉众科电子有限公司 纳税人识别号：91420103524658761F 地址、电话：武汉市洪山区高新大道10号027-98771066 开户行及账号：工商银行武汉市洪山区支行6215581810004608805			备注	校验码 52118 02817 08248 65199		

收款人： 复核：王薇 开票人：苏青 销售方：（章）

第一联：记账联 销售方记账凭证

图表 7－4－2

销 售 单

购货单位：武汉瑞源实业有限公司　地址和电话：武汉市江夏区金口街南岸一村社区027-56521288　单据编号：9086

纳税识别号：91420115611958522P　开户行及账号：工商银行武汉市中山大道支行6215582111232609121　制单日期：2019年12月23日

编码	产品名称	规格	单位	单价	数量	金额	备注
01	音圈	#01	个	2.00	5000	10,000.00	
02	喇叭	#02	个	5.00	4000	20,000.00	
合计	人民币（大写）：叁万元整					¥30,000.00	

总经理：李晓华　销售经理：刘建刚　经手人：马秀　会计：王薇　签收人：赵新宇

图表 7－4－3

出 库 单

出货单位：武汉众科电子有限公司　日期：2019年12月23日　单号：098097

提货单位（部门）：武汉瑞源实业有限公司　销售单号：9086　发货仓库：材料库　出库日期：2019年12月23日

编码	名称	规格	单位	数量		单价	金额
				应发	实发		
01	音圈	#01	个	5000	5000	0.65	3,250.00
02	喇叭	#01	个	4000	4000	1.00	4,000.00
合计	人民币（大写）：柒仟贰佰伍拾元整						¥7,250.00

会计联

部门经理：周帅　会计：王薇　仓库：周帅　经办人：马秀

知识准备 1

应收账款，是指企业因销售商品、提供劳务等日常生产经营活动，应向购货单位或接受劳务单位收取的款项，主要包括企业销售商品或提供劳务等应向有关债务人收取的价款及代购货单位垫付的包装费、运杂费等。

为了反映和监督应收账款的增减变动及其结存情况，企业应设置“应收账款”科目，不单独设置“预收账款”科目的企业，预收的账款也在“应收账款”科目核算。“应收账款”科目的借方登记应收账款的增加，贷方登记应收账款的收回及确认的坏账损失，期末余额一般在借方，反映企业尚未收回的应收账款；如果期末余额在贷方，一般则反映企业预收的账款。

【例 7－11】 武汉永鑫电子有限公司采用托收承付结算方式向华夏公司销售音响一批，货款 300 000 元，增值税税额 39 000 元，以银行存款代垫运杂费 6 000 元，已办理托收手续。

武汉永鑫电子有限公司应作如下账务处理：

借：应收账款——华夏公司　　345 000

贷：主营业务收入——音响　　300 000
　　应交税费——应交增值税（销项税额）　　39 000
　　银行存款　　6 000

工作步骤 1

图表 7-4-4

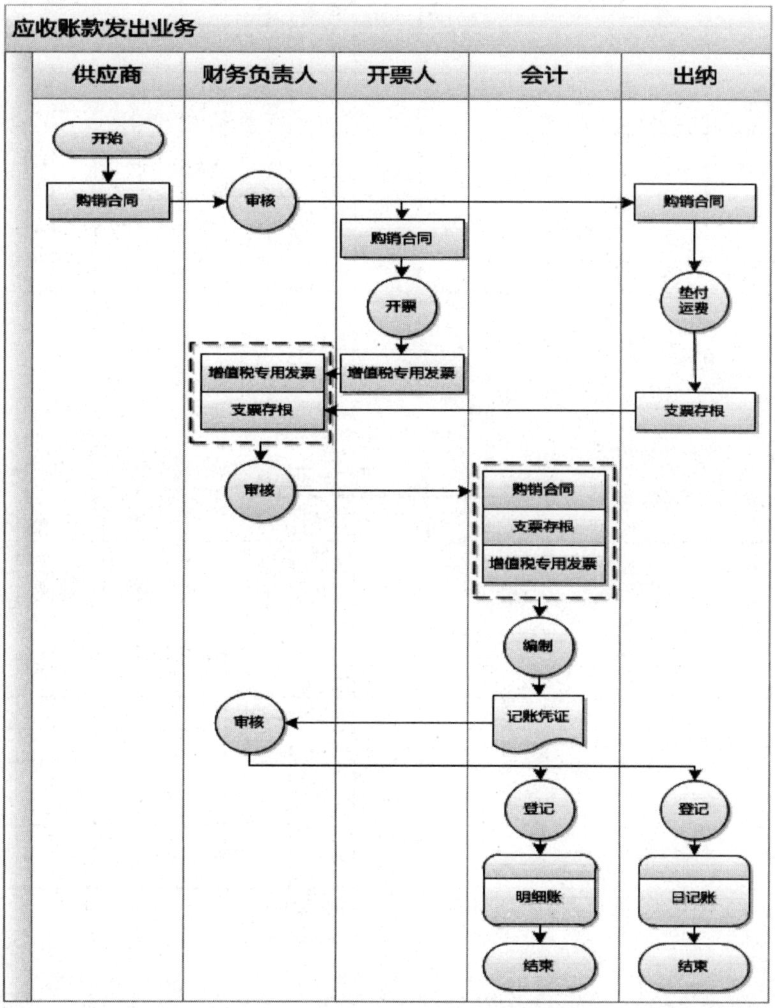

完成工作 1

图表 7－4－5

记 账 凭 证

年 月 日 字第 号

摘要	会计科目		借方金额											贷方金额											记账√
	总账科目	明细科目	亿	千	百	十	万	千	百	十	元	角	分	亿	千	百	十	万	千	百	十	元	角	分	
合计																									

附单据 张

会计主管： 记账： 出纳： 复核： 制单：

图表 7－4－6

记 账 凭 证

年 月 日 字第 号

摘要	会计科目		借方金额											贷方金额											记账√
	总账科目	明细科目	亿	千	百	十	万	千	百	十	元	角	分	亿	千	百	十	万	千	百	十	元	角	分	
合计																									

附单据 张

会计主管： 记账： 出纳： 复核： 制单：

扫码查看答案

工作任务 2

2019 年 4 月 22 日，武汉众科电子有限公司收到武汉昌盛实业有限公司前欠货款。请根据相关背景资料编制记账凭证（凭证号：036）。

图表 7－4－7

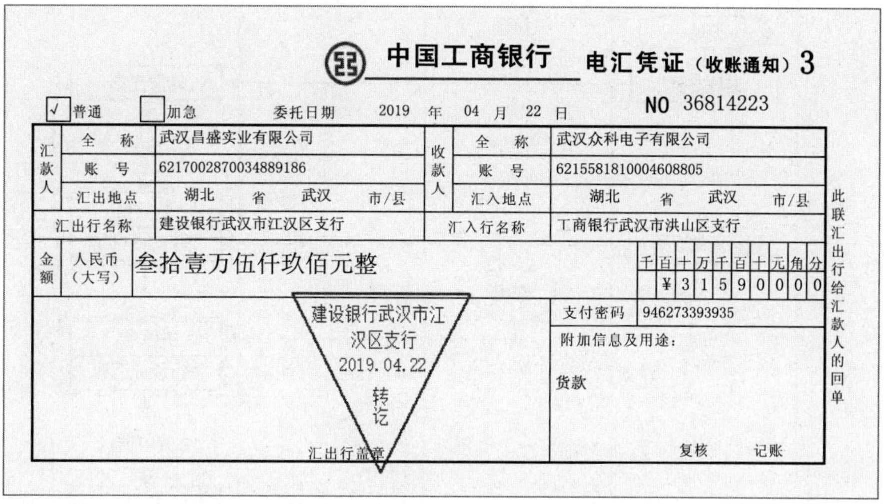

中国工商银行　电汇凭证（收账通知）3

√普通　□加急　委托日期　2019 年 04 月 22 日　NO 36814223

汇款人	全　称	武汉昌盛实业有限公司	收款人	全　称	武汉众科电子有限公司
	账　号	6217002870034889186		账　号	6215581810004608805
	汇出地点	湖北 省 武汉 市/县		汇入地点	湖北 省 武汉 市/县
汇出行名称		建设银行武汉市江汉区支行	汇入行名称		工商银行武汉市洪山区支行
金额	人民币（大写）	叁拾壹万伍仟玖佰元整		千百十万千百十元角分	¥31590000
汇出行盖章		建设银行武汉市江汉区支行 2019.04.22 转讫		支付密码	946273393935
				附加信息及用途：	货款
				复核　记账	

此联汇出行给汇款人的回单

知识准备 2

企业收回应收账款，应借记“银行存款”或“库存现金”科目，贷记“应收账款”科目。

企业应收账款改用商业汇票结算，在收到承兑的商业汇票时，借记“应收票据”科目，贷记“应收账款”科目。

【例 7－12】 武汉永鑫电子有限公司 2019 年 12 月 25 日收到武汉瑞源实业有限公司前欠货款 585 000 元，其中转账支票支付 500 000 元，银行承兑汇票抵付 85 000 元。

武汉永鑫电子有限公司应作如下账务处理：

借：银行存款　　500 000

　　应收票据　　85 000

　　贷：应收账款——武汉瑞源实业　　585 000

工作步骤 2

图表 7-4-8

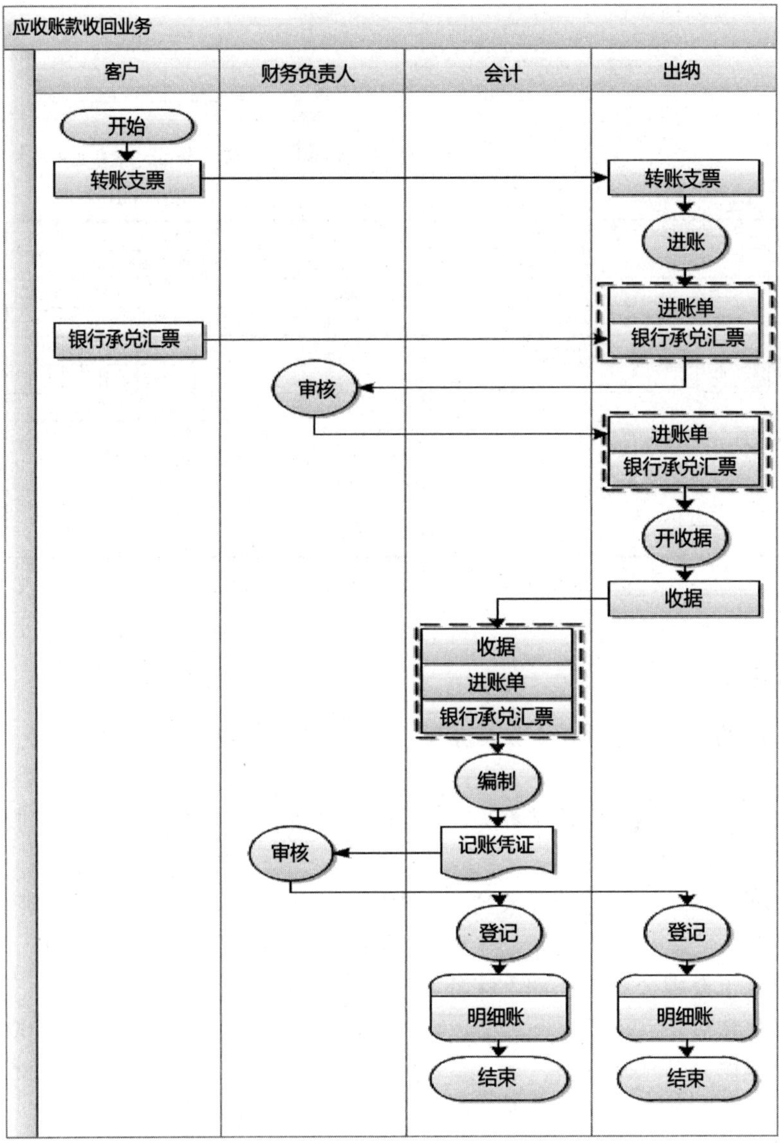
应收账款收回业务
客户
财务负责人
会计
出纳
开始
转账支票
转账支票
进账
进账单
银行承兑汇票
银行承兑汇票
审核
进账单
银行承兑汇票
开收据
收据
收据
进账单
银行承兑汇票
编制
记账凭证
审核
登记
登记
明细账
明细账
结束
结束

完成工作 2

图表 7-4-9

记　账　凭　证

年　月　日　　　　字第　　号

摘　要	会计科目		借方金额										贷方金额										记账
	总账科目	明细科目	亿	千	百	十	万	千	百	十	元	角	分	亿	千	百	十	万	千	百	十	元	角	分	√
合　计																									

附单据　　张

会计主管：　　记账：　　出纳：　　复核：　　制单：

扫码查看答案　　　　练一练

子任务二　核算应收票据业务

工作任务 1

2019 年 9 月 23 日，武汉众科电子有限公司销售商品收到银行承兑汇票。请根据相关单据编制记账凭证（凭证号：098）。

图表 7－4－10

中国工商银行　银行承兑汇票　2

10200050
89709787

出票日期（大写）　贰零壹玖　年　玖　月贰拾叁　日

出票人全称	武汉凯德实业有限公司	收款人	全　称	武汉众科电子有限公司
出票人账号	6215581811232609812		账　号	6215581810004608805
付款行全称	工商银行武汉市江汉区支行		开户银行	工商银行武汉市洪山区支行
出票金额	人民币（大写）壹拾陆万玖仟伍佰元整		亿千百十万千百十元角分	￥16950000
汇票到期日（大写）	贰零壹玖年壹拾贰月贰拾叁日	付款行	行号	102521000118
承兑协议编号	47501893		地址	武汉市江汉区发展大道108号2楼3号

本汇票请你行承兑，到期无条件付款。

武汉凯德实业有限公司 财务专用章　　丽薛 印海

出票人签章

本汇票已经承兑，到期日由本行付款

中国工商银行股份有限公司 102521000118 汇票专用章

承兑行签章

承兑日期 2019 年 09 月 23 日

峰郭 印林

密押

备注：

复核　　记账

此联收款人开户行随托收凭证寄付款行作借方凭证附件

复印件与原件核对无误

被背书人	被背书人
背书人签章 年　月　日	背书人签章 年　月　日

（贴粘单处）

XX印刷有限责任公司●XXXX年印制

图表 7－4－11

湖北 增值税专用发票

4200151140　　　　　　　　№ 00835590　4200151140　00835590

机器编号：982888812388　　此联不做报销、扣税凭证使用　　开票日期：2019年09月23日

税总函［2016］××号×××公司

购买方	名称：武汉凯德实业有限公司 纳税人识别号：91420103303419517R 地址、电话：武汉市江汉区发展大道108号2楼3号027-89214211 开户行及账号：工商银行武汉市江汉区支行6215581811232609812	密码区	172312-4-275 〈1+46*54* 82*59* 181321〉〈8182*59*09618153〈/ 〈4〈3*2702-9〉9*+153〈/0 〉2-3 *08/4〉*〉〉2-3*0/9/〉〉25-275〈1

货物或应税劳务、服务名称	规格型号	单位	数量	单价	金额	税率	税额
*电声器件*扩音器	#A101	个	5000	30.00	150,000.00	13%	19,500.00
合计					¥150,000.00		¥19,500.00
价税合计（大写）	⊗ 壹拾陆万玖仟伍佰元整				（小写）¥169,500.00		

销售方	名称：武汉众科电子有限公司 纳税人识别号：91420103524658761F 地址、电话：武汉市洪山区高新大道10号027-98771066 开户行及账号：工商银行武汉市洪山区支行6215581810004608805	备注	校验码 52118 02817 08248 65199

收款人：　　复核：王薇　　开票人：苏青　　销售方：（章）

第一联：记账联　销售方记账凭证

图表 7－4－12

销售单

购货单位：武汉凯德实业有限公司　　地址和电话：武汉市江汉区发展大道108号2楼3号027-89214211　　单据编号：1384

纳税识别号：91420103303419517R　　开户行及账号：工商银行武汉市江汉区支行6215581811232609812　　制单日期：2019年09月23日

编码	产品名称	规格	单位	单价	数量	金额	备注
01	扩音器	#A101	个	30.00	5000	150,000.00	不含税
合计	人民币（大写）：	壹拾伍万元整				¥150,000.00	

总经理：李晓华　　销售经理：刘建刚　　经手人：马秀　　会计：王薇　　签收人：徐新泉

知识准备 1

应收票据是指企业因销售商品、提供劳务等而收到的商业汇票。商业汇票是一种由出票人签发的，委托付款人在指定日期无条件支付确定金额给收款人或者持票人的票据。根据承兑人不同，商业汇票分为商业承兑汇票和银行承兑汇票。

为了反映和监督应收票据取得、票款收回等情况，企业应当设置“应收票据”科目，借方登记取得的应收票据的面值，贷方登记到期收回票款或到期前向银行贴现的应收票据的票面余额，期末余额在借方，反映企业持有的商业汇票的票面余额。“应收票据”科目可按照开出、承兑商业汇票的单位进行明细核算，并设置“应收票据备查簿”，商业汇票到期结清票款或退票后，在备查簿中应予注销。

企业因销售商品、提供劳务等而收到开出、承兑的商业汇票，借记“应收票据”科目，

贷记“主营业务收入”“应交税费——应交增值税（销项税额）”等科目。

【例 7－13】 武汉永鑫电子有限公司于 2019 年 5 月 1 日向红光公司销售耳机一批，开出的增值税专用发票上注明的价款为 200 000 元，增值税税额为 26 000 元。收到红光公司开出并承兑的不带息商业汇票一张，面值为 226 000 元，期限为 4 个月。

武汉永鑫电子有限公司应作如下账务处理：

借：应收票据——红光公司　　226 000

　　贷：主营业务收入——耳机　　200 000

　　　　应交税费——应交增值税（销项税额）　　26 000

工作步骤 1

图表 7－4－13

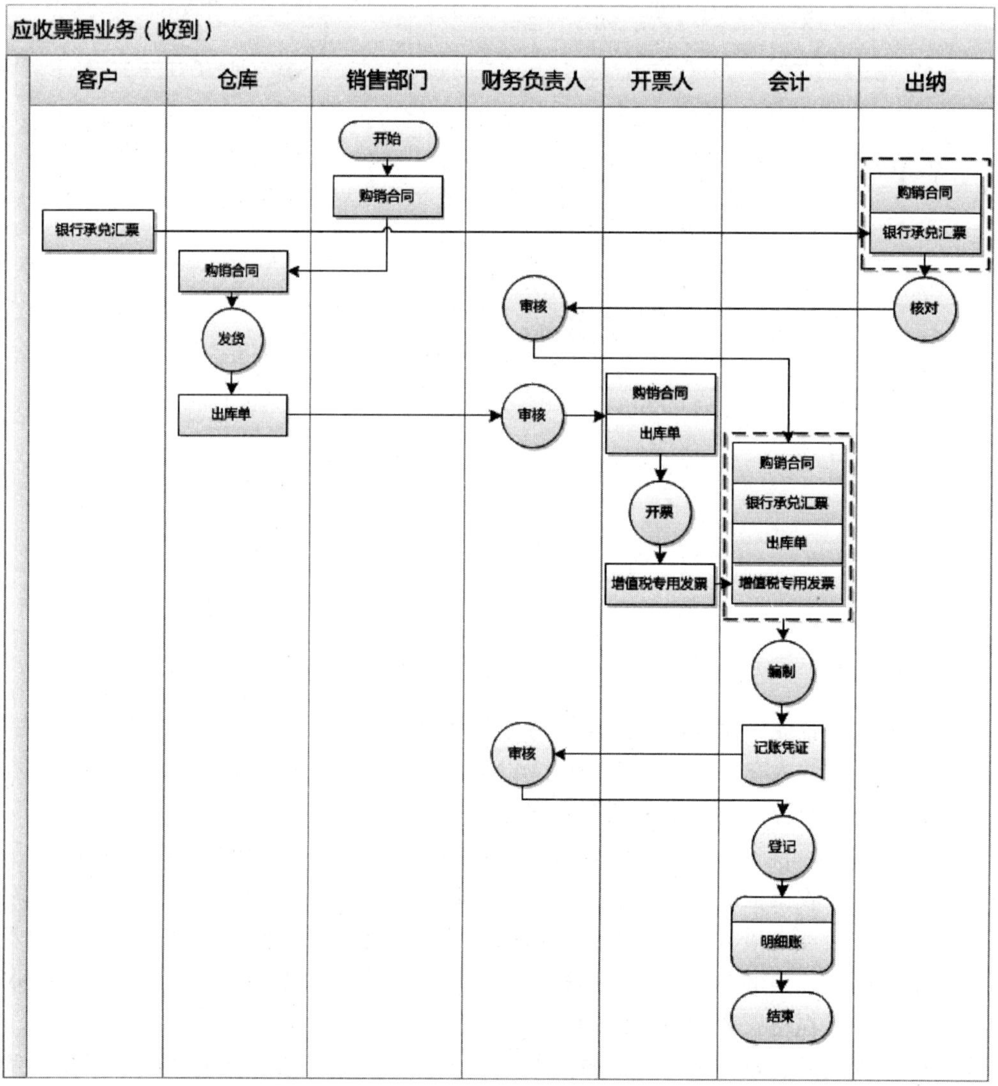

完成工作 1

图表 7-4-14

记 账 凭 证

年 月 日 字第 号

摘 要	会计科目		借方金额										贷方金额										记账√
	总账科目	明细科目	亿	千	百	十	万	千	百	十	元	角	分	亿	千	百	十	万	千	百	十	元	角	分	
合 计																								

附单据 张

会计主管： 记账： 出纳： 复核： 制单：

扫码查看答案

工作任务 2

2019 年 10 月 12 日，武汉众科电子有限公司购入原材料，将 9 月 23 日收到的银行承兑汇票背书转让用以支付材料款，不足部分用银行存款支付。请根据相关单据编制记账凭证（凭证号：034）。

图表 7－4－15

中国工商银行 银行承兑汇票　　2

10200050
89709787

出票日期（大写）　贰零壹玖 年 玖 月 贰拾叁 日

出票人全称	武汉凯德实业有限公司	收款人	全　称	武汉众科电子有限公司
出票人账号	6215581811232609812		账　号	6215581810004608805
付款行全称	工商银行武汉市江汉区支行		开户银行	工商银行武汉市洪山区支行
出票金额	人民币（大写）壹拾陆万玖仟伍佰元整			亿 千 百 十 万 千 百 十 元 角 分 ¥ 1 6 9 5 0 0 0 0
汇票到期日（大写）	贰零壹玖年壹拾贰月贰拾叁日	付款行	行号	102521000118
承兑协议编号	47501893		地址	武汉市江汉区发展大道108号2楼3号
本汇票请你行承兑，到期无条件付款。 武汉凯德实业有限公司 财务专用章　薛海 丽印 出票人签章		本汇票已经承兑，到期日由本行付款。 中国工商银行股份有限公司 102521000118 汇票专用章 承兑行签章　郭林 峰印 承兑日期 2019 年 09 月 23 日 备注：		密押 复核　记账

此联收款人开户行随托收凭证寄付款行作借方凭证附件

复印件与原件核对无误

被背书人 武汉君阳电路有限公司	被背书人
武汉君阳电路有限公司 财务专用章　刘颖 印 背书人签章 2019 年 10 月 12 日	背书人签章 年　月　日

（贴粘单处）

XX印刷有限责任公司•XXXX年印制

图表 7-4-16

湖北增值税专用发票

4200151140　　№ 67596082　　4200151140　67596082

发票联

机器编号：982888812388　　开票日期：2019年10月12日

购买方	名　　称：武汉众科电子有限公司 纳税人识别号：91420103524658761F 地 址、电 话：武汉市洪山区高新大道10号027-98771066 开户行及账号：工商银行武汉市洪山区支行6215581810004608805			密码区	172312-4-275〈1+46*54* 82*59* 181321〉〈8182*59*09618153〈/ 〈4〈3*2702-9〉9*+153〈/0〉2-3 *08/4〉*〉〉2-3*0/9/〉〉25-275〈1		
货物或应税劳务、服务名称	规格型号	单位	数量	单价	金额	税率	税额
*铝合金*单面铝基板C	#01	个	3000	58.00	174,000.00	13%	22,620.00
合　　计					¥174,000.00		¥22,620.00
价税合计（大写）	⊗壹拾玖万陆仟陆佰贰拾元整				（小写）¥196,620.00		
销售方	名　　称：武汉君阳电路有限公司 纳税人识别号：91420100765409816X 地 址、电 话：武汉市东湖新技术开发区高新四路40号027-67516213 开户行及账号：工商银行武汉市江汉区支行6215582111267509121			备注	校验码 52118 02817 08248 65199		

收款人：　　复核：　　开票人：刘颖　　销售方：（章）

税总函[2016]××号×××公司

第三联：发票联　购买方记账凭证

图表 7-4-17

入　库　单

2019 年 10 月 12 日　　单号 172805

交来单位或部门	武汉君阳电路有限公司	发票号码或生产单号码	67596082	验收仓库	材料库	入库日期	2019-10-12

编号	名称及规格	单位	数量		实际价格		计划价格		价格差异
			交库	实收	单价	金额	单价	金额	
01	单面铝基板C #01	个	3000	3000	58.00	174,000.00			
合　　计			3000	3000		¥174,000.00			

部门经理：张学平　　会计：王薇　　仓库：周帅　　经办人：马秀

图表 7－4－18

中国工商银行 电子汇划收款 回单

2019 年 10 月 12 日　　　　流水号：209211253193330

付款人	全　称	武汉众科电子有限公司	收款人	全　称	武汉君阳电路有限公司
	账　号	6215581810004608805		账　号	6215582111267509121
	开户银行	工商银行武汉市洪山区支行		开户银行	工商银行武汉市江汉区支行
金　额		人民币（大写）贰万柒仟壹佰贰拾元整		¥27,120.00	
用　途		材料款			

备 注：

汇划日期：2019-10-12　　　　汇划流水号：209211253193330

汇出行行号：102521000360　　　　原凭证种类：

原凭证号码：　　　　原凭证金额：¥27,120.00

汇款人地址：武汉市洪山区高新大道10号

收款人地址：武汉市东湖新技术开发区高新四路40号

实际收款人账号：6215582111267509121

实际收款人名称：武汉君阳电路有限公司

工商银行武汉市洪山区支行 回单专用章

银行盖章

知识准备 2

实务中，企业可以将自己持有的商业汇票背书转让。背书是指在票据背面或者粘单上记载有关事项并签章的票据行为。背书转让的，背书人应当承担票据责任。通常情况下，企业将持有的商业汇票背书转让以取得所需物资时，按应计入取得物资成本的金额，借记“材料采购”或“原材料”“库存商品”等科目，按照增值税专用发票上注明的可抵扣的增值税税额，借记“应交税费——应交增值税（进项税额）”科目，按商业汇票的票面金额，贷记“应收票据”科目，如有差额，借记或贷记“银行存款”等科目。

【例 7－14】 武汉永鑫电子有限公司 2019 年 4 月 5 日将持有面值为 35 000 元，期限为 3 个月的不带息商业汇票，背书转让给星光公司以购入甲材料。取得增值税专用发票注明价款 40 000 元，增值税税额 5 200 元。另外，以转账支票支付差价 10 200 元，材料已验收入库。

武汉永鑫电子有限公司应作如下账务处理：

借：原材料——甲材料	40 000	
应交税费——应交增值税（进项税额）	5 200	
贷：应收票据		35 000
银行存款		10 200

工作步骤 2

图表 7－4－19

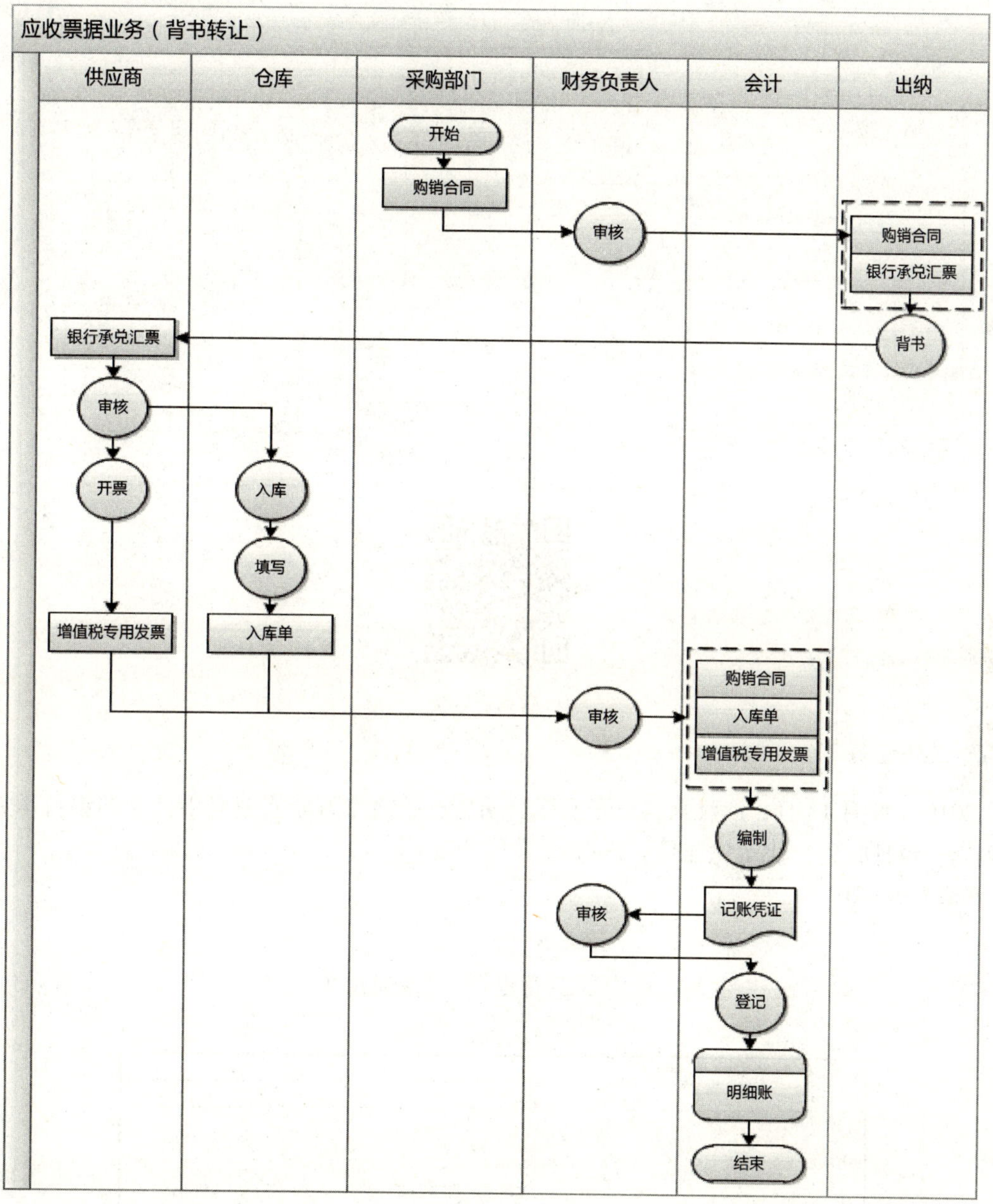

完成工作2

图表7-4-20

记 账 凭 证

年 月 日 字第 号

摘要	会计科目		借方金额										贷方金额										记账
	总账科目	明细科目	亿	千	百	十	万	千	百	十	元	角	分	亿	千	百	十	万	千	百	十	元	角	分	√
合计																									

附单据 张

会计主管： 记账： 出纳： 复核： 制单：

扫码查看答案

工作任务3

2019年8月13日，武汉众科电子有限公司持有的南京万家实业有限公司的银行承兑汇票到期，当日收到货款（凭证号：087）。

图表7-4-21

中国工商银行 付款通知书

日期：2019 年 08 月 13 日

机构号：535325 交易代码：958627

单位名称 南京万家实业有限公司	
账号 8842090514536673904	
摘要 银行承兑汇票到期付款 中国工商银行 2019.08.13 转讫	
	金额合计 ¥100,000.00
金额合计（大写）	人民币壹拾万元整

第二联 回单

注：此付款通知书加盖我行业务公章方有效。

流水号：537648947781 经办：

知识准备3

应收票据到期，应分别以下情况处理：

1. 商业汇票到期，应按照实际收到的金额，借记“银行存款”科目，贷记“应收票据”科目。

2. 因付款人无力支付票款，或到期不能收回应收票据，应按照商业汇票的票面金额，借记“应收账款”科目，贷记“应收票据”科目。

【例7－15】 承例7－11，武汉永鑫电子有限公司于2019年9月1日收到红光公司承付的票据款并存入银行。

武汉永鑫电子有限公司应作如下账务处理：

借：银行存款　　226 000

　　贷：应收票据——红光公司　　226 000

工作步骤3

图表7－4－22

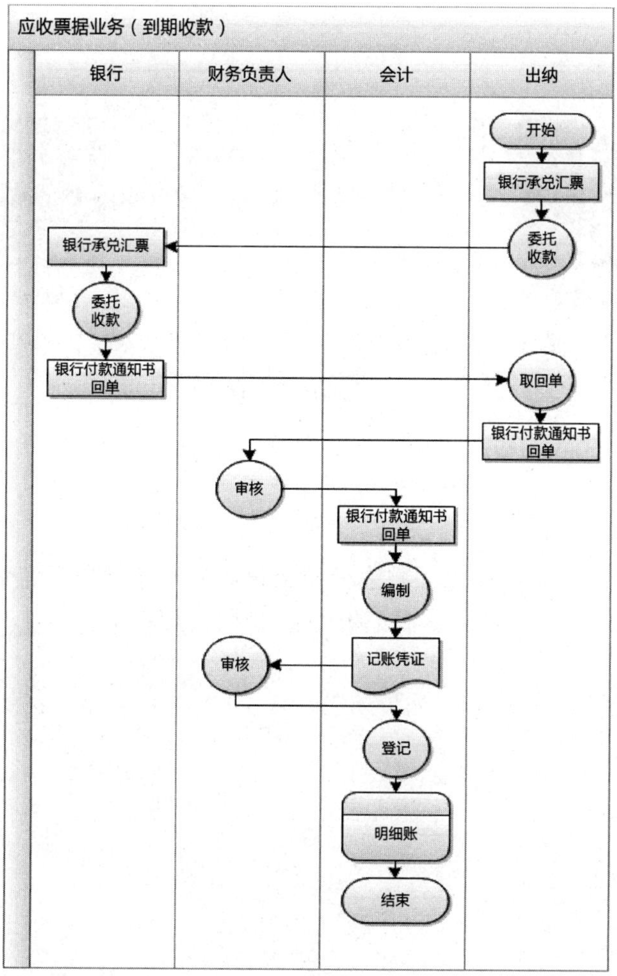

完成工作3

图表7-4-23

记 账 凭 证

年 月 日 字第 号

摘要	会计科目		借方金额										贷方金额										记账
	总账科目	明细科目	亿	千	百	十	万	千	百	十	元	角	分	亿	千	百	十	万	千	百	十	元	角	分	√
合计																									

附单据 张

会计主管： 记账： 出纳： 复核： 制单：

扫码查看答案

练一练

子任务三 核算预收款项业务

工作任务1

2019年5月1日，武汉众科电子有限公司销售商品给武汉长源商贸有限公司，当日预收部分款项。请根据相关背景资料编制记账凭证（凭证号045）。

图表 7－4－24

中国工商银行　电汇凭证（收账通知）3

☑普通　☐加急　委托日期　2019 年 05 月 01 日　NO 65444039

汇款人	全　称	武汉长源商贸有限公司	收款人	全　称	武汉众科电子有限公司
	账　号	6215344587267878716		账　号	6215581810004608805
	汇出地点	湖北 省 武汉 市/县		汇入地点	湖北 省 武汉 市/县
汇出行名称		工商银行武汉市西北湖支行	汇入行名称		工商银行武汉市洪山区支行
金额	人民币（大写）	壹拾万元整		千百十万千百十元角分	¥10000000
工商银行武汉市西北湖支行 2019.05.01 转讫		汇出行盖章	支付密码		595981659481
			附加信息及用途：货款		复核　记账

此联汇出行给汇款人的回单

知识准备 1

"合同负债"科目核算企业已收或应收客户对价而应向客户转让商品的义务。该科目贷方登记企业在向客户转让商品之前，已经收到或已经取得无条件收取合同对价权利的金额；借方登记企业向客户转让商品时冲销的金额；期末贷方余额，反映企业在向客户转让商品之前，已经收到的合同对价或已经取得的无条件收取合同对价权利的金额。

企业在向客户转让商品之前，客户已经支付了合同对价或企业已经无条件取得了收取合同对价权利的，企业应当在客户实际支付款项与到期应支付款项孰早时点，按照该已收或应收的金额，借记"银行存款""应收账款""应收票据"等科目，贷记"合同负债"科目。

【例 7－16】 武汉永鑫电子有限公司 2019 年 4 月 2 日收到武汉凯德实业有限公司转账支票一张，转账支票注明该款系凯德公司根据购销合同交来的采购订金 300 000 元。

武汉永鑫电子有限公司应作如下账务处理：

借：银行存款　　300 000

　　贷：合同负债——武汉凯德实业　　300 000

工作步骤 1

图表 7-4-25

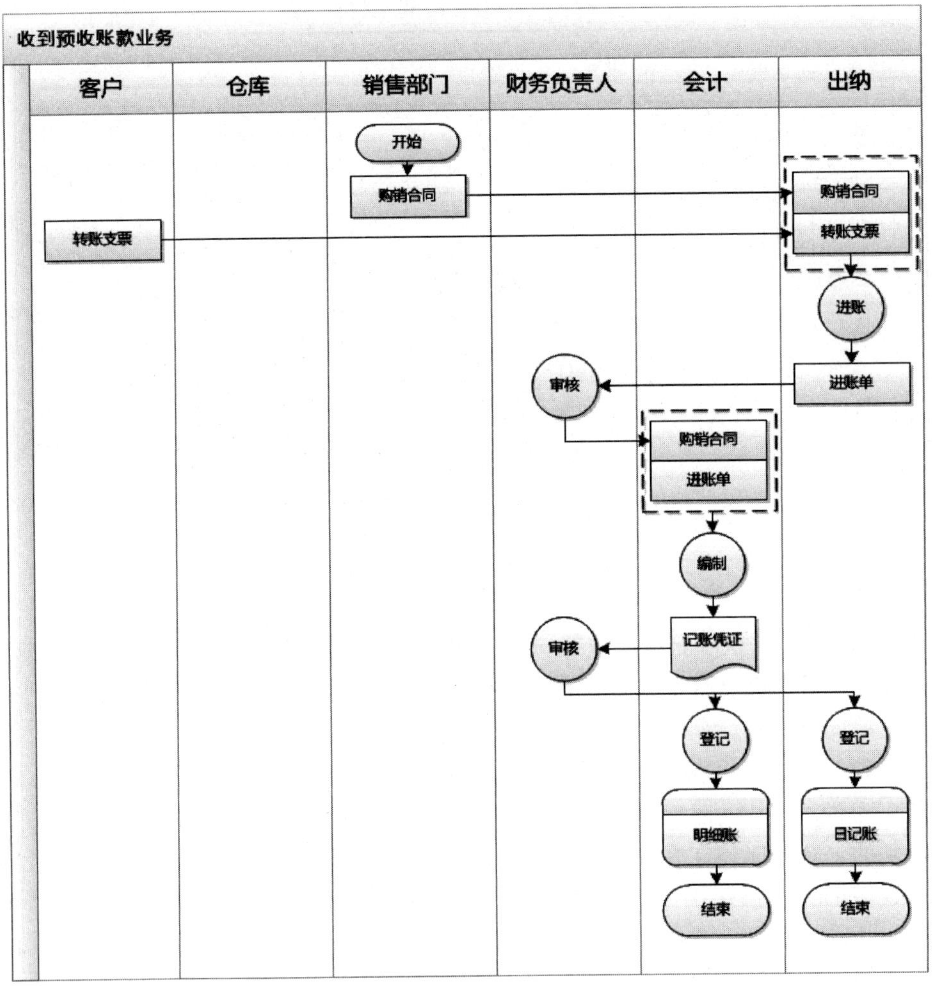

完成工作 1

图表 7－4－26

记 账 凭 证

年 月 日 字第 号

摘要	会计科目		借方金额										贷方金额										记账
	总账科目	明细科目	亿	千	百	十	万	千	百	十	元	角	分	亿	千	百	十	万	千	百	十	元	角	分	✓
合计																									

附单据 张

会计主管： 记账： 出纳： 复核： 制单：

扫码查看答案

工作任务 2

2019 年 5 月 18 日，武汉众科电子有限公司销售商品给武汉长源商贸有限公司，因质量问题在价格上给予 5% 的折让。请根据相关背景资料编制记账凭证（凭证号：026、027）。

图表 7－4－27

税总函［2016］××号×××公司

湖北 增值税专用发票

4200151140 № 19683321 4200151140 19683321

此联不做报销、扣税凭证使用

机器编号：982888812388 开票日期：2019年05月18日

购买方
名 称：武汉长源商贸有限公司
纳税人识别号：91428784796302249E
地 址、电 话：武汉市江岸区建设大道2号027-87637621
开户行及账号：工商银行武汉市西北湖支行6215344587267878716

密码区：172312-4-275〈1+46*54* 82*59* 181321〉〈8182*59*09618153〈/〈4〈3*2702-9〉9*+153〈/0 〉2-3 *08/4〉*〉〉2-3*0/9/〉〉25-275〈1

货物或应税劳务、服务名称	规格型号	单位	数量	单价	金额	税率	税额
*电声器件*耳机	E01	个	1420	32.00	45,440.00	13%	5,907.20
*电声器件*扩音器	#A101	个	180	40.00	7,200.00	13%	936.00
折扣行数1（5.00%）					-2,632.00	13%	-342.16
合计					¥50,008.00		¥6,501.04
价税合计（大写）	⊗ 伍万陆仟伍佰零玖元零肆分				（小写）¥56,509.04		

销售方
名 称：武汉众科电子有限公司
纳税人识别号：91420103524658761F
地 址、电 话：武汉市洪山区高新大道10号027-98771066
开户行及账号：工商银行武汉市洪山区支行6215581810004608805

备注：校验码 52118 02817 08248 65199

收款人： 复核：王薇 开票人：苏青 销售方：（章）

第一联：记账联 销售方记账凭证

图表 7－4－28

湖北 增值税专用发票

4200151140 机器编号：982888812388

此联不做报销、扣税凭证使用

№ 41730591 4200151140 41730591

开票日期：2019年05月18日

税总函[2016]××号××××公司

购买方	名　　称：武汉长源商贸有限公司 纳税人识别号：91428784796302249E 地 址、电 话：武汉市江岸区建设大道2号027-87637621 开户行及账号：工商银行武汉市西北湖支行6215344587267878716				密码区	172312-4-275〈1+46*54* 82*59* 181321〉〈8182*59*09618153〈/ 〈4〈3*2702-9〉9*+153〈/0 〉2-3 *08/4〉*〉〉2-3*0/9/〉〉25-275〈1	
货物或应税劳务、服务名称	规格型号	单位	数量	单价	金额	税率	税额
*电声器件*扩音器	#A101	个	2400	40.00	96,000.00	13%	12,480.00
折扣行数1（5.00%）					-4,800.00	13%	-624.00
合　计					¥91,200.00		¥11,856.00
价税合计（大写）	⊗ 壹拾万叁仟零伍拾陆元整				（小写）¥103,056.00		
销售方	名　　称：武汉众科电子有限公司 纳税人识别号：91420103524658761F 地 址、电 话：武汉市洪山区高新大道10号027-98771066 开户行及账号：工商银行武汉市洪山区支行6215581810004608805				备注	校验码 52118 02817 08248 65199	

收款人：　　复核：王薇　　开票人：苏青　　销售方：（章）

第一联：记账联　销售方记账凭证

图表 7－4－29

销 售 单

购货单位：武汉长源商贸有限公司　　地址和电话：武汉市江岸区建设大道2号027-87637621　　单据编号：5569

纳税识别号：91428784796302249E　　开户行及账号：工商银行武汉市西北湖支行6215344587267878716　　制单日期：2019年05月18日

编码	产品名称	规格	单位	单价	数量	金额	备注
01	耳机	E01	个	30.40	1420	43,168.00	已享受5%折扣
02	扩音器	#A101	个	38.00	2580	98,040.00	已享受5%折扣
合计	人民币（大写）：壹拾肆万壹仟贰佰零捌元整					¥141,208.00	

总经理：李晓华　　销售经理：刘建刚　　经手人：　　会计：王薇　　签收人：李志奇

图表 7－4－30

中国工商银行 电汇凭证（收账通知）3

NO 58623686

☑普通　☐加急　　委托日期 2019 年 05 月 18 日

汇款人	全　称	武汉长源商贸有限公司	收款人	全　称	武汉众科电子有限公司
	账　号	6215344587267878716		账　号	6215581810004608805
	汇出地点	湖北 省 武汉 市/县		汇入地点	湖北省 省 武汉市 市/县
汇出行名称		工商银行武汉市西北湖支行	汇入行名称		工商银行武汉市洪山区支行
金额	人民币（大写）	伍万玖仟伍佰陆拾伍元零肆分		千百十万千百十元角分	¥5956504
工商银行武汉市西北湖支行 2019.05.18 转讫 汇出行盖章			支付密码		154267929933
			附加信息及用途：货款		
			复核　记账		

此联汇出行给汇款人的回单

知识准备 2

企业向客户转让相关商品时，借记“合同负债”科目，贷记“主营业务收入”“其他业务收入”等科目，涉及增值税的还应贷记“应交税费——应交增值税（销项税额）”科目。

【例 7－17】 承例 7－16，4 月 12 日武汉永鑫电子有限公司发出商品，开出增值税专用发票上注明的价款 480 000 元，增值税额 62 400 元。同日收到凯德公司汇来的补付款项进账通知单，余款全部转入本企业银行存款账户。

武汉永鑫电子有限公司应作如下账务处理：

借：合同负债——武汉凯德实业	542 400	
贷：主营业务收入		480 000
应交税费——应交增值税（销项税额）		62 400
借：银行存款	242 400	
贷：合同负债——武汉凯德实业		242 400

工作步骤 2

图表 7－4－31

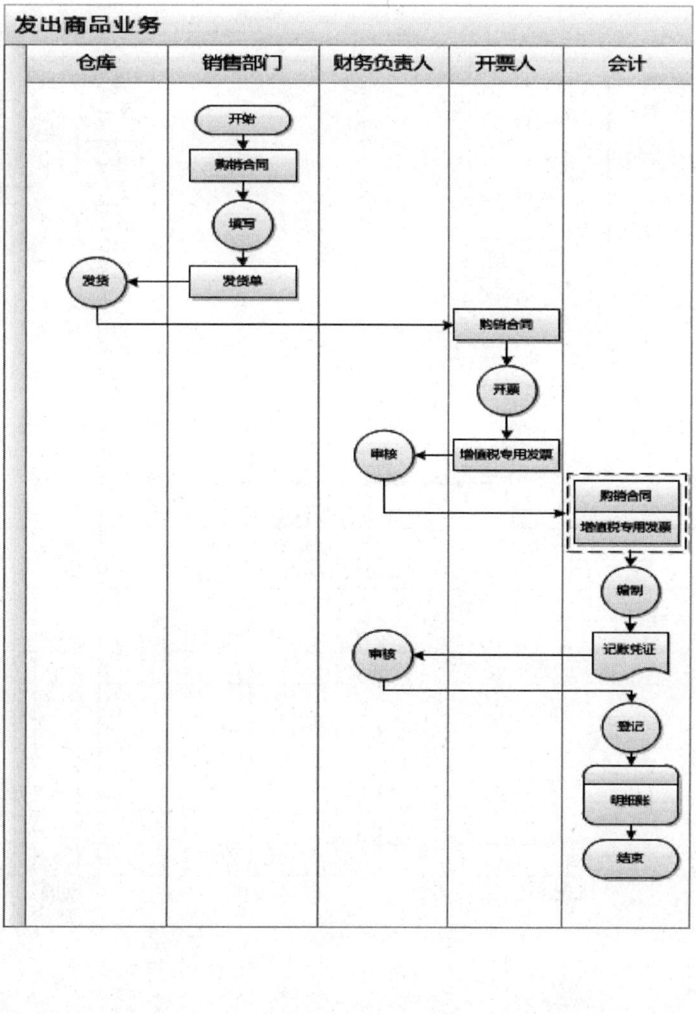

图表 7 – 4 – 32

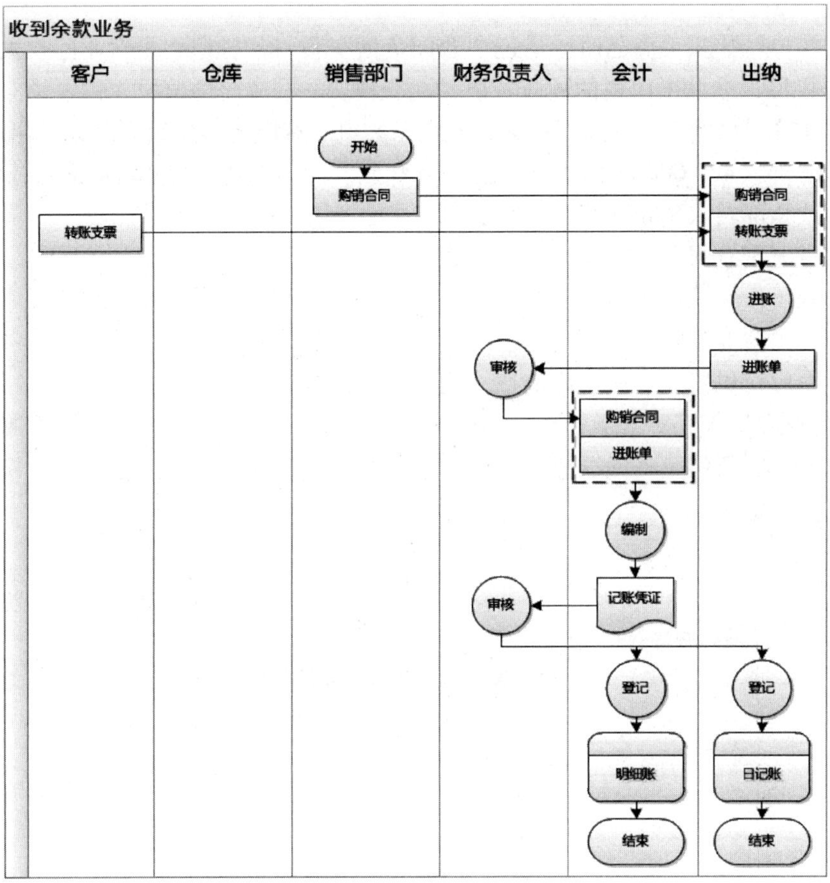

完成工作 2

图表 7 – 4 – 33

记 账 凭 证

年 月 日 字第 号

摘 要	会计科目		借方金额											贷方金额											记账√
	总账科目	明细科目	亿	千	百	十	万	千	百	十	元	角	分	亿	千	百	十	万	千	百	十	元	角	分	
合 计																									

附单据 张

会计主管： 记账： 出纳： 复核： 制单：

图表 7－4－34

记 账 凭 证

年　月　日　　　　字第　　号

摘要	会计科目		借方金额											贷方金额											记账
	总账科目	明细科目	亿	千	百	十	万	千	百	十	元	角	分	亿	千	百	十	万	千	百	十	元	角	分	√
合　计																									

附单据　　张

会计主管：　　记账：　　出纳：　　复核：　　制单：

扫码查看答案　　　　练一练

子任务四　核算其他应收款业务

工作任务 1

2019 年 11 月 24 日，武汉众科电子有限公司因生产车间临时储存需要向武汉顺达实业有限公司租入一批包装物，支付包装物押金。请根据相关单据编制记账凭证（凭证号：099）。

图表 7－4－35

中国工商银行
转账支票存根

10204220
10345250

附加信息

出票日期 2019 年 11 月 24 日

收款人：武汉顺达实业有限公司

金　额：¥3,400.00

用　途：包装物押金

单位主管 李晓华　会计 王薇

XX印务有限公司 · XX年印制

图表 7－4－36

中国工商银行进账单（回　　单）　1

2019 年 11 月 24 日　　№ 93775207

出票人	全　称	武汉众科电子有限公司	收款人	全　称	武汉顺达实业有限公司
	账　号	6215581810004608805		账　号	6217987670034880916
	开户银行	工商银行武汉市洪山区支行		开户银行	建设银行武汉沿江支行
金额	人民币（大写）	叁仟肆佰元整		亿千百十万千百十元角分	¥340000
票据种类	转账支票	票据张数	1		
票据号码	10204220-10345250				
复核　记账				开户银行签章	

（印章：工商银行武汉市洪山区支行 2019.11.24 转讫）

此联是开户银行交给持（出）票人的回单

知识准备 1

其他应收款，是指企业除应收票据、应收账款、预付账款、应收股利和应收利息以外的其他各种应收及暂付款项。其主要内容包括：应收的各种赔款、罚款，如因企业财产等遭受意外损失而应向有关保险公司收取的赔款等；应收的出租包装物租金；应向职工收取的各种垫付款项，如为职工垫付的水电费、应由职工负担的医药费、房租费等；存出保证金，如租入包装物支付的押金；其他各种应收、暂付款项。

为了反映和监督其他应收账款的增减变动及其结存情况，企业应当设置“其他应收款”科目进行核算。“其他应收款”科目的借方登记其他应收款的增加，贷方登记其他应收款的收回，期末余额一般在借方，反映企业尚未收回的其他应收款项。

【例 7－18】 2019 年 2 月 3 日武汉永鑫电子有限公司供应部门职工王林经批准预借差旅费现金 5 000 元。

武汉永鑫电子有限公司应作如下账务处理：

借：其他应收款——王林　　5 000

　　贷：库存现金　　5 000

【例 7－19】 武汉永鑫电子有限公司以存款替职工王某垫付应由其个人负担的医疗费 5 000元。

武汉永鑫电子有限公司应作如下账务处理：

借：其他应收款——王某　　5 000

　　贷：银行存款　　5 000

【例 7－20】 武汉永鑫电子有限公司向永昌公司租入包装物一批，以银行存款向永昌公司支付押金 10 000 元。

武汉永鑫电子有限公司应作如下账务处理：

借：其他应收款——永昌公司　　10 000

　　贷：银行存款　　10 000

工作步骤1

图表7－4－37

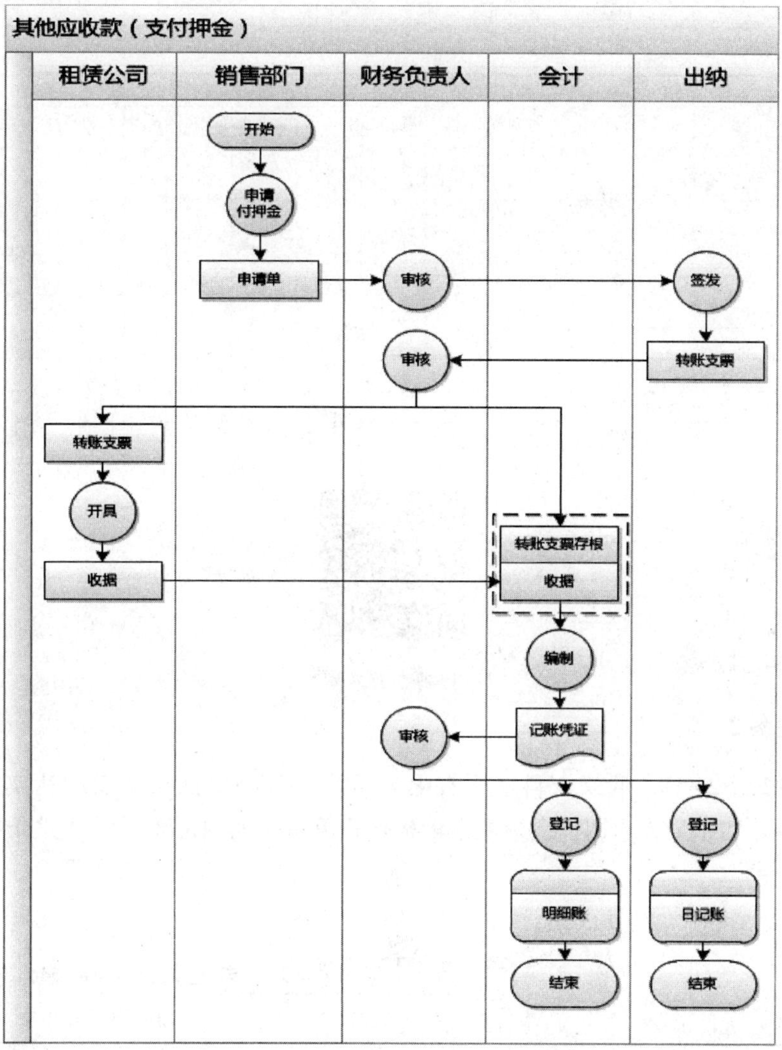

完成工作 1

图表 7－4－38

记 账 凭 证

年 月 日 字第 号

摘要	会计科目		借方金额											贷方金额											记账
	总账科目	明细科目	亿	千	百	十	万	千	百	十	元	角	分	亿	千	百	十	万	千	百	十	元	角	分	√
合计																									

附单据 张

会计主管： 记账： 出纳： 复核： 制单：

扫码查看答案

工作任务 2

2019 年 12 月 24 日，武汉众科电子有限公司将包装物退回给武汉顺达实业有限公司，扣除相应的包装物租金，收回押金余款。请根据相关单据编制记账凭证（凭证号：109）。

图表 7－4－39

中国工商银行 电汇凭证（收账通知）3

NO 59226345

☑普通 ☐加急 委托日期 2019 年 12 月 24 日

汇款人	全称	武汉顺达实业有限公司	收款人	全称	武汉众科电子有限公司
	账号	6217987670034880916		账号	6215581810004608805
	汇出地点	湖北 省 武汉 市/县		汇入地点	湖北 省 武汉 市/县
汇出行名称		建设银行武汉沿江支行	汇入行名称		工商银行武汉市洪山区支行
金额	人民币（大写）	壹仟壹佰肆拾元整	千百十万千百十元角分		¥114000
建设银行武汉沿江支行 2019.12.24 转讫 汇出行盖章			支付密码		442614614087
			附加信息及用途：押金		
			复核 记账		

此联汇出行给汇款人的回单

图表 7 -4 -40

湖北增值税专用发票

发票联

4200151140　　№ 27188214　4200151140　27188214

机器编号：982888812388　　开票日期：2019年12月24日

购买方	名　　称：武汉众科电子有限公司 纳税人识别号：91420103524658761F 地 址、电 话：武汉市洪山区高新大道10号027-98771066 开户行及账号：工商银行武汉市洪山区支行6215581810004608805			密码区	172312-4-275〈1+46*54* 82*59* 181321〉〈8182*59*09618153〈/ 〈4〈3*2702-9〉9*+153〈/0 〉2-3 *08/4〉*〉〉2-3*0/9/〉〉25-275〈1		
货物或应税劳务、服务名称	规格型号	单位	数量	单价	金额	税率	税额
*经营租赁*包装物租金			1	2,000.00	2,000.00	13%	260.00
合　　计					¥2,000.00		¥260.00
价税合计（大写）	⊗ 贰仟贰佰陆拾元整				（小写）¥2,260.00		
销售方	名　　称：武汉顺达实业有限公司 纳税人识别号：91420103177229701R 地 址、电 话：武汉市江汉区江汉一路23号027-67234155 开户行及账号：建设银行武汉沿江支行6217987670034880916			备注	校验码 52118 02817 08248 65199		

收款人：　　复核：　　开票人：　　销售方：（章）

税总函[2016]××号××××公司

第三联：发票联　购买方记账凭证

知识准备 2

收回其他各种应收款项，借记“库存现金”“银行存款”“应付职工薪酬”等科目，贷记“其他应收款”科目。

【例 7 -21】 承例 7 - 18，2019 年 2 月 9 日王林出差回来报销差旅费 4 800 元，交回现金 200 元。

武汉永鑫电子有限公司应作如下账务处理：

借：库存现金	200	
管理费用	4 800	
贷：其他应收款——王林		5 000

【例 7 -22】 承例 7 - 19，假设替王某垫付的医药费拟从其工资中扣回。

武汉永鑫电子有限公司应作如下账务处理：

借：应付职工薪酬	5 000	
贷：其他应收款——王某		5 000

【例 7 -23】 承例 7 - 20，武汉永鑫电子有限公司按期如数向永昌公司返回所租包装物，并收到永昌公司退还的押金 10 000 元，存入银行。

武汉永鑫电子有限公司应作如下账务处理：

借：银行存款	10 000	
贷：其他应收款——永昌公司		10 000

工作步骤 2

图表 7－4－41

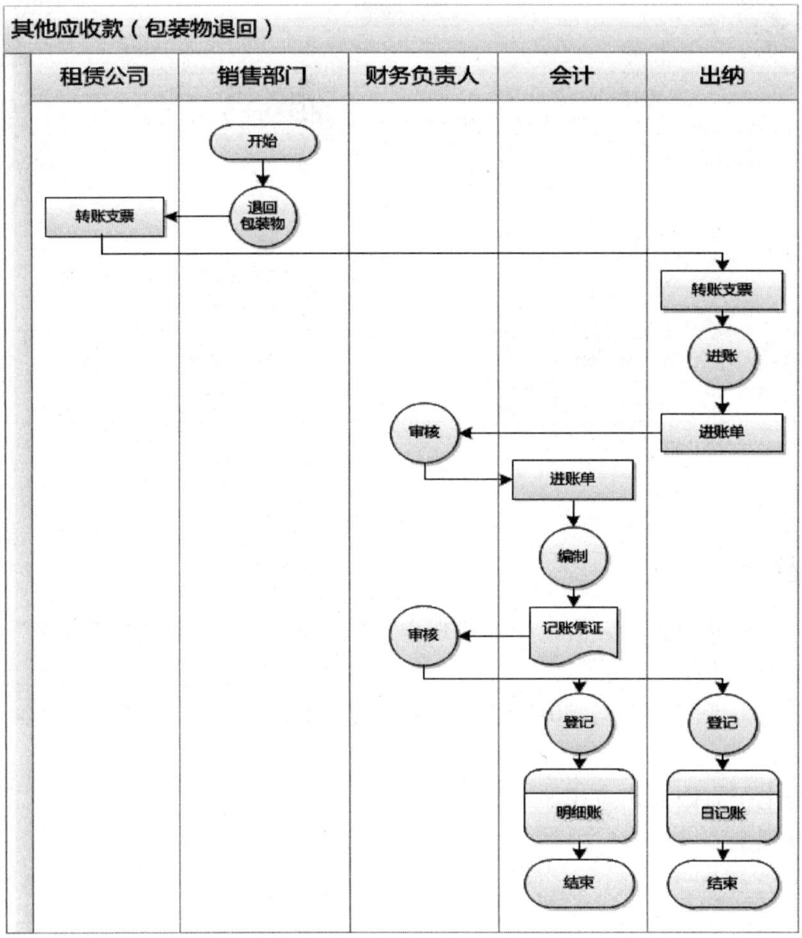

完成工作 2

图表 7－4－42

记 账 凭 证

年　　月　　日　　　　　　　　　　字第　　　　号

摘 要	会计科目		借方金额											贷方金额											记账 ✓
	总账科目	明细科目	亿	千	百	十	万	千	百	十	元	角	分	亿	千	百	十	万	千	百	十	元	角	分	
合 计																									

附单据　　张

会计主管：　　　记账：　　　出纳：　　　复核：　　　制单：

扫码查看答案　　　　　　练一练

子任务五　核算应收款项减值业务

工作任务 1

2019 年 12 月 31 日，武汉众科电子有限公司应收武汉凯德实业的账款余额为 15 000 000 元，武汉众科电子有限公司按坏账计提比例计算出应计提坏账准备 450 000 元（凭证号 124）。

图表 7－4－43

坏账准备计提表

单位：元

年份	应收款项余额	计提比例	各年提取额	实际提取额
2019年	15,000,000.00	3%	450,000.00	450,000.00

武汉众科电子有限公司

知识准备 1

企业的各项应收款项，可能会因购货人拒付、破产、死亡等原因而无法收回这类无法收回的应收款项就是坏账。企业因坏账而遭受的损失为坏账损失或减值损失。企业应当在资产负债表日对应收款项的账面价值进行评估，应收款项发生减值的，应当将减记的金额确认为减值损失，同时计提坏账准备。应收款项减值有两种核算方法，即直接转销法和备抵法，我国《企业会计准则》规定，应收款项的减值的核算只能采用备抵法，不得采用直接转销法。

备抵法是采用一定的方法按期估计坏账损失，计入当期损益，同时建立坏账准备，待坏账实际发生时，冲销已提的坏账准备和相应的应收款项，采用这种方法，在财务报表上列示应收款项的净额，使财务报表使用者能了解企业应收款项预期可收回的金额或真实的财务情况。在备抵法下，企业应当根据企业会计准则的规定，评估当期坏账损失金额。

企业应当设置“坏账准备”科目，核算应收款项的坏账准备计提、转销等情况。“坏账准备”科目的贷方登记当期计提的坏账准备、收回已转销的应收账款而恢复的坏账准备，借方登记实际发生的坏账损失金额和冲减的坏账准备金额，期末贷方余额，反映企业已计提但尚未转销的坏账准备。

坏账准备可按以下公式计算：

当期应计提的坏账准备 = 当期按应收款项计算应提坏账准备金额 －（或 +）“坏账准备”科目的贷方（或借方）余额

企业计提坏账准备时，按照应减记的金额，借记“信用减值损失——计提的坏账准备”科目，贷记“坏账准备”科目。冲减多计提的坏账准备时，借记“坏账准备”科目，贷记“信用减值损失——计提的坏账准备”科目。

【例 7－24】 2019 年 12 月 31 日，武汉永鑫电子有限公司应收汉城公司的账款余额为 1 000 000元，武汉永鑫电子有限公司根据《企业会计准则》确定应计提坏账准备的金额为 100 000元。

武汉永鑫电子有限公司应作如下账务处理：

2019 年 12 月 31 日计提坏账准备时：

借：信用减值损失——计提的坏账准备　　100 000

　　贷：坏账准备　　100 000

工作步骤 1

图表 7－4－44

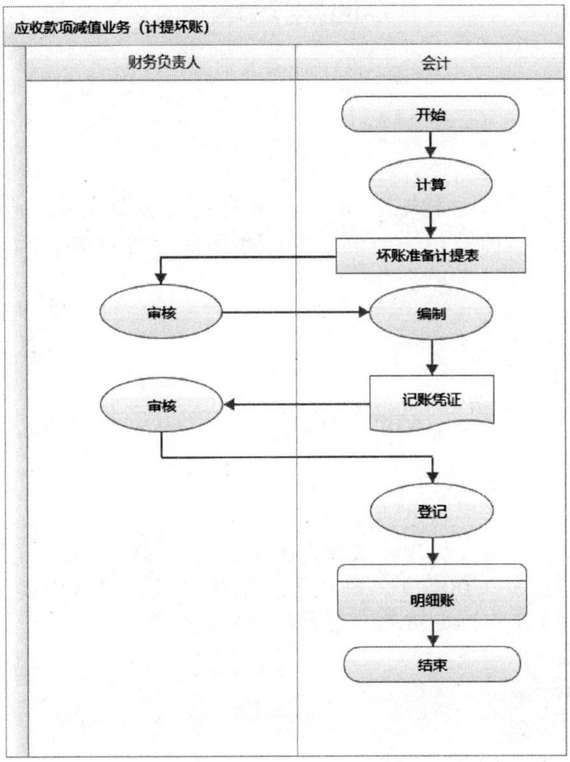

完成工作 1

图表 7－4－45

记 账 凭 证

年 月 日 字第 号

摘 要	会计科目		借方金额											贷方金额											记账
	总账科目	明细科目	亿	千	百	十	万	千	百	十	元	角	分	亿	千	百	十	万	千	百	十	元	角	分	√
	合 计																								

附单据 张

会计主管： 记账： 出纳： 复核： 制单：

扫码查看答案

工作任务 2

2020 年 12 月 15 日，武汉众科电子有限公司因武汉瑞源实业有限公司发生债务危机破产，前欠货款无法收回。请根据相关单据编制记账凭证（凭证号：034）。

图表 7－4－46

关于处置武汉瑞源实业有限公司货款决定

今收到关于武汉瑞源实业有限公司因债务危机破产的通告，该公司尚欠我司货款人民币壹拾柒万伍仟伍佰元整（¥175,500.00元），确认无法偿还，经公司董事会决定：将无法收回的货款全部确认为坏账损失。

董事签名:董浩 王宏进 李晓华 洪承燊 肖勇强

武汉众科电子有限公司

2020 年 12 月 15 日

知识准备 2

企业确实无法收回的应收款项按管理权限报经批准后作为坏账转销时，应当冲减已计提的坏账准备。已确认并转销的应收款项以后又收回的，应当按照实际收到的金额增加坏账准备的账面余额。企业实际发生坏账损失时，借记“坏账准备”科目，贷记“应收账款”“其他应收款”等科目。

【例7－25】　武汉永鑫电子有限公司2020年6月对汉城公司的应收账款实际发生坏账损失30 000元。

武汉永鑫电子有限公司应作如下账务处理：

2020年6月30日确认坏账损失时：

借：坏账准备　30 000

　　贷：应收账款——汉城公司　30 000

【例7－26】　承例7－24、例7－25，假定武汉永鑫电子有限公司2020年12月31日应收汉城公司的账款余额为1 200 000元，武汉永鑫电子有限公司对该应收账款应计提120 000元坏账准备。武汉永鑫电子有限公司"坏账准备"科目应保持的贷方余额为120 000元。计提坏账准备前，"坏账准备"科目的实际余额为贷方70 000元（100 000－30 000），因此，本年末应计提的坏账准备金额为50 000元（120 000－70 000）。

武汉永鑫电子有限公司应作如下账务处理：

借：信用减值损失——计提的坏账准备　50 000

　　贷：坏账准备　50 000

工作步骤2

图表7－4－47

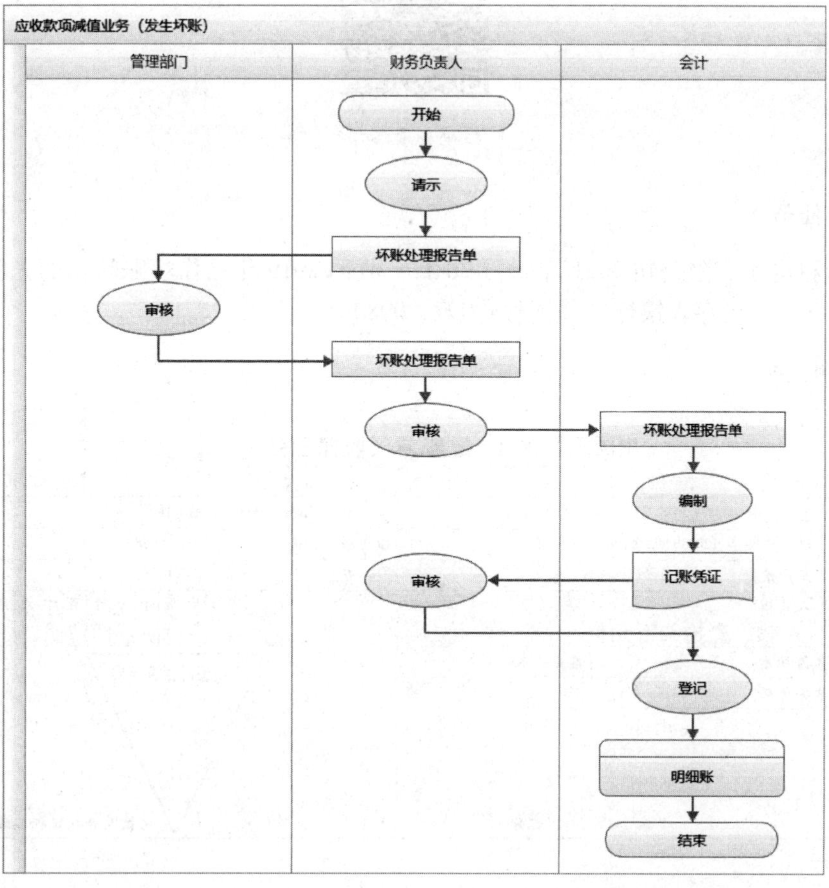

完成工作 2

图表 7－4－48

记 账 凭 证

年 月 日 字第 号

摘要	会计科目		借方金额										贷方金额										记账
	总账科目	明细科目	亿	千	百	十	万	千	百	十	元	角	分	亿	千	百	十	万	千	百	十	元	角	分	√
合计																								

附单据 张

会计主管： 记账： 出纳： 复核： 制单：

扫码查看答案

工作任务 3

武汉众科电子有限公司 2021 年 5 月 20 日，收回 2019 年已作坏账转销的光明公司应收账款 170 000 元，已存入银行（凭证号：097、098）。

图表 7－4－49

中国工商银行 进账单（收账通知） 3

2021 年 05 月 20 日 № 23250125

出票人			收款人		
全称	光明公司		全称	武汉众科电子有限公司	
账号	12004586020298789		账号	6215581810004608805	
开户银行	工商银行硚口区支行		开户银行	工商银行武汉市洪山区支行	
金额	人民币（大写） 壹拾柒万元整			亿千百十万千百十元角分	¥17000000
票据种类	转账支票	票据张数 1			
票据号码	30172689				

复核 记账

工商银行武汉市洪山区支行 2021.05.20 转讫

收款人开户银行签章

此联是收款人开户银行交给收款人的收账通知

知识准备 3

已确认并转销的应收款项以后又收回的，应当按照实际收到的金额增加坏账准备的账面余额。已确认并转销的应收款项以后又收回时，借记“应收账款”“其他应收款”等科目，贷记“坏账准备”科目；同时，借记“银行存款”科目，贷记“应收账款”“其他应收款”等科目。

【例 7－27】 武汉永鑫电子有限公司 2021 年 1 月 20 日，收回 2019 年已作坏账转销的应收账款 20 000 元，已存入银行。

武汉永鑫电子有限公司应作如下账务处理：

借：应收账款　　20 000

　　贷：坏账准备　　20 000

借：银行存款　　20 000

　　贷：应收账款　　20 000

工作步骤 3

图表 7－4－50

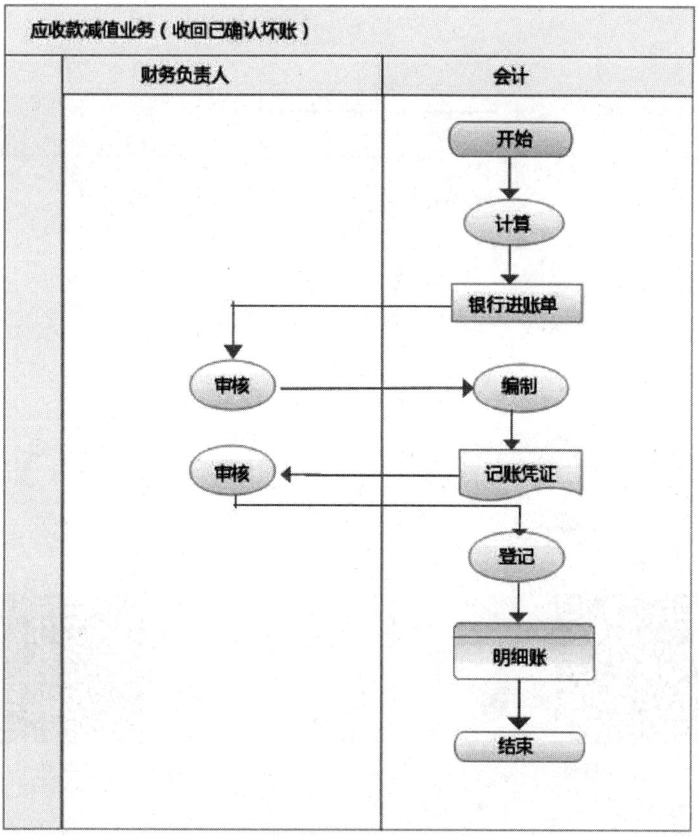

完成工作 3

图表 7－4－51

记 账 凭 证

年 月 日 字第 号

摘 要	会计科目		借方金额										贷方金额										记账√
	总账科目	明细科目	亿	千	百	十	万	千	百	十	元	角	分	亿	千	百	十	万	千	百	十	元	角	分	
合 计																									

附单据 张

会计主管： 记账： 出纳： 复核： 制单：

图表 7－4－52

记 账 凭 证

年 月 日 字第 号

摘 要	会计科目		借方金额										贷方金额										记账√
	总账科目	明细科目	亿	千	百	十	万	千	百	十	元	角	分	亿	千	百	十	万	千	百	十	元	角	分	
合 计																									

附单据 张

会计主管： 记账： 出纳： 复核： 制单：

扫码查看答案

练一练

工作总结

图表 7-4-53　　应收款项业务核算

应收账款的账务处理	发生应收账款	借：应收账款 　　贷：主营业务收入 　　　　应交税费——应交增值税（销项税额）
	收回应收账款	借：银行存款 　　贷：应收账款
应收票据的账务处理	应收票据的取得	借：应收票据 　　贷：主营业务收入 　　　　应交税费——应交增值税（销）
	应收票据的贴现	借：银行存款 　　财务费用 　　贷：应收票据（或短期借款）
	应收票据的背书转让	借：原材料 　　应交税费——应交增值税（进） 　　贷：应收票据
	应收票据到期	借：银行存款（或应收账款） 　　贷：应收票据
合同负债的账务处理	收到预收款	借：银行存款 　　贷：合同负债
	确认商品销售收入	借：合同负债 　　贷：主营业务收入 　　　　应交税费——应交增值税（销项税额）
	收取剩余款项	借：银行存款 　　贷：合同负债
其他应收款的账务处理	发生其他应收款	借：其他应收款 　　贷：银行存款等
	收回其他应收款	借：银行存款 　　贷：其他应收款
应收款项减值的账务处理	计提坏账准备	借：信用减值损失——计提的坏账准备 　　贷：坏账准备 冲减多计提的坏账准备： 借：坏账准备 　　贷：信用减值损失——计提的坏账准备
	实际发生坏账	借：坏账准备 　　贷：应收账款等
	已确认并转销的应收款项又收回	借：应收账款 　　贷：坏账准备 借：银行存款 　　贷：应收账款

图表 7－4－54　　工作评价与反馈

项目		任务完成程度		
		全部完成	部分完成	未完成
自我评价	子任务一			
	子任务二			
	子任务三			
	子任务四			
	子任务五			
任务完成心得				
存在的问题				
教师评价				

项目八　核算财务成果业务

任务导学

企业经过一段时间的经营，需要对该时间段的经营成果进行考核和分析，对相关收入和支出进行计算，得到相关的财务成果数据，同时需计算并缴纳各种相关税费。

学习目标

认知目标： 知晓财务成果的含义；明确利润的构成；能够对财务成果相关业务进行准确核算。

情感目标： 培养学生对收入和支出及其结果的实际体验，体会企业盈利和亏损的过程，树立经营风险意识，培养谨慎的职业态度。

技能目标： 能够准确核算营业成本、税金及附加、期间费用、营业外收支等业务，并进行账务处理；能够正确办理利润分配业务账务处理；能够正确计算应纳企业所得税，并进行账务处理。

任务一　计算利润及账务处理

情景导入

企业经过一段时间的生产经营，投资者和税务机关等相关部门和人员需要掌握企业这一周期内的经营成果，那么就需要企业财务人员提供有关经营成果的数据，完成利润核算及缴纳税费等各项工作。

任务要求

掌握利润总额的构成，理解利润总额的含义和作用，准确计算利润总额。

子任务一　计算利润总额

工作任务1

2019 年 12 月 6 日，武汉众科电子了限公司支付展览费。请根据相关单据编制记账凭证（凭证号：043）。

图表 8－1－1

湖北增值税专用发票

4200151140　　№ 17539413　4200151140 17539413

机器编号：982888812388　　发票联　　开票日期：2019年12月07日

购买方	名称：武汉众科电子有限公司 纳税人识别号：91420103524658761F 地址、电话：武汉市洪山区高新大道10号027-98771066 开户行及账号：工商银行武汉市洪山区支行6215581810004608805			密码区	172312-4-275〈1+46*54* 82*59* 181321〉〈8182*59*09618153〈/ 〈4〈3*2702-9〉9*+153〈/0 〉2-3 *08/4〉*〉〉2-3*0/9/〉〉25-275〈1		
货物或应税劳务、服务名称	规格型号	单位	数量	单价	金额	税率	税额
*会展服务*展览费					8,000.00	6%	480.00
合计					¥8,000.00		¥480.00
价税合计（大写）	⊗捌仟肆佰捌拾元整				（小写）¥8,480.00		
销售方	名称：武汉云龙国际大酒店 纳税人识别号：914201006164038607 地址、电话：武汉市桥口区解放大道332号027-89819651 开户行及账号：中国银行武汉江汉二桥支行6227344587267982654			备注	校验码 52118 02817 08248 65199		

收款人：　　复核：　　开票人：李东　　销售方：（章）

第三联：发票联　购买方记账凭证

税总函[2016]××号××××公司

图表 8－1－2

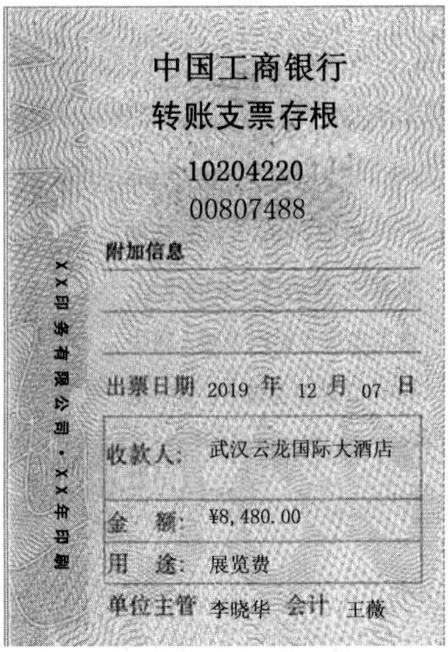
中国工商银行
转账支票存根
10204220
00807488
附加信息
出票日期 2019 年 12 月 07 日
收款人：武汉云龙国际大酒店
金　额：¥8,480.00
用　途：展览费
单位主管 李晓华　会计 王薇
××印务有限公司·××年印制

图表 8-1-3

中国工商银行 进账单（回 单） 1

2019 年 12 月 07 日 № 29889552

出票人	全称	武汉众科电子有限公司	收款人	全称	武汉云龙国际大酒店
	账号	6215581810004608805		账号	6227344587267982654
	开户银行	工商银行武汉市洪山区支行		开户银行	中国银行武汉江汉二桥支行
金额	人民币（大写）	捌仟肆佰捌拾元整		亿千百十万千百十元角分	¥ 8 4 8 0 0 0
票据种类	转账支票	票据张数 1			
票据号码	10204220-00807488				
复核	记账		中国银行武汉江汉二桥支行 2019.12.07 转讫		开户银行签章

此联是开户银行交给持（出）票人的回单

知识准备 1

销售费用，是指企业销售商品和材料、提供劳务的过程中发生的各种费用，包括企业在销售商品过程中发生的保险费、包装费、展览费和广告费、商品维修费、预计产品质量保证损失、运输费、装卸费等以及为销售本企业商品而专设的销售机构（含销售网点、售后服务网点等）的职工薪酬、业务费、折旧费等经营费用。企业发生的与专设销售机构相关的固定资产修理费用等后续支出也属于销售费用。

销售费用是与企业销售商品活动有关的费用，但不包括销售商品本身的成本，该成本属于主营业务成本。

企业应设置“销售费用”科目，核算销售费用的发生和结转情况。该科目借方登记企业所发生的各项销售费用，贷方登记期末转入“本年利润”科目的销售费用，结转后，“销售费用”科目应无余额。“销售费用”科目应按销售费用的项目进行明细核算。

【例 8-1】 武汉永鑫电子有限公司为增值税一般纳税人，2019 年 5 月为宣传新产品发生广告费，取得的增值税专用发票上注明的价款为 100 000 元，增值税税额为 6 000 元，用银行存款支付。武汉永鑫电子有限公司作如下账务处理：

借：销售费用——广告费	100 000	
应交税费——应交增值税（进项税额）	6 000	
贷：银行存款		106 000

【例 8-2】 武汉永鑫电子有限公司为增值税一般纳税人，2019 年 5 月销售一批产品，取得的增值税专用发票上注明的运输费为 7 000 元，增值税税额为 630 元，取得的增值税普通发票上注明的装卸费为 3 000 元，上述款项均用银行存款支付。武汉永鑫电子有限公司作如下账务处理：

借：销售费用	10 000	
应交税费——应交增值税（进项税额）	630	

贷：银行存款 10 630

【例 8－3】 武汉永鑫电子有限公司为增值税一般纳税人，2019 年 5 月用银行存款支付所销产品保险费合计 10 600 元，取得的增值税专用发票上注明的保险费为 10 000 元，增值税税额为 600 元。武汉永鑫电子有限公司作如下账务处理：

借：销售费用——保险费 10 000

应交税费——应交增值税（进项税额） 600

贷：银行存款 10 600

【例 8－4】 武汉永鑫电子有限公司销售部 2019 年 5 月份共发生费用 220 000 元，其中：销售人员薪酬 100 000 元，销售部专用办公设备和房屋的折旧费 50 000 元，业务费 70 000 元（用银行存款支付）。假设不考虑其他因素，武汉永鑫电子有限公司作如下账务处理：

借：销售费用 220 000

贷：应付职工薪酬 100 000

累计折旧 50 000

银行存款 70 000

工作步骤 1

图表 8－1－4

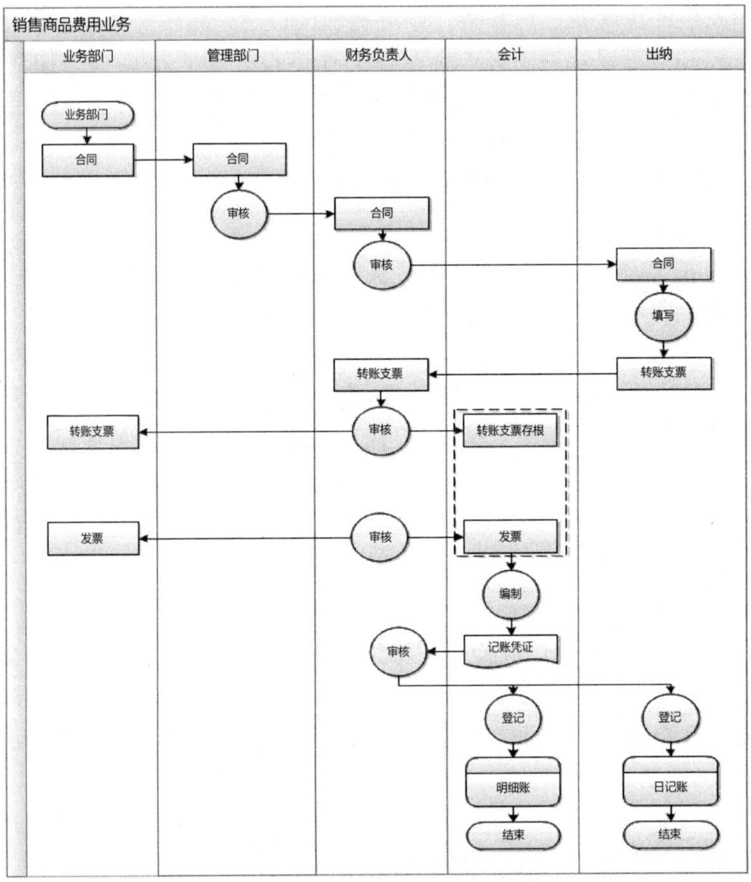

完成工作 1

图表 8-1-5

记 账 凭 证

年 月 日 字第 号

摘要	会计科目		借方金额											贷方金额											记账√
	总账科目	明细科目	亿	千	百	十	万	千	百	十	元	角	分	亿	千	百	十	万	千	百	十	元	角	分	
合计																									

附单据 张

会计主管： 记账： 出纳： 复核： 制单：

扫码查看答案

工作任务 2

2019 年 12 月 8 日，武汉众科电子有限公司支付办公费。请根据相关单据编制记账凭证（凭证号：053）。

图表 8-1-6

江苏增值税专用发票

3200151140 №17539413 3200151140 17539413

发票联

机器编号：982888812388 开票日期：2019年12月08日

税总函[2016]××号×××公司

购买方 名 称：武汉众科电子有限公司
纳税人识别号：91420103524658761F
地 址、电 话：武汉市洪山区高新大道10号027-98771066
开户行及账号：工商银行武汉市洪山区支行6215581810004608805

密码区 172312-4-275〈1+46*54* 82*59*181321〉〈8182*59*09618153〈/〈4〈3*2702-9〉9*+153〈/0 〉2-3*08/4〉*〉〉2-3*0/9/〉〉25-275〈1

货物或应税劳务、服务名称	规格型号	单位	数量	单价	金额	税率	税额
*文具*文件夹	#90	个	50	15.00	750.00	13%	97.50
*文具*记录本	A4	本	20	5.00	100.00	13%	13.00
合计					¥850.00		¥110.50

价税合计（大写） ⊗玖佰陆拾元伍角整 （小写）¥960.50

销售方 名 称：扬州乐购电子商务有限公司
纳税人识别号：91321023342123892Q
地 址、电 话：扬州市邗江区文昌中路55号0514-65234213
开户行及账号：工商银行扬州市广陵支行6215582887267871236

备注 校验码 52118 02817 08248 65199

收款人： 复核： 开票人：杨乐 销售方：（章）

第三联：发票联 购买方记账凭证

图表 8 –1 –7

费用报销单

报销部门：行政部　　　　报销日期：2019 年 12 月 08 日

事由	项目	金额		
购买文件夹和记录本	办公费	960.50	总经理	李晓华
			部门主管	张君
金额合计(大写)：玖佰陆拾元伍角整	小写：¥960.50	元	报销人	马秀
核实金额(大写)：玖佰陆拾元伍角整	小写：¥960.50	元		现金付讫
已借/付款金额：　元	应退金额：　元		应补金额	¥960.50 元

注：1. 此报销单用于：费用报销（除差旅费）、采购报账、外协报账、运输费报销、资产购置；2. 签字流程：报销人→部门负责人→会计→总经理→财务流程。

会计：王薇　　　　会计主管：徐志文　　　　出纳：苏青

知识准备 2

管理费用，是指企业为组织和管理生产经营发生的各种费用，包括企业在筹建期间内发生的开办费、董事会和行政管理部门在企业的经营管理中发生的以及应由企业统一负担的公司经费（包括行政管理部门的职工薪酬、物料消耗、低值易耗品摊销、办公费和差旅费等）、行政管理部门负担的工会经费、董事会费（包括董事会成员津贴、会议费和差旅费等）、聘请中介机构费、咨询费（含顾问费）、诉讼费、业务招待费、技术转让费、研究费用等。企业生产车间（部门）和行政管理部门发生的固定资产修理费用等后续支出，也作为“管理费用”核算。

企业应设置“管理费用”科目，核算管理费用的发生和结转情况。“管理费用”科目借方登记企业发生的各项管理费用，贷方登记期末转入“本年利润”科目的管理费用，结转后，“管理费用”科目应无余额。“管理费用”科目按管理费用的项目进行明细核算。商品流通企业管理费用不多的，可不设本科目。相关核算内容可并入“销售费用”科目核算。

【例 8 –5】 武汉永鑫电子有限公司 2019 年 4 月为拓展产品销售市场发生业务招待费 50 000元，已用银行存款支付价款。武汉永鑫电子有限公司作如下账务处理：

借：管理费用——业务招待费　　　　50 000

　　贷：银行存款　　　　50 000

【例 8 –6】 武汉永鑫电子有限公司 2019 年 4 月共发生费用 179 000 元，其中：行政人员薪酬 150 000 元，报销行政人员差旅费 21 000 元（假定报销人员均未预借差旅费），其他办公、水电费 8 000 元（均用银行存款支付）。假设不考虑增值税等因素，武汉永鑫电子有限公司作如下账务处理：

借：管理费用　　　　179 000

　　贷：应付职工薪酬　　　　150 000

库存现金　　21 000
银行存款　　8 000

【例 8-7】 2019 年 4 月武汉永鑫电子有限公司计提管理部门固定资产折旧 50 000 元，摊销公司管理部门费用无形资产成本 80 000 元。武汉永鑫电子有限公司作如下账务处理：

借：管理费用　　130 000
　贷：累计折旧　　50 000
　　　累计摊销　　80 000

工作步骤 2

图表 8-1-8

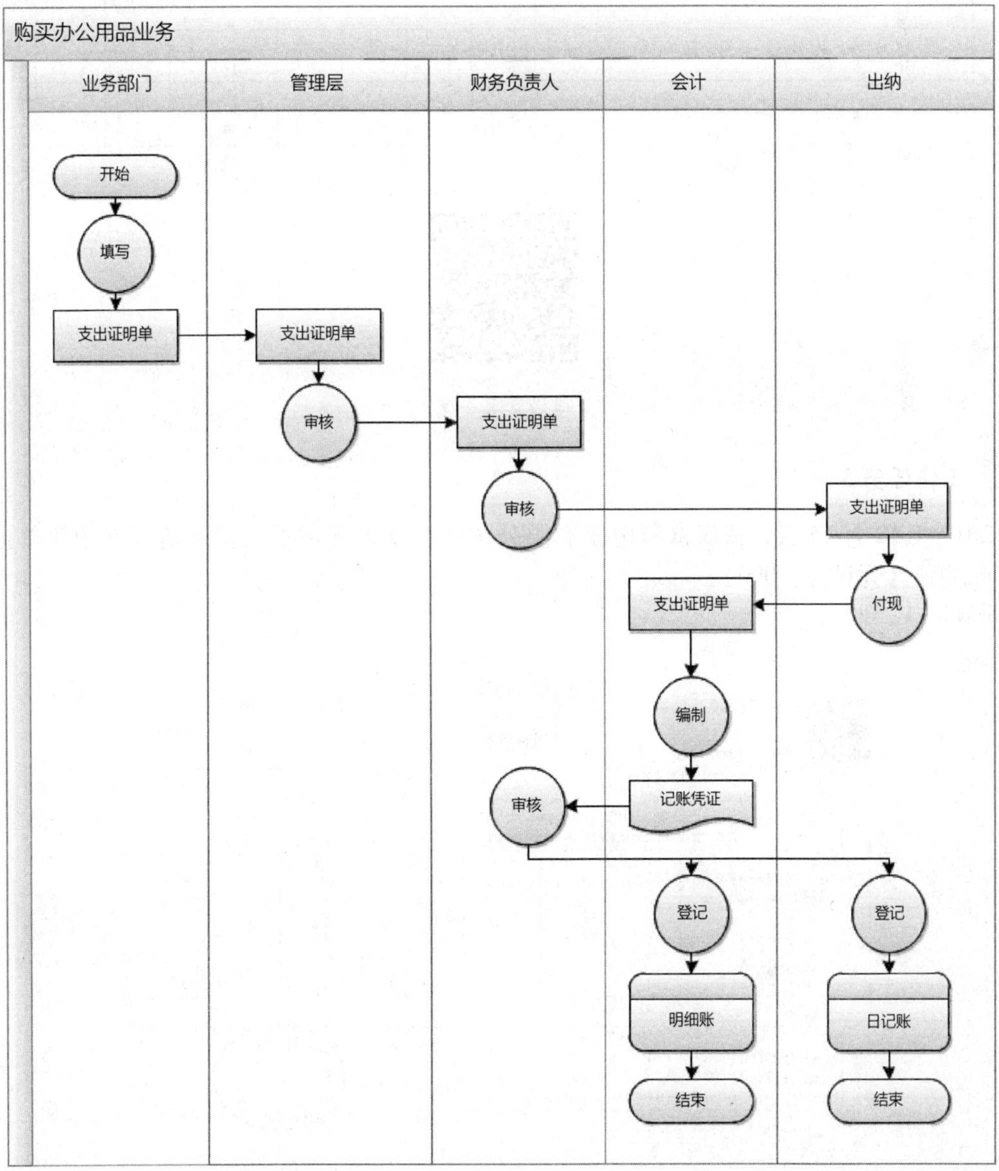

完成工作 2

图表 8－1－9

记 账 凭 证

年 月 日 字第 号

摘 要	会计科目		借方金额										贷方金额										记账
	总账科目	明细科目	亿	千	百	十	万	千	百	十	元	角	分	亿	千	百	十	万	千	百	十	元	角	分	√
合 计																									

附单据 张

会计主管： 记账： 出纳： 复核： 制单：

扫码查看答案

工作任务 3

2019 年 12 月 15 日，武汉众科电子有限公司购买支票支付手续费。请根据相关单据编制记账凭证（凭证号：090）。

图表 8－1－10

湖北增值税专用发票

4200151140 №17539413 4200151140 17539413

发票联

机器编号：982888812388 开票日期：2019年12月15日

购买方	名称：武汉众科电子有限公司 纳税人识别号：91420103524658761F 地址、电话：武汉市洪山区高新大道10号027-98771066 开户行及账号：工商银行武汉市洪山区支行6215581810004608805	密码区	172312-4-275〈1+46*54* 82*59* 181321〉〈8182*59*09618153〈/ 〈4〈3*2702-9〉9*+153〈/0 〉2-3 *08/4〉*〉〉2-3*0/9/〉〉25-275〈1

货物或应税劳务、服务名称	规格型号	单位	数量	单价	金额	税率	税额
*直接收费金融服务*转账支票			1	30.00	30.00	6%	1.80
*直接收费金融服务*现金支票			1	30.00	30.00	6%	1.80
合 计					¥60.00		¥3.60
价税合计（大写）	⊗陆拾叁元陆角整				（小写）¥63.60		

销售方	名称：工商银行武汉市洪山区支行 纳税人识别号：914201008777153441 地址、电话：武汉市珞珈山路17号027-66881066 开户行及账号：工商银行武汉市分行6215125810114568766	备注	校验码 52118 02817 08248 65199

收款人： 复核： 开票人：陈帅 销售方：（章）

税总函[2016]××号×××公司

第三联：发票联 购买方记账凭证

图表 8－1－11

中国工商银行

空白凭证领用单　④

领用单位	名称	账号
	武汉众科电子有限公司	6215581810004608805

领用日期：2019 年 12 月 15 日

凭证名称	起讫号码	数量（本）	单价	亿	千	百	十	万	千	百	十	元	角	分
转账支票	01890001-01890025	1	31.80								3	1	8	0
现金支票	01856051-01856675	1	31.80								3	1	8	0
合计金额（人民币大写）	陆拾叁元陆角整									¥	6	3	6	0

工商银行武汉市洪山区支行 2019.12.15 办讫 (01)

领用上列空白凭证工本费已由你单位存款户中划付我行。　此致

领用单　银行业务公章　经售人员

此联作缴费收据

知识准备 3

财务费用，是指企业为筹集生产经营所需资金等而发生的筹资费用，包括利息支出（减利息收入）、汇兑损益以及相关的手续费、企业发生的现金折扣等。

企业应通过“财务费用”科目，核算财务费用的发生和结转情况。“财务费用”科目借方登记企业发生的各项财务费用。贷方登记期末转入“本年利润”科目的财务费用。结转后，“财务费用”科目应无余额。“财务费用”科目按财务费用的费用项目进行明细核算。

【例 8－8】　武汉永鑫电子有限公司 2020 年 1 月 1 日向银行借入生产经营用短期借款 360 000 元，期限 6 个月，年利率 5%，该借款本金到期后一次归还，利息分月预提。武汉永鑫电子有限公司作如下账务处理：

借：财务费用——利息支出　　1 500

　　贷：应付利息　　1 500

【例 8－9】　武汉永鑫电子有限公司于 2020 年 1 月 10 日以银行存款支付开出银行承兑汇票手续费 500 元，取得增值税专用发票注明税额 30 元。武汉永鑫电子有限公司作如下账务处理：

借：财务费用　　500

　　应交税费——应交增值税（进项税额）　　30

　　贷：银行存款　　530

工作步骤 3

图表 8－1－12

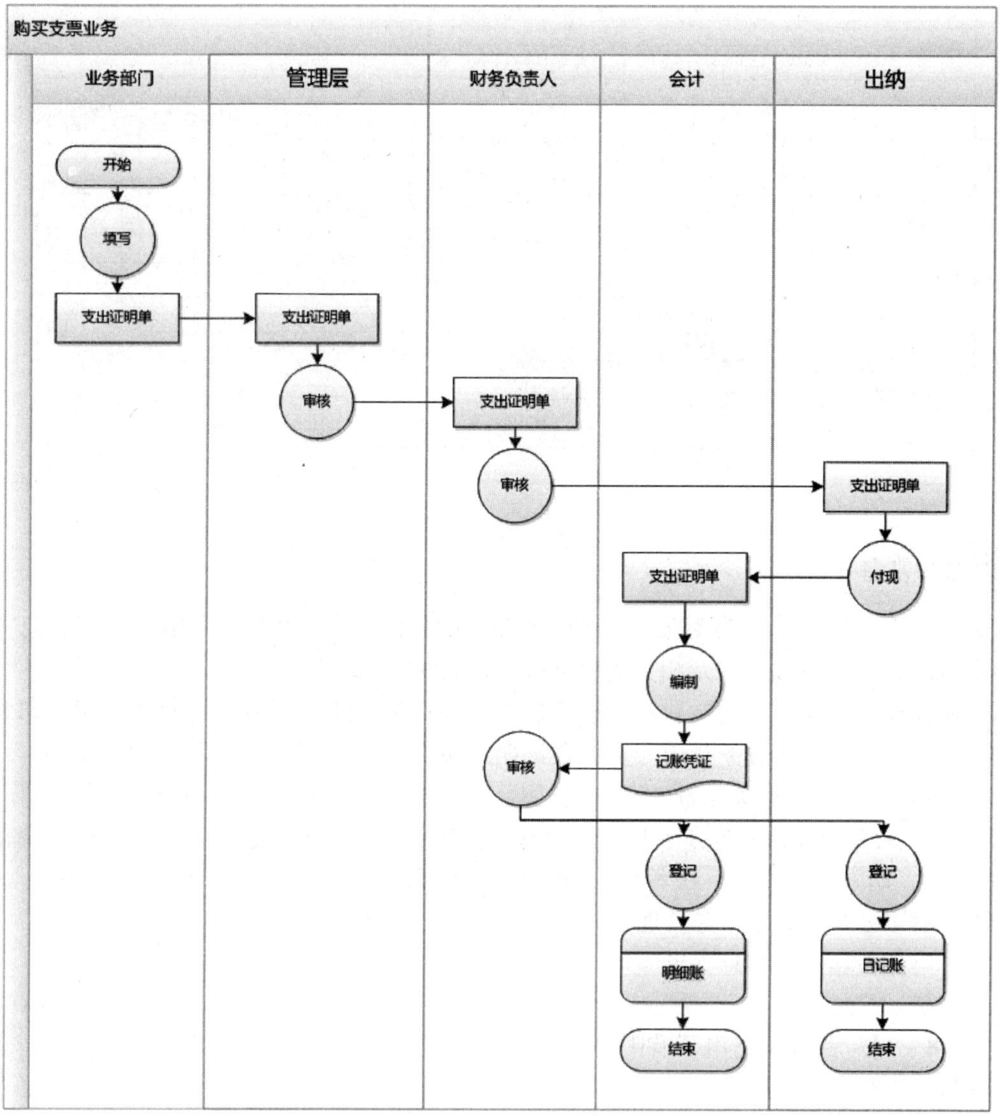

完成工作3

图表8－1－13

记 账 凭 证

年 月 日 字第 号

摘要	会计科目		借方金额											贷方金额											记账√
	总账科目	明细科目	亿	千	百	十	万	千	百	十	元	角	分	亿	千	百	十	万	千	百	十	元	角	分	
合计																									

附单据 张

会计主管： 记账： 出纳： 复核： 制单：

扫码查看答案

工作任务4

2019年12月31日，武汉众科电子有限公司计提本月城市维护建设税、教育费附加和地方教育附加。请根据相关单据编制记账凭证（凭证号：213）。

图表8－1－14

税金及附加计提表

2019 年 12 月 31 日 单位：元

应交税费明细项目	计算依据	计税金额	税率	应纳税额	备注
城市维护建设税		35,696.60	7%	2,498.76	
教育费附加		35,696.60	3%	1,070.90	
地方教育附加		35,696.60	1.5%	535.45	
合计				4,105.11	

复核：徐志文 制单：王薇

知识准备 4

税金及附加，是指企业经营活动应负担的相关税费，包括消费税、城市维护建设税、教育费附加、资源税、环境保护税、土地增值税、房产税、城镇土地使用税、车船税、印花税等。

企业应当设置“税金及附加”科目，核算企业经营活动发生的消费税、城市维护建设税、教育费附加、资源税、房产税、城镇土地使用税、车船税、环境保护税、印花税等相关税费。其中，按规定计算确定的与经营活动相关的消费税、城市维护建设税、资源税、教育费附加、房产税、城镇土地使用税、车船税、环境保护税等税费，企业应借记“税金及附加”科目，贷记“应交税费”科目。期末，应将“税金及附加”科目余额转入“本年利润”科目，结转后，“税金及附加”科目无余额。企业缴纳的印花税，不会发生应付未付税款的情况，不需要预计应纳税金额，同时也不存在与税务机关结算或者清算的问题。因此，企业缴纳的印花税不通过“应交税费”科目核算，于购买印花税票时，直接借记“税金及附加”科目，贷记“银行存款”科目。

【例 8－10】 武汉永鑫电子有限公司于 2019 年 12 月计算确定的应交房产税为 4 000 元，应交车船税为 3 600 元，应交城镇土地使用税为 5 300 元。武汉永鑫电子有限公司作如下账务处理：

借：税金及附加	12 900	
贷：应交税费——应交房产税		4 000
——应交车船税		3 600
——应交城镇土地使用税		5 300

【例 8－11】 武汉永鑫电子有限公司于 2019 年 12 月计算确定的应交城市维护建设税 756 元，应交教育费附加 324 元。武汉永鑫电子有限公司作如下账务处理：

借：税金及附加	1 080	
贷：应交税费——应交城市维护建设税		756
——应交教育费附加		324

工作步骤 4

图表 8－1－15

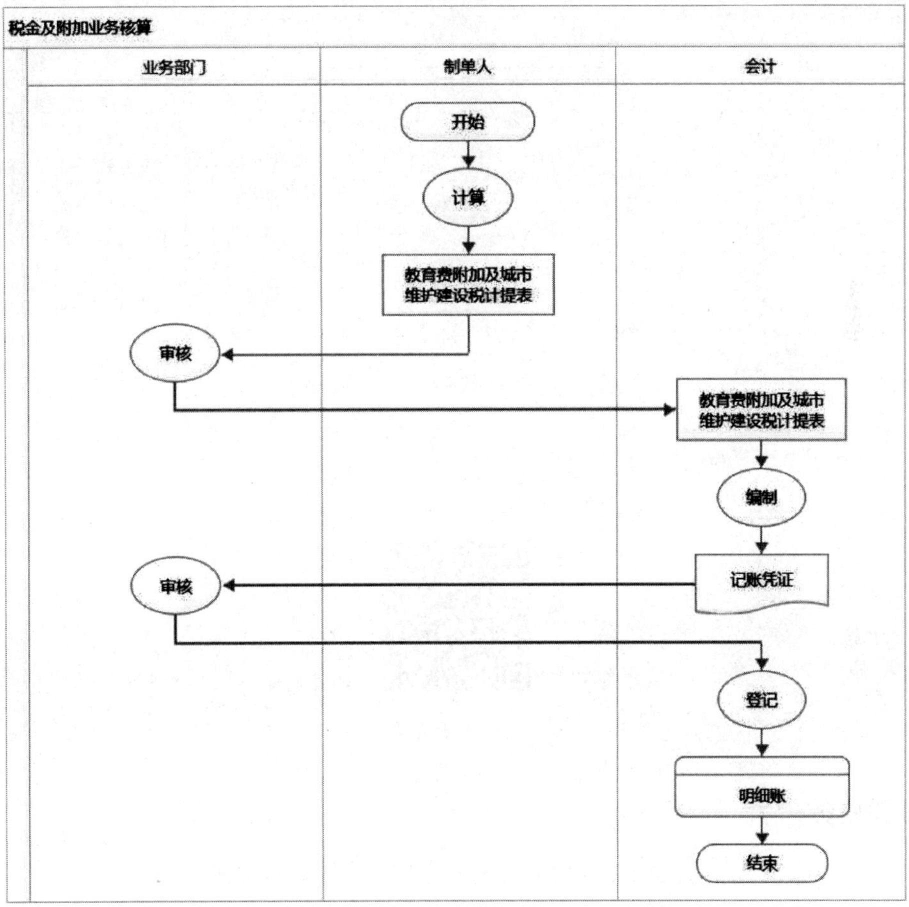

完成工作 4

图表 8-1-16

记 账 凭 证

年 月 日 字第 号

摘 要	会计科目		借方金额											贷方金额											记账
	总账科目	明细科目	亿	千	百	十	万	千	百	十	元	角	分	亿	千	百	十	万	千	百	十	元	角	分	✓
合 计																									

附单据 张

财务主管： 记账： 出纳： 复核： 制单：

扫码查看答案

工作任务 5

2019 年 12 月 31 日，计算武汉众科电子有限公司本月利润总额。

图表 8-1-17 **损益类科目余额表**

2019 年 12 月

科目名称	本期累计发生额	
	借方	贷方
主营业务收入——音响		1 250 000. 00
主营业务收入——耳机		300 000. 00
营业外收入		50 000. 00
主营业务成本——音响	850 000. 00	
主营业务成本——耳机	280 000. 00	
税金及附加	4 105. 11	
管理费用——财产保险	50 000. 00	
管理费用——办公费	3 500. 00	
管理费用——咨询费	8 000. 00	

续表

科目名称	本期累计发生额	
	借方	贷方
管理费用——广告费	45 000. 00	
财务费用——利息支出	16 500. 00	
合计	1 257 105. 11	1 600 000. 00

会计主管：徐志文　　　　　　　　　　　　　　　　制单：王薇

知识准备 5

利润，是指企业在一定会计期间的经营成果。利润包括收入减去费用后的净额、直接计入当期利润的利得和损失等。未计入当期利润的利得和损失扣除所得税影响后的净额计入其他综合收益项目。净利润与其他综合收益的合计金额为综合收益总额。利得，是指由企业非日常活动所形成的、会导致所有者权益增加的、与所有者投入的资本无关的经济利益的流入。损失，是指由企业非日常活动所发生的、会导致所有者权益减少的、与向所有者分配利润无关的经济利益的流出。

图表 8 -1 -18

营业收入	营业收入 = 主营业务收入 + 其他业务收入
营业成本	营业成本 = 主营业务成本 + 其他业务成本
营业利润	营业利润 = 营业收入 - 营业成本 - 税金及附加 - 销售费用 - 管理费用 - 财务费用 + 其他收益 + 投资收益（ - 投资损失） + 公允价值变动收益（ - 公允价值变动损失） - 信用减值损失 - 资产减值损失 + 资产处置收益（ - 资产处置损失）
利润总额	利润总额 = 营业利润 + 营业外收入 - 营业外支出
净利润	净利润 = 利润总额 - 所得税费用

【例 8 -12】　武汉永鑫电子有限公司于 2019 年 12 月 31 日损益类科目结转前的余额如图表 8 -1 -19 所示。

图表 8 -1 -19　　　　　　**损益类科目结转前余额表**

2019 年 12 月 31 日　　　　　　单位：元

科目名称	借方余额	贷方余额
主营业务收入		550 000
主营业务成本	300 000	
税金及附加	60 000	

续表

科目名称	借方余额	贷方余额
其他业务收入		120 000
其他业务成本	80 000	
销售费用	90 000	
管理费用	80 000	
财务费用	5 000	
投资收益		10 000
营业外收入		100 000
营业外支出	65 000	

武汉永鑫电子有限公司利润计算如下：

营业收入 = 550 000 + 120 000 = 670 000（元）

营业成本 = 300 000 + 80 000 = 380 000（元）

营业利润 = 670 000 − 380 000 − 60 000 − 90 000 − 80 000 − 5 000 + 10 000 = 65 000（元）

利润总额 = 65 000 + 100 000 − 65 000 = 100 000（元）

图表 8－1－20　　武汉众科电子有限公司利润计算表

2019 年 12 月 31 日

营业利润 =	
利润总额 =	

扫码查看答案　　练一练

子任务二　核算营业外收支业务

工作任务 1

2019 年 11 月 24 日，武汉众科电子有限公司因供应商未按合同约定供货，向对方收取违约金。请根据相关单据编制记账凭证（凭证号：167）。

图表 8－1－21

中国工商银行　电汇凭证（收账通知）3

☑普通　□加急　委托日期　2019 年 11 月 24 日　NO 14987818

汇款人	全　称	武汉布雷贸易有限公司	收款人	全　称	武汉众科电子有限公司
	账　号	6227364587667987983		账　号	6215581810004608805
	汇出地点	湖北 省 武汉 市/县		汇入地点	湖北 省 武汉 市/县
汇出行名称		中国银行武汉中北路支行	汇入行名称		工商银行武汉市洪山区支行
金额	人民币（大写）	叁仟贰佰元整	千百十万千百十元角分		¥320000
工商银行武汉市洪山区支行 2019.11.24 转讫 汇出行盖章			支付密码		191750890217
			附加信息及用途：违约金		
			复核　记账		

此联汇出行给汇款人的回单

知识准备 1

营业外收入，是指企业确认的与其日常活动无直接关系的各项利得。营业外收入并不是企业经营资金耗费所产生的，实际上是经济利益的净流入，不需要与有关费用进行配比。营业外收入主要包括非流动资产毁损报废收益、与企业日常活动无关的政府补助、盘盈利得、捐赠利得、债务重组利得等。

其中：非流动资产毁损报废利益，是指因自然灾害等发生毁损、已丧失使用功能而报废非流动资产所产生的清理收益。

盘盈利得，是指企业对现金等资产清查盘点时发生盘盈，报经批准后计入营业外收入的金额。

捐赠利得，是指企业接受捐赠产生的利得。

企业应设置“营业外收入”科目，核算营业外收入的取得及结转情况。该科目贷方登记企业确认的营业外收入，借方登记期末将“营业外收入”科目余额转入“本年利润”科目的营业外收入，结转后“营业外收入”科目无余额。“营业外收入”科目可按营业外收入项目进行明细核算。

【例 8－13】 武汉永鑫电子有限公司 2019 年 12 月 31 日在财产清查过程中，发现一台未入账的设备，重置成本为 500 000 元。假定武汉永鑫电子有限公司按净利润的 10% 提取法定盈余公积，不考虑相关税费及其他因素的影响。武汉永鑫电子有限公司作如下账务处理：

借：固定资产　　500 000

　　贷：以前年度损益调整　　500 000

借：以前年度损益调整　　500 000

贷：盈余公积——法定盈余公积　　50 000

　　利润分配——未分配利润　　450 000

【例 8－14】 武汉永鑫电子有限公司 2019 年 12 月 31 日生产经营期间由于自然灾害原因报废一台生产设备，结转固定资产清理净收益为 10 000 元。武汉永鑫电子有限公司作如下账务处理：

借：固定资产清理　　10 000

　　贷：营业外收入——非流动资产毁损报废收益　　10 000

【例 8－15】 武汉永鑫电子有限公司 2019 年 12 月 31 日确认一项应付账款6 000元确实无法支付。武汉永鑫电子有限公司作如下账务处理：

借：应付账款　　6 000

　　贷：营业外收入　　6 000

工作步骤 1

图表 8－1－22

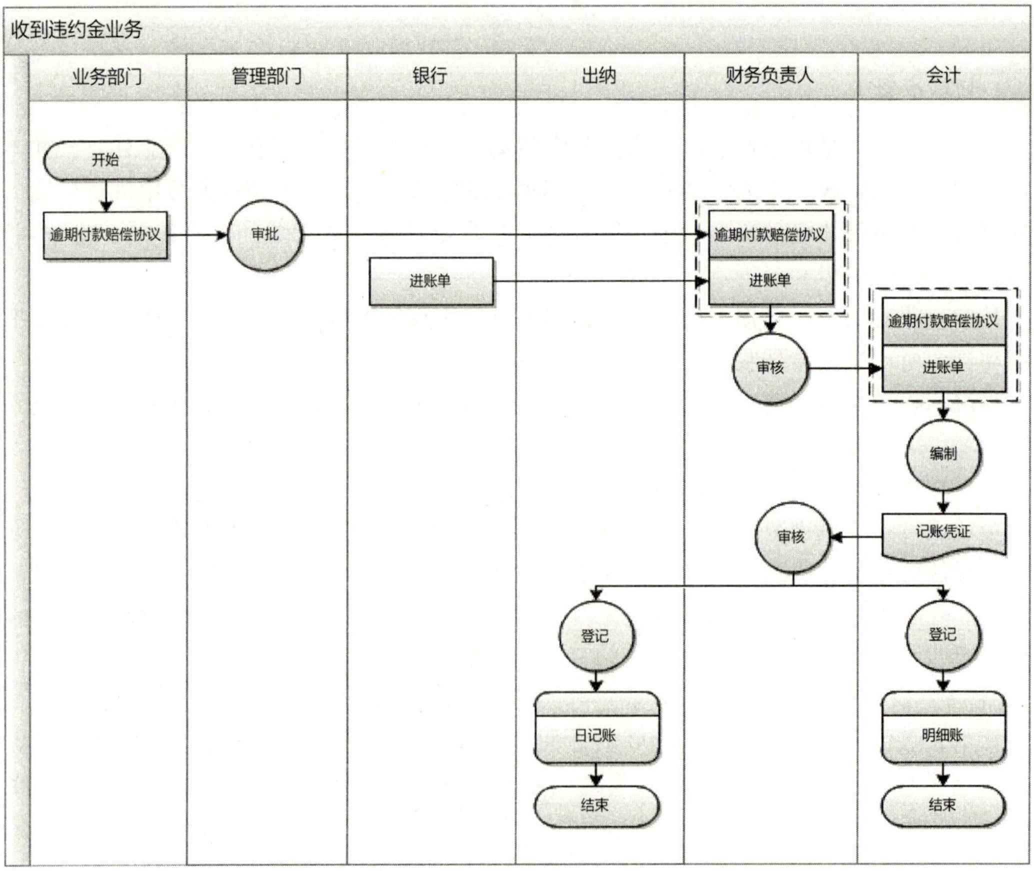

完成工作 1

图表 8－1－23

记 账 凭 证

年　　月　　日　　　　　　　　　　字第　　　　号

摘要	会计科目		借方金额											贷方金额											记账√
	总账科目	明细科目	亿	千	百	十	万	千	百	十	元	角	分	亿	千	百	十	万	千	百	十	元	角	分	
合　计																									

附单据　　张

会计主管：　　记账：　　出纳：　　复核：　　制单：

扫码查看答案

工作任务 2

2019 年 11 月 24 日，武汉众科电子有限公司捐款给中国红十字基金会。请根据相关单据编制记账凭证（凭证号：168）。

图表 8－1－24

公共事业捐赠统一票据

UNIFIED INVOICE OF DONATION FOR PUBLIC WELFARE

国财　　2019 年 11 月 24 日 Y M D　　No 50782245

捐赠人 Donor：武汉众科电子有限公司

捐赠项目 For purpose	实物（外币）种类 Material object(curency)	数量 Amount	金额 Total amount
筹建希望小学	人民币	1	50,000.00
金额合计（小写）In figures ¥50,000.00			
金额合计（大写）In words 伍万元整			

第二联 收据

接受单位（盖章）：Receiver's Seal　　复核人：Verified by　　开票人：Handling Person

财务专用章

感谢您对公益事业的支持！Thank you for support of public welfare!

图表 8－1－25

中国工商银行
转账支票存根

10204220
00807402

XX印务有限公司·XX年印制

附加信息

出票日期 2019 年 11 月 24 日

收款人：	湖北省红十字基金会
金　额：	¥50,000.00
用　途：	捐款

单位主管 李晓华 会计 王薇

图表 8－1－26

中国工商银行 进账单（回　单） 1

2019 年 11 月 24 日　　№ 16512028

出票人	全　称	武汉众科电子有限公司	收款人	全　称	湖北省红十字基金会
	账　号	6215581810004608805		账　号	6215364587667987421
	开户银行	工商银行武汉市洪山区支行		开户银行	工商银行武汉市桥口区支行

金额	亿	千	百	十	万	千	百	十	元	角	分
人民币（大写）伍万元整				¥	5	0	0	0	0	0	0

票据种类	转账支票	票据张数	1
票据号码	10204220-00807402		

复核　　记账

工商银行武汉市桥口区支行
2019.11.24
转讫

开户银行签章

此联是开户银行交给持（出）票人的回单

知识准备 2

营业外支出，是指企业发生的与其日常活动无直接关系的各项损失，主要包括非流动资产毁损报废损失、捐赠支出、盘亏损失、非常损失、罚款支出、债务重组损失等。

其中：非流动资产毁损报废损失，是指因自然灾害等发生毁损，已丧失使用功能而报废非流动资产所产生的清理损失。

捐赠支出，是指企业对外进行捐赠发生的支出。

盘亏损失，主要是指对于财产清查盘点中盘亏的资产，查明原因并报经批准计入营业外支出的损失。

非常损失，是指企业对于因客观因素（如自然灾害）造成的损失，扣除保险公司赔偿后应计入营业外支出的净损失。

罚款损失，是指企业支付的行政罚款、税务罚款，以及其他违反法律法规、合同协议等而支付的罚款、违约金、赔偿金等支出。

企业应设置“营业外支出”科目，核算营业外支出的发生及结转情况。该科目借方登记确认的营业外支出，贷方登记期末将“营业外支出”科目余额转入“本年利润”科目的营业外支出，结转后“营业外支出”科目无余额。“营业外支出”科目可按营业外支出项目进行明细核算。

【例 8－16】 2019 年 5 月 18 日，武汉永鑫电子有限公司司取得一项价值 1 000 000 元的非专利技术并确认为无形资产，采用直线法摊销，摊销期限为 10 年，2021 年 5 月 18 日，由于该技术已被其他新技术所替代，公司决定将其转入报废处理，报废时已累计摊销 200 000 元，未计提减值准备。武汉永鑫电子有限公司作如下账务处理：

借：累计摊销	200 000	
营业外支出	800 000	
贷：无形资产		1 000 000

【例 8－17】 武汉永鑫电子有限公司 2019 年 12 月 31 日通过符合条件的慈善组织向灾区捐款 100 000 元。武汉永鑫电子有限公司作如下账务处理：

借：营业外支出	100 000	
贷：银行存款		100 000

工作步骤 2

图表 8－1－27

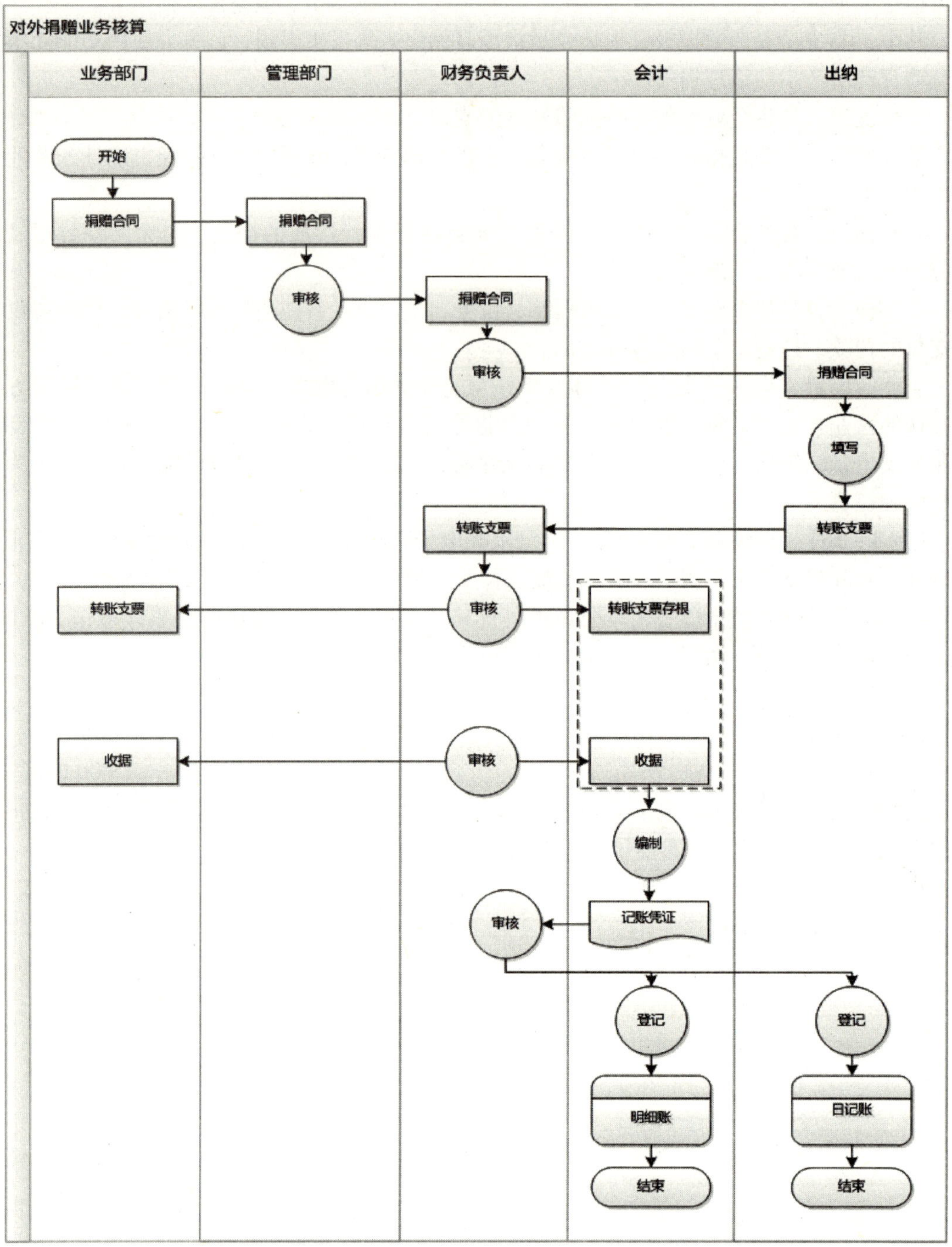

完成工作 2

图表 8－1－28

记　账　凭　证

年　　月　　日　　　　　　　　字第　　　号

摘　要	会计科目		借方金额											贷方金额											记账√
	总账科目	明细科目	亿	千	百	十	万	千	百	十	元	角	分	亿	千	百	十	万	千	百	十	元	角	分	
合　计																									

附单据　　张

会计主管：　　　　记账：　　　　出纳：　　　　复核：　　　　制单：

扫码查看答案　　　　　　　　练一练

子任务三　计算所得税费用

工作任务

2019 年 12 月 31 日，武汉众科电子有限公司计提企业所得税（注：适用企业所得税税率为 25%）。请根据相关单据编制记账凭证（凭证号：215）。

图表 8－1－29　　　　　　**损益类科目余额表**

2019 年 12 月

科目名称	本期累计发生额	
	借方	贷方
主营业务收入——音响		1 250 000.00
主营业务收入——耳机		300 000.00
营业外收入		50 000.00
主营业务成本——音响	850 000.00	
主营业务成本——耳机	280 000.00	

续表

科目名称	本期累计发生额	
	借方	贷方
税金及附加	4 105. 11	
管理费用——财产保险	50 000. 00	
管理费用——办公费	3 500. 00	
管理费用——咨询费	8 000. 00	
管理费用——广告费	45 000. 00	
财务费用——利息支出	16 500. 00	
合计	1 257 105. 11	1 600 000. 00

会计主管：徐志文　　　　制单：王薇

知识准备

企业的所得税费用包括当期所得税和递延所得税两个部分，其中，当期所得税是指应交所得税。

应交所得税，是指企业按照《企业所得税法》规定计算确定的、针对当期发生的交易和事项，应缴纳给税务部门的所得税金额，即当期应交所得税。应纳税所得额是在企业税前会计利润（即利润总额）的基础上调整确定的，计算公式为：

应纳税所得额 = 税前会计利润 + 纳税调整增加额 - 纳税调整减少额

纳税调整增加额主要包括企业所得税法规定允许扣除项目中，企业已计入当期费用但超过税法规定扣除标准的金额（如超过企业所得税法规定标准的职工福利费、工会经费、职工教育经费、业务招待费、公益性捐赠支出、广告费和业务宣传费等），以及企业已计入当期损失但企业所得税法规定不允许扣除项目的金额（如税收滞纳金、罚金、罚款）。

纳税调整减少额主要包括按《企业所得税法》规定允许弥补的亏损和准予免税的项目，如前 5 年内未弥补亏损和国债利息收入等。

企业当期应交所得税的计算公式为：

应交所得税 = 应纳税所得额 × 所得税率

【例 8 - 18】 承例 8 - 12，武汉永鑫电子有限公司 2019 年 12 月利润总额为 100 000 元，企业所得税税率为 25%。武汉永鑫电子有限公司作如下账务处理：

所得税费用 = 100 000 × 25% = 25 000（元）

借：所得税费用　　25 000

　　贷：应交税费——应交所得税　　25 000

借：应交税费——应交所得税　　25 000

　　贷：银行存款　　25 000

工作步骤

图表 8－1－30

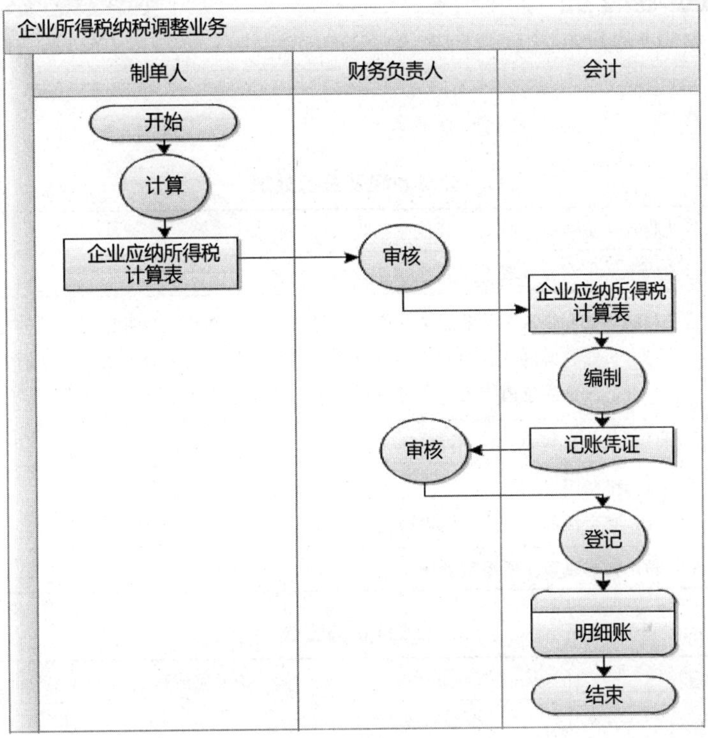

完成工作

图表 8－1－31

记 账 凭 证

年　月　日　　　　字第　　号

摘要	会计科目		借方金额											贷方金额											记账
	总账科目	明细科目	亿	千	百	十	万	千	百	十	元	角	分	亿	千	百	十	万	千	百	十	元	角	分	√
合计																									

附单据　张

会计主管：　　记账：　　出纳：　　复核：　　制单：

扫码查看答案

练一练

工作总结

图表 8－1－32　　计算利润及账务处理

营业收入	营业收入＝主营业务收入＋其他业务收入
营业成本	营业成本＝主营业务成本＋其他业务成本
营业利润	营业利润＝营业收入－营业成本－税金及附加－销售费用－管理费用－财务费用＋其他收益＋投资收益（－投资损失）＋公允价值变动收益（－公允价值变动损失）－信用减值损失－资产减值损失＋资产处置收益（－资产处置损失）
利润总额	利润总额＝营业利润＋营业外收入－营业外支出
所得税费用	借：所得税费用 　贷：应交税费——应交所得税
净利润	净利润＝利润总额－所得税费用

图表 8－1－33　　工作评价与反馈

项目		任务完成程度		
		全部完成	部分完成	未完成
自我评价	子任务一			
	子任务二			
	子任务三			
任务完成心得				
存在的问题				
教师评价				

任务二　核算利润分配业务

情景导入

利润分配，是将企业实现的净利润，按照国家财务制度规定的分配形式和分配顺序，在企业和投资者之间进行的分配。利润分配的过程与结果，关系到所有者的合法权益能否得到保护，企业能否长期、稳定发展的重要问题，为此，企业必须加强利润分配的管理和核算。企业利润分配的主体是投资者和企业，利润分配的对象是企业实现的净利润；利润分配的时间即确认利润分配的时间，是利润分配义务发生的时间和企业做出决定向内向外分配利润的时间。

任务要求

掌握利润分配顺序的法律规定，理解利润分配的含义，准确计算利润分配金额并进行账务处理。

子任务一 结转本年利润业务

工作任务

2019 年 12 月 31 日，武汉众科电子有限公司结转本月收入和得利账户。请根据相关单据编制记账凭证（凭证号：213）。

2019 年 12 月 31 日，武汉众科电子有限公司结转成本费用和损失账户。请根据相关单据编制记账凭证（凭证号：214）。

2019 年 12 月 31 日，武汉众科电子有限公司结转本年利润科目。请根据相关单据编制记账凭证（凭证号：217）。

图表 8－2－1 **损益类科目余额表**

2019 年 12 月

科目名称	本期累计发生额	
	借方	贷方
主营业务收入——音响		1 250 000.00
主营业务收入——耳机		300 000.00
营业外收入		50 000.00
主营业务成本——音响	850 000.00	
主营业务成本——耳机	280 000.00	
税金及附加	4 105.11	
管理费用——财产保险	50 000.00	
管理费用——办公费	3 500.00	
管理费用——咨询费	8 000.00	
管理费用——广告费	45 000.00	
财务费用——利息支出	16 500.00	
所得税费用	85 679.10	
合计	1 342 784.21	1 600 000.00

会计主管：徐志文　　　　制单：王薇

知识准备

企业应设置“本年利润”科目，核算企业本年度实现的净利润（或发生的净亏损）。

会计期末，企业应将“主营业务收入”“其他业务收入”“其他收益”“营业外收入”等科目的余额分别转入“本年利润”科目的贷方，将“主营业务成本”“其他业务成本”“税金及附加”“销售费用”“管理费用”“财务费用”“信用减值损失”“资产减值损失”“营业外支出”“所得税费用”等科目的余额分别转入“本年利润”科目的借方。企业还应将“投资收益”“公允价值变动损益”“资产处置损益”科目的净收益转入“本年利润”科目的贷方，将“投资收益”“公允价值变动损益”“资产处置损益”科目的净损失转入“本年利润”科目的借方。结转后“本年利润”科目如为贷方余额，表示当年实现的净利润；如为借方余额，表示当年发生的净亏损。

年度终了，企业还应将“本年利润”科目的本年累计余额转入“利润分配——未分配利润”科目。如“本年利润”为贷方余额，借记“本年利润”科目，贷记“利润分配——未分配利润”科目；如为借方余额，作相反的会计分录，借记“利润分配——未分配利润”科目，贷记“本年利润”科目。结转后，“本年利润”科目应无余额。

会计期末，结转本年利润的方法有表结法和账结法两种。表结法下，各损益类科目每月末只需结计出本月发生额和月末累计余额，不结转到“本年利润”科目，只有在年末时才将全年累计余额结转入“本年利润”科目。账结法下，每月末均需编制转账凭证，将在账上结计出的各损益类科目的余额结转入“本年利润”科目。

【例 8－19】 承例 8－12、例 8－18，武汉永鑫电子有限公司 2019 年 12 月 31 日结转损益类账户余额。武汉永鑫电子有限公司作如下账务处理：

借：本年利润	705 000	
贷：主营业务成本		300 000
其他业务成本		80 000
税金及附加		60 000
销售费用		90 000
管理费用		80 000
财务费用		5 000
营业外支出		65 000
所得税费用		2 500

工作步骤

图表 8-2-2

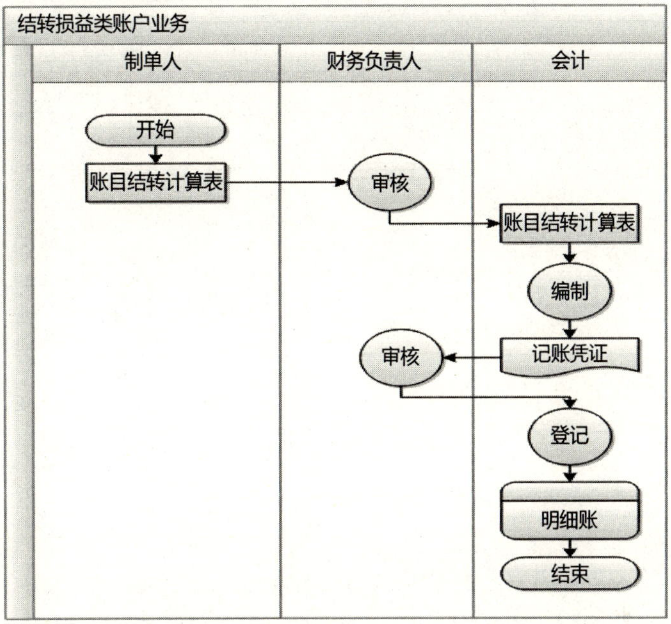

完成工作 1

图表 8-2-3

记　账　凭　证

年　　月　　日　　　　　　　　字第　　　　号

摘要	会计科目		借方金额											贷方金额											记账√
	总账科目	明细科目	亿	千	百	十	万	千	百	十	元	角	分	亿	千	百	十	万	千	百	十	元	角	分	
合　计																									

附单据　　张

会计主管：　　记账：　　出纳：　　复核：　　制单：

图表 8－2－4

记 账 凭 证

年 月 日 字第 号

摘要	会计科目		借方金额											贷方金额											记账√
	总账科目	明细科目	亿	千	百	十	万	千	百	十	元	角	分	亿	千	百	十	万	千	百	十	元	角	分	
合计																									

附单据 张

会计主管： 记账： 出纳： 复核： 制单：

图表 8－2－5

记 账 凭 证

年 月 日 字第 号

摘要	会计科目		借方金额											贷方金额											记账√
	总账科目	明细科目	亿	千	百	十	万	千	百	十	元	角	分	亿	千	百	十	万	千	百	十	元	角	分	
合计																									

附单据 张

会计主管： 记账： 出纳： 复核： 制单：

图表 8－2－6

记 账 凭 证

年 月 日 字第 号

摘要	会计科目		借方金额											贷方金额											记账√
	总账科目	明细科目	亿	千	百	十	万	千	百	十	元	角	分	亿	千	百	十	万	千	百	十	元	角	分	
合计																									

附单据 张

会计主管： 记账： 出纳： 复核： 制单：

扫码查看答案　　　　练一练

子任务二　分配本年利润业务

工作任务1

2020年1月31日，武汉众科电子有限公司用盈余公积弥补上年度的亏损。请根据相关单据编制记账凭证（凭证号：189）。

图表8－2－7

武汉众科电子有限公司

关于2020年用盈余公积弥补上年度亏损的股东会决议

武汉众科电子有限公司第二次股东会于2020年1月31日在公司办公大厦三楼召开。出席会议的股东:武汉瑞源实业有限公司、武汉凯德实业有限公司、武汉昌盛实业有限公司；股东各授权代表各一人，共占公司出资总额的100%。会议由董事会召集，董事长李晓华主持，以现场会议方式召开。股东代表出席会议，董事、监事、高级管理人员列席会议。会议召开符合有关法律法规及公司章程规定。

经大会审议表决，同意《武汉众科电子有限公司2020年用盈余公积弥补上年度亏损方案的报告》。股东会决议用盈余公积200 000.00元弥补上年度的亏损。

股东及其代表签名：李晓华、金磊、薛海丽、陈明浩

（盖章）　　武汉众科电子有限公司
2020年01月31日

知识准备1

公司制企业在分配当年税后利润时，应当按照《公司法》的规定提取法定公积金和任意公积金。除法律、行政法规另有规定外，公司制企业按照以下顺序分配：

1. 弥补以前年度亏损。

2. 提取10%法定公积金。法定公积金累计额达到注册资本50%以后，可以不再提取。

3. 提取任意公积金。任意公积金提取比例由企业董事会或股东大会决定。

4. 向投资者分配利润。企业以前年度未分配的利润，并入本年度净利润，在充分考虑现金流量状况后，向投资者分配。

按照《公司法》有关规定，公司制企业应按照净利润（减弥补以前年度亏损，下同）的10%提取法定盈余公积。非公司制企业法定盈余公积的提取比例可超过净利润的10%。法定盈余公积累计额日达注册资本的50%时可以不再提取。值得注意的是，如果以前年度未分配利润有盈余（即年初未分配利润余额为正数），在计算提取法定盈余公积的基数时，不应包括企业年初未分配利润；如果以前年度有亏损（即年初未分配利润余额为负数），应先弥补以前年度亏损再提取盈余公积。

公司制企业可根据股东会或股东大会的决议提取任意盈余公积。非公司制企业经类似权力机构批准，也可提取任就盈余公积。法定盈余公积和任意盈余公积的区别在于其各自计提的依据不同，前者以国家的法律法规为依据，后者由企业的权力机构自行决定。

【例8－20】 武汉永鑫电子有限公司2020年12月31日股东会决定用盈余公积100 000元弥补亏损。武汉永鑫电子有限公司作如下账务处理：

借：盈余公积　　100 000

　　贷：利润分配——盈余公积补亏　　100 000

工作步骤1

图表8－2－8

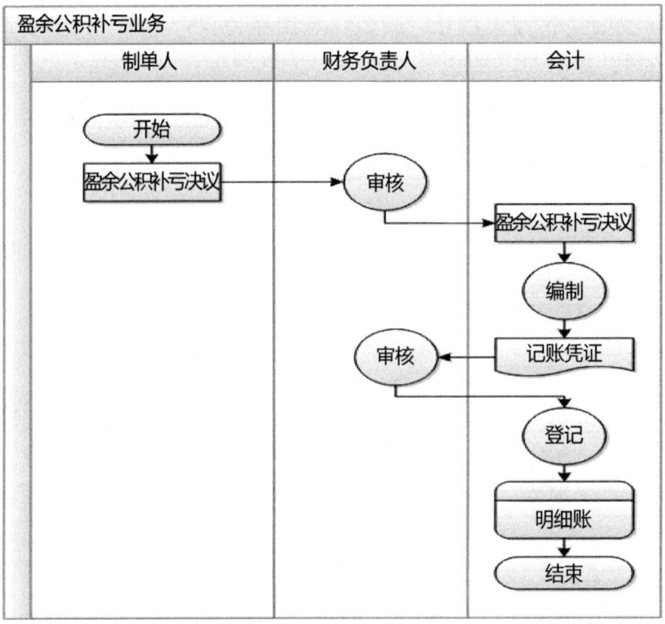

完成工作 1

图表 8-2-9

记 账 凭 证

年 月 日 字第 号

摘 要	会 计 科 目		借 方 金 额											贷 方 金 额											记账√
	总账科目	明细科目	亿	千	百	十	万	千	百	十	元	角	分	亿	千	百	十	万	千	百	十	元	角	分	
合 计																									

附单据 张

会计主管： 记账： 出纳： 复核： 制单：

扫码查看答案

工作任务 2

2020 年 12 月 31 日，武汉众科电子有限公司提取盈余公积。请根据相关单据编制提取盈余公积的记账凭证（凭证号：253）。

图表 8-2-10

武汉众科电子有限公司

关于2020年利润分配的股东会决议

武汉众科电子有限公司第二次股东会于2020年12月31日在公司办公大厦三楼召开。出席会议的股东：武汉瑞源实业有限公司、武汉凯德实业有限公司、武汉昌盛实业有限公司；股东各授权代表各一人，共占公司出资总额的100%。

会议由董事会召集，董事长李晓华主持，以现场会议方式召开。股东代表出席会议，董事、监事、高级管理人员列席会议、会议召开符合有关法律法规及公司章程规定。经大会议表决，同意《武汉众科电子有限公司2020年利润分配方案的报告》。

2020年公司实现净利润5 000 000.00元，提取10%、5%的法定盈余公积、任意盈余公积；可供分配利润2 000 000.00元。按照出自比例武汉瑞源实业有限公司40%、分配800 000.00元；武汉凯德实业有限公司20%、分配400 000.00元；武汉昌盛实业有限公司40%、分配800 000.00元。

股东及其代表签名：李晓华、金磊、薛海丽、陈明浩

（盖章） 武汉众科电子有限公司

2020年12月31日

知识准备 2

年度终了，企业还应将“本年利润”科目的本年累计余额转入“利润分配——未分配利润”科目。如“本年利润”为贷方余额，借记“本年利润”科目，贷记“利润分配——未分配利润”科目；如为借方余额，作相反的会计分录，借记“利润分配——未分配利润”科目，贷记“本年利润”科目。结转后，“本年利润”科目应无余额。

企业应通过“利润分配”科目，核算企业利润的分配（或亏损的弥补）和历年分配（或弥补）后的未分配利润（或未弥补亏损）。该科目应分别“提取法定盈余公积”“提取任意盈余公积”“应付现金股利或利润”“盈余公积补亏”“未分配利润”等进行明细核算。企业未分配利润通过“利润分配——未分配利润”明细科目进行核算。

【例 8－21】 武汉永鑫电子有限公司 2020 年 12 月 31 日股东会决定提取法定盈余公积 200 000 元，提取任意盈余公积 150 000 元。武汉永鑫电子有限公司作如下账务处理：

借：利润分配——提取法定盈余公积　　200 000
　　　　　　——提取任意盈余公积　　150 000
　贷：盈余公积——法定盈余公积　　200 000
　　　　　　——任意盈余公积　　150 000

工作步骤 2

图表 8－2－11

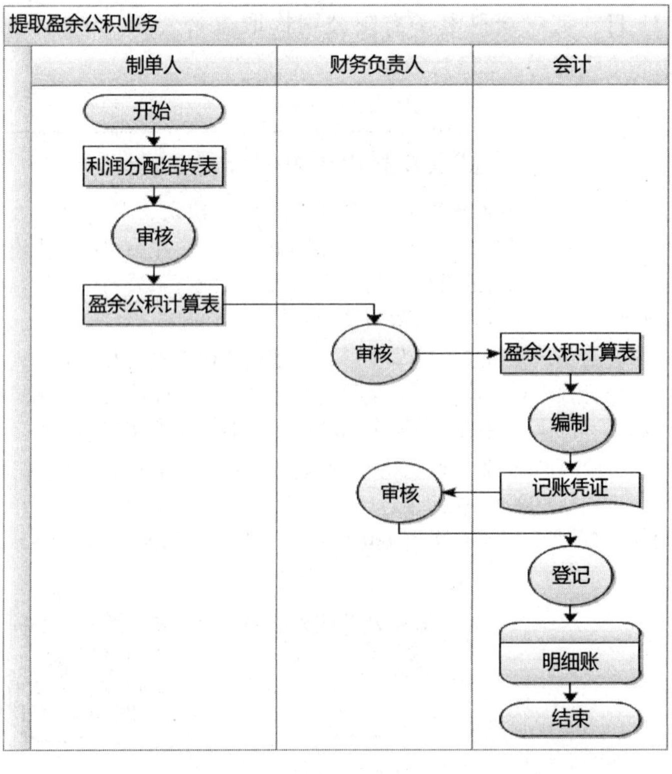

完成工作 2

图表 8－2－12

记　账　凭　证

年　　月　　日　　　　　　　　　　　　　　　　字第　　　　号

摘　要	会计科目		借方金额											贷方金额											记账
	总账科目	明细科目	亿	千	百	十	万	千	百	十	元	角	分	亿	千	百	十	万	千	百	十	元	角	分	√
	合　计																								

附单据　　张

会计主管：　　　记账：　　　出纳：　　　复核：　　　制单：

扫码查看答案

工作任务 3

2020 年 12 月 31 日，武汉众科电子有限公司决定向投资者分配利润。请根据相关单据编制向投资者分配利润的记账凭证（凭证号：255）。

图表 8－2－13

武汉众科电子有限公司

关于2020年利润分配的股东会决议

武汉众科电子有限公司第二次股东会于2020年12月31日在公司办公大厦三楼召开。出席会议的股东：武汉瑞源实业有限公司、武汉凯德实业有限公司、武汉昌盛实业有限公司；股东各授权代表各一人，共占公司出资总额的100%。

会议由董事会召集，董事长李晓华主持，以现场会议方式召开。股东代表出席会议，董事、监事、高级管理人员列席会议、会议召开符合有关法律法规及公司章程规定。经大会议表决，同意《武汉众科电子有限公司2020年利润分配方案的报告》。

2020年公司实现净利润5 000 000.00元，提取10%、5%的法定盈余公积、任意盈余公积；可供分配利润2 000 000.00元。按照出自比例武汉瑞源实业有限公司40%、分配800 000.00元；武汉凯德实业有限公司20%、分配400 000.00元；武汉昌盛实业有限公司40%、分配800 000.00元。

股东及其代表签名：李晓华、金磊、薛海丽、陈明浩

武汉众科电子有限公司

（盖章）　　　　2020年12月31日

知识准备 3

企业根据有关规定分配给投资者的利润，借记“利润分配——应付股利”科目，贷记“应付股利”科目。

【例 8－22】 武汉永鑫电子有限公司 2019 年 12 月 31 日股东会决定向投资者发放利润 800 000 元。武汉永鑫电子有限公司作如下账务处理：

借：利润分配——应付股利　　800 000

　　贷：应付股利　　800 000

工作步骤 3

图表 8－2－14

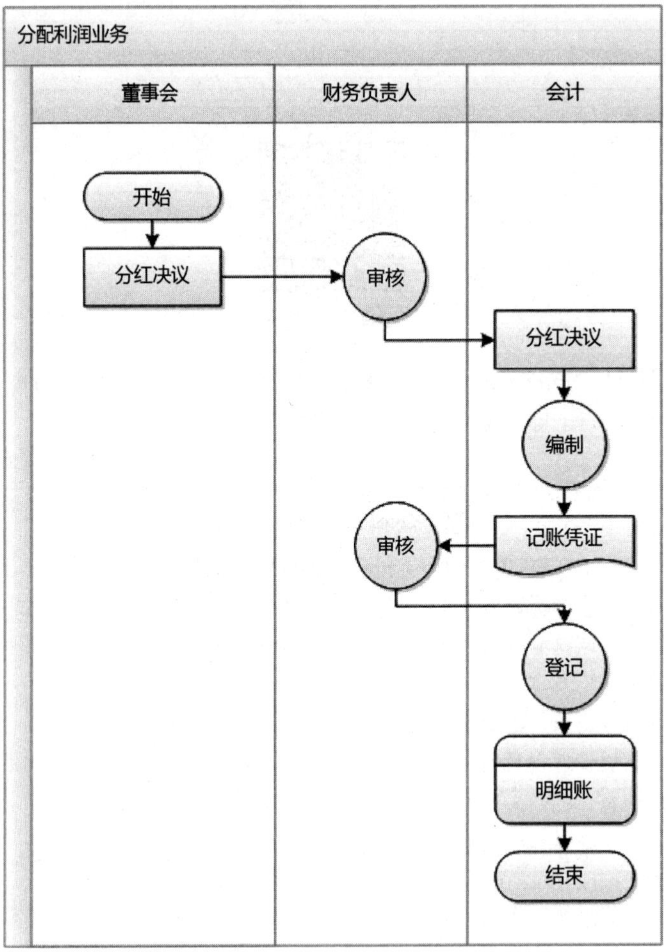

完成工作 3

图表 8-2-15

记　账　凭　证

年　　月　　日　　　　　　　　　　字第　　　号

摘要	会计科目		借方金额											贷方金额											记账√
	总账科目	明细科目	亿	千	百	十	万	千	百	十	元	角	分	亿	千	百	十	万	千	百	十	元	角	分	
合计																									

附单据　　张

会计主管：　　记账：　　出纳：　　复核：　　制单：

扫码查看答案

工作任务 4

2020 年 12 月 31 日，武汉众科电子有限公司结转利润分配（提示：应付股利汇总结转，凭证号：256）。

知识准备 4

年度终了，企业应将全年实现的净利润或发生的净亏损，自“本年利润”科目转入“利润分配——未分配利润”科目，并将“利润分配”科目所属其他明细科目的余额，转入“未分配利润”明细科目。结转后，“利润分配——未分配利润”科目如为贷方余额，表示累积未分配的利润金额；如为借方余额则表示累积未弥补的亏损金额。

【例 8-23】 2020 年 12 月 31 日，武汉永鑫电子有限公司结转利润分配，包括本年度提取法定盈余公积 200 000 元，任意盈余公积 150 000 元，分配股利 200 000 元。武汉永鑫电子有限公司作如下账务处理：

借：利润分配——未分配利润　　550 000
　　贷：利润分配——应付股利　　200 000
　　　　利润分配——提取法定盈余公积　　200 000
　　　　　　　　——提取任意盈余公积　　150 000

工作步骤 4

图表 8－2－16

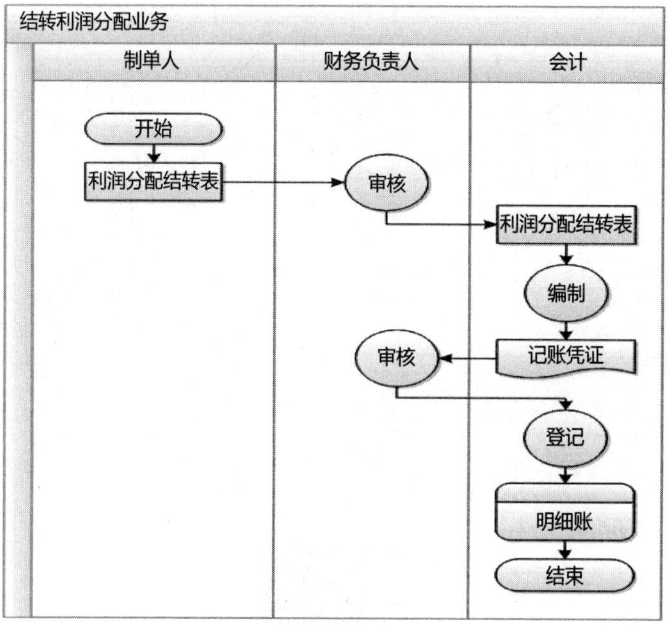

完成工作 4

图表 8－2－17

记 账 凭 证

年 月 日 字第 号

摘要	会计科目		借方金额											贷方金额											记账
	总账科目	明细科目	亿	千	百	十	万	千	百	十	元	角	分	亿	千	百	十	万	千	百	十	元	角	分	✓
	合计																								

附单据 张

会计主管： 记账： 出纳： 复核： 制单：

扫码查看答案

练一练

工作总结

图表 8－2－18　　利润分配业务核算

弥补亏损	用当年实现利润补亏	不作账务处理
	用盈余公积补亏	借：盈余公积——盈余公积补亏 　　贷：利润分配——盈余公积补亏
提取盈余公积	提取法定盈余公积	借：利润分配——提取法定盈余公积 　　贷：盈余公积——法定盈余公积
	提取任意盈余公积	借：利润分配——提取任意盈余公积 　　贷：盈余公积——任意盈余公积
向投资者分配利润	向投资者分配利润	借：利润分配——应付股利 　　贷：应付股利
	支付投资者利润	借：应付股利 　　贷：银行存款
利润分配的期末结转	借：利润分配——未分配利润 　　贷：利润分配——提取法定盈余公积 　　　　　　　　——提取任意盈余公积 　　　　　　　　——应付股利	

图表 8－2－19　　工作评价与反馈

项目		任务完成程度		
		全部完成	部分完成	未完成
自我评价	子任务一			
	子任务二			
任务完成心得				
存在的问题				
教师评价				

项目九　编报与分析财务报表

任务导学

财务报表是对企业财务状况、经营成果和现金流量的结构性表述。企业应当根据实际发生的交易和事项，按照《企业会计准则》的规定进行确认和计量，在此基础上编制财务报表。财务报表能够向财务会计报表的使用者提供与企业财务状况、经营成果和现金流量等有关的会计信息，反映企业管理层受托责任的履行情况，有助于报表使用者做出相关决策，促进社会资源的合理配置，为公众的利益服务。一套完整的财务报表至少应当包括资产负债表、利润表、现金流量表、所有者权益（或股东权益）变动表以及附注。

学习目标

认知目标： 知晓财务报表的含义；熟记资产负债表、利润表和现金流量表各项目；能对财务报表的结构进行准确识别。

情感目标： 通过编制财务报表的学习，培养学生全面思考的能力及谨慎的执业态度。

技能目标： 能正确编制资产负债表、利润表和现金流量表各项目并掌握各报表之间的联系。

任务一　编制资产负债表

情景导入

资产负债表，是指反映企业在某一特定日期财务状况的报表，是企业经营活动的静态体现。资产负债表是根据“资产＝负债＋所有者权益”这一平衡公式，依照一定的分类标准和一定的次序，将某一特定日期的资产、负债、所有者权益的具体项目予以适当排列编制而成。资产负债表主要反映资产、负债、所有者权益三方面的内容。通过资产负债表，可以反映企业在某一特定日期所拥有或控制的经济资源、所承担的现时义务和所有者对净资产的要求权，帮助财务报表使用者全面了解企业的财务状况、分析企业的偿债能力等情况，从而为其做出经济决策提供依据。资产负债表是企业会计报表体系中的一张最主要的会计报表，它所提供的信息资料，对于企业管理部门、上级主管部门、投资者、银行及其他金融机构、税务部门都有重要的作用。那么资产负债表是如何编制的呢?

任务要求

了解资产负债表的项目，知晓资产负债表的编制方法，学会编制资产负债表。

子任务一　认识资产负债表项目

工作任务

请将图表 9－1－1 中各项目按资产负债表中资产、负债、所有者权益三大项目进行分类，填入图表 9－1－4 中。

图表 9－1－1

存货	未分配利润	货币资金	其他应收款
短期借款	应收票据	预收款项	应付职工薪酬
固定资产	预付款项	无形资产	应交税费
实收资本（或股本）	在建工程	长期借款	交易性金融资产

知识准备

财务报表是对企业财务状况、经营成果和现金流量的结构性表述。一套完整的财务报表至少应当包括资产负债表、利润表、现金流量表、所有者权益（或股东权益）变动表以及附注。

企业财务报表的种类如图表 9－1－2 所示。

图表 9－1－2　　企业财务报表的种类

编　号	报表名称	编报期
会企 01 表	资产负债表	月报、年报
会企 02 表	利润表	月报、年报
会企 03 表	现金流量表	月报、年报
会企 04 表	所有者权益变动表	年报

资产负债表一般由表头、表体两部分组成。表头部分应列明报表名称、编制单位名称、资产负债表日、报表编号和计量单位；表体部分是资产负债表的主体，列示了用以说明企业

财务状况的各个项目。资产负债表的表体格式一般有两种：报告式资产负债表和账户式资产负债表。我国企业采用账户式资产负债表，账户式资产负债表是左右结构，左边列示资产各项目，按流动性大小排列，反映全部资产的分布及存在形态；右边列示负债和所有者权益各项目，按要求清偿时间先后顺序排列，反映全部负债和所有者权益的内容及构成情况。资产各项目的合计等于负债和所有者权益各项目的合计。

【例 9－1】 2019 年 12 月 31 日，武汉市永鑫电子有限公司部分会计科目对应资产负债表资产、负债、所有者权益三大项目。

图表 9－1－3

会计账目	资产负债表三大项目		
	资产类	负债类	所有者权益类
银行存款	√		
长期借款		√	
应收账款	√		
资本公积			√

完成工作

请将图表 9－1－1 中各项目按资产负债表中资产、负债、所有者权益三大项目进行分类，填入图表 9－1－4 中。

图表 9－1－4

资产：	负债：
	所有者权益：
合计	合计

扫码查看答案

练一练

子任务二　编制资产负债表

工作任务1

2019 年 12 月 31 日，武汉市众科电子有限公司部分总账、明细账科目余额如图表 9－1－5 所示。请计算 2019 年 12 月 31 日众科公司资产负债表中部分项目“期末余额”栏的列报金额，填入图表 9－1－6。

图表 9－1－5　　武汉市众科电子有限公司部分总账、明细账科目余额

2019 年 12 月 31 日　　单位：元

科目	余额	科目	余额
库存现金	1 000（借）	存货跌价准备	1 000 000（贷）
银行存款	1 090 000（借）	受托代销商品	4 000 000（借）
其他货币资金	990 000（借）	受托代销商品款	4 000 000（贷）
应收票据	13 000 000（借）	固定资产	40 000 000（借）
坏账准备——应收票据	450 000（贷）	累计折旧	20 000 000（贷）
发出商品	8 000 000（借）	固定资产减值准备	5 000 000（贷）
生产成本	3 000 000（借）	固定资产清理	5 000 000（借）
原材料	1 000 000（借）	无形资产	8 000 000（借）
委托加工物资	2 000 000（借）	累计摊销	2 000 000（贷）
材料成本差异	250 000（贷）	无形资产减值准备	1 000 000（贷）
预收账款	20 000（贷）		
预收账款——华胜公司	17 500（贷）	预收账款——新云公司	2 500（贷）
应收账款	15 000（借）		
应收账款——新鑫公司	25 000（借）	应收账款——江华公司	10 000（贷）

知识准备1

资产负债表部分资产项目的填列说明。

1. “货币资金”项目，反映企业库存现金、银行结算户存款、外埠存款、银行汇票存款、银行本票存款、信用卡存款、信用证保证金存款等的合计数。本项目应根据“库存现金”“银行存款”“其他货币资金”科目期末余额的合计数填列。

2. “交易性金融资产”项目，反映资产负债表日企业分类为以公允价值计量且其变动计入当期损益的金融资产，以及企业持有的直接指定为以公允价值计量且其变动计入当期损益的金融资产的期末账面价值。该项目应根据“交易性金融资产”科目的相关明细科目期末余额分析填列。自资产负债表日起超过一年到期且预期持有超过一年的以公允价值计量且其变动计入当期损益的非流动金融资产的期末账面价值，在“其他非流动金融资产”项目反映。

3. “应收票据”项目，反映资产负债表日以摊余成本计量的、企业因销售商品、提供服务等收到的商业汇票，包括银行承兑汇票和商业承兑汇票。该项目应根据“应收票据”科目的期末余额，减去“坏账准备”科目中相关坏账准备期末余额后的金额分析填列。

4. “应收账款”项目，反映资产负债表日以摊余成本计量的、企业因销售商品、提供服务等经营活动应收取的款项。该项目应根据“应收账款”科目和“预收账款”两个科目所属的相关明细科目的期末借方余额减去“坏账准备”科目中相关坏账准备期末余额后的金额填列。

5. “预付款项”项目，反映企业按照购货合同规定预付给供应单位的款项等。本项目应根据“预付账款”和“应付账款”科目所属各明细科目的期末借方余额合计数，减去“坏账准备”科目中有关预付账款计提的坏账准备期末余额后的净额填列。如“预付账款”科目所属明细科目期末有贷方余额的，应在资产负债表“应付账款”项目内填列。

6. “其他应收款”项目，反映企业除应收票据、应收账款、预付账款等经营活动以外的其他各种应收、暂付的款项。本项目应根据“应收利息”“应收股利”“其他应收款”科目的期末余额合计数，减去“坏账准备”科目中相关坏账准备期末余额后的金额填列。

7. “存货”项目，反映企业期末在库、在途和在加工中的各种存货的可变现净值或成本（成本与可变现净值孰低）。存货包括各种材料、商品、在产品、半成品、包装物、低值易耗品、委托代销商品等。本项目应根据“材料采购”“原材料”“低值易耗品”“库存商品”“周转材料”“委托加工物资”“委托代销商品”“生产成本”“受托代销商品”等科目的期末余额合计数，减去“受托代销商品款”“存货跌价准备”科目期末余额后的净额填列。材料采用计划成本核算，以及库存商品采用计划成本核算或售价核算的企业，还应按加或减“材料成本差异”“商品进销差价”后的金额填列。

8. “合同资产”项目，反映企业按照《企业会计准则第 14 号——收入》的相关规定，根据本企业履行履约义务与客户付款之间的关系在资产负债表中列示合同资产。“合同资产”项目应根据“合同资产”科目的相关明细科目期末余额分析填列。

9. “持有待售资产”项目，反映资产负债表日划分为持有待售类别的非流动资产及划分为持有待售类别的处置组中的流动资产和非流动资产的期末账面价值。该项目应根据“持有待售资产”科目的期末余额，减去“持有待售资产减值准备”科目的期末余额后的金额填列。

10. “一年内到期的非流动资产”项目，反映企业预计自资产负债表日起一年内变现的非流动资产。本项目应根据有关科目的期末余额分析填列。

11. “债权投资”项目，反映资产负债表日企业以摊余成本计量的长期债权投资的期末账面价值。该项目应根据“债权投资”科目的相关明细科目期末余额，减去“债权投资减值准备”科目中相关减值准备的期末余额后的金额分析填列。自资产负债表日起一年内到期的长期债权投资的期末账面价值，在“一年内到期的非流动资产”项目反映。企业购入的以摊余成本计量的一年内到期的债权投资的期末账面价值，在“其他流动资产”项目反映。

12. “其他债权投资”项目，反映资产负债表日企业分类为以公允价值计量且其变动计入其他综合收益的长期债权投资的期末账面价值。该项目应根据“其他债权投资”科目的相关明细科目期末余额分析填列。自资产负债表日起一年内到期的长期债权投资的期末账面价值，在“一年内到期的非流动资产”项目反映。企业购入的以公允价值计量且其变动计入其他综合收益的一年内到期的债权投资的期末账面价值，在“其他流动资产”项目反映。

13. “长期应收款”项目，反映企业租赁产生的应收款项和采用递延方式分期收款、实质上具有融资性质的销售商品和提供劳务等经营活动产生的应收款项。本项目应根据“长期应收款”科目的期末余额，减去相应的“未实现融资收益”科目和“坏账准备”科目所属相关明细科目期末余额后的金额填列。

14. “长期股权投资”项目，反映投资方对被投资单位实施控制、重大影响的权益性投资，以及对其合营企业的权益性投资。本项目应根据“长期股权投资”科目的期末余额，减去“长期股权技资减值准备”科目的期末余额后的净额填列。

15. “其他权益工具投资”项目，反映资产负债表日企业指定为以公允价值计量且其变动计入其他综合收益的非交易性权益工具投资的期末账面价值。该项目应根据“其他权益工具投资”科目的期末余额填列。

16. “固定资产”项目，反映资产负债表日企业固定资产的期末账面价值和企业尚未清理完毕的固定资产清理净损益。该项目应根据“固定资产”科目的期末余额，减去“累计折旧”和“固定资产减值准备”科目的期末余额后的金额，以及“固定资产清理”科目的期末余额填列。

17. “在建工程”项目，反映资产负债表日企业尚未达到预定可使用状态的在建工程的期末账面价值和企业为在建工程准备的各种物资的期末账面价值。该项目应根据“在建工程”科目的期末余额，减去“在建工程减值准备”科目的期末余额后的金额，以及“工程物资”科目的期末余额，减去“工程物资减值准备”科目的期末余额后的金额填列。

18. “无形资产”项目，反映企业持有的专利权、非专利技术、商标权、著作权、土地使用权等无形资产的成本减去累计摊销和减值准备后的净值。本项目应根据“无形资产”科目的期末余额，减去“累计摊销”和“无形资产减值准备”科目期末余额后的净额填列。

19. “开发支出”项目，反映企业开发无形资产过程中能够资本化形成无形资产成本的支出部分。本项目应当根据“研发支出”科目中所属的“资本化支出”明细科目期末余额填列。

20. “长期待摊费用”项目，反映企业已经发生但应由本期和以后各期负担的分摊期限在一年以上的各项费用。长期待摊费用中在一年内（含一年）摊销的部分，在资产负债表“一年内到期的非流动资产”项目填列。本项目应根据“长期待摊费用”科目的期末余额，减去将于一年内（含一年）摊销的数额后的金额分析填列。

完成工作 1

根据图表 9－1－5，计算 2019 年 12 月 31 日众科公司资产负债表中部分项目“期末余额”栏的列报金额，填入图表 9－1－6。

图表 9－1－6　　　　资产负债表部分项目期末余额计算表

2019 年 12 月 31 日　　　　单位：元

资产负债表项目	期末余额计算
货币资金	
应收票据	
存货	
固定资产	
无形资产	
应收账款	
预收账款	

扫码查看答案

工作任务 2

2019 年 12 月 31 日，武汉市众科电子有限公司部分总账、明细账科目余额如图表 9－1－7 所示。请计算 2019 年 12 月 31 日众科公司资产负债表中部分项目“期末余额”栏的列报金额，填入图表 9－1－8。

图表 9－1－7　　　　武汉市众科电子有限公司部分总账、明细账科目余额

2019 年 12 月 31 日　　　　单位：元

科目	贷方余额
短期借款——银行质押借款	100 000
短期借款——信用借款	400 000
应付票据——银行承兑汇票	250 000
应付票据——商业承兑汇票	100 000
应付职工薪酬——工资、奖金、津贴和补贴	700 000
应付职工薪酬——社会保险费	50 000
应付职工薪酬——设定提存计划	25 000
应付职工薪酬——工会经费和职工教育经费	5 000
应付职工薪酬——住房公积金	20 000
长期借款（其中自工商银行借入的 5 万元借款将于一年内到期，且不具有自主展期清偿的权利）	1 550 000

知识准备 2

资产负债表部分负债项目的填列说明。

1. “短期借款”项目，反映企业向银行或其他金融机构等借入的期限在 1 年以下（含 1 年）的各种借款。本项目应根据“短期借款”科目的期末余额填列。

2. “交易性金融负债”项目，反映企业资产负债表日承担的交易性金融负债，以及企业持有的直接指定为以公允价值计量且其变动计入当期损益的金融负债的期末账面价值。该项目应根据“交易性金融负债”科目的相关明细科目期末余额填列。

3. “应付票据”项目，反映资产负债表日以摊余成本计量的、企业因购买材料、商品和接受服务等开出、承兑的商业汇票，包括银行承兑汇票和商业承兑汇票。该项目应根据“应付票据”科目的期末余额填列。

4. “应付账款”项目，反映资产负债表日以摊余成本计量的、企业因购买材料、商品和接受劳务等经营活动应支付的款项。本项目应根据“应付账款”和“预付账款”科目所属的相关明细科目的期末贷方余额合计数填列。

5. “预收款项”项目，反映企业按照购货合同规定预收供应单位的款项。本项目应根据“预收账款”和“应收账款”科目所属各明细科目的期末贷方余额合计数填列。如“预收账款”科目所属明细科目期末有借方余额的，应在资产负债表“应收账款”项目内填列。

6. “合同负债”项目，反映企业按照《企业会计准则第 14 号——收入》的相关规定，根据本企业履行履约义务与客户付款之间的关系在资产负债表中列示合同负债。“合同负债”项目应根据“合同负债”的相关明细科目期末余额分析填列。

7. “应付职工薪酬”项目，反映企业为获得职工提供的服务或解除劳动关系而给予的各种形式的报酬或补偿。企业提供给职工配偶、子女、受赡养人、已故员工遗属及其他受益人等的福利，也属于职工薪酬。职工薪酬主要包括短期薪酬、离职后福利、辞退福利和其他长期职工福利。本项目应根据“应付职工薪酬”科目所属各明细科目的期末贷方余额分析填列。外商投资企业按规定从净利润中提取的职工奖励及福利基金，也在本项目列示。

8. “应交税费”项目，反映企业按照税法规定计算应缴纳的各种税费，包括增值税、消费税、城市维护建设税、教育费附加、企业所得税、资源税、土地增值税、房产税、城镇土地使用税、车船税、矿产资源补偿费等。企业代扣代缴的个人所得税，也通过本项目列示。企业所缴纳的税金不需要预计应交数的，如印花税、耕地占用税等，不在本项目列示。本项目应根据“应交税费”科目的期末贷方余额填列，如“应交税费”科目期末为借方余额，应以“－”号填列。

需要说明的是，“应交税费”科目下的“应交增值税”“未交增值税”“待认证进项税额”“增值税留抵税额”等明细科目期末借方余额应根据情况，在资产负债表中的“其他流动资产”或“其他非流动资产”项目列示；“应交税费——待转销项税额”等科目期末贷方余额应根据情况，在资产负债表中的“其他流动负债”或“其他非流动负债”项目列示；

“应交税费”科目下的“未交增值税”“简易计税”“转让金融商品应交增值税”“代扣代交增值税”等科目期末贷方余额应在资产负债表中的“应交税费”项目列示。

9. “其他应付款”项目，反映企业除应付票据、应付账款、预收账款、应付职工薪酬、应交税费等经营活动以外的其他各项应付、暂收的款项。本项目应根据“应付利息”“应付股利”“其他应付款”科目的期末余额合计数填列。

10. “一年内到期的非流动负债”项目，反映企业非流动负债中将于资产负债表日后1年内到期部分的金额，如将于一年内偿还的长期借款。本项目应根据有关科目的期末余额分析填列。

11. “长期借款”项目，反映企业向银行或其他金融机构借入的期限在一年以上（不含1年）的各项借款。本项目应根据“长期借款”科目的期末余额，扣除“长期借款”科目所属的明细科目中将在资产负债表日起1年内到期且企业不能自主地将清偿义务展期的长期借款后的金额计算填列。

12. “应付债券”项目，反映企业为筹集长期资金而发行的债券本金（和利息）。本项目应根据“应付债券”科目的期末余额分析填列。

13. “长期应付款”项目，应根据“长期应付款”科目的期末余额，减去相关的“未确认融资费用”科目的期末余额后的金额，以及“专项应付款”科目的期末余额填列。

14. “预计负债”项目，反映企业根据或有事项等相关准则确认的各项预计负债，包括对外提供担保、未决诉讼、产品质量保证、重组义务以及固定资产和矿区权益弃置义务等产生的预计负债。本项目应根据“预计负债”科目的期末余额填列。

15. “递延收益”项目，反映尚待确认的收入或收益。本项目核算包括企业根据政府补助准则确认的应在以后期间计入当期损益的政府补助金额、售后租回形成融资租赁的售价与资产账面价值差额等其他递延性收入。本项目应根据“递延收益”科目的期末余额填列。

16. “其他非流动负债”项目，反映企业除以上非流动负债以外的其他非流动负债。本项目应根据有关科目期末余额，减去将于1年内（含1年）到期偿还数后的余额分析填列。非流动负债各项目中将于1年内（含1年）到期的非流动负债，应在“1年内到期的非流动负债”项目内反映。

完成工作2

根据图表9-1-7，计算2019年12月31日众科公司资产负债表中部分项目“期末余额”栏的列报金额，填入图表9-1-8。

图表9-1-8　　　　资产负债表部分项目期末余额计算表

2019年12月31日　　　　单位：元

资产负债表项目	期末余额计算
短期借款	
应付票据	
应付职工薪酬	
长期借款	
一年内到期的非流动负债	

扫码查看答案

工作任务3

2019年12月31日，武汉市众科电子有限公司部分总账、明细账科目余额如图表9－1－9所示。请计算2019年12月31日众科公司资产负债表中部分项目“期末余额”栏的列报金额，填入图表9－1－10。

图表9－1－9　　武汉市众科电子有限公司部分总账科目余额

2019年12月31日　　单位：元

科目	贷方余额
实收资本	50 000 000
资本公积	100 000
其他综合收益	900 000
盈余公积	1 000 000
利润分配	2 000 000

知识准备3

资产负债表部分所有者权益项目的填列说明。

1. “实收资本（或股本）”项目，反映企业各投资者实际投入的资本（或股本）总额。本项目应根据“实收资本（或股本）”科目的期末余额填列。

2. “其他权益工具”项目，反映资产负债表日企业发行在外的除普通股以外分类为权益工具的金融工具的期末账面价值，并下设“优先股”和“永续债”两个项目，分别反映企业发行的分类为权益工具的优先股和永续债的账面价值。

3. “资本公积”项目，反映企业收到投资者出资超出其在注册资本或股本中所占的份额以及直接计入所有者权益的利得和损失等。本项目应根据“资本公积”科目的期末余额填列。

4. “其他综合收益”项目，反映企业其他综合收益的期末余额。本项目应根据“其他综合收益”科目的期末余额填列。

5. “盈余公积”项目，反映企业盈余公积的期末余额。本项目应根据“盈余公积”科目的期末余额填列。

6. “未分配利润”项目，反映企业尚未分配的利润。本项目应根据“本年利润”科目和“利润分配”科目的余额计算填列。未弥补的亏损在本项目内以“－”号填列。

完成工作 3

根据图表 9－1－9，计算 2019 年 12 月 31 日众科公司资产负债表中部分项目“期末余额”栏的列报金额，填入图表 9－1－10。

图表 9－1－10　　资产负债表部分项目期末余额计算表

2019 年 12 月 31 日　　单位：元

资产负债表项目	期末余额计算
实收资本（或股本）	
资本公积	
其他综合收益	
盈余公积	
利润分配	

扫码查看答案

工作任务 4

武汉市众科电子有限公司为公司制企业，属于增值税一般纳税人，从事工业产品的生产和销售，适用的增值税税率为 13%，企业所得税税率为 25%，存货采用实际成本进行核算。该公司有关总账账户 2019 年 11 月 1 日的年初余额、2019 年 11 月发生额和 2019 年 11 月 30 日的期末余额如图表 9－1－11 所示，请编制武汉市众科电子有限公司 2019 年 11 月末的资产负债表（见图表 9－1－13）。

图表 9－1－11　　总分类账户本年发生额及余额表　　单位：元

会计科目	2019 年 11 月 1 日 年初余额		2019 年 11 月发生额		2019 年 11 月 30 日 期末余额	
	借方	贷方	借方	贷方	借方	贷方
库存现金	1 000		290 000	290 000	1 000	
银行存款	1 024 000		1 219 950	1 605 930	638 020	
交易性金融资产			152 000		152 000	
应收票据			1 210 950		1 210 950	
应收账款	5 000				5 000	
预付账款			15 000	5 000	10 000	
其他应收款	500				500	
在途物资			750 000	750 000		

续表

会计科目	2019 年 11 月 1 日 年初余额		2019 年 11 月发生额		2019 年 11 月 30 日 期末余额	
	借方	贷方	借方	贷方	借方	贷方
原材料	1 851 400		1 250 930	2 186 820	915 510	
周转材料	40 000			20 000	20 000	
库存商品	210 000		2 513 800	1 005 520	1 718 280	
长期股权投资	350 000				350 000	
固定资产	4 000 000		150 000	100 000	4 050 000	
累计折旧		500 000	50 000	61 000		511 000
固定资产清理			90 000	90 000		
无形资产	100 000				100 000	
累计摊销		4 000				4 000
长期待摊费用			18 000	500	17 500	
短期借款		250 000				250 000
应付票据				585 000		585 000
应付账款		30 000	30 000			
其他应付款				1 000		1 000
应付职工薪酬		26 000	360 600	360 600		26 000
应交税费			214 400	1 014 031. 25		799 631. 25
应付利润				1 117 614. 38		1 117 614. 38
长期借款				50 000		50 000
实收资本		4 075 150		300 000		4 375 150
盈余公积		351 750		223 522. 88		575 272. 88
本年利润			1 808 500	1 808 500		
利润分配		2 345 000	5 027 274. 52	3 576 366. 01		894 091. 49
生产成本			2 513 800	2 513 800		
制造费用			122 600	122 600		
主营业务收入			1 485 000	1 485 000		
主营业务成本			1 005 520	1 005 520		
税金及附加			6 305	6 305		
其他业务收入			50 000	50 000		
其他业务成本			30 250	30 250		
管理费用			108 620	108 620		

续表

会计科目	2019年11月1日 年初余额		2019年11月发生额		2019年11月30日 期末余额	
	借方	贷方	借方	贷方	借方	贷方
销售费用			8 500	8 500		
财务费用			4 000	4 000		
投资收益			200 000	200 000		
营业外收入			68 500	68 500		
营业外支出			5 000	5 000		
所得税费用			158 826.25	158 826.25		
合计	7 581 900	7 581 900	20 918 325.77	20 918 325.77	9 188 760	9 188 760

知识准备4

资产负债表各项目均需填列“期末余额”和“上年年末余额”两栏。

资产负债表的“上年年末余额”栏内各项数字，应根据上年年末资产负债表的“期末余额”栏内所列数字填列。如果上年度资产负债表规定的各个项目的名称和内容与本年度不相一致，应按照本年度的规定对上年年末资产负债表各项目的名称和数字进行调整，填入本表“上年年末余额”栏内。

资产负债表的“期末余额”栏主要有以下几种填列方法：

1. 根据总账科目的期末余额填列。如“短期借款”“资本公积”等项目，根据“短期借款”“资本公积”各总账科目的期末余额直接填列；有些项目则需根据几个总账科目的期末余额计算填列，如“货币资金”项目，需根据“库存现金”“银行存款”“其他货币资金”三个总账科目的期末余额的合计数填列。

2. 根据明细科目余额计算填列。如“应付账款”项目，需要根据“应付账款”和“预付账款”两个科目所属的相关明细科目的期末贷方余额计算填列；“预付款项”项目，需要根据“应付账款”科目和“预付账款”科目所属的相关明细科目的期末借方余额减去与“预付账款”有关的坏账准备贷方余额计算填列；“预收款项”项目，需要根据“应收账款”科目和“预收账款”科目所属的相关明细科目的期末贷方金额合计填列；“应收账款”项目，需要根据“应收账款”科目和“预收账款”两个科目所属的相关明细科目的期末借方余额减去与“应收账款”有关坏账准备期末余额后的金额填列。

3. 根据总账科目和明细科目余额分析计算填列。如“长期借款”项目，需要根据“长期借款”总账科目余额扣除“长期借款”科目所属的明细科目中将在一年内到期且企业不能自主地将清偿义务展期的长期借款后的金额计算填列；“其他非流动资产”项目，应根据有关科目的期末余额减去将于一年内（含一年）收回数后的金额计算填列；“其他非流动负债”项目，应根据有关科目的期末余额减去将于一年内（含一年）到期偿还数后的金额计算填列。

4. 根据科目余额减去其备抵科目余额后的净额填列。如资产负债表中“应收账款”“长期股权投资”“在建工程”等项目，应当根据“应收账款”“长期股权投资”“在建工程”

等科目的期末余额减去“坏账准备”“长期股权投资减值准备”“在建工程减值准备”等备抵科目余额后的净额填列。“固定资产”“无形资产”项目，应当根据“固定资产”“无形资产”科目的期末余额，减去“累计折旧”“累计摊销”“固定资产减值准备”“无形资产减值准备”等备抵科目余额后的净额填列。

5. 综合运用上述方法分析填列。如资产负债表中“存货”项目，应根据“原材料”“材料采购”“在途物资”“生产成本”“库存商品”“委托加工物资”“周转材料”“材料成本差异”等总账科目期末余额的分析汇总数，再减去“存货跌价准备”科目余额后的净额填列。

【例 9-2】 武汉永鑫电子有限公司 2019 年 12 月 31 日“库存现金”科目余额为 3 000 元，“银行存款”科目余额为 120 000 元，“其他货币资金”科目余额为 5 000 元。

该企业期末资产负债表中“货币资金”项目的金额：

“货币资金”金额 = 3 000 + 120 000 + 5 000 = 128 000（元）

【例 9-3】 武汉永鑫电子有限公司 2019 年 12 月 31 日“无形资产”科目借方余额为 120 000 元，“累计摊销”科目贷方余额为 36 000 元，“无形资产减值准备”科目贷方余额为 10 000 元。

该企业期末资产负债表中“无形资产”项目的金额：

“无形资产”金额 = 120 000 - 36 000 - 10 000 = 74 000（元）

【例 9-4】 武汉永鑫电子有限公司 2019 年 12 月 31 日“固定资产”科目借方余额为 4 000 000元，“累计折旧”科目贷方余额为 500 000 元，“固定资产减值准备”科目贷方余额为 100 000 元，“固定资产清理”科目借方余额为 5 000 元。

该企业期末资产负债表中“固定资产”项目的金额：

“固定资产”金额 = 4 000 000 - 500 000 - 100 000 + 5 000 = 3 405 000（元）

【例 9-5】 武汉永鑫电子有限公司 2019 年 12 月 31 日“应收票据”科目月末余额 50 000元，“坏账准备”科目中有关应收票据坏账准备余额 500 元。

该企业期末资产负债表中“应收票据”项目的金额：

“应收票据”金额 = 50 000 - 500 = 49 500（元）

【例 9-6】 武汉永鑫电子有限公司 2019 年 12 月 31 日“原材料”科目借方余额 1 500 000 元，“生产成本”科目借方余额 2 000 000 元，“材料采购”科目借方余额 500 000 元，“材料成本差异”科目贷方余额 30 000 元，“工程物资”科目的借方余额为 100 000元。

该企业期末资产负债表中“存货”项目的金额：

“存货”金额 = 1 500 000 + 2 000 000 + 500 000 - 30 000 = 3 970 000（元）

【例 9-7】 武汉永鑫电子有限公司 2019 年 12 月 31 日“长期借款”科目余额为 1 500 000元，其中自工商银行借入的 50 000 元借款将于一年内到期，永鑫公司不具有自主展期清偿的权利。

该企业期末资产负债表中“一年内到期的非流动负债”项目的金额：

“一年内到期的非流动负债”金额 = 1 500 000 - 50 000 = 1 450 000（元）

工作步骤

图表 9 - 1 - 12

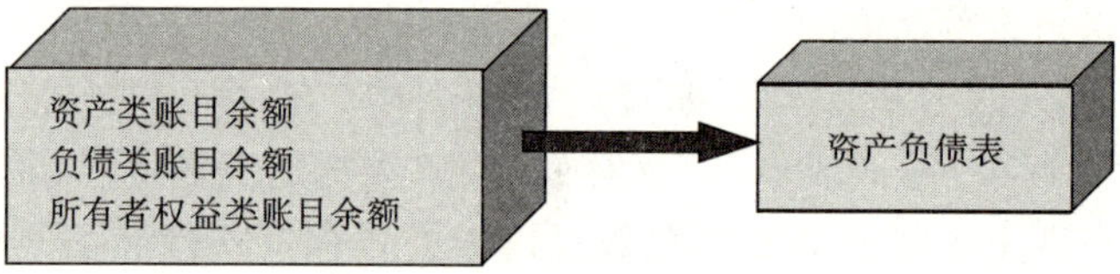

完成工作 4

图表 9 - 1 - 13 资产负债表

企业 01 表

编制单位： 年 月 日 单位：元

资产	期末余额	上年年末余额	负债和所有者权益（或股东权益）	期末余额	上年年末余额
流动资产：			流动负债：		
货币资金			短期借款		
交易性金融资产			交易性金融负债		
衍生金融资产			衍生金融负债		
应收票据			应付票据		
应收账款			应付账款		
应收款项融资			预收款项		
预付账款			合同负债		
其他应收款			应付职工薪酬		
存货			应交税费		
合同资产			其他应付款		
持有待售资产			持有待售负债		
一年内到期的非流动资产			一年内到期的非流动负债		
其他流动资产			其他流动负债		
流动资产合计			流动负债合计		
非流动资产：			非流动负债：		
债权投资			长期借款		
其他债券投资			应付债券		
长期应收款			其中：优先股		
长期股权投资			永续债		
其他权益工具投资			租赁负债		
其他非流动金融资产			长期应付款		
投资性房地产			预计负债		
固定资产			递延收益		
在建工程			递延所得税负债		
生产性生物资产			其他非流动负债		
油气资产			非流动负债合计		

续表

资产	期末余额	上年年末余额	负债和所有者权益（或股东权益）	期末余额	上年年末余额
使用权资产			负债合计		
无形资产			所有者权益（或股东权益）：		
开发支出			实收资本（或股本）		
商誉			其他权益工具		
长期待摊费用			其中：优选股		
递延所得税资产			永续债		
其他非流动资产			资本公积		
非流动资产合计			减：库存股		
			其他综合收益		
			专项储备		
			盈余公积		
			未分配利润		
			所有者权益（或股东权益）合计		
资产总计			负债和所有者权益（或股东权益）总计		

扫码查看答案

练一练

工作总结

图表 9-1-14　资产负债表的编制

<table>
<tr><td>编制目的</td><td colspan="2">反映企业在某一特定日期的财务状况。</td></tr>
<tr><td>编制依据</td><td colspan="2">资产 = 负债 + 所有者权益</td></tr>
<tr><td>编制结构</td><td colspan="2">采用账户式结构，报表分为左右两方：
左方列示资产各项目，反映全部资产的分布及存在形态；
右方列示负债和所有者权益各项目，反映全部负债和所有者权益的内容及构成情况。</td></tr>
<tr><td rowspan="6">编制方法</td><td>“上年年末余额”栏</td><td>资产负债表的“上年年末余额”栏内各项数字，应根据上年年末资产负债表的“期末余额”栏内所列数字填列。如果上年度资产负债表规定的各个项目的名称和内容与本年度不相一致，应按照本年度的规定对上年年末资产负债表各项目的名称和数字进行调整，填入本表“上年年末余额”栏内。</td></tr>
<tr><td rowspan="5">“期末余额”栏</td><td>根据总账科目余额直接填列。</td></tr>
<tr><td>根据明细科目余额计算填列。</td></tr>
<tr><td>根据总账科目和明细科目余额分析计算填列。</td></tr>
<tr><td>根据科目余额减去其备抵项目后的净额填列。</td></tr>
<tr><td>综合运用上述方法分析填列。</td></tr>
</table>

图表 9－1－15　　工作评价与反馈

<table>
<tr><td colspan="2" rowspan="2">项目</td><td colspan="3">任务完成程度</td></tr>
<tr><td>全部完成</td><td>部分完成</td><td>未完成</td></tr>
<tr><td rowspan="2">自我评价</td><td>子任务一</td><td></td><td></td><td></td></tr>
<tr><td>子任务二</td><td></td><td></td><td></td></tr>
<tr><td colspan="2">任务完成心得</td><td colspan="3"></td></tr>
<tr><td colspan="2">存在的问题</td><td colspan="3"></td></tr>
<tr><td colspan="2">教师评价</td><td colspan="3"></td></tr>
</table>

任务二　编制利润表

情景导入

利润表又称损益表，是指反映企业在一定会计期间的经营成果的报表，它反映企业在一定会计期间内盈利（或亏损）的实现情况。编制利润表的主要目的是将企业经营成果的信息提供给各种报表使用者，以供他们作为决策的依据或参考，分析企业的获利能力及盈利增长趋势。那么利润表是如何编制的呢?

任务要求

了解利润表的项目，知晓利润表的编制方法，学会编制利润表。

子任务一　计算利润表项目

工作任务

武汉众科电子有限公司 2019 年 11 月有关损益类科目发生额如图表 9－2－1 所示。

图表 9－2－1　　损益类科目发生额

科目名称	借方发生额（万元）	贷方发生额（万元）
主营业务收入	150	4 500
主营业务成本	2 400	120
其他业务收入		300
其他业务成本	225	

续表

科目名称	借方发生额（万元）	贷方发生额（万元）
税金及附加	150	
销售费用	75	
管理费用	270	
财务费用	30	
投资收益	90	150
营业外收入		135
营业外支出	60	
所得税费用	450	

根据上述资料，计算武汉众科电子有限公司 2019 年 11 月本期营业收入、营业成本、营业利润、利润总额和净利润的金额。相关计算过程及结果请在图表 9－2－3 中完成。

知识准备

利润表主要反映营业利润、利润总额、净利润三方面的内容。

利润表编制依据：利润 = 收入 − 费用。利润表包括的项目主要有营业收入、营业成本、税金及附加、销售费用、管理费用、研发费用、财务费用、资产减值损失、其他收益、投资收益、公允价值变动收益、资产处置收益、营业利润、营业外收入、营业外支出、利润总额、所得税费用、净利润、其他综合收益的税后净额、综合收益总额、每股收益等。

利润表的结构有单步式和多步式两种。我国企业的利润表采用多步式格式，即通过对当期的收入、费用、支出项目按性质加以归类，按利润形成的主要环节列示一些中间性利润指标，分步计算当期净损益，以便财务报表使用者理解企业经营成果的不同来源。

利润表一般由表头、表体两部分组成。表头部分应列明报表名称、编制单位名称、编制日期、报表编号和计量单位。表体部分是利润表的主体，列示了形成经营成果的各个项目和计算过程。利润表的金额栏分为“本期金额”和“上期金额”两栏分别填列。

利润表编制的原理是“收入 − 费用 = 利润”的会计平衡公式和收入与费用的配比原则。我国企业利润表的主要编制步骤和内容如下：

第一步：以营业收入为基础，减去营业成本、税金及附加、销售费用、管理费用、研发费用、财务费用加上其他收益、投资收益（或减去投资损失）、公允价值变动收益（或减去公允价值变动损失）、资产减值损失、信用减值损失、资产处置收益（或减去资产处置损失），计算出营业利润。

第二步：以营业利润为基础，加上营业外收入，减去营业外支出，计算出利润总额。

第三步：以利润总额为基础，减去所得税费用，计算出净利润（或净亏损）。

第四步：以净利润（或净亏损）为基础，计算出每股收益。

第五步：以净利润（或净亏损）和其他综合收益为基础，计算出综合收益总额。

利润表相关项目计算公式如下：

营业收入 = 主营业务收入 + 其他业务收入

营业成本 = 主营业务成本 + 其他业务成本

营业利润 = 营业收入 − 营业成本 − 税金及附加 − 销售费用 − 管理费用 − 研发费用 − 财务费用 + 其他收益 + 投资收益（或 − 投资损失） + 公允价值变动收益（或 − 公允价值变动投资损失） − 信用减值损失 − 资产减值损失 + 资产处置收益（或 − 资产处置损失）

利润总额 = 营业利润 + 营业外收入 − 营业外支出

净利润（或净亏损） = 利润总额 − 所得税费用

【例 9 −8】 武汉永鑫电子有限公司 2019 年 11 月损益类科目本期发生额如下："主营业务收入"科目贷方发生额为 200 000 元，"主营业务成本"科目借方发生额为 54 000 元，"其他业务收入"科目贷方发生额为 51 000 元，"其他业务成本"科目借方发生额为 16 000 元，"税金及附加"科目借方发生额为 80 000 元，"销售费用"科目借方发生额为 6 200 元，"管理费用"科目借方发生额为 5 000 元，"财务费用"科目借方发生额为 18 000 元，"投资收益"科目贷方发生额为 85 000 元（无借方发生额），"营业外收入"科目贷方发生额为9 000 元，"营业外支出"科目借方发生额为 3 000 元，"所得税费用"科目借方发生额为4 070元。

根据上述资料，计算武汉永鑫电子有限公司 2019 年 11 月利润表中有关项目计算如下：

营业收入 = 200 000 + 51 000 = 251 000（元）

营业成本 = 54 000 + 16 000 = 70 000（元）

营业利润 = 251 000 − 70 000 − 80 000 − 6 200 − 5 000 − 18 000 + 85 000
= 156 800（元）

利润总额 = 156 800 + 9 000 − 3 000 = 162 800（元）

净利润 = 162 800 − 4 070 = 158 730（元）

工作步骤

图表 9 −2 −2

完成工作

武汉众科电子有限公司 2019 年 11 月本期利润表中有关项目计算如图表 9 −2 −3 所示。

图表 9 −2 −3

利润表项目	计算过程及结果
营业收入	
营业成本	
营业利润	
利润总额	
净利润	

扫码查看答案　　练一练

子任务二　编制利润表

工作任务

沿用图表9－2－1中相关损益类账户2019年11月发生额，编制武汉众科电子有限公司2019年11月的利润表（见图表9－2－5）。

知识准备

利润表各项目均需填列“本期金额”和“上期金额”两栏。其中“上期金额”栏内各项数字，应根据上年该期利润表的“本期金额”栏内所列数字填列。“本期金额”栏内各期数字，除“基本每股收益”和“稀释每股收益”项目外，应当按照相关科目的发生额分析填列。如“营业收入”项目，根据“主营业务收入”“其他业务收入”科目的发生额分析计算填列；“营业成本”项目，根据“主营业务成本”“其他业务成本”科目的发生额分析计算填列。

利润表项目的内容及其填列说明

1. “营业收入”项目反映企业经营主要业务和其他业务所确认的收入总额。本项目应根据“主营业务收入”科目和“其他业务收入”科目的发生额分析填列。

2. “营业成本”项目反映企业经营主要业务和其他业务所发生的成本总额。本项目应根据“主营业务成本”和“其他业务成本”科目的发生额分析填列。

3. “税金及附加”项目反映企业经营业务应负担的消费税、城市维护建设税、教育费附加、资源税、土地增值税、房产税、车船税、城镇土地使用税、印花税等相关税费。本项目应根据“税金及附加”科目的发生额分析填列。

4. “销售费用”项目反映企业在销售商品过程中发生的包装费、广告费等费用和为销售本企业商品而专设的销售机构的职工薪酬、业务费等经营费用。本项目应根据“销售费用”科目的发生额分析填列。

5. “管理费用”项目反映企业为组织和管理生产经营发生的管理费用。本项目应根据“管理费用”科目的发生额分析填列。

6. “研发费用”项目反映企业进行研究与开发过程中发生的费用化支出以及计入管理费用的自行开发无形资产的摊销。本项目应根据“管理费用”科目下的“研发费用”明细科目的发生额以及“管理费用”科目下“无形资产摊销”明细科目的发生额分析填列。

7. “财务费用”项目反映企业为筹集生产经营所需资金等而发生的应予费用化的利息支出。本项目应根据“财务费用”科目的相关明细科目发生额分析填列。其中：“利息费用”项目，反映企业为筹集生产经营所需资金等而发生的应予费用化的利息支出，本项目应根据“财务费用”科目的相关明细科目的发生额分析填列。“利息收入”项目，反映企业应冲减财务费用的利息收入，本项目应根据“财务费用”科目的相关明细科目的发生额分析填列。

8. “其他收益”项目反映计入其他收益的政府补助，以及其他与日常活动相关且计入其他收益的项目。本项目应根据“其他收益”科目的发生额分析填列。

9. “投资收益”项目反映企业以各种方式对外投资所取得的收益。本项目应根据“投资收益”科目的发生额分析填列，如为投资损失，以“－”号填列。

10. “公允价值变动收益”项目反映企业应当计入当期损益的资产或负债公允价值变动收益。本项目应根据“公允价值变动损益”科目的发生额分析填列，如为净损失，本项目以“－”号填列。

11. “资产减值损失”项目反映企业有关资产发生的减值损失。本项目应根据“资产减值损失”科目的发生额分析填列。

12. “信用减值损失”项目反映企业计提的各项金融工具信用减值准备所确认的信用损失。本项目应根据“信用减值损失”科目的发生额分析填列。

13. “资产处置收益”项目，反映企业出售划分为持有待售的非流动资产（金融工具、长期股权投资和投资性房地产除外）或处置组（子公司和业务除外）时确认的处置利得或损失，以及处置未划分为持有待售的固定资产、在建工程、生产性生物资产及无形资产而产生的处置利得或损失。债务重组中因处置非流动资产产生的利得或损失、非货币性资产交换中换出非流动资产产生的利得或损失也包括在本项目内。本项目应根据“资产处置损益”科目的发生额分析填列；如为处置损失，以“－”号填列。

14. “营业利润”项目反映企业实现的营业利润。如为亏损，以“－”号填列。

15. “营业外收入”项目反映企业发生的除营业利润以外的收益，主要包括与企业日常活动无关的政府补助、盘盈利得、捐赠利得（企业接受股东或股东的子公司直接或间接的捐赠，经济实质属于股东对企业的资本性投入的除外）等。本项目应根据“营业外收入”科目的发生额分析填列。

16. “营业外支出”项目反映企业发生的除营业利润以外的支出，主要包括公益性捐赠支出、非常损失、盘亏损失、非流动资产毁损报废损失等。本项目应根据“营业外支出”科目的发生额分析填列。

17. “利润总额”项目，反映企业实现的利润。如为亏损，以“－”号填列。

18. “所得税费用”项目，反映企业应从当期利润总额中扣除的所得税费用。本项目应根据“所得税费用”科目的发生额分析填列。

19. “净利润”项目，反映企业实现的净利润。如为亏损以“－”号填列。

20. “其他综合收益的税后净额”项目，反映企业根据企业会计准则规定未在损益中确认的各项利得和损失扣除所得税影响后的净额。

21. “综合收益总额”项目，反映企业净利润与其他综合收益（税后净额）的合计金额。

22. “每股收益”项目，包括基本每股收益和稀释每股收益两项指标，反映普通股或潜在普通股已公开交易的企业，以及正处在公开发行普通股或潜在普通股过程中的企业的每股收益信息。

知识充电器

通过利润表，可以反映企业承包在一定会计期间的收入、费用、利润（或亏损）的金额和构成情况，帮助财务报表的外部使用者全面了解企业的经营成果，分析企业的获利能力及盈利能力及盈利增长趋势，从而为其作出经济决策提供依据。

工作步骤

图表 9－2－4

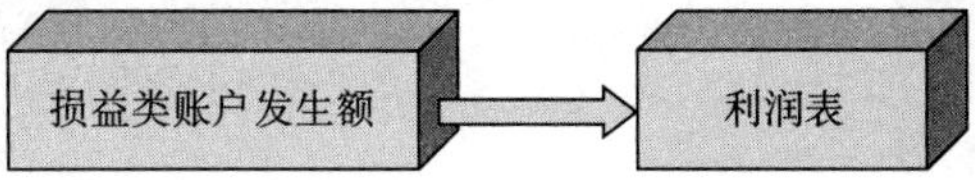

完成工作

图表 9－2－5　　**利　润　表**

会企 02 表

编制单位：　　　　　　　　　　________年____月　　　　　　　　　　单位：元

项　目	本期金额	上期金额
一、营业收入		
减：营业成本		
税金及附加		
销售费用		
管理费用		
研发费用		
财务费用		
其中：利息费用		
利息收入		
加：其他收益		
投资收益（损失以“－”号填列）		
其中：对联营企业和合营企业的投资收益		
公允价值变动收益（损失以“－”号填列）		
信用减值损失（损失以“－”号填列）		
资产减值损失（损失以“－”号填列）		
资产处置收益（损失以“－”号填列）		
二、营业利润（亏损以“－”号填列）		
加：营业外收入		
减：营业外支出		
三、利润总额（亏损总额以“－”号填列）		
减：所得税费用		

续表

项　　目	本期金额	上期金额
四、净利润（净亏损以“－”填列）		
五、其他综合收益的税后净额		
六、综合收益总额		
七、每股收益		
（一）基本每股收益		
（二）稀释每股收益		

扫码查看答案

练一练

工作总结

图表 9－2－6　　利润表的编制

编制目的	反映企业在一定会计期间的经营成果。	
编制依据	收入－费用＝利润	
编制结构	第一步：营业利润	营业利润＝营业收入－营业成本－税金及附加－销售费用－管理费用－研发费用－财务费用＋其他收益＋投资收益（或－投资损失）＋公允价值变动收益（或－公允价值变动投资损失）－信用减值损失－资产减值损失＋资产处置收益（或－资产处置损失）
	第二步：利润总额	利润总额＝营业利润＋营业外收入－营业外支出
	第三步：净利润	净利润＝利润总额－所得税费用
	第四步：每股收益	以净利润（或净亏损）为基础，计算出每股收益。
	第五步：综合收益总额	以净利润（或净亏损）和其他综合收益为基础，计算出综合收益总额。
编制方法	“本期金额”栏	“本期金额”栏内各期数字，除“基本每股收益”和“稀释每股收益”项目外，应当按照相关科目的发生额分析填列。
	“上期金额”栏	“上期金额”栏内各项数字，应根据上年该期利润表的“本期金额”栏内所列数字填列。

图表 9－2－7　　工作评价与反馈

项目		任务完成程度		
		全部完成	部分完成	未完成
自我评价	子任务一			
	子任务二			
任务完成心得				
存在的问题				
教师评价				